新城投资
FUTURE CITY
INVESTMENT

集体土地政策汇编

周同伟　主编
朱婧琎　雷爱先　副主编

中国经济出版社
CHINA ECONOMIC PUBLISHING HOUSE
中国石化出版社
HTTP://WWW.SINOPEC-PRESS.COM

图书在版编目（CIP）数据

集体土地政策汇编／周同伟主编．—北京：中国石化出版社，2019.4（2020.12重印）
ISBN 978－7－5114－5272－6

Ⅰ．①集…　Ⅱ．①周…　Ⅲ．①集体所有制－土地政策－汇编－中国　Ⅳ．F321.1

中国版本图书馆CIP数据核字（2019）第064864号

中国石化出版社出版发行
地址:北京市东城区安定门外大街58号
邮编:100011　电话:(010)57512500
发行部电话:(010)57512575
http://www.sinopec-press.com
E-mail:press@sinopec.com
北京柏力行彩印有限公司印刷
全国各地新华书店经销
*
710×1000毫米16开本25.5印张418千字
2019年5月第1版　2020年12月第2次印刷
定价:96.00元

《集体土地政策汇编》编委会

主　编　周同伟

副主编　朱婧琎　雷爱先

编　委　欧新刚　严　谨　邓　凯　李爱萍　高永胜　谢志丹　王　平　李建伟　王　恒　高秀平　芦　鑫　王子畅　刘玉晖

前　　言

中国土地所有制包括国有土地和农村集体所有土地两种公有制形式。集体土地按用途分为农用地、建设用地和未利用地，集体土地权利类型分为农村土地承包经营权、集体建设用地使用权和宅基地使用权。为加强耕地保护，规范集体土地管理，国家制定了一系列涉及集体土地的法律法规和政策。为掌握集体土地相关政策，创新集体土地制度，服务集体土地管理工作，北京市房山新城投资公司组成编委会，对国务院、中央有关部门和部分省市出台的集体土地法律政策进行了系统梳理，形成了《集体土地政策汇编》。

本书按照法律政策层级，汇集了集体土地法律法规、中央和国务院文件、部门规章和规范性文件、司法解释及复函、地方政策文件等五个部分84个文件。其中在第三部分(部门规章和规范性文件)，又按照耕地和基本农田保护、集体建设用地开发利用、土地基础管理，汇集了基本农田、耕地占补平衡、土地复垦和土地整治、增减挂钩、宅基地及集体建设用地、产业和扶贫、地类认定及确权登记颁证、规划编制等共44个政策性文件。

本书是农业农村和土地资源资产管理行政管理部门工作人员的政策指南，是从事农村土地整治、复垦、开发建设单位的工具书，也是高等院校和研究机构从事农村土地制度政策研究的参考文献。

本书由北京市房山新城投资有限责任公司周同伟主编，朱婧琎、雷爱先副主编，王恒、王子畅负责收集整理资料、校对工作。

本书编辑过程中难免有所疏漏，敬请广大读者批评指正。

目　　录

第一部分　法律法规

第二部分　中央和国务院文件

第三部分　部门规章和规范性文件

第四部分 司法解释及复函

第五部分　地方政策文件

第一部分

法律法规

中华人民共和国物权法

《中华人民共和国物权法》已由中华人民共和国第十届全国人民代表大会第五次会议于2007年3月16日通过，现予公布，自2007年10月1日起施行。

第一编　总　则

第一章　基本原则

第一条　为了维护国家基本经济制度，维护社会主义市场经济秩序，明确物的归属，发挥物的效用，保护权利人的物权，根据宪法，制定本法。

第二条　因物的归属和利用而产生的民事关系，适用本法。

本法所称物，包括不动产和动产。法律规定权利作为物权客体的，依照其规定。

本法所称物权，是指权利人依法对特定的物享有直接支配和排他的权利，包括所有权、用益物权和担保物权。

第三条　国家在社会主义初级阶段，坚持公有制为主体、多种所有制经济共同发展的基本经济制度。

国家巩固和发展公有制经济，鼓励、支持和引导非公有制经济的发展。

国家实行社会主义市场经济，保障一切市场主体的平等法律地位和发展权利。

第四条　国家、集体、私人的物权和其他权利人的物权受法律保护，任何单位和个人不得侵犯。

第五条　物权的种类和内容，由法律规定。

第六条　不动产物权的设立、变更、转让和消灭，应当依照法律规定登记。动产物权的设立和转让，应当依照法律规定交付。

第七条　物权的取得和行使，应当遵守法律，尊重社会公德，不得损害公共利益和他人合法权益。

第八条 其他相关法律对物权另有特别规定的，依照其规定。

第二章 物权的设立、变更、转让和消灭

第一节 不动产登记

第九条 不动产物权的设立、变更、转让和消灭，经依法登记，发生效力；未经登记，不发生效力，但法律另有规定的除外。

依法属于国家所有的自然资源，所有权可以不登记。

第十条 不动产登记，由不动产所在地的登记机构办理。

国家对不动产实行统一登记制度。统一登记的范围、登记机构和登记办法，由法律、行政法规规定。

第十一条 当事人申请登记，应当根据不同登记事项提供权属证明和不动产界址、面积等必要材料。

第十二条 登记机构应当履行下列职责：

（一）查验申请人提供的权属证明和其他必要材料；

（二）就有关登记事项询问申请人；

（三）如实、及时登记有关事项；

（四）法律、行政法规规定的其他职责。

申请登记的不动产的有关情况需要进一步证明的，登记机构可以要求申请人补充材料，必要时可以实地查看。

第十三条 登记机构不得有下列行为：

（一）要求对不动产进行评估；

（二）以年检等名义进行重复登记；

（三）超出登记职责范围的其他行为。

第十四条 不动产物权的设立、变更、转让和消灭，依照法律规定应当登记的，自记载于不动产登记簿时发生效力。

第十五条 当事人之间订立有关设立、变更、转让和消灭不动产物权的合同，除法律另有规定或者合同另有约定外，自合同成立时生效；未办理物权登记的，不影响合同效力。

第十六条 不动产登记簿是物权归属和内容的根据。不动产登记簿由登记机

构管理。

第十七条 不动产权属证书是权利人享有该不动产物权的证明。不动产权属证书记载的事项，应当与不动产登记簿一致；记载不一致的，除有证据证明不动产登记簿确有错误外，以不动产登记簿为准。

第十八条 权利人、利害关系人可以申请查询、复制登记资料，登记机构应当提供。

第十九条 权利人、利害关系人认为不动产登记簿记载的事项错误的，可以申请更正登记。不动产登记簿记载的权利人书面同意更正或者有证据证明登记确有错误的，登记机构应当予以更正。

不动产登记簿记载的权利人不同意更正的，利害关系人可以申请异议登记。登记机构予以异议登记的，申请人在异议登记之日起十五日内不起诉，异议登记失效。异议登记不当，造成权利人损害的，权利人可以向申请人请求损害赔偿。

第二十条 当事人签订买卖房屋或者其他不动产物权的协议，为保障将来实现物权，按照约定可以向登记机构申请预告登记。预告登记后，未经预告登记的权利人同意，处分该不动产的，不发生物权效力。

预告登记后，债权消灭或者自能够进行不动产登记之日起三个月内未申请登记的，预告登记失效。

第二十一条 当事人提供虚假材料申请登记，给他人造成损害的，应当承担赔偿责任。

因登记错误，给他人造成损害的，登记机构应当承担赔偿责任。登记机构赔偿后，可以向造成登记错误的人追偿。

第二十二条 不动产登记费按件收取，不得按照不动产的面积、体积或者价款的比例收取。具体收费标准由国务院有关部门会同价格主管部门规定。

第二节 动产交付

第二十三条 动产物权的设立和转让，自交付时发生效力，但法律另有规定的除外。

第二十四条 船舶、航空器和机动车等物权的设立、变更、转让和消灭，未经登记，不得对抗善意第三人。

第二十五条 动产物权设立和转让前，权利人已经依法占有该动产的，物权自法律行为生效时发生效力。

第二十六条 动产物权设立和转让前，第三人依法占有该动产的，负有交付义务的人可以通过转让请求第三人返还原物的权利代替交付。

第二十七条 动产物权转让时，双方又约定由出让人继续占有该动产的，物权自该约定生效时发生效力。

第三节 其他规定

第二十八条 因人民法院、仲裁委员会的法律文书或者人民政府的征收决定等，导致物权设立、变更、转让或者消灭的，自法律文书或者人民政府的征收决定等生效时发生效力。

第二十九条 因继承或者受遗赠取得物权的，自继承或者受遗赠开始时发生效力。

第三十条 因合法建造、拆除房屋等事实行为设立或者消灭物权的，自事实行为成就时发生效力。

第三十一条 依照本法第二十八条至第三十条规定享有不动产物权的，处分该物权时，依照法律规定需要办理登记的，未经登记，不发生物权效力。

第三章 物权的保护

第三十二条 物权受到侵害的，权利人可以通过和解、调解、仲裁、诉讼等途径解决。

第三十三条 因物权的归属、内容发生争议的，利害关系人可以请求确认权利。

第三十四条 无权占有不动产或者动产的，权利人可以请求返还原物。

第三十五条 妨害物权或者可能妨害物权的，权利人可以请求排除妨害或者消除危险。

第三十六条 造成不动产或者动产毁损的，权利人可以请求修理、重作、更换或者恢复原状。

第三十七条 侵害物权，造成权利人损害的，权利人可以请求损害赔偿，也可以请求承担其他民事责任。

第三十八条 本章规定的物权保护方式，可以单独适用，也可以根据权利被侵害的情形合并适用。

侵害物权，除承担民事责任外，违反行政管理规定的，依法承担行政责任；

构成犯罪的，依法追究刑事责任。

第二编　所有权

第四章　一般规定

第三十九条　所有权人对自己的不动产或者动产，依法享有占有、使用、收益和处分的权利。

第四十条　所有权人有权在自己的不动产或者动产上设立用益物权和担保物权。用益物权人、担保物权人行使权利，不得损害所有权人的权益。

第四十一条　法律规定专属于国家所有的不动产和动产，任何单位和个人不能取得所有权。

第四十二条　为了公共利益的需要，依照法律规定的权限和程序可以征收集体所有的土地和单位、个人的房屋及其他不动产。

征收集体所有的土地，应当依法足额支付土地补偿费、安置补助费、地上附着物和青苗的补偿费等费用，安排被征地农民的社会保障费用，保障被征地农民的生活，维护被征地农民的合法权益。

征收单位、个人的房屋及其他不动产，应当依法给予拆迁补偿，维护被征收人的合法权益；征收个人住宅的，还应当保障被征收人的居住条件。

任何单位和个人不得贪污、挪用、私分、截留、拖欠征收补偿费等费用。

第四十三条　国家对耕地实行特殊保护，严格限制农用地转为建设用地，控制建设用地总量。不得违反法律规定的权限和程序征收集体所有的土地。

第四十四条　因抢险、救灾等紧急需要，依照法律规定的权限和程序可以征用单位、个人的不动产或者动产。被征用的不动产或者动产使用后，应当返还被征用人。单位、个人的不动产或者动产被征用或者征用后毁损、灭失的，应当给予补偿。

第五章　国家所有权和集体所有权、私人所有权

第四十五条　法律规定属于国家所有的财产，属于国家所有即全民所有。

国有财产由国务院代表国家行使所有权；法律另有规定的，依照其规定。

第四十六条　矿藏、水流、海域属于国家所有。

第四十七条 城市的土地，属于国家所有。法律规定属于国家所有的农村和城市郊区的土地，属于国家所有。

第四十八条 森林、山岭、草原、荒地、滩涂等自然资源，属于国家所有，但法律规定属于集体所有的除外。

第四十九条 法律规定属于国家所有的野生动植物资源，属于国家所有。

第五十条 无线电频谱资源属于国家所有。

第五十一条 法律规定属于国家所有的文物，属于国家所有。

第五十二条 国防资产属于国家所有。

铁路、公路、电力设施、电信设施和油气管道等基础设施，依照法律规定为国家所有的，属于国家所有。

第五十三条 国家机关对其直接支配的不动产和动产，享有占有、使用以及依照法律和国务院的有关规定处分的权利。

第五十四条 国家举办的事业单位对其直接支配的不动产和动产，享有占有、使用以及依照法律和国务院的有关规定收益、处分的权利。

第五十五条 国家出资的企业，由国务院、地方人民政府依照法律、行政法规规定分别代表国家履行出资人职责，享有出资人权益。

第五十六条 国家所有的财产受法律保护，禁止任何单位和个人侵占、哄抢、私分、截留、破坏。

第五十七条 履行国有财产管理、监督职责的机构及其工作人员，应当依法加强对国有财产的管理、监督，促进国有财产保值增值，防止国有财产损失；滥用职权，玩忽职守，造成国有财产损失的，应当依法承担法律责任。

违反国有财产管理规定，在企业改制、合并分立、关联交易等过程中，低价转让、合谋私分、擅自担保或者以其他方式造成国有财产损失的，应当依法承担法律责任。

第五十八条 集体所有的不动产和动产包括：

（一）法律规定属于集体所有的土地和森林、山岭、草原、荒地、滩涂；

（二）集体所有的建筑物、生产设施、农田水利设施；

（三）集体所有的教育、科学、文化、卫生、体育等设施；

（四）集体所有的其他不动产和动产。

第五十九条 农民集体所有的不动产和动产，属于本集体成员集体所有。

下列事项应当依照法定程序经本集体成员决定：

（一）土地承包方案以及将土地发包给本集体以外的单位或者个人承包；

（二）个别土地承包经营权人之间承包地的调整；

（三）土地补偿费等费用的使用、分配办法；

（四）集体出资的企业的所有权变动等事项；

（五）法律规定的其他事项。

第六十条 对于集体所有的土地和森林、山岭、草原、荒地、滩涂等，依照下列规定行使所有权：

（一）属于村农民集体所有的，由村集体经济组织或者村民委员会代表集体行使所有权；

（二）分别属于村内两个以上农民集体所有的，由村内各该集体经济组织或者村民小组代表集体行使所有权；

（三）属于乡镇农民集体所有的，由乡镇集体经济组织代表集体行使所有权。

第六十一条 城镇集体所有的不动产和动产，依照法律、行政法规的规定由本集体享有占有、使用、收益和处分的权利。

第六十二条 集体经济组织或者村民委员会、村民小组应当依照法律、行政法规以及章程、村规民约向本集体成员公布集体财产的状况。

第六十三条 集体所有的财产受法律保护，禁止任何单位和个人侵占、哄抢、私分、破坏。

集体经济组织、村民委员会或者其负责人作出的决定侵害集体成员合法权益的，受侵害的集体成员可以请求人民法院予以撤销。

第六十四条 私人对其合法的收入、房屋、生活用品、生产工具、原材料等不动产和动产享有所有权。

第六十五条 私人合法的储蓄、投资及其收益受法律保护。

国家依照法律规定保护私人的继承权及其他合法权益。

第六十六条 私人的合法财产受法律保护，禁止任何单位和个人侵占、哄抢、破坏。

第六十七条 国家、集体和私人依法可以出资设立有限责任公司、股份有限公司或者其他企业。国家、集体和私人所有的不动产或者动产，投到企业的，由出资人按照约定或者出资比例享有资产收益、重大决策以及选择经营管理者等权利并履行义务。

第六十八条 企业法人对其不动产和动产依照法律、行政法规以及章程享有占有、使用、收益和处分的权利。

企业法人以外的法人，对其不动产和动产的权利，适用有关法律、行政法规以及章程的规定。

第六十九条 社会团体依法所有的不动产和动产，受法律保护。

第六章 业主的建筑物区分所有权

第七十条 业主对建筑物内的住宅、经营性用房等专有部分享有所有权，对专有部分以外的共有部分享有共有和共同管理的权利。

第七十一条 业主对其建筑物专有部分享有占有、使用、收益和处分的权利。业主行使权利不得危及建筑物的安全，不得损害其他业主的合法权益。

第七十二条 业主对建筑物专有部分以外的共有部分，享有权利，承担义务；不得以放弃权利不履行义务。

业主转让建筑物内的住宅、经营性用房，其对共有部分享有的共有和共同管理的权利一并转让。

第七十三条 建筑区划内的道路，属于业主共有，但属于城镇公共道路的除外。建筑区划内的绿地，属于业主共有，但属于城镇公共绿地或者明示属于个人的除外。建筑区划内的其他公共场所、公用设施和物业服务用房，属于业主共有。

第七十四条 建筑区划内，规划用于停放汽车的车位、车库应当首先满足业主的需要。

建筑区划内，规划用于停放汽车的车位、车库的归属，由当事人通过出售、附赠或者出租等方式约定。

占用业主共有的道路或者其他场地用于停放汽车的车位，属于业主共有。

第七十五条 业主可以设立业主大会，选举业主委员会。

地方人民政府有关部门应当对设立业主大会和选举业主委员会给予指导和协助。

第七十六条 下列事项由业主共同决定：

（一）制定和修改业主大会议事规则；

（二）制定和修改建筑物及其附属设施的管理规约；

（三）选举业主委员会或者更换业主委员会成员；

（四）选聘和解聘物业服务企业或者其他管理人；

（五）筹集和使用建筑物及其附属设施的维修资金；

（六）改建、重建建筑物及其附属设施；

（七）有关共有和共同管理权利的其他重大事项。

决定前款第五项和第六项规定的事项，应当经专有部分占建筑物总面积三分之二以上的业主且占总人数三分之二以上的业主同意。决定前款其他事项，应当经专有部分占建筑物总面积过半数的业主且占总人数过半数的业主同意。

第七十七条 业主不得违反法律、法规以及管理规约，将住宅改变为经营性用房。业主将住宅改变为经营性用房的，除遵守法律、法规以及管理规约外，应当经有利害关系的业主同意。

第七十八条 业主大会或者业主委员会的决定，对业主具有约束力。

业主大会或者业主委员会作出的决定侵害业主合法权益的，受侵害的业主可以请求人民法院予以撤销。

第七十九条 建筑物及其附属设施的维修资金，属于业主共有。经业主共同决定，可以用于电梯、水箱等共有部分的维修。维修资金的筹集、使用情况应当公布。

第八十条 建筑物及其附属设施的费用分摊、收益分配等事项，有约定的，按照约定；没有约定或者约定不明确的，按照业主专有部分占建筑物总面积的比例确定。

第八十一条 业主可以自行管理建筑物及其附属设施，也可以委托物业服务企业或者其他管理人管理。

对建设单位聘请的物业服务企业或者其他管理人，业主有权依法更换。

第八十二条 物业服务企业或者其他管理人根据业主的委托管理建筑区划内的建筑物及其附属设施，并接受业主的监督。

第八十三条 业主应当遵守法律、法规以及管理规约。

业主大会和业主委员会，对任意弃置垃圾、排放污染物或者噪声、违反规定饲养动物、违章搭建、侵占通道、拒付物业费等损害他人合法权益的行为，有权依照法律、法规以及管理规约，要求行为人停止侵害、消除危险、排除妨害、赔偿损失。业主对侵害自己合法权益的行为，可以依法向人民法院提起诉讼。

第七章 相邻关系

第八十四条 不动产的相邻权利人应当按照有利生产、方便生活、团结互助、公平合理的原则，正确处理相邻关系。

第八十五条 法律、法规对处理相邻关系有规定的，依照其规定；法律、法规没有规定的，可以按照当地习惯。

第八十六条 不动产权利人应当为相邻权利人用水、排水提供必要的便利。

对自然流水的利用，应当在不动产的相邻权利人之间合理分配。对自然流水的排放，应当尊重自然流向。

第八十七条 不动产权利人对相邻权利人因通行等必须利用其土地的，应当提供必要的便利。

第八十八条 不动产权利人因建造、修缮建筑物以及铺设电线、电缆、水管、暖气和燃气管线等必须利用相邻土地、建筑物的，该土地、建筑物的权利人应当提供必要的便利。

第八十九条 建造建筑物，不得违反国家有关工程建设标准，妨碍相邻建筑物的通风、采光和日照。

第九十条 不动产权利人不得违反国家规定弃置固体废物，排放大气污染物、水污染物、噪声、光、电磁波辐射等有害物质。

第九十一条 不动产权利人挖掘土地、建造建筑物、铺设管线以及安装设备等，不得危及相邻不动产的安全。

第九十二条 不动产权利人因用水、排水、通行、铺设管线等利用相邻不动产的，应当尽量避免对相邻的不动产权利人造成损害；造成损害的，应当给予赔偿。

第八章 共有

第九十三条 不动产或者动产可以由两个以上单位、个人共有。共有包括按份共有和共同共有。

第九十四条 按份共有人对共有的不动产或者动产按照其份额享有所有权。

第九十五条 共同共有人对共有的不动产或者动产共同享有所有权。

第九十六条 共有人按照约定管理共有的不动产或者动产；没有约定或者约定不明确的，各共有人都有管理的权利和义务。

第九十七条 处分共有的不动产或者动产以及对共有的不动产或者动产作重大修缮的，应当经占份额三分之二以上的按份共有人或者全体共同共有人同意，但共有人之间另有约定的除外。

第九十八条 对共有物的管理费用以及其他负担，有约定的，按照约定；没有约定或者约定不明确的，按份共有人按照其份额负担，共同共有人共同负担。

第九十九条 共有人约定不得分割共有的不动产或者动产，以维持共有关系的，应当按照约定，但共有人有重大理由需要分割的，可以请求分割；没有约定或者约定不明确的，按份共有人可以随时请求分割，共同共有人在共有的基础丧失或者有重大理由需要分割时可以请求分割。因分割对其他共有人造成损害的，应当给予赔偿。

第一百条 共有人可以协商确定分割方式。达不成协议，共有的不动产或者动产可以分割并且不会因分割减损价值的，应当对实物予以分割；难以分割或者因分割会减损价值的，应当对折价或者拍卖、变卖取得的价款予以分割。

共有人分割所得的不动产或者动产有瑕疵的，其他共有人应当分担损失。

第一百零一条 按份共有人可以转让其享有的共有的不动产或者动产份额。其他共有人在同等条件下享有优先购买的权利。

第一百零二条 因共有的不动产或者动产产生的债权债务，在对外关系上，共有人享有连带债权、承担连带债务，但法律另有规定或者第三人知道共有人不具有连带债权债务关系的除外；在共有人内部关系上，除共有人另有约定外，按份共有人按照份额享有债权、承担债务，共同共有人共同享有债权、承担债务。偿还债务超过自己应当承担份额的按份共有人，有权向其他共有人追偿。

第一百零三条 共有人对共有的不动产或者动产没有约定为按份共有或者共同共有，或者约定不明确的，除共有人具有家庭关系等外，视为按份共有。

第一百零四条 按份共有人对共有的不动产或者动产享有的份额，没有约定或者约定不明确的，按照出资额确定；不能确定出资额的，视为等额享有。

第一百零五条 两个以上单位、个人共同享有用益物权、担保物权的，参照本章规定。

第九章　所有权取得的特别规定

第一百零六条 无处分权人将不动产或者动产转让给受让人的，所有权人有权追回；除法律另有规定外，符合下列情形的，受让人取得该不动产或者动产的所有权：

（一）受让人受让该不动产或者动产时是善意的；

（二）以合理的价格转让；

（三）转让的不动产或者动产依照法律规定应当登记的已经登记，不需要登记的已经交付给受让人。

受让人依照前款规定取得不动产或者动产的所有权的，原所有权人有权向无处分权人请求赔偿损失。

当事人善意取得其他物权的，参照前两款规定。

第一百零七条 所有权人或者其他权利人有权追回遗失物。该遗失物通过转让被他人占有的，权利人有权向无处分权人请求损害赔偿，或者自知道或者应当知道受让人之日起二年内向受让人请求返还原物，但受让人通过拍卖或者向具有经营资格的经营者购得该遗失物的，权利人请求返还原物时应当支付受让人所付的费用。权利人向受让人支付所付费用后，有权向无处分权人追偿。

第一百零八条 善意受让人取得动产后，该动产上的原有权利消灭，但善意受让人在受让时知道或者应当知道该权利的除外。

第一百零九条 拾得遗失物，应当返还权利人。拾得人应当及时通知权利人领取，或者送交公安等有关部门。

第一百一十条 有关部门收到遗失物，知道权利人的，应当及时通知其领取；不知道的，应当及时发布招领公告。

第一百一十一条 拾得人在遗失物送交有关部门前，有关部门在遗失物被领取前，应当妥善保管遗失物。因故意或者重大过失致使遗失物毁损、灭失的，应当承担民事责任。

第一百一十二条 权利人领取遗失物时，应当向拾得人或者有关部门支付保管遗失物等支出的必要费用。

权利人悬赏寻找遗失物的，领取遗失物时应当按照承诺履行义务。

拾得人侵占遗失物的，无权请求保管遗失物等支出的费用，也无权请求权利人按照承诺履行义务。

第一百一十三条 遗失物自发布招领公告之日起六个月内无人认领的，归国家所有。

第一百一十四条 拾得漂流物、发现埋藏物或者隐藏物的，参照拾得遗失物的有关规定。文物保护法等法律另有规定的，依照其规定。

第一百一十五条 主物转让的，从物随主物转让，但当事人另有约定的除外。

第一百一十六条 天然孳息，由所有权人取得；既有所有权人又有用益物权人的，由用益物权人取得。当事人另有约定的，按照约定。

法定孳息，当事人有约定的，按照约定取得；没有约定或者约定不明确的，按照交易习惯取得。

第三编　用益物权

第十章　一般规定

第一百一十七条　用益物权人对他人所有的不动产或者动产，依法享有占有、使用和收益的权利。

第一百一十八条　国家所有或者国家所有由集体使用以及法律规定属于集体所有的自然资源，单位、个人依法可以占有、使用和收益。

第一百一十九条　国家实行自然资源有偿使用制度，但法律另有规定的除外。

第一百二十条　用益物权人行使权利，应当遵守法律有关保护和合理开发利用资源的规定。所有权人不得干涉用益物权人行使权利。

第一百二十一条　因不动产或者动产被征收、征用致使用益物权消灭或者影响用益物权行使的，用益物权人有权依照本法第四十二条、第四十四条的规定获得相应补偿。

第一百二十二条　依法取得的海域使用权受法律保护。

第一百二十三条　依法取得的探矿权、采矿权、取水权和使用水域、滩涂从事养殖、捕捞的权利受法律保护。

第十一章　土地承包经营权

第一百二十四条　农村集体经济组织实行家庭承包经营为基础、统分结合的双层经营体制。

农民集体所有和国家所有由农民集体使用的耕地、林地、草地以及其他用于农业的土地，依法实行土地承包经营制度。

第一百二十五条　土地承包经营权人依法对其承包经营的耕地、林地、草地等享有占有、使用和收益的权利，有权从事种植业、林业、畜牧业等农业生产。

第一百二十六条　耕地的承包期为三十年。草地的承包期为三十年至五十年。林地的承包期为三十年至七十年；特殊林木的林地承包期，经国务院林业行政主管部门批准可以延长。

前款规定的承包期届满，由土地承包经营权人按照国家有关规定继续承包。

第一百二十七条 土地承包经营权自土地承包经营权合同生效时设立。

县级以上地方人民政府应当向土地承包经营权人发放土地承包经营权证、林权证、草原使用权证，并登记造册，确认土地承包经营权。

第一百二十八条 土地承包经营权人依照农村土地承包法的规定，有权将土地承包经营权采取转包、互换、转让等方式流转。流转的期限不得超过承包期的剩余期限。未经依法批准，不得将承包地用于非农建设。

第一百二十九条 土地承包经营权人将土地承包经营权互换、转让，当事人要求登记的，应当向县级以上地方人民政府申请土地承包经营权变更登记；未经登记，不得对抗善意第三人。

第一百三十条 承包期内发包人不得调整承包地。

因自然灾害严重毁损承包地等特殊情形，需要适当调整承包的耕地和草地的，应当依照农村土地承包法等法律规定办理。

第一百三十一条 承包期内发包人不得收回承包地。农村土地承包法等法律另有规定的，依照其规定。

第一百三十二条 承包地被征收的，土地承包经营权人有权依照本法第四十二条第二款的规定获得相应补偿。

第一百三十三条 通过招标、拍卖、公开协商等方式承包荒地等农村土地，依照农村土地承包法等法律和国务院的有关规定，其土地承包经营权可以转让、入股、抵押或者以其他方式流转。

第一百三十四条 国家所有的农用地实行承包经营的，参照本法的有关规定。

第十二章 建设用地使用权

第一百三十五条 建设用地使用权人依法对国家所有的土地享有占有、使用和收益的权利，有权利用该土地建造建筑物、构筑物及其附属设施。

第一百三十六条 建设用地使用权可以在土地的地表、地上或者地下分别设立。新设立的建设用地使用权，不得损害已设立的用益物权。

第一百三十七条 设立建设用地使用权，可以采取出让或者划拨等方式。

工业、商业、旅游、娱乐和商品住宅等经营性用地以及同一土地有两个以上意向用地者的，应当采取招标、拍卖等公开竞价的方式出让。

严格限制以划拨方式设立建设用地使用权。采取划拨方式的，应当遵守法律、行政法规关于土地用途的规定。

第一百三十八条 采取招标、拍卖、协议等出让方式设立建设用地使用权的，当事人应当采取书面形式订立建设用地使用权出让合同。

建设用地使用权出让合同一般包括下列条款：

（一）当事人的名称和住所；

（二）土地界址、面积等；

（三）建筑物、构筑物及其附属设施占用的空间；

（四）土地用途；

（五）使用期限；

（六）出让金等费用及其支付方式；

（七）解决争议的方法。

第一百三十九条 设立建设用地使用权的，应当向登记机构申请建设用地使用权登记。建设用地使用权自登记时设立。登记机构应当向建设用地使用权人发放建设用地使用权证书。

第一百四十条 建设用地使用权人应当合理利用土地，不得改变土地用途；需要改变土地用途的，应当依法经有关行政主管部门批准。

第一百四十一条 建设用地使用权人应当依照法律规定以及合同约定支付出让金等费用。

第一百四十二条 建设用地使用权人建造的建筑物、构筑物及其附属设施的所有权属于建设用地使用权人，但有相反证据证明的除外。

第一百四十三条 建设用地使用权人有权将建设用地使用权转让、互换、出资、赠与或者抵押，但法律另有规定的除外。

第一百四十四条 建设用地使用权转让、互换、出资、赠与或者抵押的，当事人应当采取书面形式订立相应的合同。使用期限由当事人约定，但不得超过建设用地使用权的剩余期限。

第一百四十五条 建设用地使用权转让、互换、出资或者赠与的，应当向登记机构申请变更登记。

第一百四十六条 建设用地使用权转让、互换、出资或者赠与的，附着于该土地上的建筑物、构筑物及其附属设施一并处分。

第一百四十七条 建筑物、构筑物及其附属设施转让、互换、出资或者赠与的，该建筑物、构筑物及其附属设施占用范围内的建设用地使用权一并处分。

第一百四十八条 建设用地使用权期间届满前，因公共利益需要提前收回该土地的，应当依照本法第四十二条的规定对该土地上的房屋及其他不动产给予补偿，并退还相应的出让金。

第一百四十九条 住宅建设用地使用权期间届满的，自动续期。

非住宅建设用地使用权期间届满后的续期，依照法律规定办理。该土地上的房屋及其他不动产的归属，有约定的，按照约定；没有约定或者约定不明确的，依照法律、行政法规的规定办理。

第一百五十条 建设用地使用权消灭的，出让人应当及时办理注销登记。登记机构应当收回建设用地使用权证书。

第一百五十一条 集体所有的土地作为建设用地的，应当依照土地管理法等法律规定办理。

第十三章 宅基地使用权

第一百五十二条 宅基地使用权人依法对集体所有的土地享有占有和使用的权利，有权依法利用该土地建造住宅及其附属设施。

第一百五十三条 宅基地使用权的取得、行使和转让，适用土地管理法等法律和国家有关规定。

第一百五十四条 宅基地因自然灾害等原因灭失的，宅基地使用权消灭。对失去宅基地的村民，应当重新分配宅基地。

第一百五十五条 已经登记的宅基地使用权转让或者消灭的，应当及时办理变更登记或者注销登记。

第十四章 地役权

第一百五十六条 地役权人有权按照合同约定，利用他人的不动产，以提高自己的不动产的效益。

前款所称他人的不动产为供役地，自己的不动产为需役地。

第一百五十七条 设立地役权，当事人应当采取书面形式订立地役权合同。

地役权合同一般包括下列条款：

（一）当事人的姓名或者名称和住所；

（二）供役地和需役地的位置；

（三）利用目的和方法；

（四）利用期限；

（五）费用及其支付方式；

（六）解决争议的方法。

第一百五十八条 地役权自地役权合同生效时设立。当事人要求登记的，可以向登记机构申请地役权登记；未经登记，不得对抗善意第三人。

第一百五十九条 供役地权利人应当按照合同约定，允许地役权人利用其土地，不得妨害地役权人行使权利。

第一百六十条 地役权人应当按照合同约定的利用目的和方法利用供役地，尽量减少对供役地权利人物权的限制。

第一百六十一条 地役权的期限由当事人约定，但不得超过土地承包经营权、建设用地使用权等用益物权的剩余期限。

第一百六十二条 土地所有权人享有地役权或者负担地役权的，设立土地承包经营权、宅基地使用权时，该土地承包经营权人、宅基地使用权人继续享有或者负担已设立的地役权。

第一百六十三条 土地上已设立土地承包经营权、建设用地使用权、宅基地使用权等权利的，未经用益物权人同意，土地所有权人不得设立地役权。

第一百六十四条 地役权不得单独转让。土地承包经营权、建设用地使用权等转让的，地役权一并转让，但合同另有约定的除外。

第一百六十五条 地役权不得单独抵押。土地承包经营权、建设用地使用权等抵押的，在实现抵押权时，地役权一并转让。

第一百六十六条 需役地以及需役地上的土地承包经营权、建设用地使用权部分转让时，转让部分涉及地役权的，受让人同时享有地役权。

第一百六十七条 供役地以及供役地上的土地承包经营权、建设用地使用权部分转让时，转让部分涉及地役权的，地役权对受让人具有约束力。

第一百六十八条 地役权人有下列情形之一的，供役地权利人有权解除地役权合同，地役权消灭：

（一）违反法律规定或者合同约定，滥用地役权；

（二）有偿利用供役地，约定的付款期间届满后在合理期限内经两次催告未支付费用。

第一百六十九条 已经登记的地役权变更、转让或者消灭的，应当及时办理变更登记或者注销登记。

第四编 担保物权

第十五章 一般规定

第一百七十条 担保物权人在债务人不履行到期债务或者发生当事人约定的实现担保物权的情形，依法享有就担保财产优先受偿的权利，但法律另有规定的除外。

第一百七十一条 债权人在借贷、买卖等民事活动中，为保障实现其债权，需要担保的，可以依照本法和其他法律的规定设立担保物权。

第三人为债务人向债权人提供担保的，可以要求债务人提供反担保。反担保适用本法和其他法律的规定。

第一百七十二条 设立担保物权，应当依照本法和其他法律的规定订立担保合同。担保合同是主债权债务合同的从合同。主债权债务合同无效，担保合同无效，但法律另有规定的除外。

担保合同被确认无效后，债务人、担保人、债权人有过错的，应当根据其过错各自承担相应的民事责任。

第一百七十三条 担保物权的担保范围包括主债权及其利息、违约金、损害赔偿金、保管担保财产和实现担保物权的费用。当事人另有约定的，按照约定。

第一百七十四条 担保期间，担保财产毁损、灭失或者被征收等，担保物权人可以就获得的保险金、赔偿金或者补偿金等优先受偿。被担保债权的履行期未届满的，也可以提存该保险金、赔偿金或者补偿金等。

第一百七十五条 第三人提供担保，未经其书面同意，债权人允许债务人转移全部或者部分债务的，担保人不再承担相应的担保责任。

第一百七十六条 被担保的债权既有物的担保又有人的担保的，债务人不履行到期债务或者发生当事人约定的实现担保物权的情形，债权人应当按照约定实现债权；没有约定或者约定不明确，债务人自己提供物的担保的，债权人应当先就该物的担保实现债权；第三人提供物的担保的，债权人可以就物的担保实现债权，也可以要求保证人承担保证责任。提供担保的第三人承担担保责任后，有权向债务人追偿。

第一百七十七条 有下列情形之一的，担保物权消灭：

（一）主债权消灭；

（二）担保物权实现；

（三）债权人放弃担保物权；

（四）法律规定担保物权消灭的其他情形。

第一百七十八条 担保法与本法的规定不一致的，适用本法。

第十六章 抵押权

第一节 一般抵押权

第一百七十九条 为担保债务的履行，债务人或者第三人不转移财产的占有，将该财产抵押给债权人的，债务人不履行到期债务或者发生当事人约定的实现抵押权的情形，债权人有权就该财产优先受偿。

前款规定的债务人或者第三人为抵押人，债权人为抵押权人，提供担保的财产为抵押财产。

第一百八十条 债务人或者第三人有权处分的下列财产可以抵押：

（一）建筑物和其他土地附着物；

（二）建设用地使用权；

（三）以招标、拍卖、公开协商等方式取得的荒地等土地承包经营权；

（四）生产设备、原材料、半成品、产品；

（五）正在建造的建筑物、船舶、航空器；

（六）交通运输工具；

（七）法律、行政法规未禁止抵押的其他财产。

抵押人可以将前款所列财产一并抵押。

第一百八十一条 经当事人书面协议，企业、个体工商户、农业生产经营者可以将现有的以及将有的生产设备、原材料、半成品、产品抵押，债务人不履行到期债务或者发生当事人约定的实现抵押权的情形，债权人有权就实现抵押权时的动产优先受偿。

第一百八十二条 以建筑物抵押的，该建筑物占用范围内的建设用地使用权一并抵押。以建设用地使用权抵押的，该土地上的建筑物一并抵押。

抵押人未依照前款规定一并抵押的，未抵押的财产视为一并抵押。

第一百八十三条 乡镇、村企业的建设用地使用权不得单独抵押。以乡镇、村企业的厂房等建筑物抵押的，其占用范围内的建设用地使用权一并抵押。

第一百八十四条 下列财产不得抵押：

（一）土地所有权；

（二）耕地、宅基地、自留地、自留山等集体所有的土地使用权，但法律规定可以抵押的除外；

（三）学校、幼儿园、医院等以公益为目的的事业单位、社会团体的教育设施、医疗卫生设施和其他社会公益设施；

（四）所有权、使用权不明或者有争议的财产；

（五）依法被查封、扣押、监管的财产；

（六）法律、行政法规规定不得抵押的其他财产。

第一百八十五条 设立抵押权，当事人应当采取书面形式订立抵押合同。

抵押合同一般包括下列条款：

（一）被担保债权的种类和数额；

（二）债务人履行债务的期限；

（三）抵押财产的名称、数量、质量、状况、所在地、所有权归属或者使用权归属；

（四）担保的范围。

第一百八十六条 抵押权人在债务履行期届满前，不得与抵押人约定债务人不履行到期债务时抵押财产归债权人所有。

第一百八十七条 以本法第一百八十条第一款第一项至第三项规定的财产或者第五项规定的正在建造的建筑物抵押的，应当办理抵押登记。抵押权自登记时设立。

第一百八十八条 以本法第一百八十条第一款第四项、第六项规定的财产或者第五项规定的正在建造的船舶、航空器抵押的，抵押权自抵押合同生效时设立；未经登记，不得对抗善意第三人。

第一百八十九条 企业、个体工商户、农业生产经营者以本法第一百八十一条规定的动产抵押的，应当向抵押人住所地的工商行政管理部门办理登记。抵押权自抵押合同生效时设立；未经登记，不得对抗善意第三人。

依照本法第一百八十一条规定抵押的，不得对抗正常经营活动中已支付合理价款并取得抵押财产的买受人。

第一百九十条 订立抵押合同前抵押财产已出租的，原租赁关系不受该抵押权的影响。抵押权设立后抵押财产出租的，该租赁关系不得对抗已登记的抵押权。

第一百九十一条 抵押期间，抵押人经抵押权人同意转让抵押财产的，应当将转让所得的价款向抵押权人提前清偿债务或者提存。转让的价款超过债权数额的部分归抵押人所有，不足部分由债务人清偿。

抵押期间，抵押人未经抵押权人同意，不得转让抵押财产，但受让人代为清偿债务消灭抵押权的除外。

第一百九十二条 抵押权不得与债权分离而单独转让或者作为其他债权的担保。债权转让的，担保该债权的抵押权一并转让，但法律另有规定或者当事人另有约定的除外。

第一百九十三条 抵押人的行为足以使抵押财产价值减少的，抵押权人有权要求抵押人停止其行为。抵押财产价值减少的，抵押权人有权要求恢复抵押财产的价值，或者提供与减少的价值相应的担保。抵押人不恢复抵押财产的价值也不提供担保的，抵押权人有权要求债务人提前清偿债务。

第一百九十四条 抵押权人可以放弃抵押权或者抵押权的顺位。抵押权人与抵押人可以协议变更抵押权顺位以及被担保的债权数额等内容，但抵押权的变更，未经其他抵押权人书面同意，不得对其他抵押权人产生不利影响。

债务人以自己的财产设定抵押，抵押权人放弃该抵押权、抵押权顺位或者变更抵押权的，其他担保人在抵押权人丧失优先受偿权益的范围内免除担保责任，但其他担保人承诺仍然提供担保的除外。

第一百九十五条 债务人不履行到期债务或者发生当事人约定的实现抵押权的情形，抵押权人可以与抵押人协议以抵押财产折价或者以拍卖、变卖该抵押财产所得的价款优先受偿。协议损害其他债权人利益的，其他债权人可以在知道或者应当知道撤销事由之日起一年内请求人民法院撤销该协议。

抵押权人与抵押人未就抵押权实现方式达成协议的，抵押权人可以请求人民法院拍卖、变卖抵押财产。

抵押财产折价或者变卖的，应当参照市场价格。

第一百九十六条 依照本法第一百八十一条规定设定抵押的，抵押财产自下列情形之一发生时确定：

（一）债务履行期届满，债权未实现；

（二）抵押人被宣告破产或者被撤销；

（三）当事人约定的实现抵押权的情形；

（四）严重影响债权实现的其他情形。

第一百九十七条 债务人不履行到期债务或者发生当事人约定的实现抵押权的情形，致使抵押财产被人民法院依法扣押的，自扣押之日起抵押权人有权收取该抵押财产的天然孳息或者法定孳息，但抵押权人未通知应当清偿法定孳息的义务人的除外。

前款规定的孳息应当先充抵收取孳息的费用。

第一百九十八条 抵押财产折价或者拍卖、变卖后，其价款超过债权数额的部分归抵押人所有，不足部分由债务人清偿。

第一百九十九条 同一财产向两个以上债权人抵押的，拍卖、变卖抵押财产所得的价款依照下列规定清偿：

（一）抵押权已登记的，按照登记的先后顺序清偿；顺序相同的，按照债权比例清偿；

（二）抵押权已登记的先于未登记的受偿；

（三）抵押权未登记的，按照债权比例清偿。

第二百条 建设用地使用权抵押后，该土地上新增的建筑物不属于抵押财产。该建设用地使用权实现抵押权时，应当将该土地上新增的建筑物与建设用地使用权一并处分，但新增建筑物所得的价款，抵押权人无权优先受偿。

第二百零一条 依照本法第一百八十条第一款第三项规定的土地承包经营权抵押的，或者依照本法第一百八十三条规定以乡镇、村企业的厂房等建筑物占用范围内的建设用地使用权一并抵押的，实现抵押权后，未经法定程序，不得改变土地所有权的性质和土地用途。

第二百零二条 抵押权人应当在主债权诉讼时效期间行使抵押权；未行使的，人民法院不予保护。

第二节 最高额抵押权

第二百零三条 为担保债务的履行，债务人或者第三人对一定期间内将要连续发生的债权提供担保财产的，债务人不履行到期债务或者发生当事人约定的实现抵押权的情形，抵押权人有权在最高债权额限度内就该担保财产优先受偿。

最高额抵押权设立前已经存在的债权，经当事人同意，可以转入最高额抵押担保的债权范围。

第二百零四条 最高额抵押担保的债权确定前，部分债权转让的，最高额抵押权不得转让，但当事人另有约定的除外。

第二百零五条 最高额抵押担保的债权确定前，抵押权人与抵押人可以通过协议变更债权确定的期间、债权范围以及最高债权额，但变更的内容不得对其他抵押权人产生不利影响。

第二百零六条 有下列情形之一的，抵押权人的债权确定：

（一）约定的债权确定期间届满；

（二）没有约定债权确定期间或者约定不明确，抵押权人或者抵押人自最高额抵押权设立之日起满二年后请求确定债权；

（三）新的债权不可能发生；

（四）抵押财产被查封、扣押；

（五）债务人、抵押人被宣告破产或者被撤销；

（六）法律规定债权确定的其他情形。

第二百零七条 最高额抵押权除适用本节规定外，适用本章第一节一般抵押权的规定。

第十七章 质权

第一节 动产质权

第二百零八条 为担保债务的履行，债务人或者第三人将其动产出质给债权人占有的，债务人不履行到期债务或者发生当事人约定的实现质权的情形，债权人有权就该动产优先受偿。

前款规定的债务人或者第三人为出质人，债权人为质权人，交付的动产为质押财产。

第二百零九条 法律、行政法规禁止转让的动产不得出质。

第二百一十条 设立质权，当事人应当采取书面形式订立质权合同。

质权合同一般包括下列条款：

（一）被担保债权的种类和数额；

（二）债务人履行债务的期限；

（三）质押财产的名称、数量、质量、状况；

（四）担保的范围；

（五）质押财产交付的时间。

第二百一十一条 质权人在债务履行期届满前，不得与出质人约定债务人不履行到期债务时质押财产归债权人所有。

第二百一十二条 质权自出质人交付质押财产时设立。

第二百一十三条 质权人有权收取质押财产的孳息，但合同另有约定的除外。

前款规定的孳息应当先充抵收取孳息的费用。

第二百一十四条 质权人在质权存续期间，未经出质人同意，擅自使用、处分质押财产，给出质人造成损害的，应当承担赔偿责任。

第二百一十五条 质权人负有妥善保管质押财产的义务；因保管不善致使质押财产毁损、灭失的，应当承担赔偿责任。

质权人的行为可能使质押财产毁损、灭失的，出质人可以要求质权人将质押财产提存，或者要求提前清偿债务并返还质押财产。

第二百一十六条 因不能归责于质权人的事由可能使质押财产毁损或者价值明显减少，足以危害质权人权利的，质权人有权要求出质人提供相应的担保；出质人不提供的，质权人可以拍卖、变卖质押财产，并与出质人通过协议将拍卖、变卖所得的价款提前清偿债务或者提存。

第二百一十七条 质权人在质权存续期间，未经出质人同意转质，造成质押财产毁损、灭失的，应当向出质人承担赔偿责任。

第二百一十八条 质权人可以放弃质权。债务人以自己的财产出质，质权人放弃该质权的，其他担保人在质权人丧失优先受偿权益的范围内免除担保责任，但其他担保人承诺仍然提供担保的除外。

第二百一十九条 债务人履行债务或者出质人提前清偿所担保的债权的，质权人应当返还质押财产。

债务人不履行到期债务或者发生当事人约定的实现质权的情形，质权人可以与出质人协议以质押财产折价，也可以就拍卖、变卖质押财产所得的价款优先受偿。

质押财产折价或者变卖的，应当参照市场价格。

第二百二十条 出质人可以请求质权人在债务履行期届满后及时行使质权；质权人不行使的，出质人可以请求人民法院拍卖、变卖质押财产。

出质人请求质权人及时行使质权，因质权人怠于行使权利造成损害的，由质权人承担赔偿责任。

第二百二十一条 质押财产折价或者拍卖、变卖后，其价款超过债权数额的部分归出质人所有，不足部分由债务人清偿。

第二百二十二条 出质人与质权人可以协议设立最高额质权。

最高额质权除适用本节有关规定外，参照本法第十六章第二节最高额抵押权的规定。

第二节 权利质权

第二百二十三条 债务人或者第三人有权处分的下列权利可以出质：

（一）汇票、支票、本票；

（二）债券、存款单；

（三）仓单、提单；

（四）可以转让的基金份额、股权；

（五）可以转让的注册商标专用权、专利权、著作权等知识产权中的财产权；

（六）应收账款；

（七）法律、行政法规规定可以出质的其他财产权利。

第二百二十四条 以汇票、支票、本票、债券、存款单、仓单、提单出质的，当事人应当订立书面合同。质权自权利凭证交付质权人时设立；没有权利凭证的，质权自有关部门办理出质登记时设立。

第二百二十五条 汇票、支票、本票、债券、存款单、仓单、提单的兑现日期或者提货日期先于主债权到期的，质权人可以兑现或者提货，并与出质人协议将兑现的价款或者提取的货物提前清偿债务或者提存。

第二百二十六条 以基金份额、股权出质的，当事人应当订立书面合同。以基金份额、证券登记结算机构登记的股权出质的，质权自证券登记结算机构办理出质登记时设立；以其他股权出质的，质权自工商行政管理部门办理出质登记时设立。

基金份额、股权出质后，不得转让，但经出质人与质权人协商同意的除外。出质人转让基金份额、股权所得的价款，应当向质权人提前清偿债务或者提存。

第二百二十七条 以注册商标专用权、专利权、著作权等知识产权中的财产权出质的，当事人应当订立书面合同。质权自有关主管部门办理出质登记时设立。

知识产权中的财产权出质后，出质人不得转让或者许可他人使用，但经出质人与质权人协商同意的除外。出质人转让或者许可他人使用出质的知识产权中的财产权所得的价款，应当向质权人提前清偿债务或者提存。

第二百二十八条 以应收账款出质的，当事人应当订立书面合同。质权自信贷征信机构办理出质登记时设立。

应收账款出质后，不得转让，但经出质人与质权人协商同意的除外。出质人转让应收账款所得的价款，应当向质权人提前清偿债务或者提存。

第二百二十九条 权利质权除适用本节规定外，适用本章第一节动产质权的规定。

第十八章 留置权

第二百三十条 债务人不履行到期债务，债权人可以留置已经合法占有的债务人的动产，并有权就该动产优先受偿。

前款规定的债权人为留置权人，占有的动产为留置财产。

第二百三十一条 债权人留置的动产，应当与债权属于同一法律关系，但企业之间留置的除外。

第二百三十二条 法律规定或者当事人约定不得留置的动产，不得留置。

第二百三十三条 留置财产为可分物的，留置财产的价值应当相当于债务的金额。

第二百三十四条 留置权人负有妥善保管留置财产的义务；因保管不善致使留置财产毁损、灭失的，应当承担赔偿责任。

第二百三十五条 留置权人有权收取留置财产的孳息。

前款规定的孳息应当先充抵收取孳息的费用。

第二百三十六条 留置权人与债务人应当约定留置财产后的债务履行期间；没有约定或者约定不明确的，留置权人应当给债务人两个月以上履行债务的期间，但鲜活易腐等不易保管的动产除外。债务人逾期未履行的，留置权人可以与债务人协议以留置财产折价，也可以就拍卖、变卖留置财产所得的价款优先受偿。

留置财产折价或者变卖的，应当参照市场价格。

第二百三十七条 债务人可以请求留置权人在债务履行期届满后行使留置权；留置权人不行使的，债务人可以请求人民法院拍卖、变卖留置财产。

第二百三十八条 留置财产折价或者拍卖、变卖后，其价款超过债权数额的部分归债务人所有，不足部分由债务人清偿。

第二百三十九条 同一动产上已设立抵押权或者质权，该动产又被留置的，留置权人优先受偿。

第二百四十条 留置权人对留置财产丧失占有或者留置权人接受债务人另行提供担保的，留置权消灭。

第五编　占有

第十九章　占有

第二百四十一条 基于合同关系等产生的占有，有关不动产或者动产的使用、收益、违约责任等，按照合同约定；合同没有约定或者约定不明确的，依照有关法律规定。

第二百四十二条 占有人因使用占有的不动产或者动产，致使该不动产或者动产受到损害的，恶意占有人应当承担赔偿责任。

第二百四十三条 不动产或者动产被占有人占有的，权利人可以请求返还原物及其孳息，但应当支付善意占有人因维护该不动产或者动产支出的必要费用。

第二百四十四条 占有的不动产或者动产毁损、灭失，该不动产或者动产的权利人请求赔偿的，占有人应当将因毁损、灭失取得的保险金、赔偿金或者补偿金等返还给权利人；权利人的损害未得到足够弥补的，恶意占有人还应当赔偿损失。

第二百四十五条 占有的不动产或者动产被侵占的，占有人有权请求返还原物；对妨害占有的行为，占有人有权请求排除妨害或者消除危险；因侵占或者妨害造成损害的，占有人有权请求损害赔偿。

占有人返还原物的请求权，自侵占发生之日起一年内未行使的，该请求权消灭。

第六编 附则

第二百四十六条 法律、行政法规对不动产统一登记的范围、登记机构和登记办法作出规定前，地方性法规可以依照本法有关规定作出规定。

第二百四十七条 本法自 2007 年 10 月 1 日起施行。

中华人民共和国土地管理法

（1986年6月25日第六届全国人民代表大会常务委员会第十六次会议通过 根据1988年12月29日第七届全国人民代表大会常务委员会第五次会议《关于修改〈中华人民共和国土地管理法〉的决定》第一次修正 1998年8月29日第九届全国人民代表大会常务委员会第四次会议修订 根据2004年8月28日第十届全国人民代表大会常务委员会第十一次会议《关于修改〈中华人民共和国土地管理法〉的决定》第二次修正）。

《全国人民代表大会常务委员会关于修改〈中华人民共和国土地管理法〉的决定》已由中华人民共和国第十届全国人民代表大会常务委员会第十一次会议于2004年8月28日通过，现予公布，自公布之日起施行。

第一章　总则

第一条　为了加强土地管理，维护土地的社会主义公有制，保护、开发土地资源，合理利用土地，切实保护耕地，促进社会经济的可持续发展，根据宪法，制定本法。

第二条　中华人民共和国实行土地的社会主义公有制，即全民所有制和劳动群众集体所有制。

全民所有，即国家所有土地的所有权由国务院代表国家行使。

任何单位和个人不得侵占、买卖或者以其他形式非法转让土地。土地使用权可以依法转让。

国家为了公共利益的需要，可以依法对土地实行征收或者征用并给予补偿。

国家依法实行国有土地有偿使用制度。但是，国家在法律规定的范围内划拨国有土地使用权的除外。

第三条　十分珍惜、合理利用土地和切实保护耕地是我国的基本国策。各级人民政府应当采取措施，全面规划，严格管理，保护、开发土地资源，制止非法占用土地的行为。

第四条 国家实行土地用途管制制度。

国家编制土地利用总体规划，规定土地用途，将土地分为农用地、建设用地和未利用地。严格限制农用地转为建设用地，控制建设用地总量，对耕地实行特殊保护。

前款所称农用地是指直接用于农业生产的土地，包括耕地、林地、草地、农田水利用地、养殖水面等；建设用地是指建造建筑物、构筑物的土地，包括城乡住宅和公共设施用地、工矿用地、交通水利设施用地、旅游用地、军事设施用地等；未利用地是指农用地和建设用地以外的土地。

使用土地的单位和个人必须严格按照土地利用总体规划确定的用途使用土地。

第五条 国务院土地行政主管部门统一负责全国土地的管理和监督工作。

县级以上地方人民政府土地行政主管部门的设置及其职责，由省、自治区、直辖市人民政府根据国务院有关规定确定。

第六条 任何单位和个人都有遵守土地管理法律、法规的义务，并有权对违反土地管理法律、法规的行为提出检举和控告。

第七条 在保护和开发土地资源、合理利用土地以及进行有关的科学研究等方面成绩显著的单位和个人，由人民政府给予奖励。

第二章 土地的所有权和使用权

第八条 城市市区的土地属于国家所有。

农村和城市郊区的土地，除由法律规定属于国家所有的以外，属于农民集体所有；宅基地和自留地、自留山，属于农民集体所有。

第九条 国有土地和农民集体所有的土地，可以依法确定给单位或者个人使用。使用土地的单位和个人，有保护、管理和合理利用土地的义务。

第十条 农民集体所有的土地依法属于村农民集体所有的，由村集体经济组织或者村民委员会经营、管理；已经分别属于村内两个以上农村集体经济组织的农民集体所有的，由村内各该农村集体经济组织或者村民小组经营、管理；已经属于乡（镇）农民集体所有的，由乡（镇）农村集体经济组织经营、管理。

第十一条 农民集体所有的土地，由县级人民政府登记造册，核发证书，确认所有权。

农民集体所有的土地依法用于非农业建设的，由县级人民政府登记造册，核发证书，确认建设用地使用权。

单位和个人依法使用的国有土地，由县级以上人民政府登记造册，核发证书，确认使用权；其中，中央国家机关使用的国有土地的具体登记发证机关，由国务院确定。

确认林地、草原的所有权或者使用权，确认水面、滩涂的养殖使用权，分别依照《中华人民共和国森林法》、《中华人民共和国草原法》和《中华人民共和国渔业法》的有关规定办理。

第十二条 依法改变土地权属和用途的，应当办理土地变更登记手续。

第十三条 依法登记的土地的所有权和使用权受法律保护，任何单位和个人不得侵犯。

第十四条 农民集体所有的土地由本集体经济组织的成员承包经营，从事种植业、林业、畜牧业、渔业生产。土地承包经营期限为三十年。发包方和承包方应当订立承包合同，约定双方的权利和义务。承包经营土地的农民有保护和按照承包合同约定的用途合理利用土地的义务。农民的土地承包经营权受法律保护。

在土地承包经营期限内，对个别承包经营者之间承包的土地进行适当调整的，必须经村民会议三分之二以上成员或者三分之二以上村民代表的同意，并报乡（镇）人民政府和县级人民政府农业行政主管部门批准。

第十五条 国有土地可以由单位或者个人承包经营，从事种植业、林业、畜牧业、渔业生产。农民集体所有的土地，可以由本集体经济组织以外的单位或者个人承包经营，从事种植业、林业、畜牧业、渔业生产。发包方和承包方应当订立承包合同，约定双方的权利和义务。土地承包经营的期限由承包合同约定。承包经营土地的单位和个人，有保护和按照承包合同约定的用途合理利用土地的义务。

农民集体所有的土地由本集体经济组织以外的单位或者个人承包经营的，必须经村民会议三分之二以上成员或者三分之二以上村民代表的同意，并报乡（镇）人民政府批准。

第十六条 土地所有权和使用权争议，由当事人协商解决；协商不成的，由人民政府处理。

单位之间的争议，由县级以上人民政府处理；个人之间、个人与单位之间的争议，由乡级人民政府或者县级以上人民政府处理。

当事人对有关人民政府的处理决定不服的，可以自接到处理决定通知之日起三十日内，向人民法院起诉。

在土地所有权和使用权争议解决前，任何一方不得改变土地利用现状。

第三章　土地利用总体规划

第十七条　各级人民政府应当依据国民经济和社会发展规划、国土整治和资源环境保护的要求、土地供给能力以及各项建设对土地的需求，组织编制土地利用总体规划。

土地利用总体规划的规划期限由国务院规定。

第十八条　下级土地利用总体规划应当依据上一级土地利用总体规划编制。

地方各级人民政府编制的土地利用总体规划中的建设用地总量不得超过上一级土地利用总体规划确定的控制指标，耕地保有量不得低于上一级土地利用总体规划确定的控制指标。

省、自治区、直辖市人民政府编制的土地利用总体规划，应当确保本行政区域内耕地总量不减少。

第十九条　土地利用总体规划按照下列原则编制：

（一）严格保护基本农田，控制非农业建设占用农用地；

（二）提高土地利用率；

（三）统筹安排各类、各区域用地；

（四）保护和改善生态环境，保障土地的可持续利用；

（五）占用耕地与开发复垦耕地相平衡。

第二十条　县级土地利用总体规划应当划分土地利用区，明确土地用途。

乡（镇）土地利用总体规划应当划分土地利用区，根据土地使用条件，确定每一块土地的用途，并予以公告。

第二十一条　土地利用总体规划实行分级审批。

省、自治区、直辖市的土地利用总体规划，报国务院批准。

省、自治区人民政府所在地的市、人口在一百万以上的城市以及国务院指定的城市的土地利用总体规划，经省、自治区人民政府审查同意后，报国务院批准。

本条第二款、第三款规定以外的土地利用总体规划，逐级上报省、自治区、直辖市人民政府批准；其中，乡（镇）土地利用总体规划可以由省级人民政府授权的设区的市、自治州人民政府批准。

土地利用总体规划一经批准，必须严格执行。

第二十二条 城市建设用地规模应当符合国家规定的标准，充分利用现有建设用地，不占或者尽量少占农用地。

城市总体规划、村庄和集镇规划，应当与土地利用总体规划相衔接，城市总体规划、村庄和集镇规划中建设用地规模不得超过土地利用总体规划确定的城市和村庄、集镇建设用地规模。

在城市规划区内、村庄和集镇规划区内，城市和村庄、集镇建设用地应当符合城市规划、村庄和集镇规划。

第二十三条 江河、湖泊综合治理和开发利用规划，应当与土地利用总体规划相衔接。在江河、湖泊、水库的管理和保护范围以及蓄洪滞洪区内，土地利用应当符合江河、湖泊综合治理和开发利用规划，符合河道、湖泊行洪、蓄洪和输水的要求。

第二十四条 各级人民政府应当加强土地利用计划管理，实行建设用地总量控制。

土地利用年度计划，根据国民经济和社会发展计划、国家产业政策、土地利用总体规划以及建设用地和土地利用的实际状况编制。土地利用年度计划的编制审批程序与土地利用总体规划的编制审批程序相同，一经审批下达，必须严格执行。

第二十五条 省、自治区、直辖市人民政府应当将土地利用年度计划的执行情况列为国民经济和社会发展计划执行情况的内容，向同级人民代表大会报告。

第二十六条 经批准的土地利用总体规划的修改，须经原批准机关批准；未经批准，不得改变土地利用总体规划确定的土地用途。

经国务院批准的大型能源、交通、水利等基础设施建设用地，需要改变土地利用总体规划的，根据国务院的批准文件修改土地利用总体规划。

经省、自治区、直辖市人民政府批准的能源、交通、水利等基础设施建设用地，需要改变土地利用总体规划的，属于省级人民政府土地利用总体规划批准权限内的，根据省级人民政府的批准文件修改土地利用总体规划。

第二十七条 国家建立土地调查制度。

县级以上人民政府土地行政主管部门会同同级有关部门进行土地调查。土地所有者或者使用者应当配合调查，并提供有关资料。

第二十八条 县级以上人民政府土地行政主管部门会同同级有关部门根据土地调查成果、规划土地用途和国家制定的统一标准，评定土地等级。

第二十九条 国家建立土地统计制度。

县级以上人民政府土地行政主管部门和同级统计部门共同制定统计调查方案，依法进行土地统计，定期发布土地统计资料。土地所有者或者使用者应当提供有关资料，不得虚报、瞒报、拒报、迟报。

土地行政主管部门和统计部门共同发布的土地面积统计资料是各级人民政府编制土地利用总体规划的依据。

第三十条 国家建立全国土地管理信息系统，对土地利用状况进行动态监测。

第四章 耕地保护

第三十一条 国家保护耕地，严格控制耕地转为非耕地。

国家实行占用耕地补偿制度。非农业建设经批准占用耕地的，按照“占多少，垦多少”的原则，由占用耕地的单位负责开垦与所占用耕地的数量和质量相当的耕地；没有条件开垦或者开垦的耕地不符合要求的，应当按照省、自治区、直辖市的规定缴纳耕地开垦费，专款用于开垦新的耕地。

省、自治区、直辖市人民政府应当制定开垦耕地计划，监督占用耕地的单位按照计划开垦耕地或者按照计划组织开垦耕地，并进行验收。

第三十二条 县级以上地方人民政府可以要求占用耕地的单位将所占用耕地耕作层的土壤用于新开垦耕地、劣质地或者其他耕地的土壤改良。

第三十三条 省、自治区、直辖市人民政府应当严格执行土地利用总体规划和土地利用年度计划，采取措施，确保本行政区域内耕地总量不减少；耕地总量减少的，由国务院责令在规定期限内组织开垦与所减少耕地的数量与质量相当的耕地，并由国务院土地行政主管部门会同农业行政主管部门验收。个别省、直辖市确因土地后备资源匮乏，新增建设用地后，新开垦耕地的数量不足以补偿所占用耕地的数量的，必须报经国务院批准减免本行政区域内开垦耕地的数量，进行易地开垦。

第三十四条 国家实行基本农田保护制度。下列耕地应当根据土地利用总体规划划入基本农田保护区，严格管理：

（一）经国务院有关主管部门或者县级以上地方人民政府批准确定的粮、棉、油生产基地内的耕地；

（二）有良好的水利与水土保持设施的耕地，正在实施改造计划以及可以改造的中、低产田；

（三）蔬菜生产基地；

（四）农业科研、教学试验田；

（五）国务院规定应当划入基本农田保护区的其他耕地。

各省、自治区、直辖市划定的基本农田应当占本行政区域内耕地的百分之八十以上。

基本农田保护区以乡（镇）为单位进行划区定界，由县级人民政府土地行政主管部门会同同级农业行政主管部门组织实施。

第三十五条 各级人民政府应当采取措施，维护排灌工程设施，改良土壤，提高地力，防止土地荒漠化、盐渍化、水土流失和污染土地。

第三十六条 非农业建设必须节约使用土地，可以利用荒地的，不得占用耕地；可以利用劣地的，不得占用好地。

禁止占用耕地建窑、建坟或者擅自在耕地上建房、挖砂、采石、采矿、取土等。

禁止占用基本农田发展林果业和挖塘养鱼。

第三十七条 禁止任何单位和个人闲置、荒芜耕地。已经办理审批手续的非农业建设占用耕地，一年内不用而又可以耕种并收获的，应当由原耕种该幅耕地的集体或者个人恢复耕种，也可以由用地单位组织耕种；一年以上未动工建设的，应当按照省、自治区、直辖市的规定缴纳闲置费；连续二年未使用的，经原批准机关批准，由县级以上人民政府无偿收回用地单位的土地使用权；该幅土地原为农民集体所有的，应当交由原农村集体经济组织恢复耕种。

在城市规划区范围内，以出让方式取得土地使用权进行房地产开发的闲置土地，依照《中华人民共和国城市房地产管理法》的有关规定办理。

承包经营耕地的单位或者个人连续二年弃耕抛荒的，原发包单位应当终止承包合同，收回发包的耕地。

第三十八条 国家鼓励单位和个人按照土地利用总体规划，在保护和改善生态环境、防止水土流失和土地荒漠化的前提下，开发未利用的土地；适宜开发为农用地的，应当优先开发成农用地。

国家依法保护开发者的合法权益。

第三十九条 开垦未利用的土地，必须经过科学论证和评估，在土地利用总体规划划定的可开垦的区域内，经依法批准后进行。禁止毁坏森林、草原开垦耕地，禁止围湖造田和侵占江河滩地。

根据土地利用总体规划，对破坏生态环境开垦、围垦的土地，有计划有步骤地退耕还林、还牧、还湖。

第四十条 开发未确定使用权的国有荒山、荒地、荒滩从事种植业、林业、畜牧业、渔业生产的，经县级以上人民政府依法批准，可以确定给开发单位或者个人长期使用。

第四十一条 国家鼓励土地整理。县、乡（镇）人民政府应当组织农村集体经济组织，按照土地利用总体规划，对田、水、路、林、村综合整治，提高耕地质量，增加有效耕地面积，改善农业生产条件和生态环境。

地方各级人民政府应当采取措施，改造中、低产田，整治闲散地和废弃地。

第四十二条 因挖损、塌陷、压占等造成土地破坏，用地单位和个人应当按照国家有关规定负责复垦；没有条件复垦或者复垦不符合要求的，应当缴纳土地复垦费，专项用于土地复垦。复垦的土地应当优先用于农业。

第五章 建设用地

第四十三条 任何单位和个人进行建设，需要使用土地的，必须依法申请使用国有土地；但是，兴办乡镇企业和村民建设住宅经依法批准使用本集体经济组织农民集体所有的土地的，或者乡（镇）村公共设施和公益事业建设经依法批准使用农民集体所有的土地的除外。

前款所称依法申请使用的国有土地包括国家所有的土地和国家征收的原属于农民集体所有的土地。

第四十四条 建设占用土地，涉及农用地转为建设用地的，应当办理农用地转用审批手续。

省、自治区、直辖市人民政府批准的道路、管线工程和大型基础设施建设项目、国务院批准的建设项目占用土地，涉及农用地转为建设用地的，由国务院批准。

在土地利用总体规划确定的城市和村庄、集镇建设用地规模范围内，为实施该规划而将农用地转为建设用地的，按土地利用年度计划分批次由原批准土地利用总体规划的机关批准。在已批准的农用地转用范围内，具体建设项目用地可以由市、县人民政府批准。

本条第二款、第三款规定以外的建设项目占用土地，涉及农用地转为建设用地的，由省、自治区、直辖市人民政府批准。

第四十五条 征收下列土地的，由国务院批准：

（一）基本农田；

（二）基本农田以外的耕地超过三十五公顷的；

（三）其他土地超过七十公顷的。

征收前款规定以外的土地的，由省、自治区、直辖市人民政府批准，并报国务院备案。

征收农用地的，应当依照本法第四十四条的规定先行办理农用地转用审批。其中，经国务院批准农用地转用的，同时办理征地审批手续，不再另行办理征地审批；经省、自治区、直辖市人民政府在征地批准权限内批准农用地转用的，同时办理征地审批手续，不再另行办理征地审批，超过征地批准权限的，应当依照本条第一款的规定另行办理征地审批。

第四十六条 国家征收土地的，依照法定程序批准后，由县级以上地方人民政府予以公告并组织实施。

被征收土地的所有权人、使用权人应当在公告规定期限内，持土地权属证书到当地人民政府土地行政主管部门办理征地补偿登记。

第四十七条 征收土地的，按照被征收土地的原用途给予补偿。

征收耕地的补偿费用包括土地补偿费、安置补助费以及地上附着物和青苗的补偿费。征收耕地的土地补偿费，为该耕地被征收前三年平均年产值的六至十倍。征收耕地的安置补助费，按照需要安置的农业人口数计算。需要安置的农业人口数，按照被征收的耕地数量除以征地前被征收单位平均每人占有耕地的数量计算。每一个需要安置的农业人口的安置补助费标准，为该耕地被征收前三年平均年产值的四至六倍。但是，每公顷被征收耕地的安置补助费，最高不得超过被征收前三年平均年产值的十五倍。

征收其他土地的土地补偿费和安置补助费标准，由省、自治区、直辖市参照征收耕地的土地补偿费和安置补助费的标准规定。

被征收土地上的附着物和青苗的补偿标准，由省、自治区、直辖市规定。

征收城市郊区的菜地，用地单位应当按照国家有关规定缴纳新菜地开发建设基金。

依照本条第二款的规定支付土地补偿费和安置补助费，尚不能使需要安置的农民保持原有生活水平的，经省、自治区、直辖市人民政府批准，可以增加安置补助费。但是，土地补偿费和安置补助费的总和不得超过土地被征收前三年平均年产值的三十倍。

国务院根据社会、经济发展水平，在特殊情况下，可以提高征收耕地的土地补偿费和安置补助费的标准。

第四十八条 征地补偿安置方案确定后，有关地方人民政府应当公告，并听取被征地的农村集体经济组织和农民的意见。

第四十九条 被征地的农村集体经济组织应当将征收土地的补偿费用的收支状况向本集体经济组织的成员公布，接受监督。

禁止侵占、挪用被征收土地单位的征地补偿费用和其他有关费用。

第五十条 地方各级人民政府应当支持被征地的农村集体经济组织和农民从事开发经营，兴办企业。

第五十一条 大中型水利、水电工程建设征收土地的补偿费标准和移民安置办法，由国务院另行规定。

第五十二条 建设项目可行性研究论证时，土地行政主管部门可以根据土地利用总体规划、土地利用年度计划和建设用地标准，对建设用地有关事项进行审查，并提出意见。

第五十三条 经批准的建设项目需要使用国有建设用地的，建设单位应当持法律、行政法规规定的有关文件，向有批准权的县级以上人民政府土地行政主管部门提出建设用地申请，经土地行政主管部门审查，报本级人民政府批准。

第五十四条 建设单位使用国有土地，应当以出让等有偿使用方式取得；但是，下列建设用地，经县级以上人民政府依法批准，可以以划拨方式取得：

（一）国家机关用地和军事用地；

（二）城市基础设施用地和公益事业用地；

（三）国家重点扶持的能源、交通、水利等基础设施用地；

（四）法律、行政法规规定的其他用地。

第五十五条 以出让等有偿使用方式取得国有土地使用权的建设单位，按照国务院规定的标准和办法，缴纳土地使用权出让金等土地有偿使用费和其他费用后，方可使用土地。

自本法施行之日起，新增建设用地的土地有偿使用费，百分之三十上缴中央财政，百分之七十留给有关地方人民政府，都专项用于耕地开发。

第五十六条 建设单位使用国有土地的，应当按照土地使用权出让等有偿使用合同的约定或者土地使用权划拨批准文件的规定使用土地；确需改变该幅土地建设用途的，应当经有关人民政府土地行政主管部门同意，报原批准用地的人民政府批准。其中，在城市规划区内改变土地用途的，在报批前，应当先经有关城市规划行政主管部门同意。

第五十七条 建设项目施工和地质勘查需要临时使用国有土地或者农民集体所有的土地的，由县级以上人民政府土地行政主管部门批准。其中，在城市规划区内的临时用地，在报批前，应当先经有关城市规划行政主管部门同意。土地使用者应当根据土地权属，与有关土地行政主管部门或者农村集体经济组织、村民委员会签订临时使用土地合同，并按照合同的约定支付临时使用土地补偿费。

临时使用土地的使用者应当按照临时使用土地合同约定的用途使用土地，并不得修建永久性建筑物。

临时使用土地期限一般不超过二年。

第五十八条 有下列情形之一的，由有关人民政府土地行政主管部门报经原批准用地的人民政府或者有批准权的人民政府批准，可以收回国有土地使用权：

（一）为公共利益需要使用土地的；

（二）为实施城市规划进行旧城区改建，需要调整使用土地的；

（三）土地出让等有偿使用合同约定的使用期限届满，土地使用者未申请续期或者申请续期未获批准的；

（四）因单位撤销、迁移等原因，停止使用原划拨的国有土地的；

（五）公路、铁路、机场、矿场等经核准报废的。

依照前款第（一）项、第（二）项的规定收回国有土地使用权的，对土地使用权人应当给予适当补偿。

第五十九条 乡镇企业、乡（镇）村公共设施、公益事业、农村村民住宅等乡（镇）村建设，应当按照村庄和集镇规划，合理布局，综合开发，配套建设；建设用地，应当符合乡（镇）土地利用总体规划和土地利用年度计划，并依照本法第四十四条、第六十条、第六十一条、第六十二条的规定办理审批手续。

第六十条 农村集体经济组织使用乡（镇）土地利用总体规划确定的建设

用地兴办企业或者与其他单位、个人以土地使用权入股、联营等形式共同举办企业的，应当持有关批准文件，向县级以上地方人民政府土地行政主管部门提出申请，按照省、自治区、直辖市规定的批准权限，由县级以上地方人民政府批准；其中，涉及占用农用地的，依照本法第四十四条的规定办理审批手续。

按照前款规定兴办企业的建设用地，必须严格控制。省、自治区、直辖市可以按照乡镇企业的不同行业和经营规模，分别规定用地标准。

第六十一条 乡（镇）村公共设施、公益事业建设，需要使用土地的，经乡（镇）人民政府审核，向县级以上地方人民政府土地行政主管部门提出申请，按照省、自治区、直辖市规定的批准权限，由县级以上地方人民政府批准；其中，涉及占用农用地的，依照本法第四十四条的规定办理审批手续。

第六十二条 农村村民一户只能拥有一处宅基地，其宅基地的面积不得超过省、自治区、直辖市规定的标准。

农村村民建住宅，应当符合乡（镇）土地利用总体规划，并尽量使用原有的宅基地和村内空闲地。

农村村民住宅用地，经乡（镇）人民政府审核，由县级人民政府批准；其中，涉及占用农用地的，依照本法第四十四条的规定办理审批手续。

农村村民出卖、出租住房后，再申请宅基地的，不予批准。

第六十三条 农民集体所有的土地的使用权不得出让、转让或者出租用于非农业建设；但是，符合土地利用总体规划并依法取得建设用地的企业，因破产、兼并等情形致使土地使用权依法发生转移的除外。

第六十四条 在土地利用总体规划制定前已建的不符合土地利用总体规划确定的用途的建筑物、构筑物，不得重建、扩建。

第六十五条 有下列情形之一的，农村集体经济组织报经原批准用地的人民政府批准，可以收回土地使用权：

（一）为乡（镇）村公共设施和公益事业建设，需要使用土地的；

（二）不按照批准的用途使用土地的；

（三）因撤销、迁移等原因而停止使用土地的。

依照前款第（一）项规定收回农民集体所有的土地的，对土地使用权人应当给予适当补偿。

第六章 监督检查

第六十六条 县级以上人民政府土地行政主管部门对违反土地管理法律、法规的行为进行监督检查。

土地管理监督检查人员应当熟悉土地管理法律、法规，忠于职守、秉公执法。

第六十七条 县级以上人民政府土地行政主管部门履行监督检查职责时，有权采取下列措施：

（一）要求被检查的单位或者个人提供有关土地权利的文件和资料，进行查阅或者予以复制；

（二）要求被检查的单位或者个人就有关土地权利的问题作出说明；

（三）进入被检查单位或者个人非法占用的土地现场进行勘测；

（四）责令非法占用土地的单位或者个人停止违反土地管理法律、法规的行为。

第六十八条 土地管理监督检查人员履行职责，需要进入现场进行勘测、要求有关单位或者个人提供文件、资料和作出说明的，应当出示土地管理监督检查证件。

第六十九条 有关单位和个人对县级以上人民政府土地行政主管部门就土地违法行为进行的监督检查应当支持与配合，并提供工作方便，不得拒绝与阻碍土地管理监督检查人员依法执行职务。

第七十条 县级以上人民政府土地行政主管部门在监督检查工作中发现国家工作人员的违法行为，依法应当给予行政处分的，应当依法予以处理；自己无权处理的，应当向同级或者上级人民政府的行政监察机关提出行政处分建议书，有关行政监察机关应当依法予以处理。

第七十一条 县级以上人民政府土地行政主管部门在监督检查工作中发现土地违法行为构成犯罪的，应当将案件移送有关机关，依法追究刑事责任；尚不构成犯罪的，应当依法给予行政处罚。

第七十二条 依照本法规定应当给予行政处罚，而有关土地行政主管部门不给予行政处罚的，上级人民政府土地行政主管部门有权责令有关土地行政主管部门作出行政处罚决定或者直接给予行政处罚，并给予有关土地行政主管部门的负责人行政处分。

第七章　法律责任

第七十三条 买卖或者以其他形式非法转让土地的，由县级以上人民政府土地行政主管部门没收违法所得；对违反土地利用总体规划擅自将农用地改为建设用地的，限期拆除在非法转让的土地上新建的建筑物和其他设施，恢复土地原状，对符合土地利用总体规划的，没收在非法转让的土地上新建的建筑物和其他设施；可以并处罚款；对直接负责的主管人员和其他直接责任人员，依法给予行政处分；构成犯罪的，依法追究刑事责任。

第七十四条 违反本法规定，占用耕地建窑、建坟或者擅自在耕地上建房、挖砂、采石、采矿、取土等，破坏种植条件的，或者因开发土地造成土地荒漠化、盐渍化的，由县级以上人民政府土地行政主管部门责令限期改正或者治理，可以并处罚款；构成犯罪的，依法追究刑事责任。

第七十五条 违反本法规定，拒不履行土地复垦义务的，由县级以上人民政府土地行政主管部门责令限期改正；逾期不改正的，责令缴纳复垦费，专项用于土地复垦，可以处以罚款。

第七十六条 未经批准或者采取欺骗手段骗取批准，非法占用土地的，由县级以上人民政府土地行政主管部门责令退还非法占用的土地，对违反土地利用总体规划擅自将农用地改为建设用地的，限期拆除在非法占用的土地上新建的建筑物和其他设施，恢复土地原状，对符合土地利用总体规划的，没收在非法占用的土地上新建的建筑物和其他设施，可以并处罚款；对非法占用土地单位的直接负责的主管人员和其他直接责任人员，依法给予行政处分；构成犯罪的，依法追究刑事责任。

超过批准的数量占用土地，多占的土地以非法占用土地论处。

第七十七条 农村村民未经批准或者采取欺骗手段骗取批准，非法占用土地建住宅的，由县级以上人民政府土地行政主管部门责令退还非法占用的土地，限期拆除在非法占用的土地上新建的房屋。

超过省、自治区、直辖市规定的标准，多占的土地以非法占用土地论处。

第七十八条 无权批准征收、使用土地的单位或者个人非法批准占用土地的，超越批准权限非法批准占用土地的，不按照土地利用总体规划确定的用途批准用地的，或者违反法律规定的程序批准占用、征收土地的，其批准文件无效，对非法批准征收、使用土地的直接负责的主管人员和其他直接责任人员，依法给予行政处分；构成犯罪的，依法追究刑事责任。非法批准、使用的土地应当收回，有关当事人拒不归还的，以非法占用土地论处。

非法批准征收、使用土地，对当事人造成损失的，依法应当承担赔偿责任。

第七十九条 侵占、挪用被征收土地单位的征地补偿费用和其他有关费用，构成犯罪的，依法追究刑事责任；尚不构成犯罪的，依法给予行政处分。

第八十条 依法收回国有土地使用权当事人拒不交出土地的，临时使用土地期满拒不归还的，或者不按照批准的用途使用国有土地的，由县级以上人民政府土地行政主管部门责令交还土地，处以罚款。

第八十一条 擅自将农民集体所有的土地的使用权出让、转让或者出租用于非农业建设的，由县级以上人民政府土地行政主管部门责令限期改正，没收违法所得，并处罚款。

第八十二条 不依照本法规定办理土地变更登记的，由县级以上人民政府土地行政主管部门责令其限期办理。

第八十三条 依照本法规定，责令限期拆除在非法占用的土地上新建的建筑物和其他设施的，建设单位或者个人必须立即停止施工，自行拆除；对继续施工的，作出处罚决定的机关有权制止。建设单位或者个人对责令限期拆除的行政处罚决定不服的，可以在接到责令限期拆除决定之日起十五日内，向人民法院起诉；期满不起诉又不自行拆除的，由作出处罚决定的机关依法申请人民法院强制执行，费用由违法者承担。

第八十四条 土地行政主管部门的工作人员玩忽职守、滥用职权、徇私舞弊，构成犯罪的，依法追究刑事责任；尚不构成犯罪的，依法给予行政处分。

第八章　附则

第八十五条 中外合资经营企业、中外合作经营企业、外资企业使用土地的，适用本法；法律另有规定的，从其规定。

第八十六条 本法自1999年1月1日起施行。

中华人民共和国农村土地承包法

（2002年8月29日第九届全国人民代表大会常务委员会第二十九次会议通过 2002年8月29日中华人民共和国主席令第七十三号公布 根据2009年8月27日第十一届全国人民代表大会常务委员会第十次会议《关于修改部分法律的决定》第一次修正 根据2018年12月29日第十三届全国人民代表大会常务委员会第七次会议《关于修改〈中华人民共和国农村土地承包法〉的决定》第二次修正）

第一章 总则

第一条 为了巩固和完善以家庭承包经营为基础、统分结合的双层经营体制，保持农村土地承包关系稳定并长久不变，维护农村土地承包经营当事人的合法权益，促进农业、农村经济发展和农村社会和谐稳定，根据宪法，制定本法。

第二条 本法所称农村土地，是指农民集体所有和国家所有依法由农民集体使用的耕地、林地、草地，以及其他依法用于农业的土地。

第三条 国家实行农村土地承包经营制度。

农村土地承包采取农村集体经济组织内部的家庭承包方式，不宜采取家庭承包方式的荒山、荒沟、荒丘、荒滩等农村土地，可以采取招标、拍卖、公开协商等方式承包。

第四条 农村土地承包后，土地的所有权性质不变。承包地不得买卖。

第五条 农村集体经济组织成员有权依法承包由本集体经济组织发包的农村土地。

任何组织和个人不得剥夺和非法限制农村集体经济组织成员承包土地的权利。

第六条 农村土地承包，妇女与男子享有平等的权利。承包中应当保护妇女的合法权益，任何组织和个人不得剥夺、侵害妇女应当享有的土地承包经营权。

第七条 农村土地承包应当坚持公开、公平、公正的原则，正确处理国家、集体、个人三者的利益关系。

第八条 国家保护集体土地所有者的合法权益，保护承包方的土地承包经营权，任何组织和个人不得侵犯。

第九条 承包方承包土地后，享有土地承包经营权，可以自己经营，也可以保留土地承包权，流转其承包地的土地经营权，由他人经营。

第十条 国家保护承包方依法、自愿、有偿流转土地经营权，保护土地经营权人的合法权益，任何组织和个人不得侵犯。

第十一条 农村土地承包经营应当遵守法律、法规，保护土地资源的合理开发和可持续利用。未经依法批准不得将承包地用于非农建设。

国家鼓励增加对土地的投入，培肥地力，提高农业生产能力。

第十二条 国务院农业农村、林业和草原主管部门分别依照国务院规定的职责负责全国农村土地承包经营及承包经营合同管理的指导。

县级以上地方人民政府农业农村、林业和草原等主管部门分别依照各自职责，负责本行政区域内农村土地承包经营及承包经营合同管理。

乡（镇）人民政府负责本行政区域内农村土地承包经营及承包经营合同管理。

第二章　家庭承包

第一节　发包方和承包方的权利和义务

第十三条 农民集体所有的土地依法属于村农民集体所有的，由村集体经济组织或者村民委员会发包；已经分别属于村内两个以上农村集体经济组织的农民集体所有的，由村内各该农村集体经济组织或者村民小组发包。村集体经济组织或者村民委员会发包的，不得改变村内各集体经济组织农民集体所有的土地的所有权。

国家所有依法由农民集体使用的农村土地，由使用该土地的农村集体经济组织、村民委员会或者村民小组发包。

第十四条 发包方享有下列权利：

（一）发包本集体所有的或者国家所有依法由本集体使用的农村土地；

（二）监督承包方依照承包合同约定的用途合理利用和保护土地；

（三）制止承包方损害承包地和农业资源的行为；

（四）法律、行政法规规定的其他权利。

第十五条 发包方承担下列义务：

（一）维护承包方的土地承包经营权，不得非法变更、解除承包合同；

（二）尊重承包方的生产经营自主权，不得干涉承包方依法进行正常的生产经营活动；

（三）依照承包合同约定为承包方提供生产、技术、信息等服务；

（四）执行县、乡（镇）土地利用总体规划，组织本集体经济组织内的农业基础设施建设；

（五）法律、行政法规规定的其他义务。

第十六条 家庭承包的承包方是本集体经济组织的农户。

农户内家庭成员依法平等享有承包土地的各项权益。

第十七条 承包方享有下列权利：

（一）依法享有承包地使用、收益的权利，有权自主组织生产经营和处置产品；

（二）依法互换、转让土地承包经营权；

（三）依法流转土地经营权；

（四）承包地被依法征收、征用、占用的，有权依法获得相应的补偿；

（五）法律、行政法规规定的其他权利。

第十八条 承包方承担下列义务：

（一）维持土地的农业用途，未经依法批准不得用于非农建设；

（二）依法保护和合理利用土地，不得给土地造成永久性损害；

（三）法律、行政法规规定的其他义务。

第二节 承包的原则和程序

第十九条 土地承包应当遵循以下原则：

（一）按照规定统一组织承包时，本集体经济组织成员依法平等地行使承包土地的权利，也可以自愿放弃承包土地的权利；

（二）民主协商，公平合理；

（三）承包方案应当按照本法第十三条的规定，依法经本集体经济组织成员的村民会议三分之二以上成员或者三分之二以上村民代表的同意；

（四）承包程序合法。

第二十条 土地承包应当按照以下程序进行：

（一）本集体经济组织成员的村民会议选举产生承包工作小组；

（二）承包工作小组依照法律、法规的规定拟订并公布承包方案；

（三）依法召开本集体经济组织成员的村民会议，讨论通过承包方案；

（四）公开组织实施承包方案；

（五）签订承包合同。

第三节 承包期限和承包合同

第二十一条 耕地的承包期为三十年。草地的承包期为三十年至五十年。林地的承包期为三十年至七十年。

前款规定的耕地承包期届满后再延长三十年，草地、林地承包期届满后依照前款规定相应延长。

第二十二条 发包方应当与承包方签订书面承包合同。

承包合同一般包括以下条款：

（一）发包方、承包方的名称，发包方负责人和承包方代表的姓名、住所；

（二）承包土地的名称、坐落、面积、质量等级；

（三）承包期限和起止日期；

（四）承包土地的用途；

（五）发包方和承包方的权利和义务；

（六）违约责任。

第二十三条 承包合同自成立之日起生效。承包方自承包合同生效时取得土地承包经营权。

第二十四条 国家对耕地、林地和草地等实行统一登记，登记机构应当向承包方颁发土地承包经营权证或者林权证等证书，并登记造册，确认土地承包经营权。

土地承包经营权证或者林权证等证书应当将具有土地承包经营权的全部家庭成员列入。

登记机构除按规定收取证书工本费外，不得收取其他费用。

第二十五条 承包合同生效后，发包方不得因承办人或者负责人的变动而变更或者解除，也不得因集体经济组织的分立或者合并而变更或者解除。

第二十六条 国家机关及其工作人员不得利用职权干涉农村土地承包或者变更、解除承包合同。

第四节 土地承包经营权的保护和互换、转让

第二十七条 承包期内，发包方不得收回承包地。

国家保护进城农户的土地承包经营权。不得以退出土地承包经营权作为农户进城落户的条件。

承包期内，承包农户进城落户的，引导支持其按照自愿有偿原则依法在本集体经济组织内转让土地承包经营权或者将承包地交回发包方，也可以鼓励其流转土地经营权。

承包期内，承包方交回承包地或者发包方依法收回承包地时，承包方对其在承包地上投入而提高土地生产能力的，有权获得相应的补偿。

第二十八条 承包期内，发包方不得调整承包地。

承包期内，因自然灾害严重毁损承包地等特殊情形对个别农户之间承包的耕地和草地需要适当调整的，必须经本集体经济组织成员的村民会议三分之二以上成员或者三分之二以上村民代表的同意，并报乡（镇）人民政府和县级人民政府农业农村、林业和草原等主管部门批准。承包合同中约定不得调整的，按照其约定。

第二十九条 下列土地应当用于调整承包土地或者承包给新增人口：

（一）集体经济组织依法预留的机动地；

（二）通过依法开垦等方式增加的；

（三）发包方依法收回和承包方依法、自愿交回的。

第三十条 承包期内，承包方可以自愿将承包地交回发包方。承包方自愿交回承包地的，可以获得合理补偿，但是应当提前半年以书面形式通知发包方。承包方在承包期内交回承包地的，在承包期内不得再要求承包土地。

第三十一条 承包期内，妇女结婚，在新居住地未取得承包地的，发包方不得收回其原承包地；妇女离婚或者丧偶，仍在原居住地生活或者不在原居住地生活但在新居住地未取得承包地的，发包方不得收回其原承包地。

第三十二条 承包人应得的承包收益，依照继承法的规定继承。

林地承包的承包人死亡，其继承人可以在承包期内继续承包。

第三十三条 承包方之间为方便耕种或者各自需要，可以对属于同一集体经济组织的土地的土地承包经营权进行互换，并向发包方备案。

第三十四条 经发包方同意，承包方可以将全部或者部分的土地承包经营权转让给本集体经济组织的其他农户，由该农户同发包方确立新的承包关系，原承包方与发包方在该土地上的承包关系即行终止。

第三十五条 土地承包经营权互换、转让的，当事人可以向登记机构申请登记。未经登记，不得对抗善意第三人。

第五节 土地经营权

第三十六条 承包方可以自主决定依法采取出租（转包）、入股或者其他方式向他人流转土地经营权，并向发包方备案。

第三十七条 土地经营权人有权在合同约定的期限内占有农村土地，自主开展农业生产经营并取得收益。

第三十八条 土地经营权流转应当遵循以下原则：

（一）依法、自愿、有偿，任何组织和个人不得强迫或者阻碍土地经营权流转；

（二）不得改变土地所有权的性质和土地的农业用途，不得破坏农业综合生产能力和农业生态环境；

（三）流转期限不得超过承包期的剩余期限；

（四）受让方须有农业经营能力或者资质；

（五）在同等条件下，本集体经济组织成员享有优先权。

第三十九条 土地经营权流转的价款，应当由当事人双方协商确定。流转的收益归承包方所有，任何组织和个人不得擅自截留、扣缴。

第四十条 土地经营权流转，当事人双方应当签订书面流转合同。

土地经营权流转合同一般包括以下条款：

（一）双方当事人的姓名、住所；

（二）流转土地的名称、坐落、面积、质量等级；

（三）流转期限和起止日期；

（四）流转土地的用途；

（五）双方当事人的权利和义务；

（六）流转价款及支付方式；

（七）土地被依法征收、征用、占用时有关补偿费的归属；

（八）违约责任。

承包方将土地交由他人代耕不超过一年的，可以不签订书面合同。

第四十一条 土地经营权流转期限为五年以上的，当事人可以向登记机构申请土地经营权登记。未经登记，不得对抗善意第三人。

第四十二条 承包方不得单方解除土地经营权流转合同，但受让方有下列情形之一的除外：

（一）擅自改变土地的农业用途；

（二）弃耕抛荒连续两年以上；

（三）给土地造成严重损害或者严重破坏土地生态环境；

（四）其他严重违约行为。

第四十三条 经承包方同意，受让方可以依法投资改良土壤，建设农业生产附属、配套设施，并按照合同约定对其投资部分获得合理补偿。

第四十四条 承包方流转土地经营权的，其与发包方的承包关系不变。

第四十五条 县级以上地方人民政府应当建立工商企业等社会资本通过流转取得土地经营权的资格审查、项目审核和风险防范制度。

工商企业等社会资本通过流转取得土地经营权的，本集体经济组织可以收取适量管理费用。

具体办法由国务院农业农村、林业和草原主管部门规定。

第四十六条 经承包方书面同意，并向本集体经济组织备案，受让方可以再流转土地经营权。

第四十七条 承包方可以用承包地的土地经营权向金融机构融资担保，并向发包方备案。受让方通过流转取得的土地经营权，经承包方书面同意并向发包方备案，可以向金融机构融资担保。

担保物权自融资担保合同生效时设立。当事人可以向登记机构申请登记；未经登记，不得对抗善意第三人。

实现担保物权时，担保物权人有权就土地经营权优先受偿。

土地经营权融资担保办法由国务院有关部门规定。

第三章 其他方式的承包

第四十八条 不宜采取家庭承包方式的荒山、荒沟、荒丘、荒滩等农村土地，通过招标、拍卖、公开协商等方式承包的，适用本章规定。

第四十九条 以其他方式承包农村土地的，应当签订承包合同，承包方取得土地经营权。当事人的权利和义务、承包期限等，由双方协商确定。以招标、拍卖方式承包的，承包费通过公开竞标、竞价确定；以公开协商等方式承包的，承包费由双方议定。

第五十条 荒山、荒沟、荒丘、荒滩等可以直接通过招标、拍卖、公开协商等方式实行承包经营，也可以将土地经营权折股分给本集体经济组织成员后，再实行承包经营或者股份合作经营。

承包荒山、荒沟、荒丘、荒滩的，应当遵守有关法律、行政法规的规定，防止水土流失，保护生态环境。

第五十一条 以其他方式承包农村土地，在同等条件下，本集体经济组织成员有权优先承包。

第五十二条 发包方将农村土地发包给本集体经济组织以外的单位或者个人承包，应当事先经本集体经济组织成员的村民会议三分之二以上成员或者三分之二以上村民代表的同意，并报乡（镇）人民政府批准。

由本集体经济组织以外的单位或者个人承包的，应当对承包方的资信情况和经营能力进行审查后，再签订承包合同。

第五十三条 通过招标、拍卖、公开协商等方式承包农村土地，经依法登记取得权属证书的，可以依法采取出租、入股、抵押或者其他方式流转土地经营权。

第五十四条 依照本章规定通过招标、拍卖、公开协商等方式取得土地经营权的，该承包人死亡，其应得的承包收益，依照继承法的规定继承；在承包期内，其继承人可以继续承包。

第四章 争议的解决和法律责任

第五十五条 因土地承包经营发生纠纷的，双方当事人可以通过协商解决，也可以请求村民委员会、乡（镇）人民政府等调解解决。

当事人不愿协商、调解或者协商、调解不成的，可以向农村土地承包仲裁机构申请仲裁，也可以直接向人民法院起诉。

第五十六条 任何组织和个人侵害土地承包经营权、土地经营权的，应当承担民事责任。

第五十七条 发包方有下列行为之一的，应当承担停止侵害、排除妨碍、消除危险、返还财产、恢复原状、赔偿损失等民事责任：

（一）干涉承包方依法享有的生产经营自主权；

（二）违反本法规定收回、调整承包地；

（三）强迫或者阻碍承包方进行土地承包经营权的互换、转让或者土地经营权流转；

（四）假借少数服从多数强迫承包方放弃或者变更土地承包经营权；

（五）以划分“口粮田”和“责任田”等为由收回承包地搞招标承包；

（六）将承包地收回抵顶欠款；

（七）剥夺、侵害妇女依法享有的土地承包经营权；

（八）其他侵害土地承包经营权的行为。

第五十八条 承包合同中违背承包方意愿或者违反法律、行政法规有关不得收回、调整承包地等强制性规定的约定无效。

第五十九条 当事人一方不履行合同义务或者履行义务不符合约定的，应当依法承担违约责任。

第六十条 任何组织和个人强迫进行土地承包经营权互换、转让或者土地经营权流转的，该互换、转让或者流转无效。

第六十一条 任何组织和个人擅自截留、扣缴土地承包经营权互换、转让或者土地经营权流转收益的，应当退还。

第六十二条 违反土地管理法规，非法征收、征用、占用土地或者贪污、挪用土地征收、征用补偿费用，构成犯罪的，依法追究刑事责任；造成他人损害的，应当承担损害赔偿等责任。

第六十三条 承包方、土地经营权人违法将承包地用于非农建设的，由县级以上地方人民政府有关主管部门依法予以处罚。

承包方给承包地造成永久性损害的，发包方有权制止，并有权要求赔偿由此造成的损失。

第六十四条 土地经营权人擅自改变土地的农业用途、弃耕抛荒连续两年以上、给土地造成严重损害或者严重破坏土地生态环境，承包方在合理期限内不解除土地经营权流转合同的，发包方有权要求终止土地经营权流转合同。土地经营权人对土地和土地生态环境造成的损害应当予以赔偿。

第六十五条 国家机关及其工作人员有利用职权干涉农村土地承包经营，变更、解除承包经营合同，干涉承包经营当事人依法享有的生产经营自主权，强迫、阻碍承包经营当事人进行土地承包经营权互换、转让或者土地经营权流转等侵害土地承包经营权、土地经营权的行为，给承包经营当事人造成损失的，应当承担损害赔偿等责任；情节严重的，由上级机关或者所在单位给予直接责任人员处分；构成犯罪的，依法追究刑事责任。

第五章 附则

第六十六条 本法实施前已经按照国家有关农村土地承包的规定承包，包括承包期限长于本法规定的，本法实施后继续有效，不得重新承包土地。未向承包方颁发土地承包经营权证或者林权证等证书的，应当补发证书。

第六十七条 本法实施前已经预留机动地的，机动地面积不得超过本集体经济组织耕地总面积的百分之五。不足百分之五的，不得再增加机动地。

本法实施前未留机动地的，本法实施后不得再留机动地。

第六十八条 各省、自治区、直辖市人民代表大会常务委员会可以根据本法，结合本行政区域的实际情况，制定实施办法。

第六十九条 确认农村集体经济组织成员身份的原则、程序等，由法律、法规规定。

第七十条 本法自 2003 年 3 月 1 日起施行。

中华人民共和国土地管理法实施条例

（中华人民共和国国务院令　第256号）

（1998年12月27日中华人民共和国国务院令第256号发布，根据2011年1月8日《国务院关于废止和修改部分行政法规的决定》修订。）

第一章　总则

第一条　根据《中华人民共和国土地管理法》（以下简称《土地管理法》），制定本条例。

第二章　土地的所有权和使用权

第二条　下列土地属于全民所有即国家所有：

（一）城市市区的土地；

（二）农村和城市郊区中已经依法没收、征收、征购为国有的土地；

（三）国家依法征收的土地；

（四）依法不属于集体所有的林地、草地、荒地、滩涂及其他土地；

（五）农村集体经济组织全部成员转为城镇居民的，原属于其成员集体所有的土地；

（六）因国家组织移民、自然灾害等原因，农民成建制地集体迁移后不再使用的原属于迁移农民集体所有的土地。

第三条　国家依法实行土地登记发证制度。依法登记的土地所有权和土地使用权受法律保护，任何单位和个人不得侵犯。

土地登记内容和土地权属证书式样由国务院土地行政主管部门统一规定。

土地登记资料可以公开查询。

确认林地、草原的所有权或者使用权，确认水面、滩涂的养殖使用权，分别依照《森林法》、《草原法》和《渔业法》的有关规定办理。

第四条 农民集体所有的土地，由土地所有者向土地所在地的县级人民政府土地行政主管部门提出土地登记申请，由县级人民政府登记造册，核发集体土地所有权证书，确认所有权。

农民集体所有的土地依法用于非农业建设的，由土地使用者向土地所在地的县级人民政府土地行政主管部门提出土地登记申请，由县级人民政府登记造册，核发集体土地使用权证书，确认建设用地使用权。

设区的市人民政府可以对市辖区内农民集体所有的土地实行统一登记。

第五条 单位和个人依法使用的国有土地，由土地使用者向土地所在地的县级以上人民政府土地行政主管部门提出土地登记申请，由县级以上人民政府登记造册，核发国有土地使用权证书，确认使用权。其中，中央国家机关使用的国有土地的登记发证，由国务院土地行政主管部门负责，具体登记发证办法由国务院土地行政主管部门会同国务院机关事务管理局等有关部门制定。

未确定使用权的国有土地，由县级以上人民政府登记造册，负责保护管理。

第六条 依法改变土地所有权、使用权的，因依法转让地上建筑物、构筑物等附着物导致土地使用权转移的，必须向土地所在地的县级以上人民政府土地行政主管部门提出土地变更登记申请，由原土地登记机关依法进行土地所有权、使用权变更登记。土地所有权、使用权的变更，自变更登记之日起生效。

依法改变土地用途的，必须持批准文件，向土地所在地的县级以上人民政府土地行政主管部门提出土地变更登记申请，由原土地登记机关依法进行变更登记。

第七条 依照《土地管理法》的有关规定，收回用地单位的土地使用权的，由原土地登记机关注销土地登记。

土地使用权有偿使用合同约定的使用期限届满，土地使用者未申请续期或者虽申请续期未获批准的，由原土地登记机关注销土地登记。

第三章 土地利用总体规划

第八条 全国土地利用总体规划，由国务院土地行政主管部门会同国务院有关部门编制，报国务院批准。

省、自治区、直辖市的土地利用总体规划，由省、自治区、直辖市人民政府组织本级土地行政主管部门和其他有关部门编制，报国务院批准。

省、自治区人民政府所在地的市、人口在100万以上的城市以及国务院指定的城市的土地利用总体规划，由各该市人民政府组织本级土地行政主管部门和其他有关部门编制，经省、自治区人民政府审查同意后，报国务院批准。

本条第一款、第二款、第三款规定以外的土地利用总体规划，由有关人民政府组织本级土地行政主管部门和其他有关部门编制，逐级上报省、自治区、直辖市人民政府批准；其中，乡（镇）土地利用总体规划，由乡（镇）人民政府编制，逐级上报省、自治区、直辖市人民政府或者省、自治区、直辖市人民政府授权的设区的市、自治州人民政府批准。

第九条 土地利用总体规划的规划期限一般为15年。

第十条 依照《土地管理法》规定，土地利用总体规划应当将土地划分为农用地、建设用地和未利用地。

县级和乡（镇）土地利用总体规划应当根据需要，划定基本农田保护区、土地开垦区、建设用地区和禁止开垦区等；其中，乡（镇）土地利用总体规划还应当根据土地使用条件，确定每一块土地的用途。

土地分类和划定土地利用区的具体办法，由国务院土地行政主管部门会同国务院有关部门制定。

第十一条 乡（镇）土地利用总体规划经依法批准后，乡（镇）人民政府应当在本行政区域内予以公告。

公告应当包括下列内容：

（一）规划目标；

（二）规划期限；

（三）规划范围；

（四）地块用途；

（五）批准机关和批准日期。

第十二条 依照《土地管理法》第二十六条第二款、第三款规定修改土地利用总体规划的，由原编制机关根据国务院或者省、自治区、直辖市人民政府的批准文件修改。修改后的土地利用总体规划应当报原批准机关批准。

上一级土地利用总体规划修改后，涉及修改下一级土地利用总体规划的，由上一级人民政府通知下一级人民政府作出相应修改，并报原批准机关备案。

第十三条 各级人民政府应当加强土地利用年度计划管理，实行建设用地总量控制。土地利用年度计划一经批准下达，必须严格执行。

土地利用年度计划应当包括下列内容：

（一）农用地转用计划指标；

（二）耕地保有量计划指标；

（三）土地开发整理计划指标。

第十四条 县级以上人民政府土地行政主管部门应当会同同级有关部门进行土地调查。

土地调查应当包括下列内容：

（一）土地权属；

（二）土地利用现状；

（三）土地条件。

地方土地利用现状调查结果，经本级人民政府审核，报上一级人民政府批准后，应当向社会公布；全国土地利用现状调查结果，报国务院批准后，应当向社会公布。土地调查规程，由国务院土地行政主管部门会同国务院有关部门制定。

第十五条 国务院土地行政主管部门会同国务院有关部门制定土地等级评定标准。

县级以上人民政府土地行政主管部门应当会同同级有关部门根据土地等级评定标准，对土地等级进行评定。地方土地等级评定结果，经本级人民政府审核，报上一级人民政府土地行政主管部门批准后，应当向社会公布。

根据国民经济和社会发展状况，土地等级每6年调整1次。

第四章 耕地保护

第十六条 在土地利用总体规划确定的城市和村庄、集镇建设用地范围内，为实施城市规划和村庄、集镇规划占用耕地，以及在土地利用总体规划确定的城市建设用地范围外的能源、交通、水利、矿山、军事设施等建设项目占用耕地的，分别由市、县人民政府、农村集体经济组织和建设单位依照《土地管理法》第三十一条的规定负责开垦耕地；没有条件开垦或者开垦的耕地不符合要求的，应当按照省、自治区、直辖市的规定缴纳耕地开垦费。

第十七条 禁止单位和个人在土地利用总体规划确定的禁止开垦区内从事土地开发活动。

在土地利用总体规划确定的土地开垦区内，开发未确定土地使用权的国有荒山、荒地、荒滩从事种植业、林业、畜牧业、渔业生产的，应当向土地所在地的县级以上人民政府土地行政主管部门提出申请，报有批准权的人民政府批准。

一次性开发未确定土地使用权的国有荒山、荒地、荒滩600公顷以下的，按照省、自治区、直辖市规定的权限，由县级以上地方人民政府批准；开发600公顷以上的，报国务院批准。

开发未确定土地使用权的国有荒山、荒地、荒滩从事种植业、林业、畜牧业或者渔业生产的，经县级以上人民政府依法批准，可以确定给开发单位或者个人长期使用，使用期限最长不得超过50年。

第十八条 县、乡（镇）人民政府应当按照土地利用总体规划，组织农村集体经济组织制定土地整理方案，并组织实施。

地方各级人民政府应当采取措施，按照土地利用总体规划推进土地整理。土地整理新增耕地面积的60%可以用作折抵建设占用耕地的补偿指标。

土地整理所需费用，按照谁受益谁负担的原则，由农村集体经济组织和土地使用者共同承担。

第五章 建设用地

第十九条 建设占用土地，涉及农用地转为建设用地的，应当符合土地利用总体规划和土地利用年度计划中确定的农用地转用指标；城市和村庄、集镇建设占用土地，涉及农用地转用的，还应当符合城市规划和村庄、集镇规划。不符合规定的，不得批准农用地转为建设用地。

第二十条 在土地利用总体规划确定的城市建设用地范围内，为实施城市规划占用土地的，按照下列规定办理：

（一）市、县人民政府按照土地利用年度计划拟订农用地转用方案、补充耕地方案、征收土地方案，分批次逐级上报有批准权的人民政府。

（二）有批准权的人民政府土地行政主管部门对农用地转用方案、补充耕地方案、征收土地方案进行审查，提出审查意见，报有批准权的人民政府批准；其中，补充耕地方案由批准农用地转用方案的人民政府在批准农用地转用方案时一并批准。

（三）农用地转用方案、补充耕地方案、征收土地方案经批准后，由市、县人民政府组织实施，按具体建设项目分别供地。

在土地利用总体规划确定的村庄、集镇建设用地范围内，为实施村庄、集镇规划占用土地的，由市、县人民政府拟订农用地转用方案、补充耕地方案，依照前款规定的程序办理。

第二十一条 具体建设项目需要使用土地的，建设单位应当根据建设项目的总体设计一次申请，办理建设用地审批手续；分期建设的项目，可以根据可行性研究报告确定的方案分期申请建设用地，分期办理建设用地有关审批手续。

第二十二条 具体建设项目需要占用土地利用总体规划确定的城市建设用地范围内的国有建设用地的，按照下列规定办理：

（一）建设项目可行性研究论证时，由土地行政主管部门对建设项目用地有关事项进行审查，提出建设项目用地预审报告；可行性研究报告报批时，必须附具土地行政主管部门出具的建设项目用地预审报告。

（二）建设单位持建设项目的有关批准文件，向市、县人民政府土地行政主管部门提出建设用地申请，由市、县人民政府土地行政主管部门审查，拟订供地方案，报市、县人民政府批准；需要上级人民政府批准的，应当报上级人民政府批准。

（三）供地方案经批准后，由市、县人民政府向建设单位颁发建设用地批准书。有偿使用国有土地的，由市、县人民政府土地行政主管部门与土地使用者签订国有土地有偿使用合同；划拨使用国有土地的，由市、县人民政府土地行政主管部门向土地使用者核发国有土地划拨决定书。

（四）土地使用者应当依法申请土地登记。

通过招标、拍卖方式提供国有建设用地使用权的，由市、县人民政府土地行政主管部门会同有关部门拟订方案，报市、县人民政府批准后，由市、县人民政府土地行政主管部门组织实施，并与土地使用者签订土地有偿使用合同。土地使用者应当依法申请土地登记。

第二十三条 具体建设项目需要使用土地的，必须依法申请使用土地利用总体规划确定的城市建设用地范围内的国有建设用地。能源、交通、水利、矿山、军事设施等建设项目确需使用土地利用总体规划确定的城市建设用地范围外的土地，涉及农用地的，按照下列规定办理：

（一）建设项目可行性研究论证时，由土地行政主管部门对建设项目用地有关事项进行审查，提出建设项目用地预审报告；可行性研究报告报批时，必须附具土地行政主管部门出具的建设项目用地预审报告。

（二）建设单位持建设项目的有关批准文件，向市、县人民政府土地行政主管部门提出建设用地申请，由市、县人民政府土地行政主管部门审查，拟订农用地转用方案、补充耕地方案、征收土地方案和供地方案（涉及国有农用地的，不拟订征收土地方案），经市、县人民政府审核同意后，逐级上报有批准权的人民政府批准；其中，补充耕地方案由批准农用地转用方案的人民政府在批准农用地转用方案时一并批准；供地方案由批准征收土地的人民政府在批准征收土地方案时一并批准（涉及国有农用地的，供地方案由批准农用地转用的人民政府在批准农用地转用方案时一并批准）。

（三）农用地转用方案、补充耕地方案、征收土地方案和供地方案经批准后，由市、县人民政府组织实施，向建设单位颁发建设用地批准书。有偿使用国有土地的，由市、县人民政府土地行政主管部门与土地使用者签订国有土地有偿使用合同；划拨使用国有土地的，由市、县人民政府土地行政主管部门向土地使用者核发国有土地划拨决定书。

（四）土地使用者应当依法申请土地登记。

建设项目确需使用土地利用总体规划确定的城市建设用地范围外的土地，涉及农民集体所有的未利用地的，只报批征收土地方案和供地方案。

第二十四条 具体建设项目需要占用土地利用总体规划确定的国有未利用地的，按照省、自治区、直辖市的规定办理；但是，国家重点建设项目、军事设施和跨省、自治区、直辖市行政区域的建设项目以及国务院规定的其他建设项目用地，应当报国务院批准。

第二十五条 征收土地方案经依法批准后，由被征收土地所在地的市、县人民政府组织实施，并将批准征地机关、批准文号、征收土地的用途、范围、面积以及征地补偿标准、农业人员安置办法和办理征地补偿的期限等，在被征收土地所在地的乡（镇）、村予以公告。

被征收土地的所有权人、使用权人应当在公告规定的期限内，持土地权属证书到公告指定的人民政府土地行政主管部门办理征地补偿登记。

市、县人民政府土地行政主管部门根据经批准的征收土地方案，会同有关部门拟订征地补偿、安置方案，在被征收土地所在地的乡（镇）、村予以公告，听取被征收土地的农村集体经济组织和农民的意见。征地补偿、安置方案报市、县人民政府批准后，由市、县人民政府土地行政主管部门组织实施。对补偿标准有争议的，由县级以上地方人民政府协调；协调不成的，由批准征收土地的人民政府裁决。征地补偿、安置争议不影响征收土地方案的实施。

征收土地的各项费用应当自征地补偿、安置方案批准之日起 3 个月内全额支付。

第二十六条 土地补偿费归农村集体经济组织所有；地上附着物及青苗补偿费归地上附着物及青苗的所有者所有。

征收土地的安置补助费必须专款专用，不得挪作他用。需要安置的人员由农村集体经济组织安置的，安置补助费支付给农村集体经济组织，由农村集体经济组织管理和使用；由其他单位安置的，安置补助费支付给安置单位；不需要统一安置的，安置补助费发放给被安置人员个人或者征得被安置人员同意后用于支付被安置人员的保险费用。

市、县和乡（镇）人民政府应当加强对安置补助费使用情况的监督。

第二十七条 抢险救灾等急需使用土地的，可以先行使用土地。其中，属于临时用地的，灾后应当恢复原状并交还原土地使用者使用，不再办理用地审批手续；属于永久性建设用地的，建设单位应当在灾情结束后 6 个月内申请补办建设用地审批手续。

第二十八条 建设项目施工和地质勘查需要临时占用耕地的，土地使用者应当自临时用地期满之日起 1 年内恢复种植条件。

第二十九条 国有土地有偿使用的方式包括：

（一）国有土地使用权出让；

（二）国有土地租赁；

（三）国有土地使用权作价出资或者入股。

第三十条 《土地管理法》第五十五条规定的新增建设用地的土地有偿使用费，是指国家在新增建设用地中应取得的平均土地纯收益。

第六章 监督检查

第三十一条 土地管理监督检查人员应当经过培训，经考核合格后，方可从事土地管理监督检查工作。

第三十二条 土地行政主管部门履行监督检查职责，除采取《土地管理法》第六十七条规定的措施外，还可以采取下列措施：

（一）询问违法案件的当事人、嫌疑人和证人；

（二）进入被检查单位或者个人非法占用的土地现场进行拍照、摄像；

（三）责令当事人停止正在进行的土地违法行为；

（四）对涉嫌土地违法的单位或者个人，停止办理有关土地审批、登记手续；

（五）责令违法嫌疑人在调查期间不得变卖、转移与案件有关的财物。

第三十三条 依照《土地管理法》第七十二条规定给予行政处分的，由责令作出行政处罚决定或者直接给予行政处罚决定的上级人民政府土地行政主管部门作出。对于警告、记过、记大过的行政处分决定，上级土地行政主管部门可以直接作出；对于降级、撤职、开除的行政处分决定，上级土地行政主管部门应当按照国家有关人事管理权限和处理程序的规定，向有关机关提出行政处分建议，由有关机关依法处理。

第七章 法律责任

第三十四条 违反本条例第十七条的规定，在土地利用总体规划确定的禁止开垦区内进行开垦的，由县级以上人民政府土地行政主管部门责令限期改正；逾期不改正的，依照《土地管理法》第七十六条的规定处罚。

第三十五条 在临时使用的土地上修建永久性建筑物、构筑物的，由县级以上人民政府土地行政主管部门责令限期拆除；逾期不拆除的，由作出处罚决定的机关依法申请人民法院强制执行。

第三十六条 对在土地利用总体规划制定前已建的不符合土地利用总体规划确定的用途的建筑物、构筑物重建、扩建的，由县级以上人民政府土地行政主管部门责令限期拆除；逾期不拆除的，由作出处罚决定的机关依法申请人民法院强制执行。

第三十七条 阻碍土地行政主管部门的工作人员依法执行职务的，依法给予治安管理处罚或者追究刑事责任。

第三十八条 依照《土地管理法》第七十三条的规定处以罚款的，罚款额为非法所得的 50% 以下。

第三十九条 依照《土地管理法》第八十一条的规定处以罚款的，罚款额为非法所得的 5% 以上 20% 以下。

第四十条 依照《土地管理法》第七十四条的规定处以罚款的，罚款额为耕地开垦费的 2 倍以下。

第四十一条 依照《土地管理法》第七十五条的规定处以罚款的，罚款额为土地复垦费的 2 倍以下。

第四十二条 依照《土地管理法》第七十六条的规定处以罚款的，罚款额为非法占用土地每平方米 30 元以下。

第四十三条 依照《土地管理法》第八十条的规定处以罚款的，罚款额为非法占用土地每平方米 10 元以上 30 元以下。

第四十四条 违反本条例第二十八条的规定，逾期不恢复种植条件的，由县级以上人民政府土地行政主管部门责令限期改正，可以处耕地复垦费 2 倍以下的罚款。

第四十五条 违反土地管理法律、法规规定，阻挠国家建设征收土地的，由县级以上人民政府土地行政主管部门责令交出土地；拒不交出土地的，申请人民法院强制执行。

第八章 附则

第四十六条 本条例自 1999 年 1 月 1 日起施行。1991 年 1 月 4 日国务院发布的《中华人民共和国土地管理法实施条例》同时废止。

中华人民共和国土地复垦条例

（中华人民共和国国务院令　第 592 号）

《土地复垦条例》已经 2011 年 2 月 22 日国务院第 145 次常务会议通过，现予公布，自公布之日起施行。

第一章　总则

第一条　为了落实十分珍惜、合理利用土地和切实保护耕地的基本国策，规范土地复垦活动，加强土地复垦管理，提高土地利用的社会效益、经济效益和生态效益，根据《中华人民共和国土地管理法》，制定本条例。

第二条　本条例所称土地复垦，是指对生产建设活动和自然灾害损毁的土地，采取整治措施，使其达到可供利用状态的活动。

第三条　生产建设活动损毁的土地，按照“谁损毁，谁复垦”的原则，由生产建设单位或者个人（以下称土地复垦义务人）负责复垦。但是，由于历史原因无法确定土地复垦义务人的生产建设活动损毁的土地（以下称历史遗留损毁土地），由县级以上人民政府负责组织复垦。

自然灾害损毁的土地，由县级以上人民政府负责组织复垦。

第四条　生产建设活动应当节约集约利用土地，不占或者少占耕地；对依法占用的土地应当采取有效措施，减少土地损毁面积，降低土地损毁程度。

土地复垦应当坚持科学规划、因地制宜、综合治理、经济可行、合理利用的原则。复垦的土地应当优先用于农业。

第五条　国务院国土资源主管部门负责全国土地复垦的监督管理工作。县级以上地方人民政府国土资源主管部门负责本行政区域土地复垦的监督管理工作。

县级以上人民政府其他有关部门依照本条例的规定和各自的职责做好土地复垦有关工作。

第六条　编制土地复垦方案、实施土地复垦工程、进行土地复垦验收等活动，应当遵守土地复垦国家标准；没有国家标准的，应当遵守土地复垦行业标准。

制定土地复垦国家标准和行业标准，应当根据土地损毁的类型、程度、自然地理条件和复垦的可行性等因素，分类确定不同类型损毁土地的复垦方式、目标和要求等。

第七条 县级以上地方人民政府国土资源主管部门应当建立土地复垦监测制度，及时掌握本行政区域土地资源损毁和土地复垦效果等情况。

国务院国土资源主管部门和省、自治区、直辖市人民政府国土资源主管部门应当建立健全土地复垦信息管理系统，收集、汇总和发布土地复垦数据信息。

第八条 县级以上人民政府国土资源主管部门应当依据职责加强对土地复垦情况的监督检查。被检查的单位或者个人应当如实反映情况，提供必要的资料。

任何单位和个人不得扰乱、阻挠土地复垦工作，破坏土地复垦工程、设施和设备。

第九条 国家鼓励和支持土地复垦科学研究和技术创新，推广先进的土地复垦技术。

对在土地复垦工作中作出突出贡献的单位和个人，由县级以上人民政府给予表彰。

第二章 生产建设活动损毁土地的复垦

第十条 下列损毁土地由土地复垦义务人负责复垦：

（一）露天采矿、烧制砖瓦、挖沙取土等地表挖掘所损毁的土地；

（二）地下采矿等造成地表塌陷的土地；

（三）堆放采矿剥离物、废石、矿渣、粉煤灰等固体废弃物压占的土地；

（四）能源、交通、水利等基础设施建设和其他生产建设活动临时占用所损毁的土地。

第十一条 土地复垦义务人应当按照土地复垦标准和国务院国土资源主管部门的规定编制土地复垦方案。

第十二条 土地复垦方案应当包括下列内容：

（一）项目概况和项目区土地利用状况；

（二）损毁土地的分析预测和土地复垦的可行性评价；

（三）土地复垦的目标任务；

（四）土地复垦应当达到的质量要求和采取的措施；

（五）土地复垦工程和投资估（概）算；

（六）土地复垦费用的安排；

（七）土地复垦工作计划与进度安排；

（八）国务院国土资源主管部门规定的其他内容。

第十三条 土地复垦义务人应当在办理建设用地申请或者采矿权申请手续时，随有关报批材料报送土地复垦方案。

土地复垦义务人未编制土地复垦方案或者土地复垦方案不符合要求的，有批准权的人民政府不得批准建设用地，有批准权的国土资源主管部门不得颁发采矿许可证。

本条例施行前已经办理建设用地手续或者领取采矿许可证，本条例施行后继续从事生产建设活动造成土地损毁的，土地复垦义务人应当按照国务院国土资源主管部门的规定补充编制土地复垦方案。

第十四条 土地复垦义务人应当按照土地复垦方案开展土地复垦工作。矿山企业还应当对土地损毁情况进行动态监测和评价。

生产建设周期长、需要分阶段实施复垦的，土地复垦义务人应当对土地复垦工作与生产建设活动统一规划、统筹实施，根据生产建设进度确定各阶段土地复垦的目标任务、工程规划设计、费用安排、工程实施进度和完成期限等。

第十五条 土地复垦义务人应当将土地复垦费用列入生产成本或者建设项目总投资。

第十六条 土地复垦义务人应当建立土地复垦质量控制制度，遵守土地复垦标准和环境保护标准，保护土壤质量与生态环境，避免污染土壤和地下水。

土地复垦义务人应当首先对拟损毁的耕地、林地、牧草地进行表土剥离，剥离的表土用于被损毁土地的复垦。

禁止将重金属污染物或者其他有毒有害物质用作回填或者充填材料。受重金属污染物或者其他有毒有害物质污染的土地复垦后，达不到国家有关标准的，不得用于种植食用农作物。

第十七条 土地复垦义务人应当于每年 12 月 31 日前向县级以上地方人民政府国土资源主管部门报告当年的土地损毁情况、土地复垦费用使用情况以及土地复垦工程实施情况。

县级以上地方人民政府国土资源主管部门应当加强对土地复垦义务人使用土

地复垦费用和实施土地复垦工程的监督。

第十八条 土地复垦义务人不复垦，或者复垦验收中经整改仍不合格的，应当缴纳土地复垦费，由有关国土资源主管部门代为组织复垦。

确定土地复垦费的数额，应当综合考虑损毁前的土地类型、实际损毁面积、损毁程度、复垦标准、复垦用途和完成复垦任务所需的工程量等因素。土地复垦费的具体征收使用管理办法，由国务院财政、价格主管部门商国务院有关部门制定。

土地复垦义务人缴纳的土地复垦费专项用于土地复垦。任何单位和个人不得截留、挤占、挪用。

第十九条 土地复垦义务人对在生产建设活动中损毁的由其他单位或者个人使用的国有土地或者农民集体所有的土地，除负责复垦外，还应当向遭受损失的单位或者个人支付损失补偿费。

损失补偿费由土地复垦义务人与遭受损失的单位或者个人按照造成的实际损失协商确定；协商不成的，可以向土地所在地人民政府国土资源主管部门申请调解或者依法向人民法院提起民事诉讼。

第二十条 土地复垦义务人不依法履行土地复垦义务的，在申请新的建设用地时，有批准权的人民政府不得批准；在申请新的采矿许可证或者申请采矿许可证延续、变更、注销时，有批准权的国土资源主管部门不得批准。

第三章 历史遗留损毁土地和自然灾害损毁土地的复垦

第二十一条 县级以上人民政府国土资源主管部门应当对历史遗留损毁土地和自然灾害损毁土地进行调查评价。

第二十二条 县级以上人民政府国土资源主管部门应当在调查评价的基础上，根据土地利用总体规划编制土地复垦专项规划，确定复垦的重点区域以及复垦的目标任务和要求，报本级人民政府批准后组织实施。

第二十三条 对历史遗留损毁土地和自然灾害损毁土地，县级以上人民政府应当投入资金进行复垦，或者按照“谁投资，谁受益”的原则，吸引社会投资进行复垦。土地权利人明确的，可以采取扶持、优惠措施，鼓励土地权利人自行复垦。

第二十四条 国家对历史遗留损毁土地和自然灾害损毁土地的复垦按项目实施管理。

县级以上人民政府国土资源主管部门应当根据土地复垦专项规划和年度土地复垦资金安排情况确定年度复垦项目。

第二十五条 政府投资进行复垦的，负责组织实施土地复垦项目的国土资源主管部门应当组织编制土地复垦项目设计书，明确复垦项目的位置、面积、目标任务、工程规划设计、实施进度及完成期限等。

土地权利人自行复垦或者社会投资进行复垦的，土地权利人或者投资单位、个人应当组织编制土地复垦项目设计书，并报负责组织实施土地复垦项目的国土资源主管部门审查同意后实施。

第二十六条 政府投资进行复垦的，有关国土资源主管部门应当依照招标投标法律法规的规定，通过公开招标的方式确定土地复垦项目的施工单位。

土地权利人自行复垦或者社会投资进行复垦的，土地复垦项目的施工单位由土地权利人或者投资单位、个人依法自行确定。

第二十七条 土地复垦项目的施工单位应当按照土地复垦项目设计书进行复垦。

负责组织实施土地复垦项目的国土资源主管部门应当健全项目管理制度，加强项目实施中的指导、管理和监督。

第四章 土地复垦验收

第二十八条 土地复垦义务人按照土地复垦方案的要求完成土地复垦任务后，应当按照国务院国土资源主管部门的规定向所在地县级以上地方人民政府国土资源主管部门申请验收，接到申请的国土资源主管部门应当会同同级农业、林业、环境保护等有关部门进行验收。

进行土地复垦验收，应当邀请有关专家进行现场踏勘，查验复垦后的土地是否符合土地复垦标准以及土地复垦方案的要求，核实复垦后的土地类型、面积和质量等情况，并将初步验收结果公告，听取相关权利人的意见。相关权利人对土地复垦完成情况提出异议的，国土资源主管部门应当会同有关部门进一步核查，并将核查情况向相关权利人反馈；情况属实的，应当向土地复垦义务人提出整改意见。

第二十九条 负责组织验收的国土资源主管部门应当会同有关部门在接到土地复垦验收申请之日起60个工作日内完成验收，经验收合格的，向土地复垦义务人出具验收合格确认书；经验收不合格的，向土地复垦义务人出具书面整改意见，列明需要整改的事项，由土地复垦义务人整改完成后重新申请验收。

第三十条 政府投资的土地复垦项目竣工后，负责组织实施土地复垦项目的国土资源主管部门应当依照本条例第二十八条第二款的规定进行初步验收。初步验收完成后，负责组织实施土地复垦项目的国土资源主管部门应当按照国务院国土资源主管部门的规定向上级人民政府国土资源主管部门申请最终验收。上级人民政府国土资源主管部门应当会同有关部门及时组织验收。

土地权利人自行复垦或者社会投资进行复垦的土地复垦项目竣工后，由负责组织实施土地复垦项目的国土资源主管部门会同有关部门进行验收。

第三十一条 复垦为农用地的，负责组织验收的国土资源主管部门应当会同有关部门在验收合格后的5年内对土地复垦效果进行跟踪评价，并提出改善土地质量的建议和措施。

第五章 土地复垦激励措施

第三十二条 土地复垦义务人在规定的期限内将生产建设活动损毁的耕地、林地、牧草地等农用地复垦恢复原状的，依照国家有关税收法律法规的规定退还已经缴纳的耕地占用税。

第三十三条 社会投资复垦的历史遗留损毁土地或者自然灾害损毁土地，属于无使用权人的国有土地的，经县级以上人民政府依法批准，可以确定给投资单位或者个人长期从事种植业、林业、畜牧业或者渔业生产。

社会投资复垦的历史遗留损毁土地或者自然灾害损毁土地，属于农民集体所有土地或者有使用权人的国有土地的，有关国土资源主管部门应当组织投资单位或者个人与土地权利人签订土地复垦协议，明确复垦的目标任务以及复垦后的土地使用和收益分配。

第三十四条 历史遗留损毁和自然灾害损毁的国有土地的使用权人，以及历史遗留损毁和自然灾害损毁的农民集体所有土地的所有权人、使用权人，自行将损毁土地复垦为耕地的，由县级以上地方人民政府给予补贴。

第三十五条 县级以上地方人民政府将历史遗留损毁和自然灾害损毁的建设用地复垦为耕地的，按照国家有关规定可以作为本省、自治区、直辖市内进行非农建设占用耕地时的补充耕地指标。

第六章 法律责任

第三十六条 负有土地复垦监督管理职责的部门及其工作人员有下列行为之一的，对直接负责的主管人员和其他直接责任人员，依法给予处分；直接负责的主管人员和其他直接责任人员构成犯罪的，依法追究刑事责任：

（一）违反本条例规定批准建设用地或者批准采矿许可证及采矿许可证的延续、变更、注销的；

（二）截留、挤占、挪用土地复垦费的；

（三）在土地复垦验收中弄虚作假的；

（四）不依法履行监督管理职责或者对发现的违反本条例的行为不依法查处的；

（五）在审查土地复垦方案、实施土地复垦项目、组织土地复垦验收以及实施监督检查过程中，索取、收受他人财物或者谋取其他利益的；

（六）其他徇私舞弊、滥用职权、玩忽职守行为。

第三十七条 本条例施行前已经办理建设用地手续或者领取采矿许可证，本条例施行后继续从事生产建设活动造成土地损毁的土地复垦义务人未按照规定补充编制土地复垦方案的，由县级以上地方人民政府国土资源主管部门责令限期改正；逾期不改正的，处10万元以上20万元以下的罚款。

第三十八条 土地复垦义务人未按照规定将土地复垦费用列入生产成本或者建设项目总投资的，由县级以上地方人民政府国土资源主管部门责令限期改正；逾期不改正的，处10万元以上50万元以下的罚款。

第三十九条 土地复垦义务人未按照规定对拟损毁的耕地、林地、牧草地进行表土剥离，由县级以上地方人民政府国土资源主管部门责令限期改正；逾期不改正的，按照应当进行表土剥离的土地面积处每公顷1万元的罚款。

第四十条 土地复垦义务人将重金属污染物或者其他有毒有害物质用作回填或者充填材料的，由县级以上地方人民政府环境保护主管部门责令停止违法行为，限期采取治理措施，消除污染，处10万元以上50万元以下的罚款；逾期不采取治理措施的，环境保护主管部门可以指定有治理能力的单位代为治理，所需费用由违法者承担。

第四十一条 土地复垦义务人未按照规定报告土地损毁情况、土地复垦费用使用情况或者土地复垦工程实施情况的，由县级以上地方人民政府国土资源主管部门责令限期改正；逾期不改正的，处2万元以上5万元以下的罚款。

第四十二条 土地复垦义务人依照本条例规定应当缴纳土地复垦费而不缴纳的，由县级以上地方人民政府国土资源主管部门责令限期缴纳；逾期不缴纳的，处应缴纳土地复垦费1倍以上2倍以下的罚款，土地复垦义务人为矿山企业的，由颁发采矿许可证的机关吊销采矿许可证。

第四十三条 土地复垦义务人拒绝、阻碍国土资源主管部门监督检查，或者在接受监督检查时弄虚作假的，由国土资源主管部门责令改正，处2万元以上5万元以下的罚款；有关责任人员构成违反治安管理行为的，由公安机关依法予以治安管理处罚；有关责任人员构成犯罪的，依法追究刑事责任。

破坏土地复垦工程、设施和设备，构成违反治安管理行为的，由公安机关依法予以治安管理处罚；构成犯罪的，依法追究刑事责任。

第七章 附则

第四十四条 本条例自公布之日起施行。1988年11月8日国务院发布的《土地复垦规定》同时废止。

第二部分

中央和国务院文件

国务院关于严格规范城乡建设用地增减挂钩试点切实做好农村土地整治工作的通知

（2010年12月27日　国发〔2010〕47号）

各省、自治区、直辖市人民政府，国务院各部委、各直属机构：

近年来，各地开展农村土地整治，有效促进了耕地保护；同时，一些地方在农村土地整治过程中，进行了将通过整治节约的少部分农村建设用地以指标调剂的方式按规划调整到城镇使用的政策探索，开展城乡建设用地增减挂钩试点（以下简称增减挂钩试点），对统筹城乡发展发挥了积极作用，但也出现了少数地方片面追求增加城镇建设用地指标、擅自开展增减挂钩试点和扩大试点范围、突破周转指标、违背农民意愿强拆强建等一些亟需规范的问题，侵害了农民权益，影响了土地管理秩序，必须采取有力措施，坚决予以纠正。为严格规范增减挂钩试点，切实做好农村土地整治工作，现就有关问题通知如下：

一、总体要求

（一）*以促进农业现代化和城乡统筹发展为导向。*要坚持最严格的耕地保护制度和最严格的节约用地制度，促进农业农村发展和农业现代化，促进新农村建设和城镇化发展；要增加耕地数量、提高耕地质量，促进农业产业结构调整，提高农业集约化水平；要优化城乡用地结构，加强农村基础设施和公共服务设施建设，提高节约集约用地水平，促进城乡统筹发展。

（二）*以增加高产稳产基本农田和改善农村生产生活条件为目标。*要按照有利生产、方便生活、改善环境的原则，以农田整治为重点，立足提高高产稳产基本农田比重，加快改善农村生产生活条件，促进农民增收、农业增效、农村发展。有条件的地区，通过农村土地整治示范建设，与散乱、废弃、闲置、低效利用的农村建设用地整治相结合，实施田水路林村综合整治，充分发挥其经济、社会、生态综合效益。

（三）*以切实维护农民权益为出发点和落脚点。*要始终把维护农民权益放在首位，充分尊重农民意愿，坚持群众自愿、因地制宜、量力而行、依法推动。要依法维护农民和农村集体经济组织的主体地位，依法保障农民的知情权、参与权和受益权。整治腾出的农村建设用地，首先要复垦为耕地，在优先满足农村各种发展建设用地后，经批准将节约的指标少量调剂给城镇使用的，其土地增值收益必须及时全部返还农村，切实做到农民自愿、农民参与、农民满意。

二、严格规范增减挂钩试点

（四）严格规范增减挂钩试点。坚决扭转片面追求增加城镇建设用地指标的倾向。要依据土地利用总体规划，统筹安排农民新居、城镇发展等土地整治活动，合理设置建新、拆旧项目区，确保项目区内建设用地总量有减少、布局更合理，耕地面积有增加、质量有提高，实现以城带乡、以工补农，城乡统筹发展的目标。要坚决扭转在增减挂钩试点中重建新、轻拆旧、重城镇、轻农村单一解决城镇建设用地供需矛盾的倾向，坚决纠正少数地方突破土地利用年度计划控制、片面追求增加城镇建设用地指标等偏差，坚决制止实施过程中脱离发展实际、侵害群众利益等各类违法违规行为。

（五）坚决制止以各种名义擅自开展土地置换等行为。在推进农村新居建设和危房改造及小康示范村建设等工作中，凡涉及城乡建设用地调整使用的，必须纳入增减挂钩试点。必须坚持局部试点、封闭运行、规范管理、结果可控，未经批准不得擅自开展试点或扩大试点范围。严禁在试点之外，以各种名义开展城乡建设用地调整使用。严禁擅自开展建设用地置换、复垦土地周转等“搭车”行为，防止违规扩大城镇建设用地规模。

（六）严禁突破挂钩周转指标。各地要依据土地利用总体规划和农业生产、城乡建设、农田水利建设、林业保护利用和生态建设等有关要求，科学编制农村土地整治规划，合理安排增减挂钩试点的规模、布局和时序。试点必须符合土地利用总体规划和土地整治规划，纳入土地利用年度计划。所在省（区、市）要严格按照国家下达的挂钩周转指标，组织审批和实施试点项目，严禁突破挂钩周转指标设立挂钩项目区，严禁项目区跨县级行政区域设置，严禁循环使用周转指标。各试点地区要对挂钩周转指标的下达、使用和归还实行全程监管，严格考核，确保增减挂钩试点严格控制在周转指标内。

（七）严禁盲目大拆大建和强迫农民住高楼。要与地方经济社会发展水平和农业产业发展相适应，与城镇化进程和农村人口转移相协调，遵循城镇发展规律，区分城镇规划区内、城乡结合部、空心村和闲置宅基地等不同情况，因地制宜，量力而行，循序渐进。涉及农村拆迁安置的新居建设，要为农民提供多种建房选择，保持农村特色和风貌，保护具有历史文化和景观价值的传统建筑。要尊重农民意愿并考虑农民实际承受能力和防止不顾条件盲目推进、大拆大建。严禁在农村地区盲目建高楼、强迫农民住高楼。

（八）严禁侵害农民权益。开展增减挂钩试点，必须举行听证、论证，充分听取当地农村基层组织和农民的意见。涉及土地调整互换使用的，未征得农村集体组织和农民同意，不得强行开展增减挂钩试点。必须按照明晰产权、维护权益的原则，合理分配土地调整使用中的增值收益。要明确受益主体，规范收益用途，确保所获土地增值收益及时全部返还农村，用于支持农业农村发展和改善农民生产生活条件，防止农村和农民利益受到侵害。

三、切实做好农村土地整治工作

（九）大力推进以高产稳产基本农田建设为重点的农田整治。要按照因地制宜、改善条件、提高质量的要求，以提高高产稳产基本农田比重为目标，大力开展土地平整、田间道路建设、农田防护建设和农田水利建设。要依照耕地分等定级技术规范和标准，严格土地整治新增耕地质量评定和验收，有针对性地采取培肥地力等措施，稳步提升新增耕地产能，经整治的耕地要划定为基本农田，实行永久保护。要切实防止投入散、项目小、新增耕地质量偏低，以及重建设轻管护等问题。

（十）规范推进农村土地整治示范建设。要按照统筹规划、整合资源、整体推进的原则，以耕地面积增加、建设用地总量减少、农村生产生活条件和生态环境明显改善为目标，规范推进以田水路林村综合整治为内容的农村土地整治示范建设。未批准开展增减挂钩试点的地区，不得将农村土地整治节约的建设用地指标调剂给城镇使用。整治腾出的农村建设用地，首先要复垦为耕地，规划继续作为建设用地的可作为农民旧房改造、新居建设、农村基础设施和公共服务配套设施建设以及农村非农产业发展用地。严禁以整治为名，擅自突破土地利用总体规划和年度计划，扩大城镇建设用地规模。严禁在农村土地整治中，违法调整、收回和强迫流转农民承包地。

（十一）积极组织实施农村土地整治重大工程。要按照科学论证、集中投入、分步实施的要求，以提高粮食综合生产能力为目标，在保护生态环境的前提下，积极组织实施《全国土地利用总体规划纲要（2006—2020年）》、《全国新增1000亿斤粮食生产能力规划（2009—2020年）》确定的农村土地整治重大工程，促进国家粮食核心产区和战略后备产区建设，为确保国家粮食安全提供基础性保障。要切实加强配套工程建设，落实配套资金，强化工程监管，防止和纠正配套工程不到位、配套资金不落实等问题。

四、保障措施

（十二）加强组织领导。地方各级人民政府要高度重视，以统筹城乡发展、全面建设小康社会为目标，切实加强组织领导，形成地方政府主导、国土资源部门搭建平台、相关部门各司其职协调联动的工作机制。国土资源部要会同相关部门根据职能分工，落实责任，通力合作，准确把握工作要求，加强全程指导和有效监管，严格规范增减挂钩试点并切实做好农村土地整治工作。

（十三）强化资金整合和使用管理。各地要以新增建设用地土地有偿使用费、用于农业土地开发的土地出让收入、耕地开垦费和土地复垦费等资金为主体，引导和聚合相关涉农资金，保持渠道和用途不变，实行专账管理，统筹集中使用，切实提高各项资金综合使用效益。严格执行土地出让收益要优先用于农业土地开发和农村基础设施建设的规定，严格执行新增建设用地土地有偿使用费主要用于基本农田建设和保护、耕地开发和土地整理的规定，中央分成部分要重点支持农村土地整治重大工程和示范工程建设。要引导和规范民间资本参与增减挂钩试点和农村土地整治行为。

（十四）做好农村集体土地权属管理。各地区开展增减挂钩试点和农村土地整治，要按照确权在先的要求，对土地利用现状和权属状况进行调查、核实，做到地类和面积准确，界址和权属清楚。增减挂钩试点和农村土地整治涉及的土地，原则上应维持原有土地权属不变；对土地互换的，要引导相关权利人本着互利互惠的原则，平等协商解决，有争议的要依法做好调处工作。对权属有争议又调处不成的，不得开展增减挂钩试点和农村土地整治。增减挂钩试点和农村土地整治实施后，要依法及时办理土地确权、变更登记手续，发放土地权利证书及农村土地承包经营权证等，依法保障农民的土地权益。

（十五）严格监督管理。各级国土资源主管部门要结合国土资源综合监管平台建设，加强增减挂钩试点和农村土地整治项目管理信息化建设，实行全程监管要完善增减挂钩试点和农村土地整治项目在线备案制度，对项目的批准和实施情况，实行网络直报备案，及时向社会公示，自觉接受社会公众监督；要做好增减挂钩试点和农村土地整治项目的可行性论证和立项工作，加强对项目实施的检查指导、评估考核以及项目实施后的验收等工作；要充分发挥国家土地督察和土地执法监察的作用，完善问题发现和查处机制，强化监督检查，及时纠正发现的问题。

（十六）严肃查处违法违规行为。地方各级人民政府近期要对增减挂钩试点和农村土地整治开展情况进行全面自查、清理。国土资源部要会同有关部门组织全面检查，对不符合政策规定的一律叫停，进行整顿、规范和限期整改，对违法违规行为要坚决查处。对未经批准擅自开展增减挂钩试点、超出试点范围开展增减挂钩和建设用地置换或擅自扩大挂钩周转指标规模的，要严肃追究有关地方人民政府负责人及相关人员的责任，并相应扣减土地利用年度计划指标。

各地区、各有关部门要牢固树立科学发展观和正确的政绩观，立足于维护好广大人民群众的根本利益，认真总结经验，及时研究解决工作中出现的新情况、新问题，确保增减挂钩试点和农村土地整治工作规范、健康、有序开展。

国务院办公厅关于印发跨省域补充耕地国家统筹管理办法和城乡建设用地增减挂钩节余指标跨省域调剂管理办法的通知

（2018 年 3 月 10 日　国办发〔2018〕16 号）

各省、自治区、直辖市人民政府，国务院各部委、各直属机构：

《跨省域补充耕地国家统筹管理办法》和《城乡建设用地增减挂钩节余指标跨省域调剂管理办法》已经国务院同意，现印发给你们，请认真贯彻执行。

跨省域补充耕地国家统筹管理办法

第一章　总则

第一条　为规范有序实施跨省域补充耕地国家统筹，严守耕地红线，根据《中华人民共和国土地管理法》和《中共中央　国务院关于加强耕地保护和改进占补平衡的意见》、《中共中央　国务院关于实施乡村振兴战略的意见》有关规定，制定本办法。

第二条　本办法所称跨省域补充耕地国家统筹，是指耕地后备资源严重匮乏的直辖市，占用耕地、新开垦耕地不足以补充所占耕地，或者资源环境条件严重约束、补充耕地能力严重不足的省，由于实施重大建设项目造成补充耕地缺口，经国务院批准，在耕地后备资源丰富省份落实补充耕地任务的行为。

第三条　跨省域补充耕地国家统筹应遵循以下原则：

（一）保护优先，严控占用。坚持耕地保护优先，强化土地利用规划计划管控，严格土地用途管制，从严控制建设占用耕地，促进土地节约集约利用。

（二）明确范围，确定规模。坚持耕地占补平衡县域自行平衡为主、省域内调剂为辅、国家适度统筹为补充，明确补充耕地国家统筹实施范围，合理控制补充耕地国家统筹实施规模。

（三）补足补优，严守红线。坚持耕地数量、质量、生态“三位一体”保护，以土地利用总体规划及相关规划为依据，以土地整治和高标准农田建设新增耕地为主要来源，先建成再调剂，确保统筹补充耕地数量不减少、质量不降低。

（四）加强统筹，调节收益。运用经济手段约束耕地占用，发挥经济发达地区和资源丰富地区资金资源互补优势，建立收益调节分配机制，助推脱贫攻坚和乡村振兴。

第四条 国土资源部负责跨省域补充耕地国家统筹管理，会同财政部、国家发展改革委、农业部等相关部门制定具体实施办法，进行监督考核；财政部会同国土资源部等相关部门负责制定资金使用管理办法；有关省级人民政府负责具体实施，筹措补充耕地资金或落实补充耕地任务。

第二章 申请补充耕地国家统筹

第五条 根据各地资源环境承载状况、耕地后备资源条件、土地整治和高标准农田建设新增耕地潜力等，分类实施补充耕地国家统筹。

（一）耕地后备资源严重匮乏的直辖市，由于城市发展和基础设施建设等占用耕地、新开垦耕地不足以补充所占耕地的，可申请国家统筹补充。

（二）资源环境条件严重约束、补充耕地能力严重不足的省，由于实施重大建设项目造成补充耕地缺口的，可申请国家统筹补充。重大建设项目原则上限于交通、能源、水利、军事国防等领域。

第六条 补充耕地国家统筹申请、批准按以下程序办理：

（一）由省、直辖市人民政府向国务院提出补充耕地国家统筹申请。其中，有关省根据实施重大建设项目需要和补充耕地能力，提出需国家统筹补充的耕地数量、水田规模和粮食产能，原则上每年申请一次，如有特殊需要可分次申请；直辖市根据建设占用耕地需要和补充耕地能力，提出需国家统筹补充的耕地数量、水田规模和粮食产能，每年申请一次。

（二）国土资源部组织对补充耕地国家统筹申请的评估论证，汇总有关情况并提出意见，会同财政部按程序报国务院批准。国土资源部、财政部在国务院批准之日起30个工作日内函复有关省、直辖市人民政府，明确国务院批准的国家统筹规模以及相应的跨省域补充耕地资金总额。

第七条 有关省、直辖市人民政府收到复函后，即可在国务院批准的国家统筹规模范围内，依照法定权限组织相应的建设用地报批。

建设用地报批时，用地单位应按规定标准足额缴纳耕地开垦费，补充耕地方案应说明耕地开垦费缴纳和使用国家统筹规模情况。

建设用地属于省级人民政府及以下审批权限的，使用国家统筹规模情况须随建设用地审批结果一并报国土资源部备案。

第八条 经国务院批准补充耕地由国家统筹的省、直辖市，应缴纳跨省域补充耕地资金。以占用的耕地类型确定基准价，以损失的耕地粮食产能确定产能价，以基准价和产能价之和乘以省份调节系数确定跨省域补充耕地资金收取标准。对国家重大公益性建设项目，可按规定适当降低收取标准。

（一）基准价每亩10万元，其中水田每亩20万元。

（二）产能价根据农用地分等定级成果对应的标准粮食产能确定，每亩每百公斤2万元。

（三）根据区域经济发展水平，将省份调节系数分为五档。

一档地区：北京、上海，调节系数为2；

二档地区：天津、江苏、浙江、广东，调节系数为1.5；

三档地区：辽宁、福建、山东，调节系数为1；

四档地区：河北、山西、吉林、黑龙江、安徽、江西、河南、湖北、湖南、海南，调节系数为0.8；

五档地区：重庆、四川、贵州、云南、陕西、甘肃、青海，调节系数为0.5。

第九条 跨省域补充耕地资金总额纳入省级财政向中央财政的一般公共预算转移性支出，在中央财政和地方财政年终结算时上解中央财政。

第十条 跨省域补充耕地资金，全部用于巩固脱贫攻坚成果和支持实施乡村振兴战略。其中，一部分安排给承担国家统筹补充耕地任务的省份，优先用于高标准农田建设等补充耕地任务；其余部分由中央财政统一安排使用。

第三章　落实国家统筹补充耕地

第十一条 根据国务院批准的补充耕地国家统筹规模，在耕地后备资源丰富的省份，按照耕地数量、水田规模相等和粮食产能相当的原则落实补充耕地。

第十二条 在耕地保护责任目标考核期内，不申请补充耕地国家统筹的省份，可由省级人民政府向国务院申请承担国家统筹补充耕地任务。申请承担补充耕地任务的新增耕地，应为已验收并在全国农村土地整治监测监管系统中上图入库的土地整治和高标准农田建设项目新增耕地。

第十三条 国土资源部根据全国农村土地整治监测监管系统信息，对申请承担国家统筹补充耕地任务的新增耕地进行复核，如有必要，会同相关部门进行实地检查。国土资源部会同财政部等相关部门按照自然资源条件相对较好，优先考虑革命老区、民族地区、边疆地区、贫困地区和耕地保护成效突出地区的原则确定省份，认定可用于国家统筹补充耕地的新增耕地数量、水田规模和粮食产能。开展土地整治工程技术创新新增耕地，可作为专项支持，安排承担国家统筹补充耕地任务。

国土资源部会同财政部等相关部门确定承担国家统筹补充耕地任务省份和认定结果，按程序报国务院同意后，由国土资源部函告有关省份。经认定为承担国家统筹补充耕地任务的新增耕地，不得用于所在省份耕地占补平衡。

第十四条 根据认定的承担国家统筹补充耕地规模和相关经费标准，中央财政将国家统筹补充耕地经费预算下达承担国家统筹补充耕地任务的省份。有关省份收到国家统筹补充耕地经费后，按规定用途安排使用。

第十五条 国家统筹补充耕地经费标准根据补充耕地类型和粮食产能确定。补充耕地每亩5万元（其中水田每亩10万元），补充耕地标准粮食产能每亩每百公斤1万元，两项合计确定国家统筹补充耕地经费标准。

第四章 监管考核

第十六条 国土资源部建立跨省域补充耕地国家统筹信息管理平台，将补充耕地国家统筹规模申请与批准、建设项目占用、补充耕地落实等情况纳入平台管理。

第十七条 有关省级人民政府负责检查核实承担国家统筹补充耕地任务的新增耕地，确保数量真实、质量可靠；监督国家统筹补充耕地经费安排使用情况，严格新增耕地后期管护，发现存在问题要及时予以纠正。

国土资源部利用国土资源遥感监测“一张图”和综合监管平台等手段对国家统筹新增耕地进行监管。

第十八条 补充耕地国家统筹情况纳入有关省级人民政府耕地保护责任目标考核内容，按程序报国务院。

国土资源部做好国家统筹涉及省份耕地变化情况台账管理，在新一轮土地利用总体规划编制或实施期内适时按程序调整有关省份规划耕地保有量。

第十九条 国家土地督察机构在监督检查省级人民政府落实耕地保护主体责任情况时，结合督察工作将有关省份的国家统筹补充耕地实施情况纳入督察内容。

第五章 附则

第二十条 财政部会同国土资源部根据补充耕地国家统筹实施情况适时调整跨省域补充耕地资金收取标准和国家统筹补充耕地经费标准。

第二十一条 本办法由国土资源部、财政部负责解释。

第二十二条 本办法自印发之日起施行，有效期至2022年12月31日。

城乡建设用地增减挂钩节余指标跨省域调剂管理办法

第一章 总则

第一条 为规范开展深度贫困地区城乡建设用地增减挂钩节余指标跨省域调剂，根据《中华人民共和国土地管理法》和《中共中央 国务院关于实施乡村振兴战略的意见》、《中共中央办公厅 国务院办公厅印发〈关于支持深度贫困地区脱贫攻坚的实施意见〉的通知》有关规定，制定本办法。

第二条 本办法所称城乡建设用地增减挂钩节余指标跨省域调剂，是指“三区三州”及其他深度贫困县城乡建设用地增减挂钩节余指标（以下简称节余指标）由国家统筹跨省域调剂使用。

第三条 节余指标跨省域调剂应遵循以下原则：

（一）区域统筹，精准扶贫。聚焦深度贫困地区脱贫攻坚任务，调动各方力量提供资金支持，实现合作共赢。国家下达调剂任务，确定调剂价格标准，统一资金收取和支出；各有关省（区、市）统筹组织本地区跨省域调剂有关工作，并做好与省域内城乡建设用地增减挂钩工作的协调。

（二）生态优先，绿色发展。落实最严格的耕地保护制度、节约用地制度和生态环境保护制度，严格执行耕地占补平衡制度，加强土地利用总体规划和年度计划统筹管控，实施建设用地总量、强度双控，优化配置区域城乡土地资源，维护土地市场秩序，保持土地产权关系稳定。

（三）尽力而为，量力而行。帮扶地区要把决胜全面小康、实现共同富裕摆在更加突出的位置，落实好帮扶责任。深度贫困地区要把握地域差异，注重保护历史文化和自然风貌，因地制宜实施复垦；充分尊重农民意愿，切实保障农民土地合法权益和农村建设用地需求，防止盲目推进。

第四条 国土资源部会同财政部、国家发展改革委、农业部等相关部门制定节余指标跨省域调剂实施办法，确定调剂规模、激励措施和监管要求。财政部会同国土资源部等相关部门制定资金使用管理办法，统一资金收取和支出。有关省级人民政府负责节余指标跨省域调剂的组织实施；省级国土资源、财政主管部门分别制定实施细则，平衡调剂节余指标和资金。市、县级人民政府为节余指标跨省域调剂责任主体；市、县级国土资源主管部门负责具体实施。

第二章 调剂计划安排

第五条 国土资源部根据有关省（区、市）土地利用和贫困人口等情况，经综合测算后报国务院确定跨省域调剂节余指标任务。主要帮扶省份应当全额落实调入节余指标任务，鼓励多买多用。鼓励其他有条件的省份根据自身实际提供帮扶。

经国务院同意，国土资源部将跨省域调剂节余指标任务下达有关省（区、市）。有关省（区、市）可结合本地区情况，将跨省域调入、调出节余指标任务明确到市、县。

第六条 按照增减挂钩政策规定，深度贫困地区所在地省级国土资源主管部门组织编制和审批拆旧复垦安置方案，帮扶省份省级国土资源主管部门组织编制和审批建新方案，通过城乡建设用地增减挂钩在线监管系统报国土资源部备案。

省级人民政府将需要调剂的节余指标和资金总额函告国土资源部，原则上每年不超过两次。国土资源部根据备案情况核销跨省域调剂节余指标任务，核定复垦和占用农用地面积、耕地面积和耕地质量，以及规划耕地保有量和建设用地规模调整数量，并将核销结果抄送财政部。

第七条 帮扶省份要严格控制城镇建设用地扩张，人均城镇建设用地水平较低、规划建设用地规模确有不足的，可以使用跨省域调剂节余指标少量增加规划建设用地规模，并在新一轮土地利用总体规划编制时予以调整。增加的规划建设用地规模原则上不得用于特大城市和超大城市的中心城区。

国土资源部在核销各省（区、市）跨省域调剂节余指标任务时，对涉及的有关省份规划耕地保有量、建设用地规模调整以及耕地质量变化情况实行台账管理；列入台账的，在省级人民政府耕地保护责任目标考核等监督检查中予以认定，在新一轮土地利用总体规划编制时统筹解决。

第三章 资金收取和支出

第八条 财政部根据国土资源部核定的调剂资金总额，收取有关省（区、市）调剂资金；省级财政主管部门根据省级国土资源主管部门核定的调剂资金额度，收取有关市、县调剂资金。收取的帮扶省份跨省域调入节余指标资金，纳入省级财政向中央财政的一般公共预算转移性支出，在中央财政和地方财政年终结算时上解中央财政。

第九条 财政部根据国土资源部核定的调剂资金总额，向深度贫困地区所在省份下达70%调剂资金指标，由省级财政主管部门根据省级国土资源主管部门确认的调剂资金金额向深度贫困地区拨付。待完成拆旧复垦安置，经省级国土资源主管部门验收并经国土资源部确认后，财政部向深度贫困地区所在省份下达剩余30%调剂资金指标，由省级财政主管部门向深度贫困地区拨付。

调剂资金支出列入中央财政对地方财政一般性转移支付，全部用于巩固脱贫攻坚成果和支持实施乡村振兴战略，优先和重点保障产生节余指标深度贫困地区的安置补偿、拆旧复垦、基础设施和公共服务设施建设、生态修复、耕地保护、高标准农田建设、农业农村发展建设以及购买易地扶贫搬迁服务等。

第十条 国家统一制定跨省域调剂节余指标价格标准。节余指标调出价格根据复垦土地的类型和质量确定，复垦为一般耕地或其他农用地的每亩30万元，复垦为高标准农田的每亩40万元。节余指标调入价格根据地区差异相应确定，北京、上海每亩70万元，天津、江苏、浙江、广东每亩50万元，福建、山东等其他省份每亩30万元；附加规划建设用地规模的，每亩再增加50万元。

根据跨省域调剂节余指标实施情况，按程序适时调整上述标准。

第四章 节余指标调剂实施

第十一条 深度贫困地区根据国家核定的调剂节余指标，按照增减挂钩政策规定，以不破坏生态环境和历史文化风貌为前提，按照宜耕则耕、宜林则林、宜草则草的原则复垦，切实做好搬迁群众安置。

第十二条 帮扶省份根据国家核定的调剂节余指标，按照经批准的建新方案使用跨省域调剂节余指标进行建设。

第十三条 深度贫困地区实际拆旧复垦耕地面积和质量低于国家核定要求的，以及帮扶地区实际建新占用耕地面积和质量超出国家核定要求的，应通过补改结合、提质改造等措施满足国家核定要求。

第五章 监督管理

第十四条 国土资源部和省级国土资源主管部门分别建立节余指标调剂监管

平台。拆旧复垦安置方案、建新方案应实时备案，确保拆旧复垦安置和建新精准落地，做到上图入库、数量真实、质量可靠。监管平台自动生成电子监管码，对节余指标调剂进行动态监管。省级国土资源主管部门审批的拆旧复垦安置方案、建新方案，需标注使用跨省域调剂节余指标。

第十五条 省级国土资源主管部门充分利用国土资源遥感监测“一张图”和综合监管平台等手段，对拆旧复垦农用地和耕地等进行核查。国土资源部和省级国土资源主管部门通过监管平台和实地抽查，对跨省域调剂节余指标工作开展日常监测监管。国家土地督察机构对跨省域调剂节余指标实施情况进行监督检查，检查报告抄送财政部。发现弄虚作假、违背群众意愿强行实施的，国土资源部会同财政部停止拨付并扣减调剂资金。

第六章　附则

第十六条 本办法由国土资源部、财政部负责解释。

第十七条 本办法自印发之日起施行，有效期至 2020 年 12 月 31 日。

国务院办公厅关于印发《省级政府耕地保护责任目标考核办法》的通知

（2018 年 1 月 3 日　国办发〔2018〕2 号）

各省、自治区、直辖市人民政府，国务院各部委、各直属机构：

经国务院同意，现将修订后的《省级政府耕地保护责任目标考核办法》印发给你们，请认真贯彻执行。2005 年 10 月 28 日经国务院同意、由国务院办公厅印发的《省级政府耕地保护责任目标考核办法》同时废止。

省级政府耕地保护责任目标考核办法

第一章　总则

第一条　为贯彻落实《中共中央 国务院关于加强耕地保护和改进占补平衡的意见》，坚持最严格的耕地保护制度和最严格的节约用地制度，守住耕地保护红线，严格保护永久基本农田，建立健全省级人民政府耕地保护责任目标考核制度，依据《中华人民共和国土地管理法》和《基本农田保护条例》等法律法规的规定，制定本办法。

第二条　各省、自治区、直辖市人民政府对《全国土地利用总体规划纲要》（以下简称《纲要》）确定的本行政区域内的耕地保有量、永久基本农田保护面积以及高标准农田建设任务负责，省长、自治区主席、直辖市市长为第一责任人。

第三条　国务院对各省、自治区、直辖市人民政府耕地保护责任目标履行情况进行考核，由国土资源部会同农业部、国家统计局（以下称考核部门）负责组织开展考核检查工作。

第四条　省级政府耕地保护责任目标考核在耕地占补平衡、高标准农田建设等相关考核评价的基础上综合开展，实行年度自查、期中检查、期末考核相结合的方法。

年度自查每年开展 1 次，由各省、自治区、直辖市自行组织开展；从 2016 年起，每五年为一个规划期，期中检查在每个规划期的第三年开展 1 次，由考核部门组织开展；期末考核在每个规划期结束后的次年开展 1 次，由国务院组织考核部门开展。

第五条 考核部门会同有关部门，根据《纲要》确定的相关指标和高标准农田建设任务、补充耕地国家统筹、生态退耕、灾毁耕地等实际情况，对各省、自治区、直辖市耕地保有量和永久基本农田保护面积等提出考核检查指标建议，经国务院批准后，由考核部门下达，作为省级政府耕地保护责任目标。

第六条 全国土地利用变更调查提供的各省、自治区、直辖市耕地面积、生态退耕面积、永久基本农田面积数据以及耕地质量调查评价与分等定级成果，作为考核依据。

各省、自治区、直辖市人民政府要按照国家统一规范，加强对耕地、永久基本农田保护和高标准农田建设等的动态监测，在考核年向考核部门提交监测调查资料，并对数据的真实性负责。

考核部门依据国土资源遥感监测“一张图”和综合监管平台以及耕地质量监测网络，采用抽样调查和卫星遥感监测等方法和手段，对耕地、永久基本农田保护和高标准农田建设等情况进行核查。

第七条 省级政府耕地保护责任目标考核遵循客观、公开、公正，突出重点、奖惩并重的原则，年度自查、期中检查和期末考核采用定性与定量相结合的综合评价方法，结果采用评分制，满分为 100 分。考核检查基本评价指标由考核部门依据《中华人民共和国土地管理法》、《基本农田保护条例》等共同制定，并根据实际情况需要适时进行调整完善。

第二章　年度自查

第八条 各省、自治区、直辖市人民政府按照本办法的规定，结合考核部门年度自查工作要求和考核检查基本评价指标，每年组织自查。主要检查所辖市（县）上一年度的耕地数量变化、耕地占补平衡、永久基本农田占用和补划、高标准农田建设、耕地质量保护与提升、耕地动态监测等方面情况，涉及补充耕地国家统筹的省份还应检查该任务落实情况。

第九条 各省、自治区、直辖市人民政府应于每年6月底前向考核部门报送自查情况。考核部门根据自查情况和有关督察检查情况，将有关情况向各省、自治区、直辖市通报，并纳入省级政府耕地保护责任目标期末考核。

第三章 期中检查

第十条 省级政府耕地保护责任目标期中检查按照耕地保护工作任务安排实施，主要检查规划期前两年各地区耕地数量变化、耕地占补平衡、永久基本农田占用和补划、高标准农田建设、耕地质量保护与提升、耕地保护制度建设以及补充耕地国家统筹等方面情况。

第十一条 各省、自治区、直辖市人民政府按照本办法和考核部门期中检查工作要求开展自查，在期中检查年的6月底前向考核部门报送自查报告。考核部门根据情况选取部分省份进行实地抽查，结合各省份省级自查、实地抽查和相关督察检查等对各省耕地保护责任目标落实情况进行综合评价、打分排序，形成期中检查结果报告。

第十二条 期中检查结果由考核部门向各省、自治区、直辖市通报，纳入省级政府耕地保护责任目标期末考核，并向国务院报告。

第四章 期末考核

第十三条 省级政府耕地保护责任目标期末考核内容主要包括耕地保有量、永久基本农田保护面积、耕地数量变化、耕地占补平衡、永久基本农田占用和补划、高标准农田建设、耕地质量保护与提升、耕地保护制度建设等方面情况。涉及补充耕地国家统筹的有关省份，考核部门可以根据国民经济和社会发展规划纲要以及耕地保护工作进展情况，对其耕地保护目标、永久基本农田保护目标等考核指标作相应调整。

第十四条 各省、自治区、直辖市人民政府按照本办法和考核部门期末考核工作要求开展自查，在规划期结束后次年的6月底前向国务院报送耕地保护责任目标任务完成情况自查报告，并抄送考核部门。省级人民政府对自查情况及相关数据的真实性、准确性和合法性负责。

第十五条 考核部门对各省、自治区、直辖市人民政府耕地保护责任目标履行情况进行全面抽查，根据省级自查、实地抽查和年度自查、期中检查等对各省份耕地保护责任目标落实情况进行综合评价、打分排序，形成期末考核结果报告。

第十六条 考核部门在规划期结束后次年的10月底前将期末考核结果报送国务院，经国务院审定后，向社会公告。

第五章 奖惩

第十七条 国务院根据考核结果，对认真履行省级政府耕地保护责任、成效突出的省份给予表扬；有关部门在安排年度土地利用计划、土地整治工作专项资金、耕地提质改造项目和耕地质量提升资金时予以倾斜。考核发现问题突出的省份要明确提出整改措施，限期进行整改；整改期间暂停该省、自治区、直辖市相关市、县农用地转用和土地征收审批。

第十八条 省级政府耕地保护责任目标考核结果，列为省级人民政府主要负责人综合考核评价的重要内容，年度自查、期中检查和期末考核结果抄送中央组织部、国家发展改革委、财政部、审计署、国家粮食局等部门，作为领导干部综合考核评价、生态文明建设目标评价考核、粮食安全省长责任制考核、领导干部问责和领导干部自然资源资产离任审计的重要依据。

第六章 附则

第十九条 县级以上地方人民政府应当根据本办法，结合本行政区域实际情况，制定下一级人民政府耕地保护责任目标考核办法。

第二十条 本办法自印发之日起施行。2005年10月28日经国务院同意、由国务院办公厅印发的《省级政府耕地保护责任目标考核办法》同时废止。

国务院办公厅关于严格执行有关农村集体建设用地法律和政策的通知

（2007 年 12 月 30 日　国办发〔2007〕71 号）

各省、自治区、直辖市人民政府，国务院各部委、各直属机构：

近年来，党中央、国务院连续下发严格土地管理、加强土地调控的政策文件，有力地促进了各地区、各部门贯彻落实科学发展观，坚决执行宏观调控政策。但是，一些地方仍存在违反农村集体建设用地管理的法律和政策规定，将农用地转为建设用地，非法批准建设用地等问题，并且有蔓延上升之势。为严格执行有关农村集体建设用地法律和政策，坚决遏制并依法纠正乱占农用地进行非农业建设，经国务院同意，现就有关问题通知如下：

一、严格执行土地用途管制制度

土地利用涉及全民族的根本利益，必须服从国家的统一管理。我国人多地少，为保证经济社会可持续发展，必须实行最严格的土地管理制度。土地用途管制制度是最严格土地管理制度的核心。但是，一些地方在土地利用中没有严格执行土地用途管制制度，未经依法批准，擅自将农用地转为建设用地。《中华人民共和国土地管理法》规定：“国家实行土地用途管制制度”，“使用土地的单位和个人必须严格按照土地利用总体规划确定的用途使用土地”。违反土地利用总体规划和不依法经过批准改变土地用途都是违法行为。任何涉及土地管理制度的试验和探索，都不能违反国家的土地用途管制制度。地方各级人民政府既要加强土地征收或征用管理，更要重点加强土地用途管制。

二、严格规范使用农民集体所有土地进行建设

当前一些地方在使用农民集体所有土地进行建设的过程中，擅自扩大农民集体所有土地的使用范围，违法提供建设用地的问题比较严重。《中华人民共和国

土地管理法》规定，乡镇企业、乡（镇）村公共设施和公益事业建设、农村村民住宅等三类乡（镇）村建设可以使用农民集体所有土地。对这三类用地的范围，法律和政策都有准确界定，必须严格执行。按照《中华人民共和国乡镇企业法》规定，乡镇企业必须是农村集体经济组织或者农民投资为主，在乡镇（包括所辖村）举办的承担支援农业义务的企业。要严禁以兴办“乡镇企业”、“乡（镇）村公共设施和公益事业建设”为名，非法占用（租用）农民集体所有土地进行非农业建设。

按照《中华人民共和国土地管理法》等法律法规的规定，任何建设需要将农用地和未利用地转为建设用地的，都必须依法经过批准。兴办乡镇企业、乡（镇）村公共设施和公益事业建设、村民建住宅需要使用本集体经济组织农民集体所有土地的，必须符合乡（镇）土地利用总体规划和镇规划、乡规划、村庄规划（以下简称乡（镇）、村规划），纳入土地利用年度计划，并依法办理规划建设许可及农用地转用和建设项目用地审批手续。农村集体经济组织使用乡（镇）土地利用总体规划确定的建设用地，兴办企业或与其他单位、个人以土地使用权入股、联营等形式共同兴办企业的，必须符合土地利用总体规划和乡（镇）、村规划，并纳入建设用地年度计划管理；涉及占用农用地的，必须先依法办理农用地转用审批手续，用地规模必须符合有关企业用地标准。

农村住宅用地只能分配给本村村民，城镇居民不得到农村购买宅基地、农民住宅或“小产权房”。单位和个人不得非法租用、占用农民集体所有土地搞房地产开发。农村村民一户只能拥有一处宅基地，其面积不得超过省、自治区、直辖市规定的标准。农村村民出卖、出租住房后，再申请宅基地的，不予批准。其他任何单位和个人进行非农业建设，需要使用土地的，必须依法申请使用国有土地。不符合土地利用总体规划和乡（镇）、村规划，没有土地利用年度计划指标的，不得批准用地。任何单位和个人不得自行与农村集体经济组织或个人签订协议将农用地和未利用地转为建设用地。非法占用耕地改作他用，数量较大，造成耕地大量毁坏的，要依法追究刑事责任。

三、严格控制农村集体建设用地规模

一些地方借农民集体所有建设用地使用权流转、土地整理折抵和城乡建设用地增减挂钩等名义，擅自扩大建设用地的规模。地方各级人民政府要依据土地利用总体规划和乡（镇）、村规划，对农村集体建设用地实行总量控制。严禁以各种名义，擅自扩大农村集体建设用地规模，以及通过“村改居”等方式，非法将农民集体所有土地转为国有土地。

严格控制农民集体所有建设用地使用权流转范围。农民集体所有的土地使用权不得出让、转让或者出租用于非农业建设。符合土地利用总体规划并依法取得建设用地的企业发生破产、兼并等情形时，所涉及的农民集体所有建设用地使用权方可依法转移。其他农民集体所有建设用地使用权流转，必须是符合规划、依法取得的建设用地，并不得用于商品住宅开发。

依照《中华人民共和国土地管理法实施条例》，土地整理新增耕地面积只能折抵用于建设占用耕地的补偿，不得折抵为建设用地指标，扩大建设用地规模。城乡建设用地增减挂钩试点，必须严格控制在国家已经批准的试点范围内。试点必须符合土地利用总体规划、城市规划和乡（镇）、村规划，必须确保城乡建设用地总量不增加，农用地和耕地面积不减少。不得以试点为名违背农民意愿大拆大建、强制搬迁，侵害农民权益。

四、严格禁止和严肃查处“以租代征”转用农用地的违法违规行为

近年来，一些地方出现了违反土地利用总体规划和土地利用年度计划，规避农用地转用和土地征收审批，通过出租（承租）、承包等“以租代征”方式非法使用农民集体所有土地进行非农业项目建设的行为。对此，必须严格禁止，并予以严肃查处。国土资源管理部门要对“以租代征”的违法违规问题进行全面清查，并严格依法依纪处理。严肃追究瞒案不报、压案不查的责任。严肃处理以罚代法、处罚不到位的行为。国家机关工作人员批准“以租代征”占地建设的，要追究其非法批地的法律责任，涉嫌犯罪的要及时移送司法机关依法处理；应给予政纪处分的，依据《行政机关公务员处分条例》等规定办理。单位和个人擅自通过“以租代征”占地建设的，要追究其非法占地的法律责任，涉嫌犯罪的要及时移送司法机关依法处理。对纠正、整改土地违法违规行为不力的地区和土地违法违规行为大量发生、造成严重后果的地区，实行问责制，由国家土地总督察责令限期整改，限期整改期间暂停该地区农用地转用和土地征收审批。

五、严格土地执法监管

国土资源部要会同发展改革、监察、农业、建设等部门，依据土地管理的法律法规和有关规定，严格土地执法监管，坚决制止乱占农用地进行非农业建设的

违法违规行为。各有关部门要依据本部门职责，切实加强监管，形成执法合力。对未取得合法用地手续的建设项目，发展改革部门不得办理项目审批、核准手续，规划部门不得办理建设规划许可，建设部门不得发放施工许可证，电力和市政公用企业不得通电、通水、通气，国土资源管理部门不得受理土地登记申请，房产部门不得办理房屋所有权登记手续，金融机构不得发放贷款。未依法办理农用地转用审批手续占用农用地设立企业的，工商部门不得登记。同时，国土资源部要会同有关部门，根据农村经济社会发展变化的新情况，深入研究在依照土地利用总体规划、加强用途管制的前提下，完善对乡镇企业、农民住宅等农村集体建设用地管理和流转的政策措施。

地方各级人民政府及其国土资源管理部门要采用通俗易懂的方式，广泛深入地开展土地管理法律法规特别是农村集体建设用地管理法律法规的宣传教育和培训，使乡（镇）村干部、农民和城镇居民、企业法人真正知晓并且自觉遵守土地管理法律法规的规定。

各地区、各部门特别是主要领导干部，要充分认识制止乱占农用地进行非农业建设的重要性和紧迫性，增强责任感和紧迫感，把思想统一到贯彻落实科学发展观和中央宏观调控政策的要求上来，从实际出发，加强领导，制订有力措施，认真清理查处农民集体所有土地使用中的违法违规问题，严格控制建设用地供应总量，建立严格的管理制度和长效机制，坚决刹住乱占滥用农用地之风。

各省、自治区、直辖市人民政府和国务院各有关部门要于2008年3月底前，将贯彻执行本通知的情况，向国务院专题报告。

国务院办公厅关于加强土地转让管理严禁炒卖土地的通知

（1999 年 5 月 6 日　国办发〔1999〕39 号）

各省、自治区、直辖市人民政府，国务院各部委、各直属机构：

《中共中央、国务院关于进一步加强土地管理切实保护耕地的通知》（中发〔1997〕11 号）下发以来，土地管理特别是耕地保护工作得到了加强，取得了一定成效。但是，一些地区仍存在用地秩序混乱、非法转让土地使用权等问题，特别是非法交易农民集体土地的现象比较严重，出现了以开发“果园”、“庄园”为名炒卖土地、非法集资的情况。为进一步加强土地转让管理，防止出现新的“炒地热”，保持农村稳定，保护农民利益，保障经济和社会可持续发展，经国务院总理办公会议审定，现就加强土地转让管理、严禁炒卖土地的有关问题通知如下：

一、严格控制城乡建设用地总量，坚决制止非农建设非法占用土地

城市、村庄、集镇建设一律不得突破土地利用总体规划确定的用地规模，城市新增建设用地和原有建设用地要统一实行总量控制，不得超计划供地；各项建设可利用闲置土地的，必须使用闲置土地，不得批准新占农用地，闲置土地未被充分利用的地区，应核减其下一年度农用地转用指标。

农村居民点要严格控制规模和范围，新建房屋要按照规划审批用地，逐步向中心村和小城镇集中。中心村和小城镇建设要合理布局，统一规划，不得随意征、占农用地。小城镇建设要明确供地方式和土地产权关系，防止发生土地权属纠纷。

乡镇企业用地要严格限制在土地利用总体规划确定的城市和村庄、集镇建设用地范围内，不符合土地利用总体规划的建筑物、构筑物不得改建、扩建，并结合乡镇企业改革和土地整理逐步调整、集中。

严格控制高速公路服务区用地范围，公路两侧符合条件的农田，必须依法划

入基本农田保护区。

二、加强对农民集体土地的转让管理，严禁非法占用农民集体土地进行房地产开发

农民集体土地使用权不得出让、转让或出租用于非农业建设；对符合规划并依法取得建设用地使用权的乡镇企业，因发生破产、兼并等致使土地使用权必须转移的，应当严格依法办理审批手续。

农民的住宅不得向城市居民出售，也不得批准城市居民占用农民集体土地建住宅，有关部门不得为违法建造和购买的住宅发放土地使用证和房产证。

要对未经审批擅自将农民集体土地变为建设用地的情况进行认真清理。凡不符合土地利用总体规划的，要限期恢复农业用途，退还原农民集体土地承包者；符合土地利用总体规划的，必须依法重新办理用地手续。

三、加强对农林开发项目的土地管理，禁止征用农民集体土地进行“果园”、“庄园”等农林开发

农林项目开发必须符合土地利用总体规划和土地利用年度计划，土地权属和地类必须经过严格认定，任何单位和个人不得在土地利用总体规划确定的禁止开垦区内从事土地开发活动。

进行农林项目开发必须严格按照《中华人民共和国土地管理法》的有关规定办理用地手续，任何单位和个人都不得私自与农村集体经济组织签订用地协议，禁止以征用方式取得农民集体土地进行“果园”、“庄园”等农林开发。

以承包经营方式使用国有土地进行农林项目开发的，必须签订国有土地承包合同，约定双方的权利和义务。

农林项目开发必须严格按照批准的规划用途使用土地，严禁改变农林用途搞别墅、度假屋、娱乐设施等房地产开发，确需配套进行非农建设的，要依法办理建设用地审批手续。属于基本建设项目的，必须严格按照基本建设程序履行审批手续。建设项目经批准后，方可办理建设用地手续，严禁未批先用土地。

四、强化开发用地的监管，禁止利用土地开发进行非法集资

农林开发用地必须依法进行土地登记，明确规划要求和转让、转租的限定条件，未经批准不得擅自进行分割转让、转租。通过出让方式取得的国有土地使用

权或以拍卖方式取得的集体所有的未利用土地使用权，在交清全部土地价款、完成前期开发后，方可依法转让、出租、抵押；以租赁或承包等其他方式取得的土地使用权，未经原出租或发包方同意，不得转让、出租、抵押或转包、分包。

人民银行要加强对农林开发项目的信贷管理，加大对以土地开发、土地转让为名进行非法集资行为的监管和查处力度。对未交清土地价款、未取得土地使用权的开发用地，各有关银行不得允许其进行抵押贷款。

工商行政管理机关要加强对开发企业的工商管理，严格核定开发企业经营范围。开发企业不得使用“招商”等不规范用语，不得非法从事金融业务；吸收股东进行土地开发的，不论以出售、转让土地使用权方式，还是以其他方式增加新的股东，均应按《中华人民共和国公司法》的规定办理企业登记注册手续。加强对开发企业经营活动的监管，对超范围经营的开发企业，要坚决查处；对非法集资的企业，一经查实，坚决吊销其营业执照，并依法追究有关当事人的责任。

五、规范国有土地交易活动，制止炒卖土地

商业、旅游、娱乐和豪华住宅等经营性用地，原则上必须以招标、拍卖方式提供。出让土地首次转让、出租、抵押，必须符合法律规定和出让合同约定的条件，不符合条件的不得转让、出租、抵押。划拨土地使用权转让、出租等，必须经有批准权的人民政府批准。

严禁利用建设项目、规划许可证和用地红线图转让等形式变相“炒卖”土地。对已批准立项的建设项目，其建设用地符合土地利用规划的，必须限期办理用地手续。

国有企业改组、改制等涉及土地使用权交易时，不得低价售卖土地，要拟订土地资产处置方案，中央企业要选择减轻中央财政负担的方案，报国务院土地行政主管部门批准。

已购公有住房和经济适用住房入市涉及土地使用权交易的，必须将其中的土地收益依法上缴国家。

六、全面清理土地转让、炒卖土地情况，坚决查处土地使用权非法转让和农民集体土地非法交易的行为

各省、自治区、直辖市人民政府要组织力量对本行政区域内土地转让、炒卖

土地情况进行一次全面清理。清理的重点是城乡结合部，特别是公路两侧私搭乱建的违法用地。凡符合土地利用总体规划而未按规定办理有关手续的，必须限期办理，逾期不申报的，按非法占地予以查处。

对现有各种以“果园”、“庄园”名义进行招商和炒卖土地的开发项目进行清理，按照“谁批准、谁负责”的原则，妥善处理存在的问题，对违反规定的，要追究有关当事人的责任，构成犯罪的，要移交司法机关追究刑事责任。在清理规范之前，各地要立即停止各类“果园”、“庄园”、“观光农业”等开发项目和用地的审批。要通过完善举报制度、强化舆论和群众监督，及时查处炒卖土地行为，防止死灰复燃。

国务院各有关部门和各省、自治区、直辖市人民政府要认真贯彻落实本通知精神，制定相应的实施办法和相关的实施细则，确保加强土地转让管理、严禁炒卖土地各项规定的落实。

各省、自治区、直辖市人民政府要在1999年12月底前将清理本行政区域内土地转让、炒卖土地的情况向国务院作出报告。国务院责成国土资源部会同有关部门负责本通知贯彻执行情况的监督检查和落实工作，并定期向国务院作出报告。

第三部分

部门规章和规范性文件

一、基本农田

自然资源部　农业农村部关于加强和改进永久基本农田保护工作的通知

（2019 年 1 月 3 日　自然资规〔2019〕1 号）

按照党中央、国务院关于全面划定永久基本农田并实行特殊保护的决策部署，自然资源部、农业农村部（以下简称“两部”）精心组织，各省（区、市）党委政府扎实推进，完成了永久基本农田划定工作，并纳入各级土地利用总体规划，实现了上图入库、落到实地，取得积极成效。当前，我国经济转向高质量发展阶段，新型工业化、城镇化建设深入推进，农业供给侧结构性改革逐步深入，对守住耕地红线和永久基本农田控制线提出了更高要求。为巩固划定成果，有效解决划定不实、非法占用等问题，完善保护措施，提高监管水平，现就有关事项通知如下：

一、总体要求

（一）指导思想。以习近平新时代中国特色社会主义思想为指导，深入贯彻党的十九大和十九届二中、三中全会精神，牢固树立新发展理念，实施乡村振兴战略，坚持最严格的耕地保护制度和最严格的节约用地制度，落实“藏粮于地、藏粮于技”战略，以确保国家粮食安全和农产品质量安全为目标，加强耕地数量、质量、生态“三位一体”保护，构建保护有力、集约高效、监管严格的永久基本农田特殊保护新格局，牢牢守住耕地红线。

（二）基本原则。坚持从严保护。坚守十分珍惜、合理利用土地和切实保护耕地的基本国策，牢固树立山水林田湖草是一个生命共同体理念，强化永久基本农田特殊保护意识，将永久基本农田作为国土空间规划的核心要素，摆在突出位置，强化永久基本农田对各类建设布局的约束，严格控制非农建设占用，保护利用好永久基本农田。

坚持底线思维。坚守土地公有制性质不改变、耕地红线不突破、粮食生产能力不降低、农民利益不受损四条底线，永久基本农田一经划定，要纳入国土空间规划，任何单位和个人不得擅自占用或改变用途，充分尊重农民自主经营意愿和保护农民土地承包经营权，鼓励农民发展粮食和重要农产品生产。

坚持问题导向。凡是存在划定不实、补划不足、非法占用、查处不力等问题的，查明情况、分析原因，提出分类处置措施，落实整改、严肃问责，确保永久基本农田数量不减、质量提升、布局稳定。

坚持权责一致。充分发挥市场配置资源的决定性作用，更好发挥政府作用，完善监督考核制度，地方各级政府主要负责人要承担起耕地保护第一责任人的责任，健全管控、建设和激励多措并举的保护机制。

二、巩固永久基本农田划定成果

（三）全面开展划定成果核实工作。各省（区、市）自然资源主管部门会同农业农村主管部门要充分运用卫星遥感和信息化技术手段，以2017年度土地变更调查、地理国情监测、耕地质量调查监测与评价等成果为基础，结合第三次全国国土调查、自然资源督察、土地资源全天候遥感监测、永久基本农田划定成果专项检查、粮食生产功能区和重要农产品生产保护区（以下简称“两区”）划定等工作中发现的问题，组织对本省（区、市）永久基本农田划定成果进行全面核实，找准划定不实、违法占用等问题，梳理问题清单，提出分类处置意见，以县级行政区划为单元编制整改补划方案。

（四）全面清理划定不实问题。根据《土地管理法》《基本农田保护条例》等法律法规要求，对下列不符合要求的耕地或其他土地错划入永久基本农田的，按照“总体稳定、局部微调、量质并重”的原则，进行整改补划，并相应对“两区”进行调整，按法定程序修改相应的土地利用总体规划。

将不符合《基本农田划定技术规程》要求的建设用地、林地、草地、园地、湿地、水域及水利设施用地等划入永久基本农田的；

河道两岸堤防之间范围内不适宜稳定利用的耕地；

受自然灾害严重损毁且无法复垦的耕地；

因采矿造成耕作层损毁、地面塌陷无法耕种且无法复垦的耕地；

依据《土壤污染防治法》列入严格管控类且无法恢复治理的耕地；

公路铁路沿线、主干渠道、城市规划区周围建设绿色通道或绿化隔离的林带和公园绿化占用永久基本农田的用地；

永久基本农田划定前已批准建设项目占用的土地或已办理设施农用地备案手续的土地；

法律法规确定的其他禁止或不适宜划入永久基本农田保护的土地。

（五）依法处置违法违规建设占用问题。对各类未经批准或不符合规定要求的建设项目、临时用地、农村基础设施、设施农用地，以及人工湿地、景观绿化工程等占用永久基本农田的，县级以上自然资源主管部门应依法依规严肃处理，责令限期恢复原种植条件。经县级自然资源主管部门会同农业农村主管部门组织核实，市级自然资源主管部门会同农业农村主管部门论证审核确实不能恢复的，按有关要求整改补划永久基本农田和修改相应的土地利用总体规划。对违法违规占用永久基本农田建窑、建房、建坟、挖沙、采石、采矿、取土、堆放固体废弃物或者从事其他活动破坏永久基本农田，毁坏种植条件的，按《土地管理法》《基本农田保护条例》等法律法规进行查处，构成犯罪的，依法移送司法机关追究刑事责任。

（六）严格规范永久基本农田上农业生产活动。按照“尊重历史、因地制宜、农民受益、社会稳定、生态改善”的原则，在确保谷物基本自给和口粮绝对安全、确保粮食种植规模基本稳定、确保耕地耕作层不破坏的前提下，对永久基本农田上农业生产活动有序规范引导，在永久基本农田数据库、国土调查中标注实际利用情况和管理信息，强化动态监督管理。

永久基本农田不得种植杨树、桉树、构树等林木，不得种植草坪、草皮等用于绿化装饰的植物，不得种植其他破坏耕作层的植物。本通知印发前，已经种植的，由县级自然资源主管部门和农业农村主管部门根据农业生产现状和对耕作层的影响程度组织认定，能恢复粮食作物生产的，5 年内恢复；确实不能恢复的，在核实整改工作中调出永久基本农田，并按要求补划。

三、严控建设占用永久基本农田

（七）严格占用和补划审查论证。一般建设项目不得占用永久基本农田；重大建设项目选址确实难以避让永久基本农田的，在可行性研究阶段，省级自然资源主管部门负责组织对占用的必要性、合理性和补划方案的可行性进行严格论证，报自然资源部用地预审；农用地转用和土地征收依法报批。深度贫困地区、集中连片特困地区、国家扶贫开发工作重点县省级以下基础设施、易地扶贫搬迁、民生发展等建设项目，确实难以避让永久基本农田的，可以纳入重大建设项目范围，由省级自然资源主管部门办理用地预审，并按照规定办理农用地转用和土地征收。严禁通过擅自调整县乡土地利用总体规划，规避占用永久基本农田的审批。

重大建设项目占用永久基本农田的，按照“数量不减、质量不降、布局稳定”的要求进行补划，并按照法定程序修改相应的土地利用总体规划。补划的永久基本农田必须是坡度小于25度的耕地，原则上与现有永久基本农田集中连片。占用城市周边永久基本农田的，原则上在城市周边范围内补划，经实地踏勘论证确实难以在城市周边补划的，按照空间由近及远、质量由高到低的要求进行补划。重大建设项目用地预审和审查中要严格把关，切实落实最严格的节约集约用地制度，尽量不占或少占永久基本农田；重大建设项目在用地预审时不占永久基本农田、用地审批时占用的，按有关要求报自然资源部用地预审。线性重大建设项目占用永久基本农田用地预审通过后，选址发生局部调整、占用永久基本农田规模和区位发生变化的，由省级自然资源主管部门论证审核后完善补划方案，在用地审查报批时详细说明调整和补划情况。非线性重大建设项目占用永久基本农田用地预审通过后，所占规模和区位原则上不予调整。

临时用地一般不得占用永久基本农田，建设项目施工和地质勘查需要临时用地、选址确实难以避让永久基本农田的，在不修建永久性建（构）筑物、经复垦能恢复原种植条件的前提下，土地使用者按法定程序申请临时用地并编制土地复垦方案，经县级自然资源主管部门批准可临时占用，并在市级自然资源主管部门备案，一般不超过两年，同时，通过耕地耕作层土壤剥离再利用等工程技术措施，减少对耕作层的破坏。临时用地到期后土地使用者应及时复垦恢复原种植条件，县级自然资源主管部门会同农业农村等相关主管部门开展土地复垦验收，验收合格的，继续按照永久基本农田保护和管理；验收不合格的，责令土地使用者进行整改，经整改仍不合格的，按照《土地复垦条例》规定由县级自然资源主管部门使用缴纳的土地复垦费代为组织复垦，并由县级自然资源主管部门会同农业农村等相关主管部门开展土地复垦验收。县级自然资源主管部门要切实履行职责，对在临时用地上修建永久性建（构）筑物或其他造成无法恢复原种植条件的行为依法进行处理；市级自然资源主管部门负责临时用地使用情况的监督管理，通过日常检查、年度卫片执法检查等，及时发现并纠正临时用地中存在的问题。

（八）处理好涉及永久基本农田的矿业权设置。全国矿产资源规划确定的战略性矿产，区分油气和非油气矿产、探矿和采矿阶段、露天和井下开采等情况，在保护永久基本农田的同时，做好矿产资源勘查和开发利用。非战略性矿产，申请新设矿业权，应避让永久基本农田，其中地热、矿泉水勘查开采，不造成永久基本农田损毁、塌陷破坏的，可申请新设矿业权。

矿业权申请人依法申请战略性矿产探矿权，开展地质勘查需临时用地的，应依法办理临时用地审批手续。石油、天然气、页岩气、煤层气等油气战略性矿产的地质勘查，经批准可临时占用永久基本农田布设探井。在试采和取得采矿权后转为开采井的，可直接依法办理农用地转用和土地征收审批手续，按规定补划永久基本农田。

煤炭等非油气战略性矿产，矿业权人申请采矿权涉及永久基本农田的，根据露天、井下开采方式实行差别化管理。对于露天方式开采，开采项目应符合占用永久基本农田重大建设项目用地要求；对于井下方式开采，矿产资源开发利用与生态保护修复方案应落实保护性开发措施。井下开采方式所配套建设的地面工业广场等设施，要符合占用永久基本农田重大建设项目用地要求。

已设矿业权与永久基本农田空间重叠的，各级地方自然资源主管部门要加强永久基本农田保护、土地复垦等日常监管，允许在原矿业权范围内办理延续变更等登记手续。已取得探矿权申请划定矿区范围或探矿权转采矿权的按上述煤炭等非油气战略性矿产管理规定执行。矿业权人申请扩大勘查区块范围或扩大矿区范围、申请将勘查或开采矿种由战略性矿产变更为非战略性矿产，涉及与永久基本农田空间重叠的，按新设矿业权处理。矿业权人不依法履行土地复垦义务的，不得批准新设矿业权，不得批准新的建设用地。

四、统筹生态建设和永久基本农田保护

（九）协调安排生态建设项目。党中央、国务院确定建设的重大生态建设项目，确实难以避让永久基本农田的，按有关要求调整补划永久基本农田和修改相应的土地利用总体规划。省级人民政府为落实党中央、国务院决策部署，提出具有国家重大意义的生态建设项目，经国务院同意，确实难以避让永久基本农田的，按照有关要求调整补划。其他景观公园、湖泊湿地、植树造林、建设绿色通道和城市绿化隔离带等人造工程，严禁占用永久基本农田。

（十）妥善处理好生态退耕。对位于国家级自然保护地范围内禁止人为活动

区域的永久基本农田，经自然资源部和农业农村部论证确定后应逐步退出，原则上在所在县域范围内补划，确实无法补划的，在所在市域范围内补划；非禁止人为活动的保护区域，结合国土空间规划统筹调整生态保护红线和永久基本农田控制线。不得擅自将永久基本农田和已实施坡改梯耕地纳入退耕范围。对不能实现水土保持的25度以上的陡坡耕地、重要水源地15～25度的坡耕地、严重沙漠化和石漠化耕地、严重污染耕地、移民搬迁后确实无法耕种的耕地等，综合考虑粮食生产实际种植情况，经国务院同意，结合生态退耕有序退出永久基本农田。根据生态退耕检查验收和土地变更调查结果，以实际退耕面积核减有关省份的耕地保有量和永久基本农田保护面积，在国土空间规划编制时予以调整。

五、加强永久基本农田建设

（十一）开展永久基本农田质量建设。根据全国土地利用总体规划纲要、全国高标准农田建设规划和全国土地整治规划安排，优先在永久基本农田上开展高标准农田建设，提高永久基本农田质量。开展农村土地综合整治涉及永久基本农田调整的，在确保耕地数量有增加、质量有提升、生态有改善的前提下，制定所在项目区范围内永久基本农田调整方案，由省级自然资源主管部门会同农业农村主管部门负责审核，按法定程序修改相应的土地利用总体规划，“两部”负责事中事后监管。项目完成并通过验收后，更新完善永久基本农田数据库。

（十二）建立健全耕地质量调查监测与评价制度。定期对全国耕地和永久基本农田质量水平进行全面评价并发布评价结果。完善耕地和永久基本农田质量监测网络，开展耕地质量年度调查监测成果更新。加强耕地质量保护与提升，采取工程、化学、生物、农艺等措施，开展农田整治、土壤培肥改良、退化耕地综合治理、污染耕地阻控修复等，有效提高耕地特别是永久基本农田综合生产能力。

（十三）建立永久基本农田储备区。为提高重大建设项目用地审查报批效率，做到保质保量补划落地，在永久基本农田之外其他质量较好的耕地中，划定永久基本农田储备区。省级自然资源主管部门会同农业农村主管部门根据未来一定时期内重大建设项目占用、生态建设等补划永久基本农田需要，确定市县永久基本农田储备区划定目标任务，负责组织验收永久基本农田储备区划定方案和成果数据库并汇交到“两部”。重大建设项目占用或整改补划永久基本农田的，直接在储备区中补划。储备区内耕地补划前按一般耕地管理和使用，并根据补划和土地综合整治、农田整治、高标准农田建设和土地复垦等新增加耕地情况，结合年度土地变更调查对永久基本农田储备区进行补充更新。

六、健全永久基本农田保护监管机制

（十四）构建动态监管体系。修订《基本农田划定技术规程》，统一永久基本农田划定、建设、补划、管理和数据库建设标准。完善动态监测监管系统，统一国土空间基础信息平台，建立数据库更新和共享机制。省级自然资源主管部门和农业农村主管部门分别负责组织将本地区永久基本农田保护和“两区”信息变化情况，通过监测监管系统汇交到自然资源部和农业农村部，实时更新和共享永久基本农田占用、补划信息及永久基本农田储备区信息。结合自然资源调查、年度变更调查、耕地质量调查监测与评价、自然资源督察等，对永久基本农田数量、质量变化情况进行全程跟踪，实现动态管理。

（十五）严格监督检查。县级以上自然资源主管部门要强化日常监管，及时发现、制止和严肃查处违法违规占用耕地特别是永久基本农田的行为。经查实属于主观故意、谋利为主、非程序性、非政策性等严重违法行为的，依照法律法规严肃查处并适时公开曝光。各派驻地方的国家自然资源督察局要加强监督检查，对督察发现的违法侵占永久基本农田问题，及时向地方政府提出整改意见并督促整改，整改不力的，按规定移送有权机关追责问责。

（十六）强化考核机制。按照《省级政府耕地保护责任目标考核办法》要求，将永久基本农田保护情况列入省级政府耕地保护责任目标考核、粮食安全省长责任制考核、领导干部自然资源资产离任审计的重要内容，与安排年度土地利用计划、高标准农田建设资金和耕地质量提升资金等相挂钩。对检查考核中发现突出问题的省份，及时公开通报，限期进行整改。

（十七）完善激励补偿机制。省级自然资源主管部门和农业农村主管部门要会同相关部门，认真总结地方经验，按照“谁保护、谁受益”的原则，探索实行耕地保护激励性补偿和跨区域资源性补偿。鼓励有条件的地区建立耕地保护基金，与整合有关涉农补贴政策、完善粮食主产区利益补偿机制相衔接，与生态补偿机制相联动，依据永久基本农田保护任务和“两区”划定与建设任务落实情况、实际粮食生产情况，对农村集体经济组织和农户给予奖补。

七、保障措施

（十八）落实工作责任。各省（区、市）自然资源主管部门和农业农村主管部门要根据通知要求，结合地方实际情况，研究制定加强和改进永久基本农田保护的具体操作办法，明确措施、落实责任；以县级行政区划为单元，组织开展好已划定成果核实整改、严格规范永久基本农田上农业生产活动和建立永久基本农田储备区等各项工作。

县级自然资源主管部门会同农业农村主管部门负责根据永久基本农田现状核实情况，按照问题清单，提出分类处置建议，编制整改补划方案和永久基本农田储备区划定方案，并同步开展永久基本农田数据库更新完善和土地利用总体规划修改报批工作；市级自然资源主管部门会同农业农村主管部门负责对县级提交的工作成果进行论证审核，省级自然资源主管部门会同农业农村主管部门负责验收，并以县级行政区划为单元汇交“两部”。2019 年 12 月 31 日前，与第三次全国国土调查工作同步完成全国永久基本农田储备区建设和核实整改工作。

（十九）严肃工作[redacted]律。各级地方自然资源主管部门和农业农村主管部门要站在讲政治、顾大局的高度，履职尽责、求真务实、敢于碰硬，已经划定的永久基本农田不得随意调整，确保永久基本农田成果的稳定性与信息的真实性。各派驻地方的国家自然资源督察局对加强和改进永久基本农田保护工作跟踪监督，对督察发现的主观故意或明知问题不报告、不查处的，对不按政策要求核实整改补划的，对弄虚作假、敷衍了事的，要督促有关地方人民政府全面整改、严肃问责。自然资源部会同农业农村部将按一定比例以随机抽查方式进行实地核查，发现问题的，督促地方举一反三落实整改。

（二十）营造良好氛围。各地要结合整改补划工作，补充更新永久基本农田保护标志牌和界桩、保护档案等，规范标识内容，保障群众知情权，接受社会监督；要充分依靠中央和地方主流媒体，用好部门媒体，通过多种形式及时做好永久基本农田划定和特殊保护政策解读与宣传工作；要及时回应社会关切，凝聚起全社会保护耕地共识，营造良好的舆论氛围。

本通知自印发之日起施行，有效期 5 年。原国土资源部印发的《关于全面实行永久基本农田特殊保护的通知》中有关开展永久基本农田整备区建设、临时用地占用永久基本农田等政策按本通知要求执行。

自然资源部关于做好占用永久基本农田重大建设项目用地预审的通知

（2018 年 7 月 30 日　自然资规〔2018〕3 号）

各省、自治区、直辖市自然资源主管部门，新疆生产建设兵团自然资源主管部门，中央军委后勤保障部军事设施建设局，各派驻地方的国家土地督察局：

为了贯彻落实《中共中央 国务院关于加强耕地保护和改进占补平衡的意见》，在建设项目用地预审中将永久基本农田保护措施[redacted]实处，现就有关事项通知如下：

一、严格限定重大建设项目范围

现阶段允许将以下占用永久基本农田的重大建设项目纳入用地预审受理范围。

（一）党中央、国务院明确支持的重大建设项目（包括党中央、国务院发布文件或批准规划中明确具体名称的项目和国务院批准的项目）。

（二）军事国防类。中央军委及其有关部门批准的军事国防项目。

（三）交通类。

1. 机场项目。国家级规划（指国务院及其有关部门颁布，下同）明确的民用运输机场项目。

2. 铁路项目。国家级规划明确的铁路项目，《推进运输结构调整行动计划（2018～2020 年）》明确的铁路专用线项目，国务院投资主管部门批准的城际铁路建设规划明确的城际铁路项目，国务院投资主管部门批准的城市轨道交通建设规划明确的城市轨道交通项目。

3. 公路项目。国家级规划明确的公路项目，包括《国家公路网规划（2013～2030 年）》明确的国家高速公路和国道项目，国家级规划明确的国防公路项目。

此外，为解决当前地方存在的突出问题，将省级公路网规划的部分公路项目纳入受理范围：

（1）省级高速公路。

（2）连接深度贫困地区直接为该地区服务的省级公路。

（四）能源类。国家级规划明确的能源项目。电网项目，包括500千伏及以上直流电网项目和500千伏、750千伏、1000千伏交流电网项目，以及国家级规划明确的其他电网项目。其他能源项目，包括国家级规划明确的且符合国家产业政策的能源开采、油气管线、水电、核电项目。

（五）水利类。国家级规划明确的水利项目。

（六）为贯彻落实党中央、国务院重大决策部署，国务院投资主管部门或国务院投资主管部门会同有关部门支持和认可的交通、能源、水利基础设施项目。

二、严格占用和补划永久基本农田论证

充分发挥用地预审源头把关作用，全面落实永久基本农田特殊保护的要求。重大建设项目必须首先依据规划优化选址，避让永久基本农田；确实难以避让的，建设单位在可行性研究阶段，必须对占用永久基本农田的必要性和占用规模的合理性进行充分论证。市县级自然资源主管部门要按照法定程序，依据规划修改和永久基本农田补划的要求，认真组织编制规划修改方案暨永久基本农田补划方案，确保永久基本农田补足补优；省级自然资源主管部门负责组织对占用永久基本农田的必要性、合理性和补划方案的可行性进行踏勘论证，并在用地预审初审中进行实质性审查，对占用和补划永久基本农田的真实性、准确性和合理性负责。

对省级高速公路、连接深度贫困地区直接为该地区服务的省级公路，必须先行落实永久基本农田补划入库要求，方可受理其用地预审。

三、严格用地预审事后监管

重大建设项目用地批准后，市县级自然资源主管部门要按照规划管理和补划方案的要求，量质并重做好永久基本农田补划、上图入库工作，并纳入国土空间规划监管平台进行严格监管；省级自然资源主管部门要依据规划对补划永久基本农田的数量、质量进行动态监管。对占用永久基本农田的重大建设项目实行清单式管理，列为监管的重点内容，通过实地核查、遥感监测、卫片执法检查等方式，对永久基本农田占用、补划实行全链条管理，对永久基本农田数量和质量变化情况进行全程跟踪，发现问题依法依规严肃处理。

本文件自下发之日起执行，有效期5年。

附件：略。

国土资源部关于全面实行永久基本农田特殊保护的通知

（2018 年 2 月 13 日　国土资规〔2018〕1 号）

各省、自治区、直辖市及副省级城市国土资源主管部门，新疆生产建设兵团国土资源局，中央军委后勤保障部军事设施建设局，国家海洋局、国家测绘地理信息局，中国地质调查局及部其他直属单位，各派驻地方的国家土地督察局，部机关各司局：

为贯彻落实党的十九大精神，按照 2018 年中央 1 号文件和《中共中央 国务院关于加强耕地保护和改进占补平衡的意见》（中发〔2017〕4 号，以下简称中央 4 号文件）部署要求，加快构建数量、质量、生态“三位一体”耕地保护新格局，建立健全永久基本农田“划、建、管、补、护”长效机制，全面落实特殊保护制度，现就有关事项通知如下：

一、总体要求

（一）重大意义。耕地是我国最为宝贵的资源，永久基本农田是耕地的精华，完成永久基本农田控制线划定功在当前、利及长远。全面实行永久基本农田特殊保护，是确保国家粮食安全，加快推进农业农村现代化的有力保障，是深化农业供给侧结构性改革，促进经济高质量发展的重要前提，是实施乡村振兴，促进生态文明建设的必然要求，是贯彻落实新发展理念的应有之义、应有之举、应尽之责，对全面建成小康社会、建成社会主义现代化强国具有重大意义。

（二）指导思想。全面贯彻落实党的十九大精神，以习近平新时代中国特色社会主义思想为指导，统筹推进“五位一体”总体布局和协调推进“四个全面”战略布局，牢固树立和贯彻落实新发展理念，坚持农业农村优先发展战略，坚持最严格的耕地保护制度和最严格的节约用地制度，以守住永久基本农田控制线为目标，以建立健全“划、建、管、补、护”长效机制为重点，巩固划定成果，完善保护措施，提高监管水平，逐步构建形成保护有力、建设有效、管理有序的永久基本农田特殊保护格局，筑牢实现“两个一百年”奋斗目标和中华民族伟大复兴中国梦的土地资源基础。

（三）基本原则。坚持保护优先。永久基本农田的保护和管理适用法律中关于基本农田保护和管理的规定。牢固树立山水林田湖草是一个生命共同体理念，实现永久基本农田保护与经济社会发展、乡村振兴、生态系统保护相统筹。坚持从严管控。强化用途管制，加强永久基本农田对各类建设布局的约束和引导，建立健全占用和补划永久基本农田踏勘论证制度，严格控制非农建设占用永久基本农田。坚持补建结合。落实质量兴农战略，加强农村土地综合整治和高标准农田建设，建立和建设永久基本农田整备区，保障永久基本农田综合生产能力。坚持权责一致。充分发挥市场配置资源的决定性作用和更好发挥政府作用，强化永久基本农田保护主体责任，健全管控性、建设性和激励性保护机制，完善监管考核制度，实现永久基本农田保护权责统一。

二、巩固永久基本农田划定成果

（四）守住永久基本农田控制线。已经划定的永久基本农田特别是城市周边永久基本农田不得随意占用和调整。重大建设项目、生态建设、灾毁等经国务院批准占用或依法认定减少永久基本农田的，按照中央 4 号文件要求，在原县域范围内补划永久基本农田。坚持“保护优先、布局优化、优进劣出、提升质量”的工作原则，坚持“制定方案、调查摸底、核实举证、论证审核、复核质检”的工作程序，按照永久基本农田划定有关要求，补划数量和质量相当的永久基本农田。

（五）统筹永久基本农田保护与各类规划衔接。协同推进生态保护红线、永久基本农田、城镇开发边界三条控制线划定工作。按照中央 4 号文件要求，将永久基本农田控制线划定成果作为土地利用总体规划的规定内容，在规划批准前先行核定并上图入库、落地到户。各地区各有关部门在编制城乡建设、基础设施、生态建设等相关规划，推进多规合一过程中，在划定生态保护红线、城镇开发边界工作中，要与已划定的永久基本农田控制线充分衔接，原则上不得突破永久基本农田边界。位于国家自然保护区核心区内的永久基本农田，经论证确定可逐步退出，按照永久基本农田划定规定原则上在该县域内补划。

三、加强永久基本农田建设

（六）开展永久基本农田整备区建设。永久基本农田整备区是指具有良好农田基础设施，具备调整补充为永久基本农田条件的耕地集中分布区域。各省（区、市）国土资源主管部门要在划定永久基本农田控制线基础上，结合当地实际，组织开展零星分散耕地的整合归并、提质改造等工作，整治后形成的集中连片、质量提升的耕地，经验收评估合格后，划入永久基本农田整备区。建成高标准农田的，优先纳入永久基本农田整备区，用于补充占用或减少的永久基本农田。各县（市、区）永久基本农田整备区规模原则上不低于永久基本农田保护目标任务的1%，具体比例由当地国土资源主管部门确定。

（七）加强永久基本农田质量建设。根据全国高标准农田建设总体规划和全国土地整治规划安排，整合各类涉农资金，吸引社会资本投入，优先在永久基本农田保护区和整备区开展高标准农田建设，推动土地整治工程技术创新和应用，逐步将已划定的永久基本农田全部建成高标准农田，有效稳定永久基本农田规模布局，提升耕地质量，改善生态环境。全面推行建设占用永久基本农田耕作层土壤剥离再利用，剥离的表土优先用于新增耕地、劣质地或永久基本农田整备区的土壤改良，拓宽永久基本农田建设性保护途径。

四、强化永久基本农田管理

（八）从严管控非农建设占用永久基本农田。永久基本农田一经划定，任何单位和个人不得擅自占用或者擅自改变用途，不得多预留一定比例永久基本农田为建设占用留有空间，严禁通过擅自调整县乡土地利用总体规划规避占用永久基本农田的审批，严禁未经审批违法违规占用。按有关要求，重大建设项目选址确实难以避让永久基本农田的，在可行性研究阶段，省级国土资源主管部门负责组织对占用的必要性、合理性和补划方案的可行性进行论证，报国土资源部进行用地预审；农用地转用和土地征收依法依规报国务院批准。

（九）坚决防止永久基本农田“非农化”。永久基本农田必须坚持农地农用，禁止任何单位和个人在永久基本农田保护区范围内建窑、建房、建坟、挖沙、采石、采矿、取土、堆放固体废弃物或者进行其他破坏永久基本农田的活动；禁止任何单位和个人破坏永久基本农田耕作层；禁止任何单位和个人闲置、荒芜永久基本农田；禁止以设施农用地为名违规占用永久基本农田建设休闲旅游、仓储厂房等设施；对利用永久基本农田进行农业结构调整的要合理引导，不得对耕作层造成破坏。临时用地和设施农用地原则上不得占用永久基本农田，重大建设项目施工和地质勘查临时用地选址确实难以避让永久基本农田的，直接服务于规模化粮食生产的粮食晾晒、粮食烘干、粮食和农资临时存放、大型农机具临时存放等用地确实无法避让永久基本农田的，在不破坏永久基本农田耕作层、不修建永久性建（构）筑物的前提下，经省级国土资源主管部门组织论证确需占用且土地复垦方案符合有关规定后，可在规定时间内临时占用永久基本农田，原则上不超过两年，到期后必须及时复垦并恢复原状。

五、量质并重做好永久基本农田补划

（十）明确永久基本农田补划要求。重大建设项目、生态建设、灾毁等占用或减少永久基本农田的，按照“数量不减、质量不降、布局稳定”的要求开展补划，按照法定程序和要求相应修改土地利用总体规划。补划的永久基本农田必须是坡度小于25度的耕地，原则上与现有永久基本农田集中连片，补划数量、质量与占用或减少的永久基本农田相当。占用或减少城市周边永久基本农田的，原则上在城市周边范围内补划，经实地踏勘论证确实难以在城市周边补划的，按照空间由近及远、质量由高到低的要求进行补划。省（区、市）国土资源主管部门要及时组织做好永久基本农田保护责任落实、标志更新和表册完善等工作。

（十一）做好永久基本农田补划论证。占用或减少永久基本农田的，地方国土资源主管部门根据《基本农田划定技术规程》（TD/T 1032－2011），组织做好永久基本农田补划工作，省级国土资源主管部门组织实地踏勘论证并出具论证意见。踏勘论证应对建设占用、生态建设或灾毁等占用或减少的永久基本农田和拟补划耕地的基本情况进行实地勘察，核实空间位置、数量、质量、地类等信息，建设占用的，要对选址选线方案比选和节约集约用地等情况提出意见。省级国土资源主管部门对占用和补划永久基本农田的真实性和准确性负责。永久基本农田补划实地踏勘、论证和说明等要点详见附件。

六、健全永久基本农田保护机制

（十二）强化永久基本农田保护考核机制。按照《省级政府耕地保护责任目标考核办法》（国办发〔2018〕2号）要求，落实地方各级政府保护耕地的主体责任，永久基本农田保护情况作为省级政府耕地保护责任目标考核、粮食安全省长责任制考核、领导干部自然资源资产离任审计的重要内容。永久基本农田特殊保护落实情况与安排年度土地利用计划、土地整治工作专项资金相挂钩。对永久基本农田全天候监测、保护情况考核中发现突出问题的，及时公开通报，要求限期整改，整改期间暂停所在省份相关市、县农用地转用和土地征收申请受理与审查。

（十三）完善永久基本农田保护补偿机制。省级国土资源主管部门要会同相关部门，认真总结地方经验，积极推进中央和地方各类涉农资金整合，按照“谁保护、谁受益”的原则，探索实行耕地保护激励性补偿和跨区域资源性补偿。鼓励有条件的地区建立耕地保护基金，与整合有关涉农补贴政策、完善粮食主产区利益补偿机制相衔接，与生态补偿机制相联动，对承担永久基本农田保护任务的农村集体经济组织和农户给予奖补。

（十四）构建永久基本农田动态监管机制。永久基本农田划定成果作为土地利用总体规划的重要内容，纳入国土资源遥感监测“一张图”和综合监管平台，作为土地审批、卫片执法、土地督察的重要依据。建立永久基本农田监测监管系统，完善永久基本农田数据库更新机制，省级国土资源主管部门负责组织将本地区永久基本农田保护信息变化情况，通过监测监管系统汇交到部，并对接建设用地审批系统，及时更新批准的永久基本农田占用、补划信息。结合土地督察、全天候遥感监测、土地卫片执法检查等，对永久基本农田数量和质量变化情况进行全程跟踪，实现永久基本农田全面动态管理。

七、保障措施

（十五）加强组织领导。划好守住永久基本农田是地方各级政府的法定责任。各省（区、市）国土资源主管部门要根据通知要求，结合实际情况，制定具体实施办法。各级国土资源主管部门要在地方政府领导下，增强大局意识和责任意识，层层落实保护责任目标，全面贯彻执行永久基本农田特殊保护政策，做到任务明确、责任落实、措施有力、奖惩并举，不断开创永久基本农田保护新局面。

（十六）加强督促检查。县级以上国土资源主管部门要强化土地执法监察，及时发现、制止和严肃查处违法乱占耕地特别是永久基本农田的行为，对违法违规占用永久基本农田建窑、建房、建坟、挖砂、采石、取土、堆放固体废弃物或者从事其他活动破坏永久基本农田，毁坏种植条件的，要及时责令限期改正或治理，恢复原种植条件，并按有关法律法规进行处罚，构成犯罪的，依法追究刑事责任；对破坏或擅自改变永久基本农田保护区标志的，要及时责令限期恢复原状。各派驻地方的国家土地督察机构要加强对永久基本农田特殊保护落实情况的监督检查，对督察发现的违法违规问题，及时向地方政府提出整改意见，并督促问题整改。对整改不力的，按规定追究相关责任人责任。

（十七）加强总结宣传。各省（区、市）国土资源主管部门要认真总结推广基层永久基本农田特殊保护的成功经验和做法，强化舆论宣传和社会监督，主动加强永久基本农田特殊保护政策解读，及时回应社会关切，引导全社会树立保护永久基本农田的意识，营造自觉主动保护永久基本农田的良好氛围。

本文件自下发之日起执行，有效期5年。

国土资源部　农业部关于进一步做好永久基本农田划定工作的通知

（2014 年 10 月 18 日　国土资发〔2014〕128 号）

各省、自治区、直辖市及计划单列市国土资源主管部门，农业（农牧、农村经济）厅（委、局），新疆生产建设兵团国土资源局、农业局：

党中央、国务院高度重视耕地保护，要求严守耕地保护红线，划定永久基本农田。党的十八大、十八届三中全会和中央经济工作会议、城镇化工作会议、农村工作会议就严守 18 亿亩耕地红线、确保实有耕地面积基本稳定、实行耕地数量和质量保护并重等提出了新的更高要求。为了贯彻落实最严格的耕地保护制度，进一步加强基本农田管理，国土资源部、农业部（以下简称“两部”）研究决定，在已有划定永久基本农田工作的基础上，将城镇周边、交通沿线现有易被占用的优质耕地优先划为永久基本农田，进一步严格划定永久基本农田保护红线。现通知如下：

一、充分认识新时期做好永久基本农田划定工作的重要性和紧迫性

（一）做好永久基本农田划定工作是贯彻落实“十分珍惜、合理利用土地和切实保护耕地”基本国策和国家粮食安全战略的基本要求。当前，我国耕地保护和粮食安全形势依然十分严峻，耕地保护工作绝不能有丝毫的放松。党中央、国务院明确提出，要切实夯实粮食生产的物质基础，确保谷物基本自给、口粮绝对安全。基本农田是耕地的精华，是粮食生产的核心产能。各地要认真学习、深刻领会党中央、国务院的决策精神，切实提高对加强永久基本农田保护极端重要性和现实紧迫性的认识，进一步抓好永久基本农田保护工作，切实将优质耕地划为永久基本农田，实行严格特殊保护，夯实国家粮食安全基础，把 13 亿中国人的饭碗牢牢地端在自己手上。

（二）做好永久基本农田划定工作是贯彻落实国家新型城镇化发展战略、生态文明建设战略的重要举措。中央明确要求，城镇发展“要按照严守底线、调整

结构、深化改革的思路，严控增量，盘活存量，优化结构，提升效率”、“在城乡建设上要节约集约用地，尽量少占或不占良田”。各地必须处理好城镇化发展与耕地保护的关系，以土地利用方式转变促进经济发展方式转变，保证新型城镇化健康发展。但目前，一些城市规划建设用地与优质耕地的重叠度较高，大中城市周边还有不少优质耕地未划为永久基本农田，城市发展占用优质耕地的现象仍比较突出。为此，必须进一步做好永久基本农田划定工作，结合划定城市开发边界、生态保护红线，引导各地走串联式、组团式、卫星城式的新型城镇化发展之路，逐步形成合理的空间开发格局，科学控制城镇规模，推进耕地保护和节约集约用地。

（三）做好永久基本农田划定工作是尽职尽责保护耕地资源的重要任务。2010 年两部部署开展了永久基本农田划定工作，各地依据新一轮土地利用总体规划开展工作，全国总体上落实了 15.6 亿亩划定任务。但在核查中发现，一些地方仍然存在划远不划近、划劣不划优的现象。各地要切实肩负起法律和政策赋予的主体责任，按照耕地数量和质量并重管理的要求，在加强和完善已有永久基本农田划定工作的基础上，将城镇周边、交通沿线现有易被占用的优质耕地优先划为永久基本农田，给农业留下更多的耕地，将良田沃土、绿色田园永久留给子孙后代。

二、准确把握做好永久基本农田划定工作的总体要求

（一）明确要求、保护优先。贯彻落实中央的最新要求，按照基本农田保护法律法规及有关规定，在已有划定永久基本农田工作的基础上，依据第二次全国土地调查、最新年度土地利用变更调查、土地利用总体规划、土地整治规划、全国耕地质量等别评定、县域耕地地力调查与质量评价成果，遵循耕地保护优先、数量质量并重的原则，按照布局基本稳定、数量不减少、质量有提高的要求，严格划定永久基本农田保护红线。城镇周边、交通沿线现有易被占用的优质耕地应当优先划为永久基本农田，最大限度地保障粮食综合生产能力，确保实有耕地面积基本稳定和国家粮食安全。

（二）依法依规、有序开展。在划定永久基本农田过程中，涉及基本农田数量或布局发生变化，需要相应调整土地利用总体规划的，应依法依规、规范有序进行调整完善。城镇周边、交通沿线现有易被占用优质耕地优先划为永久基本农田，要与城市开发边界和生态保护红线划定等工作协同开展，与经济社会发展规

划、土地利用总体规划、城乡规划等多规合一工作相衔接。

（三）统筹谋划、稳步推进。为规范有序推进工作，两部研究提出了《永久基本农田划定工作方案》（以下简称《工作方案》，见附件1）。各省（区、市）根据两部的统一部署和《工作方案》，先从500万以上人口特大城市、省会城市、计划单列市开始，按照城镇由大到小、空间由近及远、耕地质量等别和地力等级由高到低的顺序，稳步有序开展永久基本农田划定工作。按照有关规定和技术要求，永久基本农田要落实到具体地块，落实保护责任，及时设立统一规范的保护标志，编制更新图表册等管理资料，建立基本农田数据库。2016年底前全面完成全国永久基本农田划定和成果完善工作。

（四）部省联动、部门协作。依据《基本农田保护条例》，永久基本农田划定工作由县级以上地方各级人民政府负主体责任，由国土资源主管部门会同同级农业主管部门负责组织实施。两部负责永久基本农田划定工作的宏观指导、监督检查，组织国务院审批土地利用总体规划和用地的106个重点城市（名单见附件2）永久基本农田划定工作。省级国土资源、农业主管部门负责本省（区、市）行政区域内永久基本农田划定工作的指导、监督检查等工作，组织设区的城市的划定工作，指导其他市县按要求开展工作。

三、加强对永久基本农田划定工作的组织领导

（一）强化组织保障。开展永久基本农田划定涉及面广、技术性强、任务艰巨，各地要加强政府的组织领导，认真谋划，精心部署。两部联合部署开展工作，加强对永久基本农田划定工作的监督指导。地方各级国土资源、农业主管部门报请本级人民政府批准，成立由政府负责同志牵头的领导小组，国土资源、农业、财政、住建、林业、环保等部门参与，做到人员落实、经费到位，确保按时、保质、保量完成各项工作任务。

（二）加强指导监督。建立定期上报和通报制度，从通知下发之日起，每季度末各省（区、市）定期向两部上报永久基本农田划定进展情况。两部将组成联合工作组，适时赴重点城市、重点地区开展专项督导，加强对工作开展全过程的指导、监督和检查。国家土地督察机构将永久基本农田划定工作开展情况列人督察工作重点，加强督导和检查。永久基本农田划定工作开展情况纳人省级政府耕地保护责任目标考核内容。对于不按规定划定永久基本农田的，要依法依规追究有关单位和个人责任。

（三）加强宣传引导。各地要充分利用各种媒体，开展多层次、多形式的宣传，营造有利于永久基本农田划定的工作环境和舆论氛围，促进有关部门齐抓共管、齐心协力，共同做好工作。

附件：略

国土资源部农业部关于加强和完善永久基本农田划定有关工作的通知

（2010 年 12 月 30 日　国土资发〔2010〕218 号）

各省、自治区、直辖市国土资源厅（国土环境资源厅、国土资源局、国土资源和房屋管理局、规划和国土资源管理局），农业（农牧）厅（委、局），新疆生产建设兵团国土资源局、农业局：

为贯彻落实十七届三中全会《中共中央关于推进农村改革发展若干重大问题的决定》关于“划定永久基本农田”的要求，认真执行《关于划定基本农田实行永久保护的通知》（国土资发〔2009〕167 号）规定，各地要充分应用全国第二次土地调查基本农田上图成果，以县乡级土地利用总体规划修编为契机，全面把握并衔接好基本农田落地到户、上图入库、成果验收和报备等关键环节，切实加强和完善永久基本农田划定工作。现将有关事项通知如下：

一、工作任务

（一）落实基本农田地块。

基本农田划定应在第二次全国土地调查基本农田上图成果基础上，编制基本农田划定方案，将规划确定的基本农田逐图斑落实基本农田地块，明确基本农田的地块边界、地类、面积、质量等级信息、以及片（块）编号。

（二）健全相关图表册。

落实到地块的基本农田，应以第二次全国土地调查底图为基础，编制标准分幅基本农田保护图、乡级基本农田保护图、县级基本农田保护区分布图、基本农田调整划定分析图，填写基本农田调整划定平衡表、现状登记表、保护责任一览表并形成相应统计汇总表（见附件）。基本农田保护图、分布图的编制应在全要素的土地利用现状图的线划图上，以相应的图例图示，反映基本农田地块和保护片（块）的空间位置和编号，加注界桩和保护牌设立等信息。

（三）设立统一标识。

基本农田划定后，各地应按《基本农田与土地整理标识使用和有关标志牌设立规定》（国土资发〔2007〕304 号）的要求，设立统一规范的基本农田保护牌和标识。

（四）落实保护责任。

划定的基本农田应按国土资发〔2009〕167 号文件要求，落实到村组和承包农户，结合农村土地承包经营权登记试点工作，逐步将基本农田标注到农村土地承包经营权证书上。明确集体经济组织和农户的保护责任，要签订或更新基本农田保护责任书，依据《基本农田保护条例》层层落实保护责任，明确基本农田的范围、地类、面积、地块、质量等级、保护措施、当事人的权利与义务、奖励与处罚等内容。

（五）建立基本农田数据库。

各地要以第二次全国土地调查基本农田上图成果和县乡土地利用总体规划数据库为基础，根据划定的墓本农田成果，建立基本农田数据库，将基本农田保护图、表、册的内容，纳入数据库管理。基本农田数据库包括土地利用现状要素与基本农田专题要素，土地利用现状要素采用《土地利用数据库标准》（TD/T 1016－2007）和市（地）、县级、乡镇《土地利用总体规划数据库标准》（TD/T 1026－2010、TD/T 1027－2010、TD/T 1028 －2010）的规范要求，基本农田专题要素采用《基本农田数据库标准》（TD/ T 1019－2009）的规范要求，实现省域内数据库联网互通。

二、工作程序

（一）制定方案。

各省（市、区）应制定基本农田划定工作方案，明确工作步骤和完成时间，并将工作方案于 2011 年 1 月 15 日前报国土资源部，并抄送农业部。各市县应按照省（市、区）统一部署、依据土地利用总体规划，结合实地勘察，编制基本农田划定实施方案，并做好论证工作。实施方案经县级人民政府审定后，按照县乡级土地利用总体规划的审批权限报批。

（二）组织实施。

基本农田划定工作以县级行政区域为单位，在县级人民政府统一领导下，由国土资源管理部门会同同级农业部门组织实施。

（三）成果验收。

1. 成果内容。基本农田划定成果包括：基本农田划定方案、检验分析报告、工作总结报告等，基本农田数据库，基本农田保护图、表、册，基本农田保护责任书和基本农田保护标志设立情况等成果资料。

2. 验收要求。基本农田划定过程依法、合规；采用的资料真实、合法、实时；数据库、图、表、册等规范、齐全，与实地相一致；基本农田保护责任书及时签订或更新，责任内容完整明确；基本农田保护标志设立规范等。

3. 验收方式。基本农田划定验收采取内业审核与实地抽查相结合的方式。要依据第二次全国土地调查基本农田上图成果、经批准的县乡土地利用总体规划，重点对划入地块进行对比分析并实地核实。

4. 验收程序。基本农田划定验收按照县级自验、市级初验省级验收，自下而上的程序进行。县级对划定成果进行全面自验后向市级提出验收申请。市级组织对基本农田划定工作的各项内容进行初验，按照每个县（市、区）不低于新划入基本农田总面积50%的比例进行实地抽查核实；检查符合要求的，市级向省级提出验收申请，按照不低于新划入基本农田总面积15%的比例进行实地抽查核查。

5. 验收确认。基本农田划定成果，由省级人民政府组织国土资源管理部门和农业部门验收确认。基本农田划定成果经省级审核后，由省统一将基本农田划定数据库成果上报国土资源部复核。复核的重点内容是：各省基本农田保护面积是否达到国家下达的规划目标；以县为单位具体核实是否将基本农田落实到地块、图件，划定地类是否符合要求；是否做到图数地一致等。必要时，国土资源部将会同农业部组织开展实地抽查，对复核、抽查中发现问题的，及时反馈给有关省（区、市），由省级国土资源管理部门、农业部门负责督促整改。

经国土资源部复核认定各项成果符合要求且经省审核通过的，由省级国土资源管理部门核发验收确认函。基本农田图表册、数据库、标志牌等其他成果不规范的，要求整改完善后再核发验收确认函。在验收过程中发现划定基本农田数量未达到保护任务、质量与上一轮划定基本农田比明显降低、划定基本农田地类不符合要求的，认定基本农田划定成果验收不合格，责成有关县方整改纠正后重新申报验收。

（四）成果报备。

1. 报备要求。基本农田划定成果经省级验收确认后，各地应将基本农田保护信息逐级备案，实现乡、县、市、省、国家五级备案。地方各级国土资源管理部门、农业部门对本行政区域内备案信息的真实性、合法性、合规性负责。

2. 报备内容。基本农田保护信息包括电子信息和纸质资料信息。基本农田保护图、表、册、相关工作报告等纸质资料信息备案到省；数据库等电子信息、备案到国土资源部，同时抄送派驻地方的国家土地督察局。具体报备方式和要求另行通知。

3. 报备时间。各地应在乡级新一轮土地利用总体规划修编完成后四个月内，完成基本农田保护信息逐级备案工作。报备到国土资源部的信息，由省级审核汇总后统一上报。

各地要以五级信息报备为基础，构建基本农田信息化管理体系，做好数据库的更新和维护工作，做到图、数、地一致，实现基本农田动态监管，建立基本农田保护情况通报制度。

三、工作要求

各地应遵循“依法依规，规范调整；确保数量，提升质量；稳定布局，明确条件”的原刚，以已有基本农田保护成果为基础，依据有关法律法规和新一轮上地利用总体规划成果，综合运用耕地质量等级调查与评定成果和耕地地力评价结果，认真开展基本农田划定工作。基本农田划定各项工作原则上应在县乡级土地利用总体规划完成后三个月内完成。基本农田划定的具体要求：

（一）确保数量和质量。

划定后的基本农田面积应不低于土地利用总体规划确定的基本农田保护面积指标。要尽量保留原有基本农田中的高等级耕地、集中连片耕地；划定后的基本农田中非耕地、坡耕地的比重应有所降低，平均质量等级应高于划定前的平均质量等级；基本农日集中连片程度应当有所提高。要杜绝基本农田“保远不保近，保劣不保优”等问题。

（二）确保地类符合要求。

新划定为基本农田的土地利用现状必须是耕地。应当按照县级、乡（镇）土地利用总体规划编制规程要求，将现状基本农田中的建设用地、未利用地、不可调整的、达不到耕地质量标准的农用地划出。

基本农田划定工作时间紧、任务重，各地要高度重视，加强领导，认真部署，确保工作经费、人员到位，确保各项工作按时、保质完成。基本农田划定工作将纳入省级政府耕地保护贵任目标履行情况考核的重点内容，各地报备成果复核结果作为考核的主要依据之一，并及时兑现奖惩。

国土资源部农业部关于划定基本农田实行永久保护的通知

（2009 年 12 月 2 日　国土资发〔2009〕167 号）

各省、自治区、直辖市国土资源厅（国土环境资源厅、国土资源局、国土资源和房屋管理局、规划和国土资源管理局），农业（农牧）厅（委、局），新疆生产建设兵团国土资源局、农业局：

基本农田保护制度确立二十年来，基本农田保护工作一直受到党中央、国务院的高度重视。党的十七届三中全会《中共中央关于推进农村改革发展若干重大问题的决定》明确提出要划定永久基本农田，建立保护补偿机制，确保基本农田总量不减少、用途不改变、质量有提高。为科学划定基本农田实行永久保护，落实最严格的耕地保护制度，现将有关要求通知如下：

一、落实中央要求、实行永久保护，开创基本农田保护工作新局面

（一）坚决落实中央提出的新要求，全面提升基本农田保护工作水平。划定基本农田实行永久保护是党中央、国务院站在对历史和人民负责的高度，对基本农田保护工作提出的更新更高要求。各地要切实提高认识，增强责任感，按照“依法依规、确保数量、提升质量、落地到户”的要求，根据新一轮土地利用总体规划确定的基本农田保护目标，科学划定永久基本农田，全面提升基本农田保护水平，努力实现基本农田保护与建设并重、数量与质量并重、生产功能与生态功能并重。

（二）紧紧抓住有利时机，切实落实永久保护措施。当前，第二次全国土地调查即将完成，全国农用地分等定级、全国耕地地力调查基本完成，基本摸清了现有基本农田的位置、数量、等级及变化情况；地方各级土地利用总体规划修编工作已全面展开，为划定基本农田实行永久保护提供了有力支撑。各地要抓住有利时机，将划定基本农田实行永久保护的各项措施落到实处，切实解决一些地区基本农田零碎分散、规划调整频繁、建设占用多、补划不到位等突出问题，切实

提高基本农田的区位稳定程度、集中连片程度、落地到户程度和信息化程度，将基本农田保护工作提升到全新水平。

二、合理调整、科学划定，确保基本农田落地到户

（三）严格规划编制的各项要求，切实落实基本农田保护目标。各地在新一轮土地利用总体规划修编中，要严格按照上一级规划确定的基本农田保护指标，根据《市县乡级土地利用总体规划编制指导意见》（国土资厅发〔2009〕51号）要求，切实做好基本农田布局调整工作。基本农田布局调整后，保护面积不得低于上一级规划下达的指标，总体质量等别应高于调整前的平均质量等别，集中连片程度应有所提高。县级土地利用总体规划应划定基本农田保护区，乡级土地利用总体规划应将县级规划划定的保护区进一步落实到保护地块。规划期内已经确定必须占用的耕地不得划为基本农田。根据《市县乡级土地利用总体规划编制指导意见》，各地可以多预留一定比例的基本农田，用于规划期内不易确定具体范围的建设项目占用，同时列明可在基本农田保护区安排的建设项目清单；占用规划预留的基本农田，不视为调整规划。基本农田一经划定，不得擅自调整，不得随意改变区位。

（四）切实将基本农田落到地块和农户，真正落实保护责任。各地要在经依法批准的乡（镇）土地利用总体规划的基础上，将落实到地块的基本农田，编制基本农田保护专题图，并标示出基本农田所有权界线、地块及编号、图斑号、地类号及等级状况等基本信息。基本农田保护专题图要落到第二次全国土地调查形成的土地利用现状分布图上，作为年度土地利用变更调查的本底。各级国土资源管理部门要会同农业行政主管部门把划定的基本农田落实到承包农户，记载到土地承包经营权证，明确集体经济组织和农户的保护责任。规划预留的基本农田也必须落到地块和农户。

（五）设立和维护好基本农田统一标志，扩大社会宣传和监督效果。各地要根据《关于基本农田与土地整理标识使用及标志牌设立的规定》（国土资发〔2007〕304号）的要求，尽快设立统一规范的基本农田保护标志牌和标识，标示出基本农田的位置、面积、保护责任人、相关政策规定、示意图和监督举报电话等信息，扩大宣传效果，促进社会监督。每个基本农田保护区应设立标志牌，铁路、公路等交通沿线和城镇、村庄周边的显著位置应增设标志牌。省级国土资源管理部门要组织好标识和标志牌的设置和监督工作，并保障工作经费；市县级

国土资源管理部门负责标识和标志牌的设立和维护。标识和标志牌一经设立，任何单位和个人不得擅自破坏和改变。

三、加强信息化建设、推行网络化报备制度，实现基本农田动态管理

（六）健全保护台帐，夯实基本农田电子政务管理基础。地方各级国土资源管理等部门要健全台帐，加强基本农田图、表、册管理。乡（镇）政府要根据基本农田保护专题图，对每一宗基本农田保护地块涉及的保护责任信息、土地承包经营信息和质量信息等进行收集、整理，建立基本农田保护信息表、册。各级农业部门要建立基本农田质量数据库。基本农田保护责任信息主要包括保护责任人的基本信息、保护责任内容、保护责任起始时间等；土地承包经营信息主要包括每一宗基本农田地块内的农户数、每一农户承包地面积、质量等级等；基本农田质量信息主要包括耕地和土壤类型、标准耕作制度、立地条件、剖面性状、土壤养分状况、耕地地力等级、污染状况等。

（七）加快建立统一的基本农田信息网络系统，构建信息化管理体系。县级以上各级国土资源管理部门按照《基本农田数据库标准》（TD/T 1019－2009）要求，建立基本农田数据库，将基本农田保护图、表、册的内容，纳入数据库管理，并逐步实现省域内数据库联网互通。建立数据日常更新维护制度，图、表、册内容发生变化的，数据库相关信息要实时更新。各地要以构建国家、省、市、县、乡五级互动的基本农田信息化管理体系为目标，加快推进基本农田管理的计算机化、网络化，确保各级相关部门及时准确地掌握基本农田现状与变化情况。

（八）全面推行“五级”报备制度，实现信息共享。基本农田保护信息实行国家、省、市、县、乡五级报备制度，地方各级国土资源管理部门要将基本农田保护信息逐级备案，省级国土资源管理部门要做好备案信息的审核和监督，将经核实确认的汇总信息及时报备国土资源部。地方各级国土资源管理部门对本行政区域内备案信息的真实性、合法性、合规性负责。基本农田保护图件备案工作，应在新一轮土地利用总体规划修编完成后三个月内逐级上报省级国土资源管理部门。

四、严格占用审批、及时补划到位，确保基本农田的数量和质量

（九）加强用地审查，严格控制非农建设占用基本农田。国务院和国务院

投资主管部门审批或核准的建设项目，涉及占用基本农田的，土地利用规划调整方案随同用地报批材料一并报国务院批准。各地凡涉及基本农田位置调整的土地利用总体规划修改，应报国务院批准。列入规划项目清单的建设项目占用规划预留的基本农田的，可不再补划基本农田，但必须完成补充耕地任务。各省（区、市）要对占用基本农田的征地补偿标准、耕地开垦费标准作出专门规定，提高占用基本农田的成本，不得低于当地征地补偿、耕地开垦费的最高标准。各省（区、市）制定的标准应报国土资源部备案。

（十）严格执行规定，切实做好补划工作。经国务院批准修改土地利用总体规划调整基本农田布局的，要保证规划确定的基本农田面积不减少、质量有提高，并落到基本农田保护图件上。经依法批准建设占用基本农田的，原则上要在本市县域范围内完成补划任务。因耕地后备资源匮乏、确实难以在本市县内补划的，必须由省级国土资源管理部门统筹安排补划基本农田并保证数量和质量。补划的基本农田数量和质量应由省级国土资源管理部门和农业行政主管部门验收确认。补划的基本农田要建立标识、落实到地块和农户、及时变更和备案。

五、实行年度变更调查、强化督察考核，提升基本农田监管水平

（十一）依法开展基本农田年度变更调查工作，准确掌握变化情况。地方各级国土资源管理部门要根据《土地调查条例实施办法》（国土资源部令第 45 号）规定，将基本农田状况调查、监测、统计、分析作为土地调查的重要内容，将基本农田位置、数量等变化情况列入年度土地变更调查。县级国土资源管理部门要做好年度基本农田变化情况的调查和统计，编制基本农田变化图件，及时汇交上一级国土资源管理部门汇总。地方各级农业行政主管部门要建立基本农田质量年度监测制度，并将基本农田质量变化情况反馈给同级国土资源管理部门。年度变更信息要按照基本农田“五级”信息报备的要求，及时变更和备案。

（十二）强化日常监管和督察，发挥共同监督作用。国家土地督察机构要切实担负起基本农田保护的督查职责。乡（镇）人民政府负责本行政区域内的基本农田保护管理工作，基层国土所要切实担负起基本农田保护的第一线责任。各级国土资源管理部门要加大对基层国土所的建设力度，强化动态巡查，切实发挥其日常监管作用。要充分发挥全社会共同监督作用，建立基本农田保护网络公开查询系统和畅通的信访、12336 举报电话等群众监管渠道，方便公众查询和监管。要充分运用遥感监测等先进技术手段，加强对基本农田保护重点区域的

监控。

（十三）加大目标责任考核和奖惩力度，切实落实保护责任。各级国土资源管理部门要将土地利用总体规划确定的基本农田保护指标和任务层层分解落实，作为对下一级地方政府耕地保护责任目标考核的重要内容。各有关部门要加大对基本农田保护责任目标考核的力度，督促下一级地方政府主要领导人层层签订责任书，落实领导责任。国土资源管理部门要将考核结果作为下达土地利用年度计划指标的重要依据，及时兑现奖惩。农业行政主管部门要将考核结果作为安排耕地质量建设有关项目的依据，并予以适当倾斜。进一步落实基本农田保护共同责任机制，配合组织、审计等部门将耕地保护纳入地方党政领导班子绩效分析评价和领导干部耕地保护离任审计，进一步完善考核措施。

六、加大投入、创新机制，强化基本农田保护和建设

（十四）加大建设投入力度，提高基本农田质量。各级国土资源管理部门要将新增建设用地土地有偿使用费、耕地开垦费、土地复垦费、土地出让收入用于农业开发部分等土地整治专项资金向基本农田保护区倾斜；聚合相关部门资金和引导社会资金共同参与基本农田建设。农村土地整治增加的耕地要划为基本农田实行永久保护。要加快国家级基本农田保护示范区的建设，有条件的地方要建立省级示范区，发挥典型示范作用。国土资源、农业部门进一步采取措施，提高基本农田质量，共同做好补划基本农田质量评定工作。积极探索基本农田整备区建设，形成连片、高标准的粮棉油生产基地。

（十五）探索经济补偿机制，激发各地保护工作积极性。各地要积极探索建立基本农田保护补偿机制，鼓励有条件的地区建立基本农田保护基金，对农民和农村集体管护、利用基本农田给予补贴。对基本农田保护先进单位和个人要进行表彰和奖励。国土资源管理等部门要积极配合财政部门加大对基本农田保护任务较重地区的财政转移支持力度。国家将进一步总结提炼各地经验，适时出台有关政策。

国土资源部关于进一步做好基本农田保护有关工作的意见

（2005年9月28日　国土资发〔2005〕196号）

各省、自治区、直辖市、新疆生产建设兵团国土资源厅（局）、农业厅（局）、发展改革委、财政厅（局）、建设厅（局）、水利厅（局）、林业厅（局）：

基本农田是粮食生产的重要基础，保护基本农田是耕地保护工作的重中之重，对保障国家粮食安全、维护社会稳定、促进经济社会全面、协调、可持续发展具有十分重要的意义。党中央、国务院一直高度重视耕地保护工作，特别强调要确保基本农田总量不减少、用途不改变、质量不下降。为贯彻落实《中共中央国务院关于进一步加强农村工作提高农业综合生产能力若干政策的意见》（中发〔2005〕1号）和《国务院关于深化改革严格土地管理的决定》（国发〔2004〕28号）有关精神，切实做好基本农田保护工作，现提出以下意见：

一、严格制定和实施规划，确保现有基本农田数量

制定和实施土地利用总体规划以及涉及土地利用的相关规划，必须将保护耕地特别是基本农田作为重要原则。依据土地利用总体规划划定的基本农田保护区，任何单位和个人不得违法改变或占用。严禁违反法律规定擅自通过调整县、乡级土地利用总体规划，改变基本农田区位，把城镇周边和交通沿线的基本农田调整到其他地区。城市各类非农业建设用地要严格控制在土地利用总体规划和城市总体规划确定的建设用地范围内；单独选址建设项目选址、选线要尽可能避免占用基本农田。农业建设用地布局要符合土地利用总体规划，不得以农业结构调整的名义改变基本农田数量和布局。涉及占用基本农田的土地利用总体规划修改或调整均须依照有关规定报国务院或省级人民政府批准。

严格按照《退耕还林条例》规定的条件和范围实施退耕还林。不得擅自将基本农田保护区内耕作条件良好、不会造成严重水土流失的耕地纳入退耕还林范围。土地利用总体规划确定的基本农田保护指标必须落到地块，个别地区由于需

退耕的陡坡耕地多等原因，未能完全落实的，在土地利用总体规划修编前期工作中要严格核实，研究提出调整和补划方案，修编规划经国务院批准后按规划确定的指标进行补划。

土地利用总体规划修编中要坚持以严格保护耕地特别是基本农田为重点，保证现有基本农田总量不减少。不得借土地利用总体规划修编随意扩大建设用地规模，调减基本农田保护指标。现有基本农田中坡度在25度以上，以及严重沙化或水土流失严重的耕地，按照国家批准的退耕还林规划需要退耕的，可在土地利用总体规划修编时统筹调整；对坡度在25度以下或省级人民政府确定的当地禁垦坡度以下基本农田的退耕还林要严格控制，按照国家批准的退耕还林规划和防沙治沙规划确需退耕的，要通过调整布局进行补划。对于将平坝缓坡并且耕作条件良好的基本农田退耕的、绿色通道建设超规定范围占用的基本农田，以及各类非农建设项目违法占用的基本农田，不得通过土地利用总体规划修编予以核减。

二、加强非农建设用地审查，严禁违法占用基本农田

严格执行《土地管理法》和《基本农田保护条例》的有关规定，除国家能源、交通、水利和军事设施等重点建设项目以外，其他非农业建设一律不得占用基本农田；符合法律规定确需占用基本农田的非农建设项目，必须按法定程序报国务院批准农用地转用和土地征收。

加强对涉及占用基本农田的建设用地的审查。法律规定以外的建设项目占用基本农田，以及违反法律和有关规定通过调整土地利用总体规划占用基本农田的各类非农业建设不得报批用地。不得批准对基本农田耕作层造成永久性破坏的工程临时用地。严格执行占用基本农田听证和公告制度，加强基本农田的社会监督。依法批准或经法定程序通过调整规划占用基本农田的，征地补偿按法定的最高标准执行，对以缴纳耕地开垦费方式补充耕地的，缴纳标准按当地最高标准执行。

规范基本农田补划行为。符合法律规定确需占用基本农田的非农建设项目，要先补划后报批。省级国土资源部门和农业部门要对补划的基本农田进行验收，保证补划的基本农田落到地块，确保基本农田数量和质量的平衡，防止占优补劣。占用前要将耕作层进行剥离，用于新开垦耕地或其他耕地的土壤改良，并要落实水土保持方案的要求。

三、强化监督管理，不得擅自改变基本农田用途

严格执行《国务院关于坚决制止占用基本农田进行植树等行为的紧急通知》（国发明电〔2004〕1号，以下简称《紧急通知》）要求的保护基本农田“五个不准”，确保基本农田的规定用途不改变。绿色通道建设不得超出《紧急通知》规定的范围。基本农田上的农业结构调整应在种植业范围进行任何单位和个人不得签订在基本农田上造林的合同；不准在基本农田内挖塘养鱼和进行畜禽养殖，以及其他破坏耕作层的生产经营活动。已在基本农田上进行农业结构调整的，仍要按基本农田进行保护；对耕作层和农田基础设施造成破坏的，要限期恢复，确保基本农田数量不因农业结构调整而减少质量不因农业结构调整而减低。

进一步加大对违法违规骗取批准、占用和破坏基本农田行为的执法力度。对有令不行、有禁不止的，要按照《土地管理法》和《基本农田保护条例》有关规定坚决制止，责令纠正，情节严重的要从严查处，依法追究责任人的法律责任；构成犯罪的要依法追究刑事责任。

四、加大建设力度，切实提高基本农田质量

大力开展基本农田土地整理。各级政府投资的土地整理项目要向基本农田保护区，特别是国家粮食主产区（主产县）和商品粮基地的基本农田保护区倾斜，落实基本农田土地整理任务。基本农田土地整理新增加的耕地要划为基本农田。生态脆弱地区在对陡坡地和严重沙化地退耕的同时，要加大对平坝和缓坡耕地的整理力度，加大坡改梯、淤地坝以及对出现沙化趋势的耕地的建设和治理力度，使当地保有足够数量的基本口粮田。

加大基本农田质量建设力度。采取各种有效措施提高耕地产出水平，推广绿肥种植、秸秆还田技术，加大对使用有机肥料的支持力度，培肥基本农田地力；大力推广应用配方施肥、保护性耕作、地力培肥、退化耕地修复等技术，提升基本农田地力等级。加大对基本农田保护区农田水利建设的投入，改造和配套水利灌溉排水设施，增加基本农田的有效灌溉面积。

建立基本农田建设集中投入制度。加大公共财政对粮食主产区（主产县）和主要农业生产基地基本农田保护区建设的扶持力度；农田水利建设、农业综合开发、土地开发整理、耕地质量建设、农田林网建设等资金，按照地方政府统一规划、分步实施、部门管理、项目运作的原则，向基本农田保护区倾斜；制定扶

持政策积极鼓励农民自愿出资出劳，建设高标准的基本农田，切实提高基本农田的生产能力。

五、开展动态监测，定期通报基本农田变化情况

完善基本农田保护基础性工作。省（区、市）、市（地）、县（市、区）、乡（镇）四级基本农田档案做到图件、数据齐备，可核可查，作为监督、检查、审核、补划、变更基本农田的依据。结合土地变更调查建立基本农田信息管理系统，准确掌握分析基本农田利用和变化情况。组织开展基本农田地力分等定级、土壤肥力和环境动态监测以及耕地地力调查与质量评价工作。结合耕地地力调查与质量评价建立基本农田质量档案。

加强基本农田的动态监管。建立省（区、市）、市（地）、县（市、区）、乡（镇）、行政村五级基本农田保护监管网络，开展动态巡查；开展基本农田动态监测和信息管理系统建设，利用卫星遥感手段，定期对基本农田保护区进行监测，重点对集中连片、优质高产以及城镇周边、交通沿线的基本农田保护区进行巡查和监测，及时发现、纠正和查处非法占用基本农田行为。完善耕地质量动态监测体系，及时掌握耕地质量变化状况，定期发布质量监测信息。各地每年要根据动态监管的结果，汇总基本农田保护情况，逐级上报。

建立基本农田保护定期通报制度。在各地动态监管的基础上，国土资源部、农业部定期对各省（区、市）基本农田保护情况和相关数据进行核查和通报，对问题突出的地区提出警示并督促整改，对基本农田没有达到土地利用总体规划确定的保护目标的要责令限期补划。

六、探索新机制，落实基本农田保护责任

按照《基本农田保护条例》的规定，建立基本农田保护责任制。将耕地和基本农田保护工作纳入政府领导任期目标考核的内容，签订责任书，明确由地方各级人民政府对土地利用总体规划确定的耕地保有量、基本农田保护面积和质量负责，定期进行目标考核并兑现奖惩措施。国土资源部门和农业部门及有关部门要按照部门职责，认真做好基本农田保护的有关工作，并注意调动社会各方面的积极性。以行政村为单位与乡级政府签订基本农田保护责任书，通过在土地证书和农村土地承包经营权证书标注的形式落实到承包农户，确认基本农田面积、位置和质量，明确承包农户保护基本农田的责任、权利和义务。

探索建立基本农田保护经济激励机制。国家和地方有关的农业补贴要向基本农田保护任务重的地区倾斜；国家投资土地开发整理项目和其他支农项目要向基本农田保护成效突出的地区倾斜。基本农田保护基础性工作、动态监测及信息系统建设和维护经费，按照有关规定，由同级财政部门在年度部门预算内统筹安排。对基本农田保护先进单位和个人要进行表彰和奖励。

国土资源部办公厅　农业部办公厅
关于切实做好106个重点城市周边
永久基本农田划定工作有关事项的通知

（2015年3月30日　国土资厅发〔2015〕14号）

各省、自治区、直辖市及计划单列市国土资源主管部门，农业（农牧、农村经济）厅（委、局），新疆生产建设兵团国土资源局、农业局：

根据《国土资源部农业部关于进一步做好永久基本农田划定工作的通知》（国土资发〔2014〕128号，以下简称《通知》）要求，国土资源部、农业部（以下简称两部）共同研究提出了106个重点城市周边永久基本农田划定初步任务，细化了推进划定工作的具体要求。现将有关事项通知如下：

一、抓紧开展106个重点城市周边永久基本农田划定工作

按照《通知》要求，两部以2012年土地变更调查成果、经依法批准的土地利用总体规划成果、全国耕地质量等别评定成果等为基础，依托国土资源综合监管平台，对106个重点城市周边（原则上为土地利用总体规划确定的中心城区规划控制范围）未划为永久基本农田的现有耕地分布、面积、质量等别等进行分析评估，提出了城市周边永久基本农田划定的初步任务。初步任务以城市为单位形成电子图形数据，随本通知下发数据光盘。

各有关城市国土资源、农业主管部门要密切配合，依据下达的初步任务，充分运用最新的遥感影像图、土地变更调查、耕地质量等别评定和县域耕地地力调查与质量评价等成果，结合土地利用总体规划调整完善、城市开发边界划定，抓紧开展调查摸底、核实举证，要确保城市周边优质耕地、已建成的高标准农田全部纳入永久基本农田划定任务。按照核实举证结果数据汇交要求形成的报告和电子数据，经省级国土资源、农业主管部门审核后，于2015年5月底前联合报送两部。两部将对有关城市上报的核实举证情况进行论证，核定并下达重点城市周边永久基本农田划定任务。

各有关城市国土资源、农业主管部门要在当地政府的统一组织下，按照《通知》要求，扎实推进永久基本农田“落地块、明责任、设标志、建表册、入图库”等工作，确保于2015年底前全面完成城市周边永久基本农田上图入库、落地到户。

二、同步开展其他城市（镇）周边永久基本农田划定工作

各省（区、市）国土资源、农业主管部门，要参照两部对106个重点城市周边划定永久基本农田初步任务的分析评估方法和核实举证要求，开展106个重点城市以外其他设区的城市周边永久基本农田划定任务的下达工作。同时，指导督促设区的城市国土资源、农业主管部门，按照上述工作方法，推动所辖的县级城市（镇）周边永久基本农田划定工作，确保城市（镇）周边优质耕地优先划为永久基本农田。

各省（区、市）国土资源、农业主管部门，要按照本通知确定的数据汇交方式和格式要求，逐级统计汇总本行政区域内城市和城镇周边永久基本农田划定初步任务下发、地方核实举证、任务核定下达等情况，于2015年11月30日前报两部。

三、统筹做好城市（镇）全域永久基本农田划定工作

各有关城市国土资源、农业主管部门要在当地政府的组织领导下，统筹安排、通力合作，在已有工作的基础上，扎实做好永久基本农田划定工作。永久基本农田划定要与土地利用总体规划调整完善工作协同推进，规划调整完善前，采取自上而下的方式，按照上级核定下达的任务和要求，先行完成城市（镇）周边永久基本农田划定工作，确保城市（镇）周边、交通沿线优质耕地和已建成的高标准农田优先划定为永久基本农田，未按要求完成城市（镇）周边永久基本农田划定的，规划调整完善成果审批（备案）不予受理；规划调整完善后，采取自下而上的方式，按照布局基本稳定、数量不减少、质量有提高的要求，依照空间由近及远、耕地质量等别和地力等级由高到低的顺序，及时划定城市周边以外的永久基本农田，确保调整完善后规划确定的市（县）域基本农田保护目标任务全部上图入库、落地到户。永久基本农田划定要与城市开发边界划定工作同步推进，进一步强化永久基本农田对城市（镇）用地空间的刚性约束，切实发挥永久基本农田对优化城市（镇）空间形态的促进作用，更好引导城市串联

式、组团式、卫星城式发展。

依据《基本农田保护条例》，永久基本农田划定和保护是地方各级人民政府的法定责任。106个重点城市周边永久基本农田划定工作完成情况，将纳入省级政府耕地保护责任目标检查考核工作。请各有关城市按照规定要求，扎实组织实施，确保按期完成任务。各省（区、市）国土资源、农业主管部门要加强督促指导，及时总结、宣传、推广好典型、好经验。两部将对各地永久基本农田划定工作进行督导检查，定期通报工作进展情况，适时召开现场交流会，总结推广地方经验做法，发挥示范引领作用。

二、占补平衡

自然资源部关于实施跨省域补充耕地国家统筹有关问题的通知

（2018 年 7 月 26 日　自然资规〔2018〕2 号）

各省、自治区、直辖市自然资源主管部门，新疆生产建设兵团自然资源主管部门，中央军委后勤保障部军事设施建设局，各单位：

为贯彻落实国务院办公厅印发的《跨省域补充耕地国家统筹管理办法》（国办发〔2018〕16 号，以下简称《办法》）规定，进一步明确跨省域补充耕地国家统筹实施有关要求，规范有序做好管理工作，现通知如下：

一、深刻领会要求，扎实推动《办法》实施

跨省域补充耕地国家统筹是党中央、国务院统筹考虑区域资源环境承载状况，推动区域协调发展做出的重大部署；是妥善解决保护与发展用地矛盾，严守耕地保护红线，维护国家粮食安全采取的重大举措；同时也是发挥经济发达地区和资源丰富地区资金资源互补优势，助推脱贫攻坚和乡村振兴实行的有效途径。各省（区、市）要充分认识实施好补充耕地国家统筹的重要意义，深刻领会、准确掌握规定要求，扎实做好补充耕地国家统筹实施工作，确保中央部署落到实处。

各省（区、市）自然资源主管部门要严格按照耕地占补平衡和耕地数量、质量、生态“三位一体”保护要求，在摸清耕地后备资源状况和用地需求的前提下，对补充耕地国家统筹作出科学合理的分析研判和工作安排。要首先立足选址避让、采取工程技术等综合措施，不占或少占耕地，确需占用的，坚持补充耕地县域平衡为主、省域调剂为辅、国家统筹为补充。要坚持集约节约用地，坚决防止借国家统筹补充耕地为名擅自突破国土空间规划、土地利用计划和土地使用标准，扩大建设用地规模；坚持合理开发利用土地，严防违背自然规律和生态保

护要求，盲目垦造耕地，破坏生态环境。

二、加强论证分析，规范申报跨省域补充耕地国家统筹

跨省域补充耕地国家统筹涉及占用耕地省份和补充耕地省份。依照《办法》规定，为便于统筹安排，申请补充耕地国家统筹和承担统筹补充耕地任务的省份，原则上于每年一季度由省级人民政府向国务院提出有关统筹补充耕地申请，其中补充耕地需国家统筹的省，根据重大建设项目需要可在三季度再申报一次。申请文件同时抄送自然资源部、财政部。

（一）补充耕地国家统筹的申报要求

申请补充耕地国家统筹的省和直辖市，应根据建设占用耕地需求和本省域内补充耕地能力，按规定的统筹补充耕地建设用地范围，科学合理确定年度补充耕地国家统筹规模，提出统筹需求申请，并填报《申请补充耕地国家统筹情况表》(见附件1)。申请文件主要内容包括：

1. 申请理由。主要说明依据国土空间规划、耕地后备资源调查以及其他相关建设规定要求等，省域内耕地占补平衡实现程度和存在困难，包括规划期省域内建设占用耕地需求、严控耕地占用采取的主要措施、补充耕地潜力及缺口、上年度补充耕地国家统筹规模使用情况等。

2. 申请规模。主要说明年度需国家统筹补充的耕地数量、水田规模和粮食产能。其中，直辖市需说明年度城市发展和基础设施建设占用耕地国家统筹需求规模；其他省需说明年度重大建设项目占用耕地国家统筹需求规模。补充耕地涉及的耕地数量、水田规模和粮食产能3项指标可一并申请国家统筹，也可根据实际需要分项单独申请。

重大建设项目依照允许占用永久基本农田的重大建设项目范围确定。

3. 资金缴纳承诺。主要说明根据申请国家统筹补充的耕地数量、水田规模和粮食产能，按照《办法》确定的收取标准，应缴纳的跨省域补充耕地资金总额和省级政府同意按规定足额缴纳的承诺意见。

经国务院批准属于国家重大公益性建设项目的，可按规定适当降低跨省域补充耕地资金收取标准。

（二）承担国家统筹补充耕地任务的申报要求

具备承担国家统筹补充耕地任务条件的省份，可将“十二五”以来立项并验收合格、在自然资源部农村土地整治监测监管系统中上图入库、且未用于省域

内耕地占补平衡的土地整治和高标准农田建设项目新增耕地（不包含 2017 年 1 月 1 日前使用耕地开垦费以外资金实施的项目和中央支持的土地整治重大工程新增耕地），申请用于国家统筹补充耕地。土地整治和高标准农田建设项目应符合生态保护要求，且集中连片、土壤肥沃、灌排良好、具备一定建设规模（连片规模原则上南方在 10 公顷以上、北方在 20 公顷以上）。承担统筹补充耕地任务申请文件应包括以下主要内容，并填报《申请承担国家统筹补充耕地任务情况表》（见附件 2）：

1. 申请理由。主要说明省域内耕地后备资源情况，能否实现在耕地保护责任目标考核期内本省域耕地占补平衡有余，是否有能力承担统筹补充耕地任务，上年度承担统筹补充耕地任务有关要求落实情况等。

2. 申请承担规模。主要说明申请承担统筹补充耕地任务的新增耕地数量、水田规模和粮食产能。新增耕地数量、水田规模和粮食产能 3 项指标可一并申请，也可根据实际情况分项单独申请。

3. 补充耕地项目情况。主要说明产生新增耕地的土地整治和高标准农田建设项目立项、实施、验收情况；在全国农村土地整治监测监管系统中上图入库情况；新增耕地核定情况，包括新增耕地核实程序、核实主体和核定结果（含新增耕地数量、水田规模和粮食产能）等。

4. 新增耕地后期管护措施。主要说明新增耕地后期管护责任、管护方式、管护资金安排及实施情况等。

5. 资金使用安排。主要说明经同意承担统筹补充耕地任务后，收到的国家统筹补充耕地经费按财政部规定的资金使用管理办法拟安排使用方向、具体用途、管理措施等。

三、严格审核，合理确定国家统筹补充耕地规模

（一）严格核定补充耕地国家统筹规模

自然资源部会同财政部对有关省和直辖市补充耕地国家统筹申请进行审核论证，主要内容包括：

一是补充耕地国家统筹的必要性。重点审核申请统筹的理由是否充分，是否严格控制新增建设占用耕地，是否节约集约利用土地等。

二是申请国家统筹规模的合理性。对直辖市重点审核涉及的建设用地是否符合国土空间规划、纳入土地利用计划；对其他省重点审核涉及的重大建设项目是

否符合规定范围等。

三是补充耕地国家统筹的可行性。重点审核申请统筹的省和直辖市是否按规定安排跨省域补充耕地资金并同意足额缴纳，上年度国家统筹补充耕地规模使用情况等。

经审核论证同意补充耕地国家统筹的，由自然资源部形成审查意见，提出补充耕地国家统筹的省份、规模和资金缴纳总额等，会同财政部呈报国务院审批。审查意见经国务院批准后，由自然资源部、财政部联合行文函复有关省级人民政府，明确补充耕地统筹规模和有关要求。在中央财政与地方财政年终结算时，由省级财政将跨省域补充耕地资金通过一般公共预算转移性支出上解中央财政。

（二）保质保量落实国家统筹补充耕地任务

自然资源部对申请承担国家统筹补充耕地任务的新增耕地组织进行实地核实；涉及农业农村主管部门管理的高标准农田建设项目新增耕地，会同农业农村部进行实地核实。核实的主要内容包括：

一是申请省份的资源丰富性。重点核实申请省份耕地后备资源丰富程度，能否实现省域耕地占补平衡有余、有能力承担统筹补充耕地任务。

二是补充耕地项目管理的规范性。重点核实产生新增耕地的土地整治和高标准农田建设项目是否符合规定范围、项目管理和新增耕地核定程序是否规范、有效等。

三是新增耕地的真实可靠性。重点核实新增耕地数量是否真实、质量是否可靠，是否采取严格的后期管护措施等。

自然资源部会同财政部在经核实数量真实、质量可靠的新增耕地范围内，对照国务院批准的补充耕地国家统筹规模，提出年度国家统筹补充耕地方案，明确可承担国家统筹补充耕地任务的省份和新增耕地规模，并按《办法》规定标准测算国家统筹补充耕地经费。申请的新增耕地经核实符合条件但超出国家统筹规模的，按照《办法》规定的优先原则确定省份和新增耕地。

自然资源部会同财政部将国家统筹补充耕地方案呈报国务院，经国务院同意后，由自然资源部函复有关省级人民政府，明确用于统筹补充耕地的新增耕地规模和有关要求。中央财政应下达的国家统筹补充耕地经费，通过转移支付下达地方财政，按有关规定使用管理。

四、做好相关管理工作，强化监督检查

实施跨省域补充耕地国家统筹事关区域耕地保护责任目标，事关重大建设项

目用地保障，必须精心组织、严格管理，做好政策衔接，强化监督检查，确保顺利实施。

（一）有关省、直辖市建设占用耕地经批准由国家统筹补充后，部相应增加该省（市）补充耕地指标省级储备，建设用地报批涉及使用统筹补充耕地指标时，由省级自然资源主管部门从省级储备库中相应核销，核销情况纳入建设用地报批内容。直辖市报国务院批准的城市建设用地涉及使用统筹补充耕地指标的，在农用地转用实施方案审核环节进行核销。年度统筹补充耕地指标剩余的，可结转下一年使用。对于经批准承担国家统筹补充耕地任务的有关省份新增耕地数量、水田规模和粮食产能，部将相应从该省份补充耕地指标储备库中核减，不再用于该省份耕地占补平衡。

（二）强化统筹补充耕地的共同监管。部利用农村土地整治监测监管系统，加强对补充耕地的上图入库管理，做到项目信息完整清晰；省级自然资源主管部门加强对补充耕地项目的管理与指导，做到选项严格、管理规范；市、县自然资源主管部门组织做好补充耕地项目实施，保证项目建设高标准、高质量，增加优质耕地并进行严格保护和合理利用。涉及高标准农田建设项目的，自然资源主管部门要会同农业农村主管部门对补充耕地数量、质量严格监督检查，确保补充耕地真实可信。

（三）补充耕地国家统筹情况纳入省级政府耕地保护责任目标考核内容。补充耕地由国家统筹后，其保护责任纳入承担补充耕地任务省份省级政府耕地保护责任目标考核内容，不再作为占地省份耕地保护责任目标考核任务。在省级政府耕地保护责任目标考核和国家土地督察等工作中发现补充耕地国家统筹规模使用或新增耕地存在问题的，将责令限期整改，整改不到位的，取消该省份补充耕地国家统筹或承担国家统筹补充任务申请资格。

本文件自公布之日起施行，有效期至2022年12月31日。

国土资源部关于改进管理方式
切实落实耕地占补平衡的通知

（2017年12月11日　国土资规〔2017〕13号）

各省、自治区、直辖市国土资源主管部门，新疆生产建设兵团国土资源局，各派驻地方的国家土地督察局：

为贯彻落实《中共中央 国务院关于加强耕地保护和改进占补平衡的意见》（中发〔2017〕4号，以下简称《意见》）精神，改进耕地占补平衡管理，建立以数量为基础、产能为核心的占补新机制，通过“算大账”的方式，落实占一补一、占优补优、占水田补水田，促进耕地数量、质量和生态三位一体保护，现通知如下：

一、坚持绿色发展理念，转变补充耕地方式

各省（区、市）国土资源主管部门要按照中央加强生态文明建设的要求，在耕地占补平衡管理中更加注重生态保护。坚持绿色发展理念，转变补充耕地方式，着力通过土地整治建设高标准农田补充耕地，严格控制成片未利用地开发，切实保护生态环境。各地要依据国土规划、土地利用总体规划、土地整治规划和其他相关规划，因地制宜、合理布局；要以高标准农田建设为重点，以补充耕地数量和提高耕地质量为主要任务，有条件的地区还要注重改造水田，确定土地整治重点区域。要合理确定新增耕地来源，对于历史形成的未纳入耕地保护范围的园地、残次林地等适宜开发的农用地，经县级人民政府组织可行性评估论证、省级国土资源主管部门组织复核认定后可统筹纳入土地整治范围，新增耕地用于占补平衡。地方各级国土资源主管部门要在当地政府的组织领导下，主动与有关部门沟通协调，引导相关部门在建设高标准农田过程中，按要求注重补充耕地，在“十三五”时期全国合力建成4亿亩、力争建成6亿亩高标准农田，共同完成补充耕地任务。

二、扩大补充耕地途径，严格上图入库管理

各地要认真贯彻落实《意见》提出各类途径新增耕地经核定后可用于落实补充耕地任务的要求，系统梳理补充耕地渠道来源。对于耕地开垦费、各级政府财政投入以及社会资本、金融资本等各类资金投入所补充和改造的耕地，国土资源主管部门组织实施的土地整治、高标准农田建设和其他部门组织实施的高标准农田建设所补充和改造的耕地，以及经省级国土资源主管部门组织认定的城乡建设用地增减挂钩和历史遗留工矿废弃地复垦形成的新增耕地节余部分，均可纳入补充耕地管理，用于耕地占补平衡。部将适应拓宽渠道需要，完善全国农村土地整治监测监管系统，积极为各类项目上图入库创造条件。对于其他部门组织实施的高标准农田建设项目，地方各级国土资源主管部门要主动与同级发改、农发、水利、农业等相关部门对接，按照上图入库要求，明确项目建设范围、资金投入、新增和改造耕地面积及质量、类型、验收单位等主要内容，做好项目信息报部备案工作。

三、建立补充耕地储备库，实行指标分类管理

为落实耕地占一补一、占优补优、占水田补水田要求，以纳入农村土地整治监测监管系统的各类项目为基础，根据项目验收确认的新增耕地数量、新增水田和新增粮食产能，以县（市、区）为单位建立3类指标储备库，实行分类管理、分别使用。地方各级国土资源主管部门要根据项目管理规定和农用地分等定级相关技术规程等，实事求是地认定新增耕地数量和类型，科学评定耕地质量等别，核算新增粮食产能。新增水田包括直接垦造的水田和由旱地、水浇地改造的水田。新增耕地的粮食产能，根据新增耕地面积和评定的质量等别计算，纳入产能储备库；提质改造耕地的新增粮食产能，根据整治的耕地面积和提升的质量等别计算，纳入产能储备库。

四、采取指标核销方式，落实耕地占补平衡

改进建设用地项目与补充耕地项目逐一挂钩的做法，按照补改结合的原则，实行耕地数量、粮食产能和水田面积3类指标核销制落实占补平衡。市、县申报单独选址建设项目用地与城市、村庄和集镇建设用地时，应明确建设拟占用耕地

的数量、粮食产能和水田面积，按照占补平衡的要求，应用部耕地占补平衡动态监管系统分类分别从本县、市储备库指标中予以核销，核销信息随同用地一并报批。对于按规定允许以承诺方式补充耕地的，根据承诺内容，在申报用地时须按规定落实具体的补充耕地项目或提质改造项目并报部备案，项目验收后相关指标纳入储备库；承诺到期时，部将及时核销储备库补充耕地指标。

五、完善管理机制，规范省域内指标调剂

耕地占补平衡坚持以县域平衡为主，因省域内经济发展水平和耕地后备资源分布不均衡，确实难以在本县域内补充耕地的，以县级人民政府为主体跨县域调剂补充耕地指标。省级国土资源主管部门应建立补充耕地指标调剂平台，因地制宜统筹指标调剂。可区分情况明确调剂政策，对于重点建设项目限定指标调剂价格、优先予以保障，其他建设项目采取竞价方式调剂补充耕地指标；也可采取统一限价交易或市场交易方式，进行补充耕地指标调剂。省级国土资源主管部门应综合考虑新增耕地平均成本、资源保护补偿和管护费用，加强对指标调剂价格的管控与指导，保证调剂有序开展。对于贫困地区有资源条件产生补充耕地指标的，优先纳入调剂平台，支持获得经济收益、加快脱贫致富。

六、拓宽资金渠道，加大补充耕地投入

各省（区、市）国土资源主管部门要依据省域内土地整治新增耕地平均成本，区分耕地类型、质量状况等，会同有关部门合理制定差别化的耕地开垦费标准，提高占用优质耕地的成本。在新增建设用地土地有偿使用费转列一般公共预算后，地方各级国土资源主管部门要积极协调同级财政部门，提出预算建议，在地方政府一般公共预算中安排专项资金用于土地整治，确保土地整治工作的财政资金投入。各地要统筹使用好各部门资金，充分发挥引导和杠杆作用，积极创新实施方式，吸引社会资本、金融资本等参与土地整治和高标准农田建设，鼓励农村集体经济组织和农户投工投劳，加大补充耕地资金和人力投入，获取合理的土地收益。

七、强化监测监管，改进耕地占补平衡考核

各省（区、市）国土资源主管部门要按照有关规定，加强新增和改造耕地

监管工作，确保备案的补充耕地数量、质量和水田真实可靠。对承诺补充耕地的，要建立有效的监管机制，跟踪监督、督促落实，确保承诺项目按期完成。按照占补平衡“算大账”的要求，部改进耕地占补平衡考核方式，在严格补充耕地储备指标核销管理的基础上，强化土地整治项目日常监测监管，充分利用国土资源遥感监测“一张图”和综合监管平台等信息化技术对补充和改造的耕地进行核实，必要时进行实地抽查；年终以省（区、市）为单位汇总建设占用和补充耕地相关情况，形成考核结果，纳入省级耕地保护责任目标检查考核内容。对于监管和考核中发现存在补充和改造耕地弄虚作假、以次充好等问题的，将责令限期整改，情形严重的予以通报批评，并暂停该地区农用地转用申请受理。

八、实事求是分类处理，妥善做好政策衔接

《意见》出台前已实施的土地整治项目，区分情况分类处理，确保政策合理衔接。对于2017年1月1日前使用新增建设用地土地有偿使用费实施的土地整治项目和除耕地开垦费以外各类资金实施的高标准农田建设项目所补充的耕地，不得用于耕地占补平衡。为确保新的占补平衡管理方式顺利实施，各省（区、市）国土资源主管部门要组织地方抓紧做好已报部备案补充耕地项目的核实工作，补充耕地可用于占补平衡的，要按要求补充完善项目信息，补备耕地质量、新增水田面积等内容。自2018年4月1日起，部和省级国土资源主管部门不再受理按原管理方式落实耕地占补平衡的建设用地申请。

改进管理方式、落实耕地占补平衡是适应耕地保护形势发展需要、落实《意见》要求的一项重要改革举措。各省（区、市）国土资源主管部门要高度重视、深刻领会，掌握要求、精心部署，更加科学、务实、高效地做好补充耕地工作，确保耕地占补平衡落实到位，严守耕地红线，保障国家粮食安全。

本文件有效期5年。

国土资源部关于补足耕地数量与提升耕地质量相结合落实占补平衡的指导意见

（2016 年 7 月 25 日　国土资规〔2016〕8 号）

各省、自治区、直辖市国土资源主管部门，新疆生产建设兵团国土资源局，各派驻地方的国家土地督察局：

为深入贯彻党中央、国务院关于坚持最严格耕地保护制度的一系列决策部署，落实好今年中央《关于落实发展新理念加快农业现代化实现全面小康目标的若干意见》（中发〔2016〕1 号）“落实和完善耕地占补平衡制度，坚决防止占多补少、占优补劣、占水田补旱地”规定要求，规范开展提升现有耕地质量、将旱地改造为水田（简称“提质改造”），以补充耕地和提质改造耕地相结合方式（简称“补改结合”）落实占补平衡工作，提出以下指导意见：

一、总体要求

（一）指导思想。贯彻落实党中央、国务院关于严格耕地保护的决策部署，充分发挥耕地占补平衡对工业化、城镇化建设占用耕地的补救作用，大力推进土地整治，实施耕地提质改造，通过耕地补改结合，既实现建设占用耕地占一补一、占优补优、占水田补水田，确保耕地占补平衡数量质量双到位，又确保工业化、城镇化用地需要，支持稳增长重点建设项目及时落地，为经济社会发展提供用地服务和保障。

（二）基本原则。坚持政府主导，在政府统一组织领导下，充分发挥国土、农业、水利、林业、财政等相关部门作用，协同推进；坚持因地制宜，从自然条件和生态建设要求出发，科学合理安排提升耕地质量、将旱地改造为水田建设；坚持尊重农民意愿，提质改造前必须充分征求农村集体经济组织和农民意见，要确保改造后的耕地和由旱地改造出的水田能够得到及时耕种，及时发挥效益；坚持审慎稳妥推进，补改结合是在受资源约束条件下落实耕地占补平衡的创新举措，是实现占优补优、占水田补水田新途径的实践探索，必须审慎稳妥推进，不断总结提升。

二、加强规划统筹

（三）将耕地提质改造纳入土地整治规划。耕地提质改造是土地整治的重要内容，各地在开展土地整治工作中，要对推进提质改造作出统筹规划和部署。要在全面开展提质改造耕地摸底调查基础上，结合农业发展和生态建设，对提质改造耕地进行充分论证分析，提出利用原则和方向。要将提质改造纳入土地整治规划，对提质改造规模、布局作出合理安排。要结合高标准农田建设，统筹实施耕地提质改造项目。为防止重复投资，“十二五”以来已经实施过土地整治的耕地不再纳入提质改造范围。实施旱改水的旱地必须是第二次全国土地调查以来最新年度变更调查成果确认的旱地。

（四）依据规划实施提质改造。实施提质改造必须符合土地利用总体规划、土地整治规划和其他相关规划，有利于保护生态环境，有利于现代农业建设。严禁违反规划擅自毁林开荒造地，擅自填海、填湖、填湿地垦造耕地，破坏生态环境。不得违背当地农业生产和水资源客观条件，将不适宜改造的旱地强行改造为水田；未经农村集体经济组织和大多数农民同意，不得实施旱改水土地整治。

三、严格提质改造项目管理

（五）从严掌握实施条件。实施提质改造的土地整治项目要具有一定建设规模，实现集中连片，统一规划、统一设计、统一实施，发挥规模效益；要根据最新年度土地变更调查成果等核定项目建设范围，确保地类、面积、权属准确。要优化项目规划设计，按照高标准农田建设标准，完善田、水、路、林等农田设施；要充分利用建设占用耕地的耕作层剥离土壤，改良新开垦耕地，提高耕地质量。

（六）严格项目验收。提质改造土地整治项目竣工验收时，负责验收的地方政府要组织有关部门，按照项目管理、土地变更调查、农用地分等定级等相关规定和标准规范，明确新增耕地面积、水田或旱地等耕地类型，统一使用利用等标准评定耕地质量提升程度，确保项目真实性、准确性，并及时通过监管平台上图入库。实施旱地改造并经过验收的新增水田，应及时纳入年度土地变更调查，在今后年度变更调查中不得擅自变更为旱地或其他地类。

四、规范补改结合落实耕地占补平衡

（七）明确补改结合适用范围。单独选址建设项目涉及占用耕地，受资源条件限制，难以做到占优补优、占水田补水田的，可通过补改结合方式，在确保补足耕地数量基础上，结合实施现有耕地提质改造，落实耕地占优补优、占水田补水田。按照部有关规定，铁路、高速公路和大中型水利水电等稳增长重点建设项目，可对补充耕地和提质改造进行承诺；其他建设项目在完成补充耕地数量的前提下，可对通过提质改造落实占优补优、占水田补水田进行承诺。鼓励各地采取措施，先行实施提质改造，实现“先改后占”。各类城市建设涉及占用耕地的，必须落实先补后占和直接补充优质耕地或水田要求，实现耕地占补平衡，充分发挥耕地占补平衡制度约束作用，倒逼城市挖潜利用存量土地、节约集约用地。

（八）做好用地审查把关。市县国土资源主管部门在申报建设用地时，拟定补充耕地方案应首先注明建设拟占用耕地面积（涉及水田的应注明水田面积）及耕地质量等别（涉及多个等别的，采用面积加权方法确定等别）；在此基础上，按照耕地占补平衡要求，安排对应的补充耕地项目和提质改造项目，做到补充耕地数量占一补一，耕地质量等级相当，水田面积不减少。提质改造项目应为2016 年1 月1 日后实施的土地整治项目，此前实施的土地整治项目不得用于补改结合。省级国土资源主管部门应对补充耕地方案严格审查把关，确保补充耕地落实。对于农用地转用需报国务院批准的单独选址建设项目用地，省级国土资源主管部门应在审查报告中说明情况，明确审核意见。

五、强化监督管理

（九）纳入监管平台管理。部将根据以提质改造、补改结合落实占补平衡要求，完善农村土地整治监测监管系统，实现提质改造项目上图入库。各地应依托国土资源综合信息监管平台和相关系统，构建和完善提质改造土地整治项目监督管理信息系统，建立专门的补改结合管理台帐，列明建设项目和补充耕地项目、提质改造项目清单，实行跟踪监管。

（十）明确共同监管责任。实施提质改造是在现有耕地上开展的土地整治，要保证项目的真实性，监管任务更重、难度更大。各级国土资源主管部门要在政府统一领导下，认真履行职责，完善监管措施，强化项目监管。市县国土资源主管部门要搞好项目跟踪管理，发挥土地整治项目监理单位作用，将项目实施进度信息及时上传至监管平台和相关监督管理信息系统；省级国土资源主管部门要运用监管平台和管理台帐强化监管，结合年度土地变更调查、遥感监测、耕地质量等别更新等工作对提质改造土地整治项目进行核实，开展实地抽查，加强监督指导。

（十一）*严格落实考核*。部将提质改造项目实施情况和补改结合落实情况纳入耕地占补平衡和耕地保护责任目标检查考核内容。发现提质改造土地整治项目不实、弄虚作假的，责令限期整改；整改期间，将暂停相关县（市）实施补改结合落实耕地占补平衡措施。

各派驻地方的国家土地督察局要按照部的统一部署，结合土地督察工作，加大对补改结合工作的监督检查力度。

开展耕地提质改造、以补改结合方式落实耕地占补平衡是耕地保护的一项创新举措，也是国土资源管理的一项重要任务。各级国土资源主管部门必须高度重视，在政府的统一组织领导下，相关部门密切合作，建立健全规章制度，制定实施和监管措施，周密部署，积极稳妥、规范有序地推进耕地提质改造和补改结合工作，在守住耕地红线的前提下，为经济社会发展提供优质服务和有力保障。

国土资源部关于切实加强耕地占补平衡监督管理的通知

（2010年1月12日　国土资发〔2010〕6号）

各省、自治区、直辖市国土资源厅，新疆生产建设兵团国土资源局，各派驻地方的国家土地督察局：

依法实行占用耕地补偿制度以来，各地不断加强补充耕地管理，积极采取措施，努力实现耕地占补平衡。但从近年来检查和考核情况看，一些地方仍然存在补充耕地不实、占补平衡不到位、监管薄弱等不容忽视的问题。为完善制度，强化监管，切实做好耕地占补平衡工作，现通知如下：

一、建立耕地占补平衡全面全程监管制度

按照建设占用耕地“占一补一”和“先补后占”的要求，从补充耕地项目入手，在项目实施、备案、核实和补充耕地占补挂钩使用、占补考核（以下简称“补、备、核、用、考”）等环节上强化监督管理，做到制度健全，责任明确。利用土地利用“一张图”和国土资源综合信息监管平台实时监控，形成有力的监管机制。

（一）补充耕地项目实施。监督承担补充耕地任务的单位，严格按照土地整理复垦开发项目立项、设计、实施和验收的有关规定要求，完成补充耕地项目，落实补充耕地。

（二）补充耕地项目备案。监督补充耕地项目验收单位，按照土地整理复垦开发项目信息备案要求，及时将验收合格的项目报部备案。省级国土资源部门同时掌握市县验收的项目报备情况。

（三）补充耕地项目核实。市县验收的项目，省级国土资源部门核实项目立项、验收和补充耕地等报备信息；部对省级核实的报备项目和省级直接报备的项目进行复核。

（四）补充耕地挂钩使用。地方国土资源部门在报批建设用地时，按照占补

平衡要求，将占用耕地项目与备案确认的补充耕地项目挂钩；部对补充耕地挂钩使用情况进行实时监督。

（五）耕地占补平衡考核。每年部对各省（区、市）补充耕地项目管理、备案、核实、占补挂钩等情况进行考核，实行奖惩。

二、落实补充耕地项目

（一）先行补充耕地。各地要按照部《关于全面实行耕地先补后占有关问题的通知》（国土资发〔2009〕31号）规定要求，根据本区域经济发展用地需求和耕地后备资源状况，本着统一规划、集中连片、形成规模的原则，安排使用耕地开垦费、土地复垦费等补充耕地资金，引导企业或个人利用自筹资金或结合生产建设活动，先行组织实施补充耕地项目，储备补充耕地。各类补充耕地项目，都必须严格按土地整理复垦开发项目管理规定履行立项、验收等程序，项目验收后按规定进行土地变更调查、登记，纳入统一管理。

（二）严格执行新增耕地政策。各地要依据有关规定要求，严格掌握项目新增耕地和用于占补平衡的有关政策。使用新增建设用地土地有偿使用费补充的耕地，不得用于占补平衡。新增建设用地土地有偿使用费、耕地开垦费和其他资金打捆使用的，按耕地开垦费及其他资金所占比例确定可用于占补平衡的补充耕地面积。补充耕地项目立项、验收不符合规定要求的，不得纳入耕地占补平衡储备；在补充耕地中，将现状为低效园地整理为耕地的，计入耕地保有量按耕地管理，但不得用于占补平衡。

（三）补充耕地报部备案。所有用于占补平衡的补充耕地项目必须报部备案，未报备的，不得用于耕地占补平衡。按补充耕地项目“谁验收、谁备案”的要求，项目验收单位通过“土地整理复垦开发项目信息报备系统”，经国土资源业务网或互联网即时向部直报项目信息。其中，按规定由市县验收的项目，省级国土资源部门通过报备系统掌握有关情况。

三、核实补充耕地情况

（一）省级实地核实补充耕地。市县验收并报备的补充耕地项目，省级国土资源部门应组织进行实地核实。核实项目立项、验收是否符合土地整理复垦开发项目管理规定，新增耕地面积是否真实，资金渠道是否明确，补充耕地能否用于占补平衡等。核实通过的项目和省级验收的项目，报部复核；核实未通过的，应要求有关单位整改，整改不到位的，取消项目备案。

（二）部复核补充耕地。部对报备的补充耕地项目进行复核。利用土地利用“一张图”对项目备案信息进行对比分析，核对项目规模和地类；按照有关规定，核定可用于占补平衡的补充耕地面积。存在疑问的，部组织有关事业单位，联合派驻地方的国家土地督察局共同进行实地核定。复核通过的项目，部给予配号，将项目位置落在土地利用“一张图”上，并按规定纳入耕地占补平衡储备；未通过复核、没有编号的项目，补充的耕地不得用于耕地占补平衡。

经省核实或部复核后，补充耕地有关信息发生改变的，市县国土资源部门相应调整项目备案信息和土地变更调查、登记有关内容。

四、监控耕地占补平衡

（一）落实补充耕地责任。市县国土资源部门申报建设用地前，按照“谁占用、谁补充”的原则，落实建设占用耕地单位补充耕地的责任。建设单位自行补充耕地的，必须在申请用地前完成补充耕地，补充耕地项目报部备案确认。难以自行补充或补充耕地不合格的，在市县申报用地前，建设单位必须足额缴纳耕地开垦费。耕地开垦费统筹安排，滚动使用，专项用于补充耕地，纳入耕地占补平衡储备。

（二）建设项目与补充耕地项目挂钩。市县国土资源部门在申报建设用地拟订补充耕地方案时，按照“先补后占”要求，将建设项目与已报部备案确认的补充耕地项目挂钩，落实耕地占补平衡。建设单位自行补充耕地的，应与对应的补充耕地项目挂钩；缴纳耕地开垦费的，由国土资源部门安排补充耕地项目挂钩。应在土地整理复垦开发项目信息备案系统中就挂钩的补充耕地项目，按要求补充填报建设项目有关信息，确认补充耕地项目编号，将项目编号填报在补充耕地方案中并附确认信息。

报国务院批准的城市建设用地，在城市拟订农用地转用和土地征收实施方案时，落实挂钩的补充耕地项目。

（三）严格审查耕地占补平衡。部和省级国土资源部门在建设用地审查时，对建设单位自行补充耕地的，严格审查建设项目占用耕地数量、挂钩的补充耕地项目备案编号及确认信息、补充耕地数量等；对缴纳耕地开垦费的，还要核实耕地开垦费缴纳标准、金额和缴费凭证。未按规定要求落实耕地占补平衡的，不得通过用地审查。

（四）建立耕地占补平衡日常管理台账。省级国土资源部门应加强耕地占补平衡日常管理，根据批准的建设用地和完成的补充耕地，建立和完善占补平衡台账。部在运行好省级批准建设用地备案系统、城市建设用地实施方案备案系统、部建设用地审批信息系统和土地整理复垦开发项目信息备案系统基础上，结合土地利用“一张图”工程和国土资源综合信息监管平台建设，形成全国统一的耕地占补平衡台账和动态监管机制，及时掌握各地耕地占用、补充、储备和占补平衡情况。派驻地方的国家土地督察局通过国土资源业务网，利用国土资源综合信息监管平台，对有关地方落实耕地占补平衡情况进行督察。发现问题，及时督促整改，做到耕地占补平衡实时监管、底数清晰、真实可信。

五、严格耕地开垦费收缴使用管理

（一）合理调整耕地开垦费标准。各省（区、市）应对本地区耕地开垦费标准进行分析评价，依据当地耕地后备资源状况和土地整理复垦开发投入水平，合理确定耕地开垦费标准。标准偏低、难以补充数量相等质量相当耕地的，应重新核定。根据土地整理复垦开发难度越来越大和投入不断增加的实际情况，应定期调整耕地开垦费标准，满足耕地占补平衡需要。省级国土资源部门应将耕地开垦费标准核定和调整情况及时报部备案。

（二）足额收缴耕地开垦费。建设项目用地预审时，国土资源部门应对照当地耕地开垦费标准，审查项目足额列支补充耕地资金情况，低于规定标准或未足额纳入项目投资估算的，不予通过用地预审。对缴纳耕地开垦费的建设项目，市县申报用地时应出具建设单位足额缴纳耕地开垦费的凭证；申报城市用地的，应出具城市政府有关补充耕地资金和补充耕地项目落实情况的说明。省级国土资源部门应对耕地开垦费严格把关，确保按规定足额缴纳。

（三）确保耕地开垦费专款专用。各地国土资源部门认真履行职责，按规定加强对耕地开垦费收缴使用管理。开展日常监督检查，及时掌握收缴使用情况，防止出现擅自减、免、缓和截留、挤占、挪用及多收少用等问题，确保资金及时使用和专款专用。土地整理复垦开发项目实施中，要严格执行工程招投标有关规定，杜绝违规使用资金行为。发现问题，及时整改，严肃查处。

六、强化占补平衡考核奖惩

部每年组织耕地占补平衡考核工作，对各省（区、市）落实补充耕地项目、补充耕地报部备案、省级组织补充耕地核实、占用与补充耕地挂钩、耕地占补平衡台账、资金收缴使用情况等进行考核测评，考核情况予以通报。对于存在的问题，由有关派驻地方的国家土地督察局督促整改；整改不力的，暂停有关地区农用地转用和土地征收的受理和审批。

严格执行占用耕地补偿制度，落实耕地占补平衡，是确保完成土地利用总体规划确定的耕地保护任务、实现耕地保护责任目标的重要途径之一，年度耕地占补平衡考核结果将作为省级政府耕地保护责任目标履行情况检查的重要依据。同时，考核结果将作为确定年度土地利用计划奖惩指标的重要因素，根据考核排名情况，在安排土地利用计划指标时奖励或扣减有关省份建设用地计划指标。

国土资源部关于全面实行耕地先补后占有关问题的通知

（2009年3月14日　国土资发〔2009〕31号）

各省、自治区、直辖市国土资源厅（国土环境资源厅、国土资源局、国土资源和房屋管理局、规划和国土资源管理局），解放军土地管理局，新疆生产建设兵团国土资源局，各派驻地方的国家土地督察局：

近年来，各地围绕落实耕地占补平衡健全制度，强化措施，取得了明显成效。党的十七届三中全会作出的《中共中央关于推进农村改革发展若干重大问题的决定》指出，“继续推进土地整理复垦开发，耕地实行先补后占”，是坚持最严格的耕地保护制度，坚守18亿亩耕地红线采取的重大举措。为贯彻落实党中央、国务院的要求，全面实行先补后占，切实做好耕地占补平衡工作，现就有关问题通知如下：

一、发挥规划计划调控作用，统筹安排补充耕地

目前，各级地方国土资源部门正在组织新一轮土地利用总体规划修编，在修编中要根据耕地后备资源状况，立足于区域内补充耕地自求平衡，严格控制新增建设占用耕地规模，确需占用耕地的，应尽量占用等级较低的耕地。认真编制土地整理复垦开发专项规划，落实补充耕地任务，明确重点区域，统筹安排好规划期内补充耕地工作。

各级地方国土资源部门在编制年度土地利用计划时，应充分考虑本地区补充耕地能力。按照差别化管理的原则，对补充耕地能力不足的或落实不好的，相应减少新增建设用地占用耕地的计划指标，通过“以补定占”，形成耕地占补平衡倒逼机制。今后，部在分解下达土地利用年度计划时，将把补充耕地能力作为确定新增建设用地占用耕地计划指标的重要因素；对耕地占补平衡落实不好的省份，部将相应扣减下一年度新增建设用地占用耕地计划指标。

二、完善耕地储备制度，全面实行先补后占

各级地方国土资源部门都要建立健全补充耕地储备库，先行实施土地整理复垦开发项目，实现耕地先补后占。要按照资金性质核定纳入储备的补充耕地面积。使用耕地开垦费、建设单位或市、县、乡（镇）政府自筹资金补充的耕地，可用于耕地占补平衡；凡使用新增建设用地土地有偿使用费补充的耕地，按规定不得用于占补平衡；资金打捆使用的，按比例确定可用于占补平衡的补充耕地面积。对于已完成的按规定可用于占补平衡的补充耕地，尚未用于占补平衡的，在按耕地如实进行土地变更调查、登记后，纳入耕地储备库，用于今后的占补平衡。凡纳入耕地储备库的土地整理复垦开发项目，都应按照部《关于土地整理复垦开发项目信息备案有关问题的通知》（国土资发〔2008〕288 号）规定要求，及时报部备案，统一配号。

自本通知下发之日起，所有依法报国务院或省级人民政府（含授权的城市人民政府）审批的各类建设用地，在省（区、市）或市、县报批用地前，必须先行完成补充耕地，做到先补后占。各级地方国土资源部门在审查用地时，要严格把关，按照建设用地项目与补充耕地项目挂钩的要求，认真核对项目备案和耕地占补平衡情况；建立本地区耕地占补平衡台账，随时掌握耕地储备和占补挂钩情况，做好项目衔接，防止补充耕地重复计算，确保补充耕地真实。

当前对于拉动内需项目补充耕地，可按照部《关于为扩大内需促进经济平稳较快发展做好服务和监管工作的通知》（国土资发〔2008〕237 号）有关规定执行。

三、强化项目管理，提高补充耕地质量

为确保补充耕地数量质量，要进一步加强补充耕地项目管理。用于占补平衡的补充耕地，都应严格按照土地整理复垦开发项目要求规范管理，做好立项、设计、实施、验收等工作。依据规划，结合实施国家土地整理复垦开发重大工程和部最近部署的“万村整治”示范工程，设立补充耕地项目；按照当地优质耕地水准，优化项目设计，保障项目投入，提高工程建设标准；加强项目实施监管，确保工程建设质量；严格项目验收，所有用于占补平衡的补充耕地项目，都应由省级国土资源部门组织验收或核实。

各地要积极探索提高补充耕地质量新途径。有条件的地方或建设项目，要积

极推行建设占用耕地的耕作层土壤剥离与利用工作。为进一步提高补充耕地质量，鼓励在项目资金中专门列支后期补助费用，在项目竣工验收后适当年限内，给予土地使用者培肥地力补助。

四、探索市场化运作方式，鼓励社会资金参与补充耕地

为充分挖掘补充耕地潜力，调动社会各方面积极性，多途径、多渠道补充耕地，有条件的地区可积极探索耕地占补平衡市场化运作方式。鼓励有条件的企业或个人依据土地利用总体规划和管理有关要求，利用自筹资金或结合生产建设活动，组织实施土地整理复垦开发项目补充耕地；耕地指标通过市场有偿转让，用于建设占用耕地的占补平衡。

省级国土资源部门要加强对耕地占补平衡市场化运作方式的统一管理，建立相关制度，规范运作行为。对于市场化补充耕地的，国土资源部门要着重做好项目立项、验收和补充耕地指标确认等工作，通过统一的指标转让市场，规范指标登记、转让、挂钩、注销等程序，严格管理，防止弄虚作假。市场化方式补充耕地的土地整理复垦开发项目，在验收合格和补充耕地指标确认后，也必须按国土资发〔2008〕288 号文件规定要求，及时报部备案。

五、切实加强监管，确保耕地占补平衡落实

各级国土资源部门要按照部《关于加强建设用地动态监督管理的通知》（国土资发〔2008〕192 号）要求，切实加强对耕地占补平衡的动态监管。市、县国土资源部门要跟踪检查、实时监督补充耕地项目实施情况，项目竣工验收合格后，及时将补充耕地位置、面积、资金等有关信息按规定报部备案。部和省级国土资源部门在建设用地审查时，应充分利用建设用地监管平台，认真核对补充耕地情况，确保耕地先补后占。

各省（区、市）国土资源部门要严格按照《耕地占补平衡考核办法》（国土资源部令第 33 号）规定，每年及时组织开展耕地占补平衡考核，认真总结情况，发现问题及时纠正，不断改进管理工作。部将对各省（区、市）占补平衡情况进行全面汇总分析，并通过年度省级政府耕地保护责任目标检查或考核，集中检查各地占补平衡落实情况，对于问题突出的地区，将责令限期整改。检查、考核和整改等有关情况予以通报。各派驻地方的国家土地督察局要根据检查和考核情况，督促有关地方人民政府落实耕地占补平衡。

耕地占补平衡是严格耕地保护必须长期坚持的一项基本制度，事关政府耕地保护责任目标的实现和能否守住18亿亩耕地红线。各地必须高度重视，切实将补充耕地工作列入重要议事日程，加强组织领导，统筹谋划，周密部署；明确任务责任，采取有效措施，狠抓落实，不断加强和改进耕地占补平衡工作。

国土资源部　农业部关于加强占补平衡补充耕地质量建设与管理的通知

（2009年12月2日　国土资发〔2009〕168号）

各省、自治区、直辖市国土资源厅（国土环境资源厅、国土资源局、国土资源和房屋管理局、规划和国土资源管理局），农业（农牧）厅（委、局），新疆生产建设兵团国土资源局、农业局：

为进一步贯彻落实《土地管理法》确定的占用耕地补偿制度，补充与被占用耕地数量和质量相当的耕地，坚守18亿亩耕地红线，确保国家粮食安全，针对一些地方对补充耕地质量缺乏有效管理，以及普遍存在的对耕地重用轻养、补充耕地过程中重工程建设轻地力培肥等问题，国土资源部、农业部决定进一步强化措施，加大占补平衡补充耕地质量建设和管理力度。现就有关问题通知如下：

一、切实提高认识，高度重视补充耕地质量建设与管理

耕地质量建设与管理关系到国家粮食安全、农产品质量安全以及农业和农村经济的可持续发展。各地要高度重视补充耕地质量建设与管理，采取有力措施，从根本上改变对补充耕地质量建设不重视、质量管理不到位的状况。

各级国土资源部门和农业部门要按照《国务院关于深化改革严格土地管理的决定》（国发〔2004〕28号）的规定，履行好职责，密切配合，通力合作，切实加强补充耕地质量建设，认真做好补充耕地数量和质量管理工作，为全面提高农产品特别是粮食综合生产能力打好基础。

二、采取有效措施，组织实施好补充耕地项目

土地整理复垦开发是占补平衡补充耕地的主要途径。各地要依据土地整理复垦开发项目有关管理规定和技术标准，规范项目设计，按照项目工程建设标准和农业生产设施配套要求，切实实施好补充耕地项目，达到符合农业生产条件的基

本要求，构建补充耕地质量建设的基础平台。有条件的地区要将建设占用耕地的耕作层剥离用于补充耕地的土壤改良。项目所在地农业部门要在项目实施中对培肥地力进行指导；项目承担单位在进行补充耕地项目建设过程中，要充分听取农业部门对耕地质量建设的指导意见。

项目实施涉及土壤肥力建设的，要按照农业生产的技术要求组织实施，消除耕地障碍因素，培肥耕地土壤，提高主要农作物生长的适宜性，为提高农作物产量和质量创造基础条件。

三、严格把好关口，搞好占补平衡补充耕地的验收工作

在补充耕地项目验收前，国土资源部门要充分考虑先期开展耕地质量评定需要的时间，及时通知农业部门开展补充耕地地力评定工作。农业部门根据项目验收要求，在规定时间内组织专家进行实地踏勘并采集土壤样品，将样品送有资质的土壤肥料质量检测机构进行检测并出具书面检验报告。在此基础上形成补充耕地质量评定意见，作为项目验收时形成综合意见的重要依据。

国土资源部门和农业部门对补充耕地项目进行验收时，按照补充耕地项目管理和验收的有关规定和规范，依据项目目标和任务、工程建设质量、补充耕地质量评定意见、耕地等级评价结果等，综合评价补充耕地的数量和质量，形成验收结论。对验收不合格的，要提出具体整改意见。项目承担单位整改结束后，国土资源部门和农业部门对整改内容进行重新验收。

各省、自治区、直辖市国土资源部门、农业部门要进一步完善本行政区域内占补平衡补充耕地质量评价的相关规范，为开展补充耕地质量验收工作提供基础依据。

四、持续加大投入，确保补充耕地质量不断提高

补充耕地质量建设是一项长期任务，项目验收意见是补充耕地质量建设的重要依据。县级以上农业部门要加强补充耕地质量建设的服务与管理工作，根据项目验收有关意见，充分应用已有农业技术成果，继续指导开展补充耕地质量建设工作，有针对性地提出改良土壤的具体措施，消除土壤障碍因素，改革耕作制度，防止土壤退化和污染，培肥地力和平衡土壤养分，加快补充耕地的土壤熟化进程，不断提高补充耕地质量和农业生产综合能力。

各地要加强补充耕地项目竣工验收后的工程后期管护，确保农田水利设施、

林网、道路等基础设施完好，不断改善农业生产条件，提高耕地地力水平。同时，要积极探索土壤改良、培肥地力的有效途径和方法，建立全社会参与耕地质量建设的激励机制。

五、强化监督管理，推动补充耕地质量建设与管理跃上新台阶

国土资源部门要按照《关于加强建设用地动态监督管理的通知》（国土资发〔2008〕192 号）有关规定要求，进一步加强对土地整理复垦开发项目实施的全程监管，并在项目验收后开展补充耕地的等级监测，掌握补充耕地的等级变化情况。农业部门要在补充耕地项目验收时形成的本底数据基础上，适时开展补充耕地质量监测，及时掌握补充耕地质量变化情况。如发现问题，要及时提出整改意见，并抓好落实。

国土资源部门和农业部门要进一步完善补充耕地的数量和质量的监管机制。国土资源部、农业部将把补充耕地的质量状况和建设管理情况，作为省级政府耕地保护责任目标履行情况检查的重要内容，加强对补充耕地质量建设与管理的检查，其检查结果作为综合评价省级政府耕地保护责任目标履行情况的重要依据。

国土资源部关于印发《实际耕地与新增建设用地面积确定办法》的通知

（2007 年 9 月 5 日　国土资发〔2007〕207 号）

各省、自治区、直辖市国土资源厅（国土资源环境厅、国土资源局、国土资源和房屋管理局、房屋土地资源局）：

《实际耕地与新增建设用地面积确定办法》已经部审定，现予印发，请遵照执行。

实际耕地与新增建设用地面积确定办法

一、为客观评价各级人民政府履行土地管理和耕地保护责任落实情况，依据《中华人民共和国土地管理法》、《国务院关于加强土地调控有关问题的通知》（国发〔2006〕31 号）等有关规定，制定本办法。

二、实际耕地面积是指在各省（区、市）、市（地、州）、县（区、市）行政辖区范围内当年实际耕地总数量。

三、新增建设用地面积是指当年依法批准的新增建设用地和未经依法批准的新增建设用地面积之和。

四、实际耕地面积与新增建设用地面积的确定以土地变更调查数据为依据。

五、依法批准的新增建设用地，按批准用地文件，将用地的范围标注到土地利用现状图上（以下简称上图），并填写《土地变更调查记录表》（以下简称上表）。

依法由国务院批准的城市建设用地，以省级人民政府审核同意的农用地转用和土地征收实施方案为依据，上图上表。

由省级人民政府批准农用地转用、国务院批准征收的土地，以土地征收批准文件为依据，上图上表。

六、未经依法批准的新增建设用地，按实际占地面积进行年度土地变更调查，上图上表。

七、农业结构调整、生态退耕、耕地灾毁等造成的耕地减少和土地开发整理等增加的耕地，按实地变化情况进行年度土地变更调查，上图上表。

八、实际耕地面积作为耕地保护责任目标考核的重要依据。

九、实际新增建设用地面积作为年度计划指标执行考核的重要依据，土地利用年度计划指标包括当年下发的计划指标和经依法批准结转使用的计划指标。

十、新增建设用地有偿使用费按当年批准用地的应缴额与未经依法批准的新增建设用地面积、相应等别和标准计算的应缴额之和进行考核，并限期追缴。

十一、国土资源部将利用遥感监测、抽查巡查等办法，对各省（区、市）当年耕地面积和实际新增建设用地面积数据进行核查。

十二、在土地变更调查中弄虚作假、虚报瞒报数据的行为，要依法依规追究有关人员的行政责任，触犯刑律的，依法追究刑事责任。

国土资源部
《关于农民建房占补平衡有关问题的复函》

（2002 年 6 月 13 日　国土资厅函〔2002〕165 号）

上海市房屋土地资源管理局：

你局《关于农民建房收费问题的请示》（沪房地资金〔2002〕270 号）收悉。经研究，现函复如下：

农民个人建房应尽量采取旧址翻建或者利用存量土地，少占或不占耕地；确需占用耕地的，应按照法律有关规定，实行耕地占补平衡。

《土地管理法》第三十一条规定“非农业建设经批准占用耕地的，按照‘占多少，垦多少’的原则，由占用耕地的单位负责开垦与所占用耕地的数量和质量相当的耕地；没有条件开垦或者开垦的耕地不符合要求的，应当按照省、自治区、直辖市的规定缴纳耕地开垦费”，其中没有明确“个人”承担补充耕地责任。因此，农民建房不能自行占补平衡的，向农民个人收取耕地开垦费法律依据不足。为贯彻落实中央和地方政府提出的关于减轻农民负担的精神，同时做到耕地占补平衡，对依据土地利用总体规划在村庄和集镇建设用地范围内农民建房占用的耕地，可依据《关于切实做好耕地占补平衡工作的通知》（国土资发〔1999〕39 号）有关规定，由所在地的农村集体经济组织负责补充。具体可由乡（镇）人民政府统一组织，通过土地整理补充占用的耕地，可以鼓励农民投工投劳参与土地整理，以减轻农村集体经济组织的经济负担，但不宜直接向农民个人收取耕地开垦费。

三、土地复垦和土地整治

土地复垦条例实施办法

（中华人民共和国国土资源部令　第56号）

《土地复垦条例实施办法》已经2012年12月11日国土资源部第4次部务会议审议通过，现予以发布，自2013年3月1日起施行。

第一章　总则

第一条　为保证土地复垦的有效实施，根据《土地复垦条例》（以下简称条例），制定本办法。

第二条　土地复垦应当综合考虑复垦后土地利用的社会效益、经济效益和生态效益。

生产建设活动造成耕地损毁的，能够复垦为耕地的，应当优先复垦为耕地。

第三条　县级以上国土资源主管部门应当明确专门机构并配备专职人员负责土地复垦监督管理工作。

县级以上国土资源主管部门应当加强与发展改革、财政、城乡规划、铁路、交通、水利、环保、农业、林业等部门的协同配合和行业指导监督。

上级国土资源主管部门应当加强对下级国土资源主管部门土地复垦工作的监督和指导。

第四条　除条例第六条规定外，开展土地复垦调查评价、编制土地复垦规划设计、确定土地复垦工程建设和造价、实施土地复垦工程质量控制、进行土地复垦评价等活动，也应当遵守有关国家标准和土地管理行业标准。

省级国土资源主管部门可以结合本地实际情况，补充制定本行政区域内土地复垦工程建设和造价等标准。

第五条　县级以上国土资源主管部门应当建立土地复垦信息管理系统，利用国土资源综合监管平台，对土地复垦情况进行动态监测，及时收集、汇总、分析和发布本行政区域内土地损毁、土地复垦等数据信息。

第二章　生产建设活动损毁土地的复垦

第六条　属于条例第十条规定的生产建设项目，土地复垦义务人应当在办理建设用地申请或者采矿权申请手续时，依据国土资源部《土地复垦方案编制规程》的要求，组织编制土地复垦方案，随有关报批材料报送有关国土资源主管部门审查。

具体承担相应建设用地审查和采矿权审批的国土资源主管部门负责对土地复垦义务人报送的土地复垦方案进行审查。

第七条　条例施行前已经办理建设用地手续或者领取采矿许可证，条例施行后继续从事生产建设活动造成土地损毁的，土地复垦义务人应当在本办法实施之日起一年内完成土地复垦方案的补充编制工作，报有关国土资源主管部门审查。

第八条　土地复垦方案分为土地复垦方案报告书和土地复垦方案报告表。

依法由省级以上人民政府审批建设用地的建设项目，以及由省级以上国土资源主管部门审批登记的采矿项目，应当编制土地复垦方案报告书。其他项目可以编制土地复垦方案报告表。

第九条　生产建设周期长、需要分阶段实施土地复垦的生产建设项目，土地复垦方案应当包含阶段土地复垦计划和年度实施计划。

跨县（市、区）域的生产建设项目，应当在土地复垦方案中附具以县（市、区）为单位的土地复垦实施方案。

阶段土地复垦计划和以县（市、区）为单位的土地复垦实施方案应当明确土地复垦的目标、任务、位置、主要措施、投资概算、工程规划设计等。

第十条　有关国土资源主管部门受理土地复垦方案审查申请后，应当组织专家进行论证。

根据论证所需专业知识结构，从土地复垦专家库中选取专家。专家与土地复垦方案申请人或者申请项目有利害关系的，应当主动要求回避。土地复垦方案申请人也可以向有关国土资源主管部门申请专家回避。

土地复垦方案申请人或者相关利害关系人可以按照《政府信息公开条例》的规定，向有关国土资源主管部门申请查询专家意见。有关国土资源主管部门应当依法提供查询结果。

第十一条　土地复垦方案经专家论证通过后，由有关国土资源主管部门进行最终审查。符合下列条件的，方可通过审查：

（一）土地利用现状明确；

（二）损毁土地的分析预测科学；

（三）土地复垦目标、任务和利用方向合理，措施可行；

（四）土地复垦费用测算合理，预存与使用计划清晰并符合本办法规定要求；

（五）土地复垦计划安排科学、保障措施可行；

（六）土地复垦方案已经征求意见并采纳合理建议。

第十二条 土地复垦方案通过审查的，有关国土资源主管部门应当向土地复垦义务人出具土地复垦方案审查意见书。土地复垦方案审查意见书应当包含本办法第十一条规定的有关内容。

土地复垦方案未通过审查的，有关国土资源主管部门应当书面告知土地复垦义务人补正。逾期不补正的，不予办理建设用地或者采矿审批相关手续。

第十三条 土地复垦义务人因生产建设项目的用地位置、规模等发生变化，或者采矿项目发生扩大变更矿区范围等重大内容变化的，应当在三个月内对原土地复垦方案进行修改，报原审查的国土资源主管部门审查。

第十四条 土地复垦义务人不按照本办法第七条、第十三条规定补充编制或者修改土地复垦方案的，依照条例第二十条规定处理。

第十五条 土地复垦义务人在实施土地复垦工程前，应当依据审查通过的土地复垦方案进行土地复垦规划设计，将土地复垦方案和土地复垦规划设计一并报所在地县级国土资源主管部门备案。

第十六条 土地复垦义务人应当按照条例第十五条规定的要求，与损毁土地所在地县级国土资源主管部门在双方约定的银行建立土地复垦费用专门账户，按照土地复垦方案确定的资金数额，在土地复垦费用专门账户中足额预存土地复垦费用。

预存的土地复垦费用遵循“土地复垦义务人所有，国土资源主管部门监管，专户储存专款使用”的原则。

第十七条 土地复垦义务人应当与损毁土地所在地县级国土资源主管部门、银行共同签订土地复垦费用使用监管协议，按照本办法规定的原则明确土地复垦费用预存和使用的时间、数额、程序、条件和违约责任等。

土地复垦费用使用监管协议对当事人具有法律效力。

第十八条 土地复垦义务人应当在项目动工前一个月内预存土地复垦费用。

土地复垦义务人按照本办法第七条规定补充编制土地复垦方案的，应当在土地复垦方案通过审查后一个月内预存土地复垦费用。

土地复垦义务人按照本办法第十三条规定修改土地复垦方案后，已经预存的土地复垦费用不足的，应当在土地复垦方案通过审查后一个月内补齐差额费用。

第十九条 土地复垦费用预存实行一次性预存和分期预存两种方式。

生产建设周期在三年以下的项目，应当一次性全额预存土地复垦费用。

生产建设周期在三年以上的项目，可以分期预存土地复垦费用，但第一次预存的数额不得少于土地复垦费用总金额的百分之二十。余额按照土地复垦方案确定的土地复垦费用预存计划预存，在生产建设活动结束前一年预存完毕。

第二十条 条例实施前，采矿生产项目按照有关规定向国土资源主管部门缴存的矿山地质环境治理恢复保证金中已经包含了土地复垦费用的，土地复垦义务人可以向所在地国土资源主管部门提出申请，经审核属实的，可以不再预存相应数额的土地复垦费用。

第二十一条 土地复垦义务人应当按照土地复垦方案确定的工作计划和土地复垦费用使用计划，向损毁土地所在地县级国土资源主管部门申请出具土地复垦费用支取通知书。县级国土资源主管部门应当在七日内出具土地复垦费用支取通知书。

土地复垦义务人凭土地复垦费用支取通知书，从土地复垦费用专门账户中支取土地复垦费用，专项用于土地复垦。

第二十二条 土地复垦义务人应当按照条例第十七条规定于每年 12 月 31 日前向所在地县级国土资源主管部门报告当年土地复垦义务履行情况，包括下列内容：

（一）年度土地损毁情况，包括土地损毁方式、地类、位置、权属、面积、程度等；

（二）年度土地复垦费用预存、使用和管理等情况；

（三）年度土地复垦实施情况，包括复垦地类、位置、面积、权属、主要复垦措施、工程量等；

（四）国土资源主管部门规定的其他年度报告内容。

县级国土资源主管部门应当加强对土地复垦义务人报告事项履行情况的监督核实，并可以根据情况将土地复垦义务履行情况年度报告在门户网站上公开。

第二十三条 县级国土资源主管部门应当加强对土地复垦义务人使用土地复

垦费用的监督管理，发现有不按照规定使用土地复垦费用的，可以按照土地复垦费用使用监管协议的约定依法追究土地复垦义务人的违约责任。

第二十四条 土地复垦义务人在生产建设活动中应当遵循“保护、预防和控制为主，生产建设与复垦相结合”的原则，采取下列预防控制措施：

（一）对可能被损毁的耕地、林地、草地等，应当进行表土剥离，分层存放，分层回填，优先用于复垦土地的土壤改良。表土剥离厚度应当依据相关技术标准，根据实际情况确定。表土剥离应当在生产工艺和施工建设前进行或者同步进行；

（二）露天采矿、烧制砖瓦、挖沙取土、采石，修建铁路、公路、水利工程等，应当合理确定取土的位置、范围、深度和堆放的位置、高度等；

（三）地下采矿或者疏干抽排地下水等施工，对易造成地面塌陷或者地面沉降等特殊地段应当采取充填、设置保护支柱等工程技术方法以及限制、禁止开采地下水等措施；

（四）禁止不按照规定排放废气、废水、废渣、粉灰、废油等。

第二十五条 土地复垦义务人应当对生产建设活动损毁土地的规模、程度和复垦过程中土地复垦工程质量、土地复垦效果等实施全程控制，并对验收合格后的复垦土地采取管护措施，保证土地复垦效果。

第二十六条 土地复垦义务人依法转让采矿权或者土地使用权的，土地复垦义务同时转移。但原土地复垦义务人应当完成的土地复垦义务未履行完成的除外。

原土地复垦义务人已经预存的土地复垦费用以及未履行完成的土地复垦义务，由原土地复垦义务人与新的土地复垦义务人在转让合同中约定。

新的土地复垦义务人应当重新与损毁土地所在地国土资源主管部门、银行签订土地复垦费用使用监管协议。

第三章 历史遗留损毁土地和自然灾害损毁土地的复垦

第二十七条 历史遗留损毁土地和自然灾害损毁土地调查评价，应当包括下列内容：

（一）损毁土地现状调查，包括地类、位置、面积、权属、损毁类型、损毁特征、损毁原因、损毁时间、污染情况、自然条件、社会经济条件等；

（二）损毁土地复垦适宜性评价，包括损毁程度、复垦潜力、利用方向及生态环境影响等；

（三）土地复垦效益分析，包括社会、经济、生态等效益。

第二十八条 符合下列条件的土地，所在地的县级国土资源主管部门应当认定为历史遗留损毁土地：

（一）土地复垦义务人灭失的生产建设活动损毁的土地；

（二）《土地复垦规定》实施以前生产建设活动损毁的土地。

第二十九条 县级国土资源主管部门应当将历史遗留损毁土地认定结果予以公告，公告期间不少于三十日。土地复垦义务人对认定结果有异议的，可以向县级国土资源主管部门申请复核。

县级国土资源主管部门应当自收到复核申请之日起三十日内做出答复。土地复垦义务人不服的，可以向上一级国土资源主管部门申请裁定。

上一级国土资源主管部门发现县级国土资源主管部门做出的认定结果不符合规定的，可以责令县级国土资源主管部门重新认定。

第三十条 土地复垦专项规划应当包括下列内容：

（一）土地复垦潜力分析；

（二）土地复垦的原则、目标、任务和计划安排；

（三）土地复垦重点区域和复垦土地利用方向；

（四）土地复垦项目的划定，复垦土地的利用布局和工程布局；

（五）土地复垦资金的测算，资金筹措方式和资金安排；

（六）预期经济、社会和生态等效益；

（七）土地复垦的实施保障措施。

土地复垦专项规划可以根据实际情况纳入土地整治规划。

土地复垦专项规划的修改应当按照条例第二十二条的规定报本级人民政府批准。

第三十一条 县级以上地方国土资源主管部门应当依据土地复垦专项规划制定土地复垦年度计划，分年度、有步骤地组织开展土地复垦工作。

第三十二条 条例第二十三条规定的历史遗留损毁土地和自然灾害损毁土地的复垦资金来源包括下列资金：

（一）土地复垦费；

（二）耕地开垦费；

（三）新增建设用地土地有偿使用费；

（四）用于农业开发的土地出让收入；

（五）可以用于土地复垦的耕地占用税地方留成部分；

（六）其他可以用于土地复垦的资金。

第四章 土地复垦验收

第三十三条 土地复垦义务人完成土地复垦任务后，应当组织自查，向项目所在地县级国土资源主管部门提出验收书面申请，并提供下列材料：

（一）验收调查报告及相关图件；

（二）规划设计执行报告；

（三）质量评估报告；

（四）检测等其他报告。

第三十四条 生产建设周期五年以上的项目，土地复垦义务人可以分阶段提出验收申请，负责组织验收的国土资源主管部门实行分级验收。

阶段验收由项目所在地县级国土资源主管部门负责组织，总体验收由审查通过土地复垦方案的国土资源主管部门负责组织或者委托有关国土资源主管部门组织。

第三十五条 负责组织验收的国土资源主管部门应当会同同级农业、林业、环境保护等有关部门，组织邀请有关专家和农村集体经济组织代表，依据土地复垦方案、阶段土地复垦计划，对下列内容进行验收：

（一）土地复垦计划目标与任务完成情况；

（二）规划设计执行情况；

（三）复垦工程质量和耕地质量等级；

（四）土地权属管理、档案资料管理情况；

（五）工程管护措施。

第三十六条 土地复垦阶段验收和总体验收形成初步验收结果后，负责组织验收的国土资源主管部门应当在项目所在地公告，听取相关权利人的意见。公告时间不少于三十日。

相关土地权利人对验收结果有异议的，可以在公告期内向负责组织验收的国土资源主管部门书面提出。

国土资源主管部门应当在接到书面异议之日起十五日内，会同同级农业、林业、环境保护等有关部门核查，形成核查结论反馈相关土地权利人。异议情况属实的，还应当向土地复垦义务人提出整改意见，限期整改。

第三十七条 土地复垦工程经阶段验收或者总体验收合格的，负责验收的国土资源主管部门应当依照条例第二十九条规定出具阶段或者总体验收合格确认书。验收合格确认书应当载明下列事项：

（一）土地复垦工程概况；

（二）损毁土地情况；

（三）土地复垦完成情况；

（四）土地复垦中存在的问题和整改建议、处理意见；

（五）验收结论。

第三十八条 土地复垦义务人在申请新的建设用地、申请新的采矿许可证或者申请采矿许可证延续、变更、注销时，应当一并提供按照本办法规定到期完工土地复垦项目的验收合格确认书或者土地复垦费缴费凭据。未提供相关材料的，按照条例第二十条规定，有关国土资源主管部门不得通过审查和办理相关手续。

第三十九条 政府投资的土地复垦项目竣工后，由负责组织实施土地复垦项目的国土资源主管部门进行初步验收，验收程序和要求除依照本办法规定外，按照资金来源渠道及相应的项目管理办法执行。

初步验收完成后，依照条例第三十条规定进行最终验收，并依照本办法第三十七条规定出具验收合格确认书。

国土资源主管部门代复垦的项目竣工后，依照本条规定进行验收。

第四十条 土地权利人自行复垦或者社会投资进行复垦的土地复垦项目竣工后，由项目所在地县级国土资源主管部门进行验收，验收程序和要求依照本办法规定执行。

第五章 土地复垦激励措施

第四十一条 土地复垦义务人将生产建设活动损毁的耕地、林地、牧草地等农用地复垦恢复为原用途的，可以依照条例第三十二条规定，凭验收合格确认书向所在地县级国土资源主管部门提出出具退还耕地占用税意见的申请。

经审核属实的，县级国土资源主管部门应当在十五日内向土地复垦义务人出具意见。土地复垦义务人凭国土资源主管部门出具的意见向有关部门申请办理退还耕地占用税手续。

第四十二条 由社会投资将历史遗留损毁和自然灾害损毁土地复垦为耕地

的，除依照条例第三十三条规定办理外，对属于将非耕地复垦为耕地的，经验收合格并报省级国土资源主管部门复核同意后，可以作为本省、自治区、直辖市的补充耕地指标，市、县政府可以出资购买指标。

第四十三条 由县级以上地方人民政府投资将历史遗留损毁和自然灾害损毁的建设用地复垦为耕地的，经验收合格并报省级国土资源主管部门复核同意后，依照条例第三十五条规定可以作为本省、自治区、直辖市的补充耕地指标。但使用新增建设用地有偿使用费复垦的耕地除外。

属于农民集体所有的土地，复垦后应当交给农民集体使用。

第六章 土地复垦监督管理

第四十四条 县级以上国土资源主管部门应当采取年度检查、专项核查、例行稽查、在线监管等形式，对本行政区域内的土地复垦活动进行监督检查，并可以采取下列措施：

（一）要求被检查当事人如实反映情况和提供相关的文件、资料和电子数据；

（二）要求被检查当事人就土地复垦有关问题做出说明；

（三）进入土地复垦现场进行勘查；

（四）责令被检查当事人停止违反条例的行为。

第四十五条 县级以上国土资源主管部门应当在门户网站上及时向社会公开本行政区域内的土地复垦管理规定、技术标准、土地复垦规划、土地复垦项目安排计划以及土地复垦方案审查结果、土地复垦工程验收结果等重大事项。

第四十六条 县级以上地方国土资源主管部门应当通过国土资源主干网等按年度将本行政区域内的土地损毁情况、土地复垦工作开展情况等逐级上报。

上级国土资源主管部门对下级国土资源主管部门落实土地复垦法律法规情况、土地复垦义务履行情况、土地复垦效果等进行绩效评价。

第四十七条 县级以上国土资源主管部门应当对土地复垦档案实行专门管理，将土地复垦方案、土地复垦资金使用监管协议、土地复垦验收有关材料和土地复垦项目计划书、土地复垦实施情况报告等资料和电子数据进行档案存储与管理。

第四十八条 复垦后的土地权属和用途发生变更的，应当依法办理土地登记相关手续。

第七章　法律责任

第四十九条　条例第三十六条第六项规定的其他徇私舞弊、滥用职权、玩忽职守行为，包括下列行为：

（一）违反本办法第二十一条规定，对不符合规定条件的土地复垦义务人出具土地复垦费用支取通知书，或者对符合规定条件的土地复垦义务人无正当理由未在规定期限内出具土地复垦费用支取通知书的；

（二）违反本办法第四十一条规定，对不符合规定条件的申请人出具退还耕地占用税的意见，或者对符合规定条件的申请人无正当理由未在规定期限内出具退还耕地占用税的意见的；

（三）其他违反条例和本办法规定的行为。

第五十条　土地复垦义务人未按照本办法第十五条规定将土地复垦方案、土地复垦规划设计报所在地县级国土资源主管部门备案的，由县级以上地方国土资源主管部门责令限期改正；逾期不改正的，依照条例第四十一条规定处罚。

第五十一条　土地复垦义务人未按照本办法第十六条、第十七条、第十八条、第十九条规定预存土地复垦费用的，由县级以上国土资源主管部门责令限期改正；逾期不改正的，依照条例第三十八条规定处罚。

第五十二条　土地复垦义务人未按照本办法第二十五条规定开展土地复垦质量控制和采取管护措施的，由县级以上地方国土资源主管部门责令限期改正；逾期不改正的，依照条例第四十一条规定处罚。

第八章　附则

第五十三条　铀矿等放射性采矿项目的土地复垦具体办法，由国土资源部另行制定。

第五十四条　本办法自 2013 年 3 月 1 日起施行。

国土资源部办公厅关于做好矿山地质环境保护与土地复垦方案编报有关工作的通知

（2017 年 1 月 3 日　国土资规〔2016〕21 号）

各省、自治区、直辖市国土资源主管部门，新疆生产建设兵团国土资源局：

为贯彻落实党中央、国务院关于深化行政审批制度改革的有关要求，切实减少管理环节，提高工作效率，减轻矿山企业负担，按照《土地复垦条例》、《矿山地质环境保护规定》的有关规定，现就做好矿山企业矿山地质环境保护与治理恢复方案和土地复垦方案合并编报有关工作通知如下。

一、总体要求

自本通知下发之日，施行矿山企业矿山地质环境保护与治理恢复方案和土地复垦方案合并编报制度。矿山企业不再单独编制矿山地质环境保护与治理恢复方案、土地复垦方案。合并后的方案以采矿权为单位进行编制，即一个采矿权编制一个方案。方案名称为：矿业权人名称 + 矿山名称 + 矿山地质环境保护与土地复垦方案。

除采矿项目外的其它生产建设项目土地复垦方案编报审查，依照土地复垦法律法规及相关规定执行。

二、方案编制

（一）采矿权申请人在申请办理采矿许可证前，应当自行编制或委托有关机构编制矿山地质环境保护与土地复垦方案。

（二）在办理采矿权变更时，涉及扩大开采规模、扩大矿区范围、变更开采方式的，应当重新编制或修订矿山地质环境保护与土地复垦方案。

（三）在办理采矿权延续时，矿山地质环境保护与土地复垦方案超过适用期或方案剩余服务期少于采矿权延续时间的，应当重新编制或修订。矿山企业原矿山地质环境保护与治理恢复方案和土地复垦方案其中一个超过适用期的或方案剩余服务期少于采矿权延续时间的，应重新编制矿山地质环境保护与土地复垦方案。

（四）矿山地质环境保护与土地复垦方案的编制按照《矿山地质环境保护与土地复垦方案编制指南》执行。矿山企业在编制矿山地质环境保护与土地复垦方案过程中，应当充分听取相关权利人意见。

三、方案审查

（一）采矿权申请人或采矿权人编制的矿山地质环境保护与土地复垦方案，应按采矿权发证权限，报具有相应审批权的国土资源主管部门组织审查。审查费用列入部门预算，不得向矿山企业和编制单位收取费用。

（二）组织审查的国土资源主管部门应建立完善方案评审专家库，委托具有一定技术力量的事业单位或行业组织承担具体评审工作，并向社会公告。

（三）评审单位应按相关法律法规、技术规范和相关文件要求，在评审时限内，公平、公开、公正地组织评审工作。地质环境保护要重点评审矿区地面塌陷、地裂缝等地质灾害、含水层破坏、地形地貌景观破坏等内容；土地复垦要重点评审节约集约利用土地和保护耕地情况，促进损毁土地优先复垦为耕地，达到可供利用状态。

（四）有关国土资源主管部门应将评审结果向社会公示，公示期7个工作日。在公示期满无异议后，及时向社会公告审查结果。公示期内存在异议的，有关国土资源主管部门应当组织核实并提出处理意见。

（五）矿山企业和编制单位应对方案所引用相关数据的真实性负责，并按国家相关保密规定对社会公示文本进行相应处理。

四、监督管理

（一）矿山企业应当依据经审查通过的方案，开展矿山地质环境保护与土地复垦工作，于每年12月31日前向县级以上国土资源主管部门报告当年矿山地质环境保护与土地复垦情况。

（二）国土资源部将按照《国土资源部随机抽查事项清单》的规定，加强对经部审查的矿山地质环境保护与土地复垦方案执行情况的监督检查。

（三）地方各级国土资源主管部门要加强对方案编制审查工作的组织领导和

对方案实施情况的监督管理，按照“双随机一公开”要求，督促矿山企业切实履行地质环境保护与土地复垦义务。矿山企业不复垦或者复垦不符合要求的，应当依法缴纳土地复垦费。对未按规定履行地质环境治理与土地复垦义务的矿山企业，列入矿业权人异常名录或严重违法名单，责令整改。整改不到位的，不得批准其申请新的采矿许可证或者申请采矿许可证延续、变更、注销，不得批准其申请新的建设用地。

五、其它

（一）各省（区、市）国土资源主管部门要按本通知要求，尽快出台矿山地质环境保护与治理恢复方案和土地复垦方案合并编报的办法。

（二）本通知下发之日起，《国土资源部办公厅关于做好矿山地质环境保护与治理恢复方案编制审查及有关工作的通知》（国土资厅发〔2009〕61号）同时废止。

本通知有效期为5年。

历史遗留工矿废弃地复垦利用试点管理办法

（2015 年 8 月 3 日　国土资规〔2015〕1 号）

第一章　总则

第一条　为了规范推进历史遗留工矿废弃地复垦利用试点工作，根据《中华人民共和国土地管理法》、《土地复垦条例》（国务院令第 592 号）、《土地复垦条例实施办法》（国土资源部令第 56 号）和《节约集约利用土地规定》（国土资源部令第 61 号），制定本办法。

第二条　本办法所称历史遗留工矿废弃地复垦利用，是指将历史遗留的工矿废弃地包括交通、水利等基础设施废弃地等加以复垦，在治理改善生态环境基础上，与新增建设用地相挂钩，合理调整建设用地布局，确保建设用地总量不增加、利用更集约，耕地面积不减少、质量不降低的土地整治措施。

第三条　历史遗留工矿废弃地复垦利用工作遵循以下原则：

（一）生态优先、合理利用。工矿废弃地复垦利用应当以改善生态环境为出发点，坚持因地制宜、综合治理和生态效益、经济效益、社会效益相统一，提高土地资源的综合承载能力。

（二）科学规划、规范运作。在调查摸清历史遗留工矿废弃地资源现状、利用潜力和做好确权工作的基础上，根据土地利用总体规划和土地整治规划，科学编制历史遗留工矿废弃地复垦利用专项规划，强化整体管控。按照“限定范围、控制规模、项目管理、定期考核”的要求，封闭运行，严格监管。

（三）保护耕地、节约用地。坚持最严格的耕地保护制度，采取综合措施确保复垦耕地质量，严格控制建设占用耕地特别是永久基本农田；坚持最严格的节约用地制度，守住总量、控制增量、综合利用、提高效率，防止片面增加城镇建设用地规模。

（四）统筹推进、形成合力。建立政府组织、部门合作、群众参与、利益共享的工作机制，鼓励集体经济组织、农民和社会组织投资土地复垦。有条件的地方，可将工矿废弃地复垦利用与矿山环境恢复治理、绿色矿业发展示范区建设、土地整治等工作统筹推进，发挥政策组合效应。

第四条 申请开展历史遗留工矿废弃地复垦利用试点的市、县，应当具备以下条件：

（一）历史遗留工矿废弃地复垦潜力较大，且待复垦土地相对集中连片；

（二）工矿业活动对当地群众生产生活和生态环境造成的影响较大，群众对改善生态环境和生产生活条件的要求迫切；

（三）推进新型城镇化和区域协调发展用地供需矛盾突出，需要对建设用地结构和布局进行调整优化；

（四）当地政府重视，土地管理严格规范，近两年内没有因违法违规用地被市级以上人民政府问责或约谈。

第五条 国家通过下达历史遗留工矿废弃地复垦利用指标，专项用于控制建新占地的规模，同时作为安排复垦面积的依据。复垦利用指标纳入土地利用年度计划。

省级国土资源主管部门在编制土地利用年度计划时，可根据当地实际提出复垦利用指标申请，纳入土地利用年度计划建议，报国土资源部。国土资源部综合平衡，提出全国复垦利用指标总量建议，纳入国民经济和社会发展计划草案，报国务院审定。

国土资源部依据国务院审定的复垦利用指标总量，根据各地经济社会发展、资源潜力、规划安排和相关工作进展情况，统筹存量与增量建设用地安排，提出下达地方的复垦利用指标方案，报部长办公会审定下达。

第六条 国土资源部负责加强历史遗留工矿废弃地复垦利用的总量管控，做好政策指导和监督检查。省级国土资源主管部门负责本行政区域内历史遗留工矿废弃地复垦利用的总体部署，审查专项规划，组织复垦项目核查，下达建新指标，做好在线报备和考核监管。市、县级国土资源主管部门负责本行政区域内历史遗留工矿废弃地复垦利用专项规划的编制、上报审核，具体组织复垦项目实施工作。

开展历史遗留工矿废弃地复垦利用试点的市、县级国土资源主管部门，应当在人民政府统一领导下，加强与发展改革、财政、农业、环保、水利等相关部门的协同配合，共同推进工作。

第二章 调查规划

第七条 本办法所称的历史遗留工矿废弃地是指无土地复垦义务人、在全国土地调查时已确定为建设用地的下列用地：

（一）各类工矿企业在生产建设过程中因挖损、塌陷、压占等造成损毁的土地；

（二）因交通、水利设施和建筑物废弃等遗弃荒废的土地；

（三）废弃的农村砖瓦窑等用地；

（四）其他废弃的建设用地。

纳入复垦利用试点范围的土地应当权属清晰，因政策原因被政府关停和整合的工矿企业损毁的土地，可认定为历史遗留工矿废弃地。具体认定程序，按照《土地复垦条例实施办法》第二十九条执行。

第八条 符合本办法第七条规定的国有划拨土地，土地使用权人不再使用且不及时复垦的，有关人民政府国土资源主管部门可以依据《土地管理法》第五十八条、《城镇国有土地使用权出让和转让暂行条例》（国务院令第55号）第四十七条及有关规定，报经原批准用地的人民政府或者有批准权的人民政府批准，收回国有土地使用权，纳入工矿废弃地复垦利用范围。

第九条 开展历史遗留工矿废弃地复垦利用试点的市、县，应当依据土地调查成果，进行必要的补充调查，查明工矿废弃地的类型、分布、数量、权属以及用地合法性、复垦义务人等情况。

在调查基础上，应当综合考虑土地损毁状况、区位条件、水土资源、生态环境风险等，做好土地复垦适宜性评价与潜力分析。

第十条 开展历史遗留工矿废弃地复垦利用试点的市、县，应当在做好工矿废弃地复垦潜力调查评价的基础上，依据土地利用总体规划和土地整治规划，组织编制历史遗留工矿废弃地复垦利用专项规划。规划期限一般为5年。

第十一条 历史遗留工矿废弃地复垦利用专项规划应当包括下列内容：

（一）规划背景和基础，包括自然和经济社会条件、工矿废弃地现状和潜力；

（二）规划的原则和目标任务；

（三）复垦项目的布局、规模、用途和进度安排，复垦质量要求，复垦措施和投资概算；

（四）建新用地的布局、规模和利用方向；

（五）预期生态、经济和社会效益；

（六）保障措施。

专项规划成果包括规划文本、规划图件和编制说明，其中，规划图件包括工矿废弃地现状图、工矿废弃地复垦潜力分布图、工矿废弃地复垦利用规划图等。

第十二条 历史遗留工矿废弃地复垦利用专项规划编制过程中，要广泛征求有关部门、专家、集体经济组织和土地权利人意见，扩大公众参与，充分论证、科学决策。

历史遗留工矿废弃地复垦利用专项规划要与城乡建设、产业发展、环境保护等相关规划协调衔接。

第十三条 历史遗留工矿废弃地复垦利用专项规划由有关市、县级人民政府审查批准。专项规划批准之前，需逐级上报省级国土资源主管部门组织专家论证，并出具审查意见。专项规划批准后及时上传在线监管系统。

经确定的历史遗留工矿废弃地复垦利用专项规划必须严格执行。实施过程中涉及项目区布局、规模、用途等原则性内容变更的，应编制规划修改方案，按原报批程序批准。

第三章 复垦管理

第十四条 开展历史遗留工矿废弃地复垦利用试点的县级国土资源主管部门，应根据批准的历史遗留工矿废弃地复垦利用专项规划和下达的复垦计划指标，编制历史遗留工矿废弃地复垦项目实施方案，征求市级国土资源主管部门意见，并报省级国土资源主管部门备案。

经确定的复垦项目实施方案必须严格实施。因规划修改等客观原因确需修改复垦项目实施方案的，县级国土资源主管部门在修改实施方案时，应当再次征求市级国土资源主管部门意见，并报省级国土资源主管部门备案。

复垦项目从立项实施至验收的期限一般不超过三年，确需延期的，延期期限不得超过两年。

第十五条 工矿废弃地复垦坚持以生态建设为导向，科学评价复垦土地的适宜性，做到宜耕则耕、宜林则林、宜水则水、宜牧则牧；采取山、水、田、林、路综合整治措施，保障复垦质量，促进土地可持续利用。

第十六条 工矿废弃地复垦应当依法依规执行项目法人制、招投标制、工程监理制和公告制等制度，切实做到程序合法、责任明确、监管到位。涉及集体土地的，要通过告知、听证等程序征得相关农村集体经济组织和农民同意，并依法做好补偿和安置。

第十七条 工矿废弃地复垦项目实施前须完成土地确权登记。涉及土地权属调整的，应本着互利互惠的原则，自愿、有偿、平等协商解决，有权属争议的地块，不得纳入工矿废弃地复垦项目。

复垦项目验收合格后，应及时将变化图斑纳入年度土地变更调查，并做好确权登记发证。复垦后的土地不得改变农业用途，非国有土地可通过承包等方式就近确定给农村集体经济组织和农户使用，确保有效利用。

第十八条 鼓励运用市场化机制，多渠道筹措复垦资金。规范资金管理，确保专款专用，注重资金使用效益。

第十九条 县级国土资源主管部门应当建立工矿废弃地复垦质量管理制度，监督复垦项目实施单位严格遵守土地复垦标准和环境保护标准，对土地复垦工程质量和效果等实施全程控制。

复垦土地应达到《土地复垦质量控制标准》（TD/T 1036—2013）和国家土壤环境质量有关标准。

第二十条 工矿废弃地复垦为耕地的，应与区域内建设占用耕地耕作层剥离再利用相结合，切实提高复垦耕地质量。

对存在污染风险的工矿废弃地复垦项目，实施前应当开展土壤污染调查与评价。严禁将存在严重污染隐患且在短期内无法修复的工矿废弃地复垦为耕地。

禁止将有毒有害物质用作工矿废弃地复垦的回填或者充填材料。

鼓励工矿废弃地复垦项目实施中，运用土地复垦先进技术，改善土壤质量与生态环境。

第二十一条 省级国土资源主管部门应当制定历史遗留工矿废弃地复垦项目验收管理制度。

复垦项目实施完成后，由县级国土资源主管部门进行初验，初验合格的，由市级国土资源主管部门组织验收，验收结果及时上传在线监管系统。省级国土资源主管部门可组织核查，发现存在问题的要责令纠正和整改。

地方国土资源主管部门组织初验、验收和核查，应商同级农业、林业、环境保护等有关部门，并邀请有关专家共同参加。

第二十二条 工矿废弃地复垦项目中涉及复垦为耕地的，应对复垦耕地质量等级进行评定，并依法对耕地土壤环境质量进行评价。

第二十三条 县级国土资源主管部门应当会同有关部门和土地使用者，在验收合格后的五年内对复垦土地的各项质量指标进行跟踪监测，采取管护措施，保证土地复垦效果。

第四章 建新管理

第二十四条 工矿废弃地复垦项目验收合格后，省级国土资源主管部门按照核定的复垦面积，下达建新计划指标。建新节余指标原则上不得跨县级行政区域使用。

第二十五条 建新区涉及农用地转为建设用地的，可以与经验收的工矿废弃地复垦区一起，经县级人民政府审核同意后，逐级上报省级人民政府整体审批，可不再办理农转用审批。建新区占用基本农田的，应按照国家有关规定，报经国务院批准。

复垦和建新应当做到：

（一）建新区面积不得大于复垦区面积，复垦耕地的数量和质量不得低于建新占用耕地的数量和质量。

（二）建新区应安排在土地利用总体规划确定的允许建设区内，允许建设区内确实不能安排的，也可安排在有条件建设区，但必须按规定做好规划修改并按程序报批。

第二十六条 建新区涉及土地征收的，要依法办理土地征收手续，做好对被征地集体经济组织和农民的安置补偿，确保被征地农民生活水平不下降、长远生计有保障。严格按照法律法规、国家供地政策和土地使用标准审批供地，节约集约用地。

第五章 实施监管

第二十七条 国土资源部建立在线监管制度和指标体系，建设全国历史遗留工矿废弃地复垦利用在线监管系统，并纳入国土资源综合监管平台统一管理，切实加强对历史遗留工矿废弃地复垦利用工作的监管。

相关国土资源主管部门要加强历史遗留工矿废弃地复垦利用信息化建设，根据全国历史遗留工矿废弃地复垦利用在线监管指标体系，结合实际建立历史遗留工矿废弃地复垦项目日常管理信息系统。

第二十八条 相关国土资源主管部门应在专项规划审批，复垦项目实施和验收，项目区整体审批完成后 20 个工作日内，完成有关信息的在线备案。按照“谁报备、谁负责”的原则，由各地对报备信息的真实性、准确性和完整性负责。未按要求完成在线备案的项目区不作为认定依据。

第二十九条 历史遗留工矿废弃地复垦利用报备信息需修改的，由省级国土资源主管部门审核确认。省级国土资源主管部门同意调整的，应向国土资源部提出修改申请，申请要件包括申请调整的请示、省级国土资源主管部门审核意见及相关调整的文件等。

第三十条 省级国土资源主管部门应定期对本行政区域内工矿废弃地复垦利用工作进行检查指导，每年对有关市、县工作开展情况进行考核，考核结果报国土资源部备案。

第三十一条 国土资源部加强对历史遗留工矿废弃地复垦利用工作的实地抽查，对存在问题的责令限期纠正整改。对擅自扩大历史遗留工矿废弃地复垦利用范围、突破国家下达复垦利用指标的，暂停工矿废弃地复垦利用工作，并相应扣减土地利用年度计划指标。

第三十二条 建立历史遗留工矿废弃地复垦利用工作评估制度。国土资源部每季度对在线监管系统备案信息进行统计分析，对发现的问题及时通报有关省份；每年根据在线备案、省级考核和抽查情况对各地工作情况进行年度评估。季度评估、年度评估的结果作为安排下一年度工矿废弃地复垦利用指标的依据。地方各级国土资源主管部门也要相应建立统计分析、问题通报和检查评估制度。

第六章　附则

第三十三条 各省（区、市）应当依据本办法，结合本地区实际，制定具体实施办法。

第三十四条 本办法自颁布之日起实施，有效期 5 年。此前有关规定与本办法不一致的，以本办法规定为准。《国土资源部关于开展工矿废弃地复垦利用试点工作的通知》（国土资发〔2012〕45 号）同时废止。

国土资源部关于加强农村土地整治权属管理的通知

（2012年6月12日 国土资发〔2012〕99号）

各省、自治区、直辖市及副省级城市国土资源主管部门，新疆生产建设兵团国土资源局，解放军土地管理局，各派驻地方的国家土地督察局：

为贯彻落实《国务院关于严格规范城乡建设用地增减挂钩试点切实做好农村土地整治工作的通知》（国发〔2010〕47号）和经国务院批准实施的《全国土地整治规划（2011～2015年）》，规范推进农村土地整治工作，维护农民群众合法土地权益，现就加强农村土地整治权属管理通知如下：

一、明确农村土地整治权属管理的总体要求

（一）高度重视农村土地整治权属管理。

随着农村土地整治规模逐步扩大，涉及集体土地所有权和土地用益物权的土地权属调整日益增多，土地权属管理作为保护权利人合法权益、保证农村土地整治顺利进行的基础作用越发凸显，理顺土地权属关系，加强农村土地整治权属管理，显得尤为必要和迫切。各级国土资源主管部门要以科学发展观为指导，站在推进农业现代化、建设社会主义新农村、统筹城乡发展的高度，紧紧围绕健全最严格的耕地保护制度和节约用地制度，增强做好农村土地整治权属管理的紧迫感和责任感。农村土地整治权属管理要以维护和实现农民集体与群众合法土地权益为核心，为有序推进农村土地整治提供政策支持和制度保障，切实做到有利于加强农村社会管理，促进农村和谐稳定。

（二）把握农村土地整治权属管理的基本要求。

各级国土资源主管部门要将土地权属管理作为农村土地整治的重要工作内容，统筹安排，明确任务和责任主体，确保各项措施落到实处。农村土地整治项目涉及土地权属调整的，要尊重农民群众意愿、保障农民群众参与，不得强行调整土地权属，不得损害农民土地权益。要保障农村土地整治权属管理工作经费，确保土地调查、权属调整、确权登记等环节工作落实到位。要切实履行工作职

责，组织做好土地权属管理工作，依法明确整治前后的土地权属，避免发生土地纠纷。对违反相关程序、疏于履行职责、侵害农民权益的行为，要依法依规追究有关责任人的责任，坚决防止由于土地权属调整引发突发性、群体性事件。

二、规范农村土地整治权属管理和程序

（三）坚持农村土地整治权属管理的原则。

1. 依法依规原则。要依据法律法规和政策抓好土地权属管理各项工作，特别是不得以土地权属调整的名义、擅自将农村集体土地转为国有土地。

2. 确权在先原则。对列入整治范围特别是建设高标准基本农田的区域，要按照集体土地确权登记的要求优先开展工作，确保土地整治在权属明晰的基础上进行。

3. 自愿协商原则。农村土地整治涉及土地权属调整的，要按照政府引导、村组协调、农民自愿的要求协商解决，尊重权利人意愿，维护其合法权益。

4. 公开公平原则。整治前后的土地权属状况和权属调整情况要实行公告，保障权利人的知情权、参与权、受益权和监督权。

5. 维护稳定原则。涉及土地权属调整的，应由权利人签订协议并依法报经有批准权机关批准，土地权属状况在整治后要较整治前更清晰、调配更合理有序，不发生新的纠纷。

（四）理顺农村土地整治权属管理程序。农村土地整治涉及权属调整的，由当地国土资源主管部门组织各类项目的申报单位，根据土地整治项目的不同阶段按照以下步骤进行：

1. 在项目可行性研究或申报阶段，查清拟开展整治区域的土地利用和权属现状，调查了解权利人权属调整意愿，分析、统计权属调整的初步意向，作为申报项目的依据。

2. 在项目规划设计阶段，结合整治项目规划设计方案，编制土地权属调整方案，协调签订土地权属调整协议。

3. 在项目实施阶段，禁止除土地整治活动外任何改变土地利用现状的行为，土地权属调整方案需要作适当修改的，应协调签订补充协议。

4. 在项目竣工验收阶段，组织落实土地权属调整方案，对新的权属界线进行勘测定界形成图件，并由权利人签字确认，编写土地整治权属调整报告。

农村土地整治不涉及土地权属调整的，在申报项目时须出具土地权属不作调

整的说明并附项目范围内农村集体经济组织提供的书面证明，可以简化相关程序。

三、做好农村土地整治权属管理各项重点工作

（五）切实做好整治前土地调查和确权登记工作。土地调查、确权登记是开展农村土地整治的前提和条件。在项目可行性研究或申报阶段，国土资源主管部门要依据最新年度土地调查、土地确权登记等地籍资料，开展土地调查，查清拟开展土地整治范围内土地的权属、地类、面积、权利类型等，标注到与农村土地整治或确权登记要求相适应的同等比例尺图件上，形成整治前土地利用和权属状况图文资料报告。拟开展土地整治的地区存在土地权属争议的，应当加大调处力度及时妥善解决，不得将争议土地纳入整治范围。

（六）认真抓好土地权属调整方案的编制和报批工作。农村土地整治项目涉及权属调整的，在项目规划设计阶段要认真编制土地权属调整方案，主要内容包括：土地权属调整的原则和依据；土地权属调整的对象和范围；项目区域内土地利用和权属现状（权利主体、权利类型、位置、地类和面积等）；土地归并和分配办法以及土地权属调整相关图件。

土地权属调整方案应当征得涉及调整的土地权利人的同意，编制完成后应当在项目所在地的乡镇、村组进行公告，公告期不少于 15 天。权利人对土地权属调整方案中的土地权属有异议的，先行协商解决，协商不成的，应向当地国土资源主管部门申请调处。土地权属调整方案经公告无异议或者争议已解决的，在报经县级以上人民政府批准后，由乡镇人民政府组织权利人签订土地权属调整协议。

土地权属调整方案是批准农村土地整治项目实施的必备要件，凡方案内容不完整、不符合要求的，项目不予批准实施。农村土地整治项目建设完成后，要将土地权属管理的有关事项作为项目验收的重要内容之一，凡土地权属调整方案未落实、调整后出现新的权属纠纷以及没有编制完成权属调整报告的，项目不得通过验收。

（七）准确把握土地权属调整相关政策。

1. 除飞地、插花地外，土地整治范围内的土地所有权原则上不做调整；除依法征收外，土地所有权性质不得改变。

2. 农村土地整治项目涉及跨村组安置或者占用其他农民集体土地用于建新区时，在符合土地整治规划和相关政策，所调换土地权属明确、面积相当、权利人书面同意，并依法报经县级以上人民政府批准的，可以进行集体土地之间的所

有权调整，整治后重新确权登记发证。

3. 宅基地使用权、集体建设用地使用权确需调整的，应当符合规划与节约集约用地的要求，基础设施条件和居住环境要有明显改善；整治范围内依法设立的地役权的调整，应当征得需役地权利人的同意。

4. 整治后的土地分配，应当按照土地权属调整方案及有关调整协议，经所在农民集体通过基层民主自治程序决定，及时对分配结果进行公告，保证分配结果公平、合理；涉及土地承包经营权调整的，要依据法律法规和相关主管部门规定执行。

省级国土资源主管部门要加强对土地权属调整方案编制和权属调整的政策指导、监督检查。市县国土资源主管部门要在同级人民政府的领导下，组织做好编制和落实土地权属调整方案工作，协调乡镇人民政府以及农民集体签订土地权属调整协议、实施土地权属调整。

（八）及时做好整治后的土地调查、确权登记和信息化建设工作。项目竣工验收后，国土资源主管部门要根据经批准的土地权属调整方案和有关调整协议以及其他合法用地批准文件，认真核实整治前后的土地利用和权属状况、土地权属调整情况，依法确定集体土地所有权、宅基地使用权、集体建设用地使用权等土地权利，涉及其他主管部门管理权限的，按照职能分工依法办理；要及时开展土地变更调查和地籍调查，更新相关图件、数据库和统计台帐，做好土地变更登记，建立或更新地籍档案并上图入库，做到权属明确、地类正确、位置清楚、面积准确，确保地籍信息系统的准确性、现势性和完整性。

为全面掌握土地整治权属管理状况，各级各类农村土地整治项目均须纳入农村土地整治监测监管系统实行统一监管，部将进一步完善系统，把土地权属管理纳入信息化范畴。各级国土资源主管部门应当按照要求认真填报农村土地整治权属管理信息，做到整治前后土地利用和权属状况以及土地权属调整情况等信息完整、准确，切实提高农村土地整治权属管理信息化水平。

省级国土资源主管部门可以根据本通知要求，结合本地实际情况，研究制定本区域内土地权属调整方案规范文本，进一步细化农村土地整治权属管理的政策措施和相关规范。

本通知自下发之日起实施，有效期为8年。本通知下发之日起，《关于做好土地开发整理权属管理工作的意见》（国土资发〔2003〕287号）停止实施。

国土资源部关于进一步加强土地整理复垦开发工作的通知

（2008年8月29日 国土资发〔2008〕176号）

各省、自治区、直辖市国土资源厅（国土环境资源厅、国土资源局、国土资源和房屋管理局、房屋土地资源管理局），解放军土地管理局，新疆生产建设兵团国土资源局，各派驻地方的国家土地督察局，部机关各司局及有关直属事业单位：

十多年来，全国土地整理复垦开发工作从起步到全面推进，在补充耕地、保护耕地资源，提高农业综合生产能力，优化农用地结构，保障粮食和生态安全，惠民利民等方面发挥了重要作用。随着我国工业化城镇化进程的加快，土地资源供需矛盾突出，坚守18亿亩耕地红线面临严峻挑战。当前，土地整理复垦开发工作还存在目标单一、补充耕地力度不够，占补平衡任务没有完全落实，规划统筹乏力、资金征收使用还有差距、监管工作不到位等突出问题。为适应新形势的需要，切实加大补充耕地力度，部从构建保障和促进科学发展新机制出发，按照规划引导、政策激励、多元投入、规范管理的思路，进一步推进土地整理复垦开发工作，使其真正成为实施土地利用规划的基本手段，推进开源节流的重要抓手，统筹城乡发展的基础平台，既保护耕地资源可持续利用，又促进新农村建设、保障经济社会发展和生态环境建设取得成效。现就有关要求通知如下：

一、严格补充耕地，坚守18亿亩耕地红线

地方各级国土资源部门要严格依照土地利用总体规划、土地整理复垦开发规划和年度补充耕地计划，切实组织完成补充耕地任务，确保本行政区域内耕地不低于规划规定的保有量任务。要严格落实耕地“占补平衡”制度，各类非农建设占用耕地，应立足于本市、县行政区域内补充完成。对于后备资源少确实难以完成的，可由省级国土资源部门在省域内统筹安排，严禁跨省（区、市）补充耕地。各地要抓紧扩大补充耕地储备规模，从2009年起，除国家重大工程可以暂缓外，非农建设占用耕地全面实行“先补后占”。因自然灾害损毁的耕地，一

般要在一年内恢复利用，保证耕地总量不减少。

各省（区、市）要积极按照科学论证、分步实施、集中投入、共同建设的思路，大力推进具有区域特点的省级重大工程建设。有关省份要围绕重点工程，积极开展“耕作层剥离”和“移土培肥”工作，努力在全国建成一批有影响、成效大、引导作用明显的示范工程。

要切实加强生产建设用地的复垦工作。强化源头控制，把土地复垦与生产建设同步规划，同步实施。要全面贯彻落实国务院七部委有关土地复垦规定，编制好复垦方案，完善责任机制，落实复垦任务。有条件的地方，应积极组织开展历史遗留工矿废弃地复垦，挖掘补充耕地的潜力。

二、大力开展基本农田建设整理，提高农业综合生产能力

地方各级国土资源部门要大力加强土地整理，重点抓好高标准基本农田建设。在中东部粮食主产区，按流域或水系，将完成补充耕地任务、发展现代农业、统筹城乡发展等多目标有机结合，统一规划，实施高产基本农田示范工程，打造粮食产能核心区；在水土资源丰富地区，以保证耕地总量和国家粮食结构安全为主要目的，实施土地整理开发重大工程，打造粮食战略后备产区；西部要大力开展节水工程，加大对平坝和缓坡耕地的整理力度。通过实施土地整理增加的有效耕地面积，按基本农田予以特殊保护。

要大力加强基本农田的基础性工作，结合第二次土地调查工作，切实查清全国基本农田的数量、质量和分布等情况，并落实到土地利用现状图上。建立全国基本农田数据库，结合每年的土地利用更新调查及时更新，实现基本农田的科学化管理。

三、积极拓展内涵，促进城乡统筹和新农村建设

要结合城乡统筹和新农村建设的总体要求，根据规划确定的土地利用方向和用途，在充分尊重农民意愿，鼓励改变以往项目建设模式，积极稳妥地推进“村庄土地整理”，促进农业生产向规模经营集中，引导农民居住向中心村和小城镇集中。

各地可按照土地利用总体规划的要求，在保护生态环境的前提下，有计划地推进缓坡丘陵地、盐碱地、荒草地等未利用地开发，按照宜农则农、宜林则林、宜建则建的原则，积极拓展土地利用空间。

四、修订专项规划，统筹土地整理复垦开发工作

当前，在新一轮土地利用总体规划修编中，按照既突出补充耕地，又充分体现多功能、精细化管理的要求，抓紧组织修编土地整理复垦开发规划，明确目标任务、重点区域、重大工程和重大项目，切实作好土地整理复垦开发工作。专项规划的修订，要认真做好后备资源的调查、评价和论证，与土地利用总体规划的相关内容同步研究，争取同步实施。各省（区、市）在土地整理复垦开发规划编制中，要突出土地整理复垦开发重大工程和重大项目这个特点，为实施重大工程和重大项目提供依据。

五、加大工作力度，做好资金征收使用监管

省级人民政府授权设区的市（州）批准农用地转用、涉及缴纳新增建设用地土地有偿使用费的，要严格按照《关于调整新增建设用地土地有偿使用费政策等问题的通知》（财综〔2006〕48 号）要求执行。要依据法律规定，结合本地实际，积极研究制订土地复垦费的征收办法和标准，并会同有关部门研究落实土地出让收入用于农业土地开发资金办法，足额计提，确保各项费用足额征收，按照规定用途专项使用。

省级国土资源部门要按照国土资源部和财政部联合制订的新增费分配使用管理的有关规定，抓紧制订本省（区、市）新增费分配使用办法，明确分配使用方式、范围和管理规范，并报两部备案。要以重大工程项目为平台，统筹使用好土地整理复垦开发各类专项资金。资金滞留较多、使用不畅的地方，要协同有关部门采取有效措施，疏通使用渠道，确保资金足额使用。

省级国土资源部门要配合财政部门，按照《中央分成新增建设用地土地有偿使用费稽查暂行办法》（财建〔2008〕30 号）的要求，做好本地区新增费稽查办法的制订和备案工作。省级国土资源部门每年至少集中一次，对土地整理复垦开发项目实施和验收进行监督检查，通报检查结果，并抄报国土资源部。

进一步加强 2006 年底前实施的国家投资项目的实施管理。省级国土资源部门要认真负责，确保工程质量和资金合理使用，切实做好项目实施和验收工作。全部项目原则上应于 2009 年底前竣工验收。涉及项目设计变更的，按照《关于国家投资土地开发整理项目检查情况的通报》（国土资通〔2007〕7 号）有关要求，由省级国土资源部门办理。对由于客观原因确实无法实施而拟申请撤销的项

目，省级国土资源部门要商请财政部门对项目进行清算，撤销的项目和清算结果报国土资源部和财政部，经两部审核同意后取消项目，取消的项目资金由两部在中央所得新增费分配时扣减。

六、明确工作职责，落实共同责任

土地整理复垦开发项目纵向上实行部级监管、省级负总责、市县人民政府组织实施的管理制度；横向上实行政府主导、国土资源部门牵头、相关部门配合、企业竞争介入、农民参与的管理制度，落实共同责任。

省级国土资源部门应加强本省（区、市）土地整理开发项目和历史遗留工矿废弃地复垦项目的管理工作，督促土地复垦责任人履行复垦义务。重点强化落实国家有关政策、规定和标准，编制实施专项规划，组织实施省级重大工程，指导市、县做好项目管理工作，统筹组织完成土地整理复垦开发、补充耕地和基本农田建设任务。市、县人民政府及国土资源部门主要负责落实部和省（区、市）的有关政策、规定和标准，落实规划，组织土地整理复垦开发项目管理和权属调整，组织群众对项目的听证，组织项目实施和群众参与，加强专项资金管理，开展绩效评价等工作。

各地要加强专门机构和队伍建设，探索从业机构特别是设计、监理机构的资质管理等行业管理办法。有条件的地区，可在大专院校或科研单位建立土地整理复垦开发的研究基地，开展学科和专项课题研究。

七、制订完善政策，建立激励和约束机制

部每年年底前对各省（区、市）土地整理复垦开发项目和补充耕地计划完成情况进行考核，达到或超出计划任务的，给予建设用地计划指标倾斜；非农建设项目占用耕地占补平衡不落实的，扣减相应新增建设用地计划指标。各级国土资源部门要在报批建设用地时，把好专项资金征收关，在依法足额缴纳相关费用后，方可办理用地批准文件；各类非农建设经依法批准占用耕地后，经耕地保护责任目标考核，完成补充耕地计划的，在资金项目安排上予以倾斜。农村建设用地整理应优先用于增加耕地，调剂为建设用地的应纳入建设用地计划，优先用于农村集体建设用地。

积极探索市场化运作模式，引导公司、企业等社会资金参与土地整理复垦开发项目。增加的耕地可在省级国土资源部门统筹安排下有偿使用。有条件的地

方，可以尝试建立土地整理复垦开发基金，扩大资金渠道。

八、建立备案制度，全面实施信息化网络监管

土地整理复垦开发实行统一备案制度。各省（区、市）各类土地整理复垦开发项目均需向部动态备案，不备案的，其增加耕地不能计入完成的补充耕地任务，不能用于占补平衡，不予核定和下拨中央分成新增建设用地土地有偿使用费。

部统一开发和应用网络化的土地整理复垦开发项目信息报备系统，全面实施网络监管。省级国土资源部门要按照备案制度和系统建设要求，落实政策措施，推动系统使用，及时报备项目、资金等相关信息。部和省级国土资源部门要通过报备系统审查建设用地“占补平衡”情况，定期分析项目建设、资金征收和使用情况，实施绩效评价和动态监管，落实奖惩措施。同时要利用国土资源综合信息监管平台，与用地审批、土地供应和使用等信息整合联动，为土地管理全方位的监管、决策提供信息支持。

各级国土资源部门要切实管好用好土地整理复垦开发项目信息报备系统，与项目资金稽查、监督检查、动态巡查等有机结合，加强对项目实施、资金征收使用和相关制度执行等情况进行全方位的监督检查，及时发现和纠正问题，规范管理，提高土地整理复垦开发工作管理效能。

九、加大舆论宣传，扩大土地整理复垦开发社会影响

各地要充分运用多种宣传平台和手段，宣传土地整理复垦开发工作的目标任务和方针政策。在系统总结土地整理复垦开发成效的基础上，充分发挥主流媒体的影响力，组织策划系列活动，宣传典型经验和先进事迹，扩大社会影响面，提高社会认知度。要按照部关于设立土地整理复垦开发项目标志的规定，在各项目区设立标志牌，扩大宣传效果。

国土资源部关于土地整理复垦开发项目信息备案有关问题的通知

（2008 年 12 月 15 日　国土资发〔2008〕288 号）

各省、自治区、直辖市国土资源厅（国土环境资源厅、国土资源局、国土资源和房屋管理局、规划和国土资源管理局），新疆生产建设兵团国土资源局，各派驻地方的国家土地督察局，部机关各司局，有关直属事业单位：

为贯彻《关于进一步加强土地整理复垦开发工作的通知》（国土资发〔2008〕176 号）精神，落实土地整理复垦开发项目统一备案制度，全面加强监督管理，现就土地整理复垦开发项目信息备案及信息系统使用有关问题通知如下：

一、备案范围

从 2009 年 1 月 1 日起，经国土资源部门组织验收的各级各类土地整理复垦开发项目均须报国土资源部备案。2008 年底以前验收的占补平衡项目（以下简称储备项目），其新增耕地尚未用或暂未用完的，列入备案范围。

二、备案内容

项目备案内容包括项目基本情况、规模、位置坐标、资金、工程量、成效分析和相关信息 7 方面 56 项内容，详见附件。

鉴于各地对以前各类项目指标的要求不同，备案内容采取逐步规范做法。2009 年 12 月 31 日前备案的项目可只填写项目基本情况、位置坐标、规模、资金和相关信息等 5 方面内容，其中位置坐标至少要填报中心点坐标；没有勘测定界的，要在补测后填报，并统一转换为 1980 年国家大地坐标系。2010 年 1 月 1 日以后备案的项目应填报全部内容。

三、备案方式

项目备案需通过“土地整理复垦开发项目信息报备系统”进行，实行即时直报，网络配号。填报的项目信息符合规定的，系统将自动生成全国唯一项目编号，作为各级国土资源部门确认项目、占补平衡等补充耕地的有效凭证。负责项目验收的国土资源部门为填报单位。填报备案信息需通过国土资源业务网（http://tdzl.mlr.gov 或 http：//10.255.4.51）或互联网“（http：//tdzl.mlr.gov.cn）”登录。

2009 年 1 月 1 日后验收的项目，以验收文号为准即时备案，不得跨年度。储备项目以 2008 年 12 月 31 日以前的验收文号为准，于 2009 年 6 月 30 日前完成备案。未按备案内容要求填报或逾期填报的，备案系统将不予以确认。

四、备案责任

项目备案实行“谁备案、谁负责”制度。负责项目验收的国土资源部门为备案责任单位，对项目的真实性、合法性、合规性负责；备案信息负责人对信息来源的真实性和有效性、以及备案的及时性负责。省级国土资源部门为监督责任单位，负责对备案数据审核和监督检查，审核工作应在市、县备案后 2 个月内完成。项目备案信息必须真实准确，严禁弄虚作假。严格资金专款专用，严禁新增费等非占补平衡资金用于耕地占补平衡，违反规定的要按有关规定严肃处理。部将对备案项目实施不定期抽查。

省级国土资源部门要对 2009 年 6 月 30 日前备案的储备项目逐一进行核查，在信息系统中逐一确认，确保项目属于储备项目范围和数据准确。未通过省级核查确认的，不得用于占补平衡。

五、信息使用

从 2009 年 1 月 1 日起，向国务院和省级政府申请和备案建设用地，补充耕地方案必须填写已备案的耕地占补平衡项目编号、补充耕地数量等相关信息，落实先补后占，否则不予批准用地。资金混合使用项目，用于占补平衡的耕地面积按耕地开垦费和自行补充耕地资金占项目总投资的比例确定。

全年备案项目的新增耕地总量作为考核补充耕地计划完成情况的依据，按土地利用计划考核评估办法实施奖惩。项目备案工作与部土地“批、供、用、补、查”综合监管工作联动，作为权重之一实施奖惩。

六、备案要求

严格执行《测绘管理工作国家秘密范围的规定》（国测办字〔2003〕17号），涉及保密的信息，须加密后通过国土资源部业务网录入和传输；未连通国土资源业务网的，应采用报盘软件填报，加密后通过上级国土资源业务网传输。严格规范占补平衡项目管理，可研立项、规划设计、实施和验收等必须按照土地整理复垦开发项目管理程序和相关技术标准执行。严格遵守备案内容并轨时间，2009年立项的项目，要充分与备案内容衔接，保证备案内容如期并轨。

地方各级国土资源部门要高度重视对土地整理复垦开发项目信息备案工作。加强组织领导，确定专人负责信息填报和系统维护工作，保证必要的资金和设备。抓紧人员培训，积极制定配套办法和措施，确保项目备案制度的有效运行。

关于组织土地复垦方案编报和审查有关问题的通知

（2007年4月6日　国土资发〔2007〕81号）

各省、自治区、直辖市国土资源厅（国土环境资源厅、国土资源局、国土资源和房屋管理局、房屋土地资源管理局），解放军土地管理局，新疆生产建设兵团国土资源局：

为贯彻落实国务院七部委（局）下发的《关于加强生产建设项目土地复垦管理工作的通知》（国土资发〔2006〕225号，以下简称“七部委文件”）精神，加强土地复垦前期管理，做好生产建设项目土地复垦方案的编制、评审和报送审查工作，现就有关问题通知如下：

一、关于土地复垦方案的编制

凡已经或可能因挖损、塌陷、压占、污染等原因对土地造成破坏的生产建设项目（生产项目是指开采矿产资源、烧制砖瓦等项目；建设项目是指交通、水利、能源等项目），土地复垦义务人均应编制土地复垦方案。土地复垦方案分为“土地复垦方案报告书”和“土地复垦方案报告表”（内容及格式要求见附件1、2）。依法由国务院审批的建设用地项目和按有关规定由省级以上国土资源管理部门审批的采矿权项目，应编制报告书，之后填写报告表；其他生产建设项目可以根据实际情况直接编制报告表。

各有关国土资源管理部门要督促和指导土地复垦义务人按照本《通知》统一规定的土地复垦方案内容及格式要求，做好方案的编制工作。对已投产、已建成或正在建设尚未完工生产建设项目，要尽快补充编制土地复垦方案；新建、改扩建生产建设项目要在项目可行性研究或初步设计阶段完成编制工作。生产建设项目性质、规模、地点或所采用的生产工艺等发生重大变化的，复垦义务人应重新组织编制土地复垦方案。

土地复垦方案报告书的编制应当由具备省级以上有关部门核发的乙级以上水

土保持、生态环境工程等规划设计资质或具有从事土地复垦规划设计业绩的单位承担。土地复垦义务人和方案编制单位应对土地复垦方案进行严格论证，并对方案的真实性和科学性负责。

二、关于土地复垦方案的评审

新建、改扩建生产项目土地复垦方案按照采矿权审批权限，由具有相应审批权的国土资源管理部门在《矿产资源开发利用方案》审查前组织专家完成评审工作；已投产生产项目土地复垦方案，按照原采矿权审批权限，由原审批部门在矿产资源开发利用年度检查（以下简称“年检”）前组织专家完成评审工作。主管土地复垦业务的部门具体负责评审组织工作。

依法需报国务院批准建设用地的新建、改扩建建设项目土地复垦方案，应在申请用地前，由省级国土资源管理部门组织专家完成评审工作；正在建设尚未完工的建设项目土地复垦方案，由省级国土资源管理部门在项目竣工验收前组织专家完成评审工作。依法需报省级人民政府批准建设用地的建设项目土地复垦方案，应在申请用地前，由市级国土资源管理部门组织专家完成评审工作。组织评审的国土资源管理部门应对专家评审结论进行审核，并在“土地复垦方案评审表”（见附件3）上签署意见。自本《通知》下发之日起，经评审通过的土地复垦方案应作为建设用地申请、采矿权申请或年检的必备要件。

土地复垦方案评审重点为内容的真实性、合理性、科学性和可行性，主要包括：编制单位是否具有资格；方案内容和格式是否符合编制要求；土地复垦目标和任务确定是否合理；确定的复垦土地用途是否符合土地利用总体规划；土地利用现状和复垦面积、范围确定是否准确真实；被破坏土地的预测是否科学；复垦标准是否符合国家或地方有关要求和当地实际；方案是否尊重土地所有权或使用权人意愿；复垦工程及资金测算是否合理、是否基本满足实际要求并有可靠来源；复垦计划、措施是否可行等。

承担评审组织工作的国土资源管理部门要加强评审工作的组织领导，明确具有一定技术力量的单位具体承担评审工作，建立专家库。专家库成员应具有较高专业技术水平，分别涉及土地、水利、地矿、环境、财务等相关专业，并熟悉有关土地复垦法律法规和政策。

三、关于土地复垦方案的报送审查

自七部委文件下发之日（2006 年 9 月 30 日）起，生产建设项目已批准或正在编制的可行性研究报告和初步设计任务书应当包括土地复垦的内容，办理建设用地申请或采矿权申请手续时，应当按照本《通知》要求，随有关报批材料报送土地复垦方案。土地复垦方案在报送审查时，需提交土地复垦方案报告表（可不附图）和评审表。

新建、改扩建生产项目，土地复垦义务人应将土地复垦方案有关材料，按照矿产资源勘查登记、开采登记有关规定，随采矿登记申请资料一并报送有审批权的国土资源管理部门；对已投产生产项目，按照矿产开发利用年度检查有关要求，由复垦义务人随年检资料一并报送有关国土资源管理部门。

依法需报国务院批准建设用地的建设项目，按照国家规定的建设用地报批程序和要求，由省级国土资源管理部门将土地复垦方案有关材料，随建设用地“一书四方案”等有关申报材料一并报送国土资源部；报省级人民政府批准建设用地的建设项目，由市级国土资源管理部门随建设用地申报材料一并报送省级国土资源管理部门。对生产项目需要申请用地的，土地复垦方案有关材料应随建设用地申请材料一并报送有关国土资源管理部门。

各有关国土资源管理部门要严把土地复垦方案审查关，对方案是否经过专家评审，评审是否通过，对评审提出的意见是否已按要求修改等进行审查。对不符合要求的，不予报批建设用地、不发放采矿许可证或不予通过年检。

附件：略

四、增减挂钩

自然资源部关于印发《城乡建设用地增减挂钩节余指标跨省域调剂实施办法》的通知

（2018 年 7 月 30 日　自然资规〔2018〕4 号）

各省、自治区、直辖市自然资源主管部门：

为规范推进城乡建设用地增减挂钩节余指标跨省域调剂工作，根据《城乡建设用地增减挂钩节余指标跨省域调剂管理办法》（国办发〔2018〕16 号）规定，我部制定了《城乡建设用地增减挂钩节余指标跨省域调剂实施办法》。现予印发，请遵照执行。

城乡建设用地增减挂钩节余指标跨省域调剂实施办法

根据《城乡建设用地增减挂钩节余指标跨省域调剂管理办法》（国办发〔2018〕16 号）规定，特制定本办法。

一、节余指标调剂任务落实

（一）帮扶省份调入节余指标。帮扶省份省级人民政府根据国家下达的城乡建设用地增减挂钩节余指标（以下简称节余指标）跨省域调剂任务，于每年 11 月 30 日前将确认的调剂任务函告自然资源部（详见附件 1）。自然资源部汇总确认结果后函告财政部，并抄送国家土地督察机构。

帮扶省份自然资源主管部门会同相关部门开展调剂工作，使用调入节余指标进行建设的，应将建新方案通过自然资源部城乡建设用地增减挂钩在线监管系统（以下简称监管系统）备案。

（二）深度贫困地区所在省份调出节余指标。深度贫困地区所在省份（以下简称调出省份）省级人民政府根据国家下达的节余指标跨省域调剂任务，于每年11月30日前将能够调出的节余指标和涉及的资金总额函告自然资源部，并说明已完成验收情况，附具《增减挂钩节余指标跨省域调出申请表》（详见附件2，以下简称《申请表》）；暂未完成拆旧复垦验收的，应在完成验收后，及时填写《增减挂钩节余指标跨省域调出完成验收统计表》（详见附件3，以下简称《统计表》）报自然资源部。

自然资源部收到省级人民政府函告后，依据监管系统等，在10个工作日内对《申请表》或《统计表》完成核定，并将结果函复调出省份，抄送财政部、国家土地督察机构。

调出省份自然资源主管部门结合本地区实际，在函告前将调出节余指标任务明确到市、县。市、县自然资源主管部门编制拆旧复垦安置方案，由省级自然资源主管部门审批后，及时通过监管系统备案。

二、节余指标使用

（三）节余指标使用和再分配。自然资源部对节余指标调剂使用实行台帐管理，进行年度核算。帮扶省份超出国家下达调剂任务增加购买的节余指标，以及调出省份低于国家下达调剂任务减少调出的节余指标，与下一年度调剂任务合并，统筹分配到深度贫困地区。已确认的调入节余指标，帮扶省份可跨年度结转使用，也可与其它计划指标配合使用；已核定的调出节余指标，深度贫困地区满3年未完成拆旧复垦验收的，扣回未完成部分对应的调剂指标和资金。

（四）规范使用规划建设用地规模。帮扶省份调入节余指标增加的规划建设用地规模，以及调出省份调出节余指标减少的规划建设用地规模，应在监管系统中做好备案，作为国土空间规划编制中约束性指标调整的依据。

三、节余指标调剂监测监管

（五）强化实施监管责任。省级自然资源主管部门要加强对节余指标跨省域调剂工作的组织监管，并对拆旧复垦安置项目、建新项目以及备案信息的真实性、合法性负责。

帮扶省份要落实最严格的耕地保护制度和节约用地制度，合理安排跨省域调剂节余指标，尽量不占或少占优质耕地。深度贫困地区要充分尊重农民意愿，坚决杜绝强制拆建；要按照严格保护生态环境和历史文化风貌的要求，因地制宜开展拆旧复垦安置，防止盲目推进。

（六）健全日常监测监管制度。自然资源部对节余指标调剂任务完成情况定期开展监督检查评估，结果作为节余指标调剂任务安排的测算依据。国家土地督察机构要加强跟踪督察力度，各级自然资源主管部门要加强日常动态巡查，及时发现并督促纠正查处弄虚作假等违法违规行为。

本办法自印发之日起施行，有效期至2022年12月31日。

国土资源部关于严格规范城乡建设用地增减挂钩试点工作的通知

（2011 年 12 月 26 日 国土资发〔2011〕224 号）

各省、自治区、直辖市及计划单列市国土资源主管部门，新疆生产建设兵团国土资源局，各派驻地方的国家土地督察局，部机关各司局及有关直属事业单位：

为了全面贯彻落实《国务院关于严格规范城乡建设用地增减挂钩试点切实做好农村土地整治工作的通知》（国发〔2010〕47 号）精神，完善城乡建设用地增减挂钩（以下简称增减挂钩）制度政策，正确引导、严格规范增减挂钩试点工作，统筹促进城乡发展和新农村建设，现将有关事项通知如下：

一、充分认识严格规范增减挂钩试点工作的重要性

2006 年以来，部根据《国务院关于深化改革严格土地管理的决定》（国发〔2004〕28 号）提出的“鼓励农村建设用地整理，城镇建设用地增加要与农村建设用地减少相挂钩”的要求，组织开展了增减挂钩试点工作。几年来，试点地区在推进社会主义新农村建设中，结合农村新居建设和危旧房改造等，依据现阶段土地管理要求和城乡发展的实际，积极开展增减挂钩试点，探索统筹城乡建设用地整治和合理调整使用，有效促进了耕地保护和节约集约用地，有力推动了农业现代化和城乡统筹发展。

进一步认识增减挂钩试点的重大意义。根据土地利用总体规划、城乡规划并和新农村及各项建设规划相衔接，积极主动、严格规范地开展增减挂钩试点，是有效推进“三农”发展和城镇化的现实可靠的载体和抓手；是落实中央以城带乡、以工促农方针，统筹城乡发展的重要平台；是引导资源、技术和项目向农村流动，加快社会主义新农村建设的重要途径；是在保障工业化、城镇化、新农村发展中，优化城乡建设用地布局、推进节约集约用地、促进科学发展的重大举措；是严格保护耕地和提高耕地质量、促进耕地集约经营和发展现代农业的有效手段；是坚持家庭承包政策为基础，促进农民分工就业和增加收入的政策创新。

各地必须高度重视，积极宣传，正确引导，努力创造保障和促进开展增减挂钩试点的良好社会氛围。

正确把握基本要求。各地必须坚持以统筹城乡发展为导向，以促进耕地保护和农业现代化建设、促进农村小城镇和中心村及各业经济发展、促进农村生产生活条件改善和环境保护为目标，以切实维护农民权益、促进农民增收致富为出发点和落脚点，落实最严格的耕地保护和节约用地制度，坚持依法推动、规范运作、民主公开、量力而行。要坚决防止片面追求增加城镇建设用地指标的倾向，坚决防止擅自扩大增减挂钩试点规模，坚决防止侵害农民权益，确保增减挂钩试点健康有序推进。

二、统筹安排增减挂钩试点

统筹规划，有序推进。开展增减挂钩试点，要以土地利用总体规划确定的城镇建设用地范围内的城郊结合部新城区建设、近郊有条件乡村的小城镇和中心村建设、远郊有条件的集中民居新村建设为重点，统筹安排，确定增减挂钩试点的规模、布局、时序和项目，做好与城乡建设、基础设施布局、环境保护、产业发展等相关规划的协调衔接，以保障和促进农业增产、农民增收和农村发展。省级要编制好增减挂钩专项规划，并报部批准实施；市、县要编制好增减挂钩项目区实施方案，逐级上报省（区、市）审批，报部备案。今后，部批准增减挂钩试点，包括土地整治示范建设中的增减挂钩项目在内，将以地方增减挂钩规划、项目区实施方案编制和实施情况作为重要依据。

因地制宜，量力而行。开展增减挂钩试点，要与当地经济社会发展条件和水平相适应，与同步推进城镇化、工业化和农业现代化相协调，与新农村建设、社区管理、基础设施和产业布局等相配套。要以农民自愿且不额外增加农民负担为前提，通过用地结构调整和布局优化平衡项目区建设资金，支持小城镇和中心村新建新区发展经济，切实改善和提高农民生产生活条件。要选择基层组织凝聚力强、国土资源管理严格规范、各项基础业务扎实的地区开展试点工作。

三、严格把握增减挂钩试点条件

坚持严格审批、严控范围。开展增减挂钩试点，必须在符合土地利用总体规划和土地整治规划、纳入土地利用年度计划的前提下，经部批准。未经批准，不得以各种名义擅自开展增减挂钩和建设用地置换活动。农村内部乡村、村村挂钩推进小城镇和中心村建设的试点项目，也必须经省级人民政府批准，并控制在国家下达的增减挂钩指标内，纳入试点管理。

坚持严格标准、从严管理。已经开展增减挂钩试点的地区，要抓紧按照国发〔2010〕47号文件、《城乡建设用地增减挂钩试点和农村土地整治有关问题的处理意见》（国土资发〔2011〕80号）以及本通知的有关规定，在认真严肃整改存在问题的基础上，将试点项目上图入库，报部审定。对在国家下达增减挂钩指标外，自行开展增减挂钩或建设用地置换的，经严肃整改符合增减挂钩试点规范要求的，作出分年度核销指标的计划安排，报部审定后，逐年纳入增减挂钩试点管理。凡不符合试点规范要求且未开工的项目应一律撤销。

坚持项目管理、封闭运行。试点市、县国土资源部门要按照建新与拆旧相对应的原则设置项目区，合理确定拆旧建新规模和比例。严禁跨县级行政区域设置挂钩项目区。各地开展增减挂钩试点的范围和规模，必须严格控制在部下达的年度增减挂钩指标规模之内，严禁擅自扩大增减挂钩指标规模或循环使用计划指标。

四、切实维护农民土地合法权益

充分尊重农民主体地位。开展增减挂钩试点，必须充分尊重农民意愿，维护农村集体组织和农民的主体地位。确定增减挂钩项目，必须严格按照有关规定履行农村重大事项议事制度，依法听证、公示，凡涉及土地所有权、使用权、土地承包经营权等权属调整和利用分配的，必须先行确权登记；在土地互换和开发经营方式、旧房拆迁、新居建设等方面要提供多种选择；项目报批时，必须附具征求集体组织和农民意见情况、听证和公示相关材料，做到整治前农民愿意、整治中农民参与、整治后农民满意。凡集体组织和农民不同意的，不得强行开展。严禁强拆强建，严禁强迫农民住高楼。

确保收益返还农村。使用增减挂钩指标的土地出让净收益要及时全部返还用于改善农民生活条件和支持农村集体发展生产。农民新居和新村基础设施、公益事业建设所需资金，不得增加农民负担，主要应由增减挂钩指标调剂使用的收益平衡，让农民真正享受到增减挂钩试点带来的实惠。各省（区、市）要研究制定增减挂钩指标使用的土地出让收益管理办法，确定收益的来源、构成和分配，明确受益主体，规范收益分配和用途；要建立地价评估、资产审计机制，实行公示制度，确保收益返还和使用管理的公开、公平和公正。

加强农村集体土地权属管理。开展增减挂钩试点，必须按照明晰产权、维护权益的原则，做好土地确权登记。要按照确权在先的要求，对土地利用现状和权属状况进行调查、核实，做到地类和面积准确，界址和权属清楚。增减挂钩试点涉及的土地，原则上应维持原有土地权属不变；对土地互换的，要引导相关权利人本着互利互惠的原则，平等协商解决，有争议的要依法做好调处工作。对权属有争议又调处不能达成一致意见的，不得开展增减挂钩试点。增减挂钩试点实施后，要依法及时办理土地变更登记手续，发放土地权利证书及农村土地承包经营权证等，依法保障农民土地的用益物权。

五、规范增减挂钩试点管理

优先保障“三农”建设。增减挂钩拆旧腾出的农村建设用地，首先要复垦为耕地，并尽可能与周边耕地集中连片，实施水、路、林配套建设，确保复垦的耕地不低于建新占用的耕地数量质量，有条件的，应积极建设高标准基本农田。规划为建设用地的，要优先保证农民旧房改造、新居建设、环境建设、农村基础设施和公共服务配套设施建设以及农村非农产业发展用地。项目建新地块建设用地必须严格控制在批准下达的增减挂钩指标规模内。

严格增减挂钩项目考核。增减挂钩试点以项目区为主体组织实施，确保项目区实施后建设用地面积不扩大，耕地数量有增加、质量有提高。要加强复垦耕地的后期管护，确保复垦耕地有效利用。试点市、县要对增减挂钩指标的使用、拆旧复垦等情况负责，试点省级国土资源部门每年年底要对增减挂钩试点项目实施情况进行考核，考核结果作为安排下一年度增减挂钩指标的依据，考核不合格的必须限期整改，整改合格前，不得向项目所在市、县下达新的增减挂钩指标，不得安排新的增减挂钩项目。

强化增减挂钩试点全程管理。各试点地区要对增减挂钩指标的下达、使用和核销实行全程监管。各级国土资源主管部门要结合国土资源遥感监测“一张图”和综合监管平台建设，加强增减挂钩试点项目管理信息化建设；完善增减挂钩试点项目在线备案制度，对项目的批准和实施情况，要实时上图入库，并实行网络直报备案，向社会公示，自觉接受社会公众监督。

地方各级国土资源部门要切实加强对增减挂钩试点的组织管理，形成地方政府主导，国土资源主管部门搭建平台，相关部门积极参与、各司其职的责任机制，共同推进增减挂钩试点工作。试点地区国土资源主管部门要主动加强增减挂钩试点研究，注意总结土地制度创新和促进农村经济社会健康持续发展的典型经验和成功做法，探索新机制、新方法。各派驻地方的国家土地督察机构要加强监督检查。部将进一步加强政策调研和工作指导，及时研究解决工作中的问题，适时组织现场观摩，加强宣传引导，不断完善制度措施，保障增减挂钩试点健康有序推进。

此文件有效期为 6 年。

国土资源部关于印发《城乡建设用地增减挂钩试点管理办法》的通知

（2008 年 6 月 27 日　国土资发〔2008〕138 号）

第一条　为进一步加强和规范城乡建设用地增减挂钩试点工作，根据《国务院关于深化改革严格土地管理的决定》（国发〔2004〕28 号）的规定，制定本办法。

第二条　本办法所称城乡建设用地增减挂钩（以下简称挂钩）是指依据土地利用总体规划，将若干拟整理复垦为耕地的农村建设用地地块（即拆旧地块）和拟用于城镇建设的地块（即建新地块）等面积共同组成建新拆旧项目区（以下简称项目区），通过建新拆旧和土地整理复垦等措施，在保证项目区内各类土地面积平衡的基础上，最终实现增加耕地有效面积，提高耕地质量，节约集约利用建设用地，城乡用地布局更合理的目标。

第三条　挂钩试点工作应以落实科学发展观为统领，以保护耕地、保障农民土地权益为出发点，以改善农村生产生活条件，统筹城乡发展为目标，以优化用地结构和节约集约用地为重点。具体遵循以下原则：

（一）以规划统筹试点工作，引导城乡用地结构调整和布局优化，推进土地节约集约利用，促进城乡协调发展。

（二）以挂钩周转指标安排项目区建新拆旧规模，调控实施进度，考核计划目标；

（三）以项目区实施为核心，实行行政辖区和项目区建新拆旧双层审批、考核和管理，确保项目区实施后，增加耕地有效面积，提高耕地质量，建设用地总量不突破原有规模；

（四）因地制宜，统筹安排，零拆整建，先易后难，突出重点，分步实施；

（五）尊重群众意愿，维护集体和农户土地合法权益；

（六）以城带乡、以工促农，通过挂钩试点工作，改善农民生产、生活条件，促进农业适度规模经营和农村集体经济发展。

第四条 国土资源部负责对全国挂钩试点工作的政策指导、规模调控和监督检查；试点省（区、市）省级国土资源部门负责辖区内试点工作的总体部署和组织管理；试点市、县国土资源部门负责本行政区域内试点工作的具体组织实施。

挂钩试点工作应当由市、县人民政府组织协调，相关部门协同配合，共同推进。

第五条 挂钩试点工作实行行政区域和项目区双层管理，以项目区为主体组织实施。项目区应在试点市、县行政辖区内设置，优先考虑城乡结合部地区；项目区内建新和拆旧地块要相对接近，便于实施和管理，并避让基本农田；

项目区内建新地块总面积必须小于拆旧地块总面积，拆旧地块整理复垦耕地的数量、质量，应比建新占用耕地的数量有增加、质量有提高。

项目区内拆旧地块整理的耕地面积，大于建新占用的耕地的，可用于建设占用耕地占补平衡。

第六条 挂钩试点通过下达城乡建设用地增减挂钩周转指标（以下简称挂钩周转指标）进行。挂钩周转指标专项用于控制项目区内建新地块的规模，同时作为拆旧地块整理复垦耕地面积的标准。不得作为年度新增建设用地计划指标使用。

挂钩周转指标应在规定时间内用拆旧地块整理复垦的耕地面积归还，面积不得少于下达的挂钩周转指标。

第七条 挂钩试点市、县应当开展专项调查，查清试点地区土地利用现状、权属、等级，分析试点地区农村建设用地整理复垦潜力和城镇建设用地需求，了解当地群众的生产生活条件和建新拆旧意愿。

第八条 挂钩试点市、县应当依据土地利用总体规划和专项调查，编制挂钩试点专项规划，统筹安排挂钩试点项目区规模布局，做好与城市、村镇规划等的衔接。

第九条 挂钩试点县（区、市）应依据专项调查和挂钩试点专项规划，编制项目区实施规划，统筹确定城镇建设用地增加和农村建设用地撤并的规模、范围和布局，合理安排建新区城镇村建设用地的比例，优先保证被拆迁农民安置和农村公共设施建设用地，并为当地农村集体经济发展预留空间。

项目区实施规划内容主要包括农村建设用地整理复垦潜力分析，项目区规模与范围，土地利用结构调整等情况；项目区实施时序，周转指标规模及使用、归还计划；拆旧区整理复垦和安置补偿方案；资金预算与筹措等，以及项目区土地利用现状图和项目区实施规划图。

第十条 挂钩试点工作必须经国土资源部批准，未经批准不得自行开展试点工作。

省级国土资源部门制定试点工作总体方案，向国土资源部提出开展挂钩试点工作申请。国土资源部对省级国土资源部门上报的试点工作总体方案进行审查，并批准挂钩试点省份。

经批准的试点省级国土资源部门，依据试点工作总体方案，组织市、县国土资源部门编制项目区实施规划，并进行审查，建立项目区备选库；根据项目区入库情况，向国土资源部提出周转指标申请。

国土资源部在对项目区备选库进行核查的基础上，按照总量控制的原则，批准下达挂钩周转指标规模。

第十一条 挂钩试点应当具备以下条件：

（一）建设用地供需矛盾突出，农村建设用地整理复垦潜力较大；

（二）当地政府重视，群众积极性较高；

（三）经济发展较快，具备较强的经济实力，能确保建新安置和拆旧整理所需资金；

（四）土地管理严格规范，各项基础业务扎实，具有较强制度创新和探索能力。

第十二条 试点省（区、市）应根据国土资源部批准下达的挂钩周转指标规模，在项目区备选库中择优确定试点项目区，对项目区实施规划和建新拆旧进行整体审批，不再单独办理农用地转用审批手续。整体审批结果报国土资源部备案。

项目区经整体审批后方可实施，未经整体审批的项目区，不得使用挂钩周转指标；未纳入项目区、无挂钩周转指标的地块，不得改变土地用途，涉及农用地改变为新增建设用地的应依法办理农用地转用手续。

第十三条 项目区实施前，应当对建新拟占用的农用地和耕地，进行面积测量和等级评定，并登记入册。

第十四条 挂钩试点实施过程中，项目区拆旧地块整理要严格执行土地整理复垦的有关规定，涉及工程建设的，应当执行项目法人制、招投标制、工程监理制、公告制等制度。

第十五条 挂钩周转指标分别以行政区域和项目区为考核单位，两者建新地块的面积规模都不得突破下达的挂钩周转指标规模。对各项目区挂钩周转指标的使用情况，要独立进行考核和管理；对试点市、县挂钩周转指标的使用情况，要综合行政辖区内的所有项目区进行整体考核和管理。

试点市、县国土资源部门应按照“总量控制、封闭运行、定期考核、到期归还”的原则，制定建立挂钩周转指标管理台账，对挂钩周转指标的下达、使用和归还进行全程监管。

挂钩周转指标从项目区整体审批实施至指标归还的期限一般不超过三年。项目区要制定分年度指标归还计划，试点市、县国土资源部门督促落实指标归还进度；试点省级国土资源部门每年应依据指标归还计划，对各试点市、县挂钩周转指标归还情况进行考核验收。

第十六条 项目区建新地块要按照国家供地政策和节约集约用地要求供地和用地。确需征收的集体土地，应依法办理土地征收手续。

通过开展土地评估、界定土地权属，按照同类土地等价交换的原则，合理进行土地调整、互换和补偿。根据“依法、自愿、有偿、规范”的要求，探索集体建设用地流转，创新机制，促进挂钩试点工作。

第十七条 项目区选点布局应当举行听证、论证，充分吸收当地农民和公众意见，严禁违背农民意愿，大拆大建；项目区实施过程中，涉及农用地或建设用地调整、互换，要得到集体经济组织和农民确认。涉及集体土地征收的，要实行告知、听证和确认，对集体和农民妥善给予补偿和安置。

建新地块实行有偿供地所得收益，要用于项目区内农村和基础设施建设，并按照城市反哺农村、工业反哺农业的要求，优先用于支持农村集体发展生产和农民改善生活条件。

第十八条 市、县国土资源部门对挂钩试点工作要实行动态监管，每半年将试点进展情况向上级国土资源部门报告；省级国土资源部门应定期对本行政辖区试点工作进行检查指导，并于每年年底组织开展年度考核，考核情况报国土资源部备案。

第十九条 项目区实施完成后，由试点县级国土资源部门进行初验。初验合格后，向上一级国土资源部门申请，由省级国土资源部门组织正式验收，并将验收结果报部备案。

项目区验收时，需提供1：10000或更大比例尺的项目区土地利用现状图和必要的遥感影像资料，与项目区实施前的图件资料进行比对和核查。

第二十条 项目区竣工验收后，要在规定的时间内完成地籍调查和土地变更调查，明确地块界址，并依法办理土地变更登记手续。

第二十一条 试点各级国土资源部门应运用计算机等手段，对建新拆旧面积、周转指标、土地权属等进行登记、汇总，建立项目区数据库，加强信息化管理。

第二十二条 国土资源部定期对试点工作进行检查，对未能按计划及时归还指标的省（区、市），要限期整改，情节严重的，暂停挂钩试点工作；对于擅自扩大试点范围，突破下达周转指标规模，停止该省（区、市）的挂钩试点工作，并相应扣减土地利用年度计划指标。

第二十三条 试点省（区、市）可结合本地区实际情况，参照本办法，制定具体实施办法。

第二十四条 本办法自颁布之日起实施。

五、宅基地及集体建设用地

国土资源部住房城乡建设部关于印发《利用集体建设用地建设租赁住房试点方案》的通知

（2017 年 8 月 21 日　国土资发〔2017〕100 号）

北京、辽宁、上海、江苏、浙江、安徽、福建、河南、湖北、广东、四川省（市）国土资源主管部门、住房城乡建设主管部门：

为增加租赁住房供应，缓解住房供需矛盾，构建购租并举的住房体系，建立健全房地产平稳健康发展长效机制，国土资源部会同住房城乡建设部根据地方自愿，确定第一批在北京、上海、沈阳、南京、杭州、合肥、厦门、郑州、武汉、广州、佛山、肇庆、成都等 13 个城市开展利用集体建设用地建设租赁住房试点，制定了《利用集体建设用地建设租赁住房试点方案》，现印发给你们，请指导、督促各有关城市认真执行。

利用集体建设用地建设租赁住房试点方案

利用集体建设用地建设租赁住房，可以增加租赁住房供应，缓解住房供需矛盾，有助于构建购租并举的住房体系，建立健全房地产平稳健康发展长效机制；有助于拓展集体土地用途，拓宽集体经济组织和农民增收渠道；有助于丰富农村土地管理实践，促进集体土地优化配置和节约集约利用，加快城镇化进程。按照中央有关精神，结合当前管理工作实际，制定本试点方案。

一、总体要求

（一）指导思想。全面贯彻党的十八大和十八届三中、四中、五中、六中全会精神，深入学习贯彻习近平总书记系列重要讲话精神，紧紧围绕统筹推进“五位一体”总体布局和协调推进“四个全面”战略布局，牢固树立创新、协调、绿色、开放、共享的发展理念，按照党中央、国务院决策部署，牢牢把握“房子是用来住的，不是用来炒的”定位，以构建购租并举的住房体系为方向，着力构建城乡统一的建设用地市场，推进集体土地不动产登记，完善利用集体建设用地建设租赁住房规则，健全服务和监管体系，提高存量土地节约集约利用水平，为全面建成小康社会提供用地保障，促进建立房地产平稳健康发展长效机制。

（二）基本原则。把握正确方向。坚持市场经济改革方向，发挥市场配置资源的决定性作用，注重与不动产统一登记、培育和发展住房租赁市场、集体经营性建设用地入市等改革协同，加强部门协作，形成改革合力。

保证有序可控。政府主导，审慎稳妥推进试点。项目用地应当符合城乡规划、土地利用总体规划及村土地利用规划，以存量土地为主，不得占用耕地，增加住房有效供给。以满足新市民合理住房需求为主，强化监管责任，保障依法依规建设、平稳有序运营，做到供需匹配。

坚持自主运作。尊重农民集体意愿，统筹考虑农民集体经济实力，以具体项目为抓手，合理确定项目运作模式，维护权利人合法权益，确保集体经济组织自愿实施、自主运作。

提高服务效能。落实“放管服”要求，强化服务意识，优化审批流程，降低交易成本，提升服务水平，提高办事效率，方便群众办事。

（三）试点目标。通过改革试点，在试点城市成功运营一批集体租赁住房项目，完善利用集体建设用地建设租赁住房规则，形成一批可复制、可推广的改革成果，为构建城乡统一的建设用地市场提供支撑。

（四）试点范围。按照地方自愿原则，在超大、特大城市和国务院有关部委批准的发展住房租赁市场试点城市中，确定租赁住房需求较大，村镇集体经济组织有建设意愿、有资金来源，政府监管和服务能力较强的城市（第一批包括北京市，上海市，辽宁沈阳市，江苏南京市，浙江杭州市，安徽合肥市，福建厦门市，河南郑州市，湖北武汉市，广东广州市、佛山市、肇庆市，四川成都市），开展利用集体建设用地建设租赁住房试点。

除北京、上海外，由省级国土资源主管部门和住房城乡建设主管部门汇总本辖区计划开展试点城市的试点实施方案，报国土资源部和住房城乡建设部批复后启动试点。

二、试点内容

（一）完善试点项目审批程序。试点城市应当梳理项目报批（包括预审、立项、规划、占地、施工）、项目竣工验收、项目运营管理等规范性程序，建立快速审批通道。健全集体建设用地规划许可制度，推进统一规划、统筹布局、统一管理，统一相关建设标准。试点项目区域基础设施完备，医疗、教育等公共设施配套齐全，符合城镇住房规划设计有关规范。

（二）完善集体租赁住房建设和运营机制。村镇集体经济组织可以自行开发运营，也可以通过联营、入股等方式建设运营集体租赁住房。兼顾政府、农民集体、企业和个人利益，理清权利义务关系，平衡项目收益与征地成本关系。完善合同履约监管机制，土地所有权人和建设用地使用权人、出租人和承租人依法履行合同和登记文件中所载明的权利和义务。

（三）探索租赁住房监测监管机制。集体租赁住房出租，应遵守相关法律法规和租赁合同约定，不得以租代售。承租的集体租赁住房，不得转租。探索建立租金形成、监测、指导、监督机制，防止租金异常波动，维护市场平稳运行。国土资源、住房城乡建设部门应与相关部门加强协作、各负其责，在建设用地使用权登记、房屋所有权登记、租赁备案、税务、工商等方面加强联动，构建规范有序的租赁市场秩序。

（四）探索保障承租人获得基本公共服务的权利。承租人可按照国家有关规定凭登记备案的住房租赁合同依法申领居住证，享受规定的基本公共服务。有条件的城市，要进一步建立健全对非本地户籍承租人的社会保障机制。

三、组织实施

（一）加强组织保障。国土资源部和住房城乡建设部共同部署试点。省级国土资源主管部门和住房城乡建设主管部门负责试点工作的督促、检查和指导。城市政府全面负责试点组织领导工作，制定试点工作规则和组织实施方案，建立试点协调决策机构。各地区各有关部门要加强协调配合，稳妥有序推进试点。

（二）推进试点实施。

1. 编制实施方案。试点城市根据本方案编制实施方案，经省级国土资源主管部门和住房城乡建设主管部门汇总后，2017 年 11 月底前报国土资源部和住房城乡建设部批复。

2. 试点实施、跟踪及总结。省级国土资源主管部门和住房城乡建设主管部门负责试点工作的督促、检查和指导，及时研究解决试点中存在的问题。

2019 年 11 月，省级国土资源主管部门和住房城乡建设主管部门组织开展试点中期评估，形成评估报告报国土资源部和住房城乡建设部。

2020 年底前，省级国土资源主管部门和住房城乡建设主管部门总结试点工作，总结报告报国土资源部和住房城乡建设部。

（三）强化指导监督。各地区各有关部门要按照职责分工，加强对试点工作的指导监督，依法规范运行。要加强分类指导，尊重基层首创精神，健全激励和容错纠错机制，允许进行差别化探索，切实做到封闭运行、风险可控，发现问题及时纠偏。

（四）做好宣传引导。试点地区要加强对试点工作的监督管理，密切关注舆情动态，妥善回应社会关切，重大问题及时报告。

国土资源部、水利部关于农村饮水安全工程建设用地管理有关问题的通知

（2012 年 1 月 17 日　国土资发〔2012〕10 号）

各省、自治区、直辖市国土资源主管部门、水利（水务）厅局，新疆生产建设兵团国土资源局、水利局，各派驻地方的国家土地督察局：

解决农村饮水安全问题，是当前农民最关心、最直接、最现实的利益问题之一，是实现全面建设小康社会、构建社会主义和谐社会的重要内容，也是当前统筹城乡发展、建设社会主义新农村的一项重大民生工程。为贯彻落实《中共中央国务院关于加快水利改革发展的决定》（中发〔2011〕1 号）提出的“制定支持农村饮水安全工程建设的用地政策，确保土地供应”的规定精神，经研究，现就做好农村饮水安全工程建设用地管理有关问题通知如下：

一、农村饮水安全工程建设涉及项目用地（以下简称“饮水项目用地”）应遵循保障民生、依法合规、节约用地、简化程序的原则，确保农村饮水安全工程建设土地供应，切实保障农村饮水安全工程建设顺利实施，让广大农村群众尽早喝上放心水。

二、农村饮水安全工程是农村的一项公益性基础设施，各地要结合新一轮规划修编，将其用地纳入土地利用总体规划，并列入县（市、区）年度新增建设用地计划。

三、农村饮水安全工程建设要尽可能利用农村现有存量建设用地，充分挖掘农村建设用地潜力，不用或少用新增建设用地。确需使用新增建设用地的，应根据工程总体布置方案，尽量利用荒山荒坡等未利用地，少占或不占农用地，严格控制占有耕地，不得占用基本农田。

四、饮水项目选址在土地利用总体规划确定的城镇建设用地范围外的，原则上依法使用集体土地，不实行征收，但日供水千吨万人以上饮水项目用地也可实行征收。不实行征收的，必须就用地补偿与农村集体经济组织协商，达成一致；涉及新增建设用地的，应依法办理农用地转用审批手续；占用耕地的，由村集体

经济组织落实补充耕地。

五、饮水项目选址在土地利用总体规划确定的城镇建设用地范围内的，应使用国有建设用地，按规定以划拨方式取得。涉及农用地转用和土地征收的，依法办理农用地转用和土地征收手续。

六、饮水项目用地农用地转用和土地征收审批，可由县级人民政府组织，一年一次性打捆，比照单独选址建设项目用地申报，报有审批权一级人民政府批准。涉及缴纳新增建设用地有偿使用费的，按规定缴纳。

七、饮水项目用地要严格控制规模，节约集约，并防止以饮水安全为名进行其他项目建设。涉及土地征收的，要同地同价，做好征地补偿安置工作；占用集体土地的，要进行合理补偿，群众没有不同意见。

八、省级国土资源部门要按照本通知要求和有关规定，制定饮水项目用地报批具体操作办法，简化报批手续，缩短报批周期；制定占用集体土地补偿的指导意见，县级国土资源部门抓好落实，保障集体经济组织和农民合法权益。

九、地方各级水利部门要编制好农村饮水安全工程建设规划，提前提出用地需求，统筹安排好各项目资金；要密切与国土资源部门沟通，加强协作，切实做好农村饮水安全工程建设用地有关工作，促进农村饮水安全工程顺利建设。

国土资源部关于进一步完善农村宅基地管理制度切实维护农民权益的通知

（2010年3月2日　国土资发〔2010〕28号）

各省、自治区、直辖市国土资源厅（国土环境资源厅、国土资源局、国土资源和房屋管理局、规划和国土资源管理局），副省级城市国土资源行政主管部门，各派驻地方的国家土地督察局：

规范农村宅基地管理，对于统筹城乡发展，促进节约集约用地，维护农民的合法权益，推进社会主义新农村建设，保持农村社会稳定和经济可持续发展具有重要意义。为贯彻落实中央有关要求，现就进一步完善农村宅基地管理制度，切实维护农民权益的有关问题通知如下：

一、加强规划计划控制引导，合理确定村庄宅基地用地布局规模

（一）加强农村住宅建设用地规划计划控制。根据新农村建设的需要，省级国土资源行政管理部门要统筹安排并指导市、县国土资源行政管理部门，结合新一轮乡（镇）土地利用总体规划修编，组织编制村土地利用规划，报县级人民政府审批。在县级土地利用总体规划确定的城镇建设扩展边界内的村土地利用规划，要与城镇规划相衔接，合理划定农民住宅建设用地范围；在土地利用总体规划确定的城镇建设扩展边界外的村庄，县级国土资源管理部门要在摸清宅基地利用现状和用地需求的基础上，以乡（镇）土地利用总体规划和村土地利用规划为控制，组织编制村庄宅基地现状图、住宅建设用地规划图和宅基地需求预测十年计划表（即“两图一表”），制定完善宅基地申请审批制度，张榜公布，指导农民住宅建设按规划、有计划、规范有序进行。

（二）科学确定农村居民点用地布局和规模。市、县在新一轮土地利用总体规划修编中，要按照城乡一体化的要求，结合城镇规划，合理确定土地利用总体规划划定的城镇建设扩展边界内的城郊、近郊农村居民点用地布局，严格控制建设用地规模，防止出现新的“城中村”。对土地利用总体规划确定的城镇建设扩

展边界外的村庄，要结合县域镇村体系规划、新农村发展规划和产业规划，在乡（镇）土地利用总体规划中合理确定保留、调整和重点发展的农村居民点用地，统筹农村公益事业、基础设施、生活、生态、生产用地需求，合理确定中心村和新村建设用地规模，指导农民住宅和村庄建设按规划有序进行。

（三）改进农村宅基地用地计划管理方式。新增农村宅基地建设用地应纳入土地利用年度计划，各地在下达年度土地利用计划指标时应优先安排农村宅基地用地计划指标，切实保障农民住宅建设合理用地需求。占用耕地的，必须依法落实占补平衡。农村建设用地计划指标应结合农村居民点布局和结构调整，重点用于小城镇和中心村建设，控制自然村落无序扩张。

二、严格标准和规范，完善宅基地管理制度

（四）严格宅基地面积标准。宅基地是指农民依法取得的用于建造住宅及其生活附属设施的集体建设用地，“一户一宅”是指农村居民一户只能申请一处符合规定面积标准的宅基地。各地要结合本地资源状况，按照节约集约用地的原则，严格确定宅基地面积标准。要充分发挥村自治组织依法管理宅基地的职能。加强对农村宅基地申请利用的监管。农民新申请的宅基地面积，必须控制在规定的标准内。

（五）合理分配宅基地。土地利用总体规划确定的城镇建设扩展边界内的城郊、近郊农村居民点用地，原则上不再进行单宗分散的宅基地分配，鼓励集中建设农民新居。土地利用总体规划确定的城镇建设扩展边界外的村庄，要严格执行一户只能申请一处符合规定面积标准的宅基地的政策。经济条件较好、土地资源供求矛盾突出的地方，允许村自治组织对新申请宅基地的住户开展宅基地有偿使用试点。试点方案由村自治组织通过村民会议讨论提出，经市、县国土资源管理部门审核报省级国土资源管理部门批准实施，接受监督管理。

（六）规范宅基地审批程序。各地要根据实施土地利用总体规划和规范农民建房用地的需要，按照公开高效、便民利民的原则，规范宅基地审批程序。在土地利用总体规划确定的城镇建设扩展边界内，县（市）要统筹安排村民住宅建设用地。在土地利用总体规划确定的城镇建设扩展边界外，已经编制完成村土地利用规划和宅基地需求预测十年计划表的村庄，可适当简化审批手续。使用村内原有建设用地的，由村申报、乡（镇）审核，批次报县（市）批准后，由乡（镇）国土资源所逐宗落实到户；占用农用地的，县（市）人民政府于每年年初

一次性向省、自治区、直辖市人民政府或省级人民政府授权的设区的市、自治州申请办理农用地转用审批手续，经依法批准后，由乡（镇）国土资源所逐宗落实到户，落实情况按年度向省（区、市）国土资源管理部门备案。

宅基地审批应坚持实施“三到场”。接到宅基地用地申请后，乡（镇）国土资源所或县（市）国土资源管理部门要组织人员到实地审查申请人是否符合条件、拟用地是否符合规划和地类等。宅基地经依法批准后，要到实地丈量批放宅基地，明确建设时间并受理农民宅基地登记申请。村民住宅建成后，要到实地检查是否按照批准的面积和要求使用土地，符合规定的方可办理土地登记，发放集体建设用地使用权证。

（七）依法维护农民宅基地的取得权。农民申请宅基地的，乡（镇）、村应及时进行受理审查，对符合申请条件，且经公示无异议的，应及时按程序上报。县（市）人民政府对符合宅基地申请条件的，必须在规定时间内批准，不得拖延和拒绝。各地县（市）人民政府要建立健全农民宅基地申报、审批操作规范，并根据本地区季节性特点和农民住宅建设实际，明确宅基地申请条件和各环节办理时限要求，向社会公开，接受社会监督，切实维护农民依法取得宅基地的正当权益。

（八）加强农村宅基地确权登记发证和档案管理工作。各地要按照相关规定，依法加快宅基地确权登记发证，妥善处理宅基地争议。要摸清宅基地底数，掌握宅基地使用现状，并登记造册，建立健全宅基地档案及管理制度，做到变更一宗，登记一宗。要积极建立农村宅基地动态管理信息系统，实现宅基地申请、审批、利用、查处信息上下连通、动态管理、公开查询。

三、探索宅基地管理的新机制，落实最严格的节约用地制度

（九）严控总量盘活存量。要在保障农民住房建设用地基础上，严格控制农村居民点用地总量，统筹安排各类建设用地。农民新建住宅应优先利用村内空闲地、闲置宅基地和未利用地，凡村内有空闲宅基地未利用的，不得批准新增建设用地。鼓励通过改造原有住宅，解决新增住房用地。各地要根据地方实际情况制定节约挖潜、盘活利用的具体政策措施。

（十）逐步引导农民居住适度集中。有条件的地方可根据土地利用规划、城乡一体化的城镇建设发展规划，结合新农村建设，本着量力而行、方便生产、改善生活的原则，因地制宜、按规划、有步骤的推进农村居民点撤并整合和小城

镇、中心村建设，引导农民居住建房逐步向规划的居民点自愿、量力、有序的集中。对因撤并需新建或改扩建的小城镇和中心村，要加大用地计划、资金的支持。对近期规划撤并的村庄，不再批准新建、改建和扩建住宅，应向规划的居民点集中。

（十一）因地制宜地推进“空心村”治理和旧村改造。各地要结合新农村建设，本着提高村庄建设用地利用效率、改善农民生产生活条件和维护农民合法权益的原则，指导有条件的地方积极稳妥地开展“空心村”治理和旧村改造，完善基础设施和公共设施。对治理改造中涉及宅基地重划的，要按照新的规划，统一宅基地面积标准。对村庄内现有各类建设用地进行调整置换的，应对土地、房屋价格进行评估，在现状建设用地边界范围内进行；在留足村民必需的居住用地（宅基地）前提下，其他土地可依法用于发展二、三产业，但不得用于商品住宅开发。

四、加强监管，建立宅基地使用和管理新秩序

（十二）建立宅基地管理动态巡查和责任追究制度。县（市）、乡（镇）国土资源管理部门要建立健全农村宅基地管理动态巡查制度，切实做到对宅基地违法违规行为早发现、早制止、早报告、早查处。县市国土资源执法监察机构和乡镇国土资源所是农村宅基地动态巡查工作的实施主体，对动态巡查负直接责任。建立动态巡查责任追究制度，对巡查工作不到位、报告不及时、制止不得力的要追究有关责任人的责任。

（十三）建立共同责任机制。市县、乡镇国土资源管理部门应当与市、县有关部门、乡镇政府、村自治组织建立依法管理宅基地的共同责任机制，建立农村宅基地监督管理制度，落实工作责任，形成执法监管合力，共同遏制违法占地建住宅的行为。

（十四）依法查处乱占行为。各地要认真负责依法查处宅基地使用中的违法行为。对未经申请和批准或违反规划计划管理占用土地建住宅的，应当限期拆除、退还土地并恢复原状。对超过当地规定面积标准的宅基地，经依法处置后，按照《关于进一步加快宅基地使用权登记发证工作的通知》（国土资发〔2008〕146 号）要求予以登记的，村集体组织可对确认超占的面积实施有偿使用。对一户违法占有两处宅基地的，核实后应收回一处。

（十五）加强指导，不断研究解决新情况新问题。各地务必从实际出发，切

实加强对宅基地管理工作的指导，抓紧落实通知要求的各项措施，尽快研究制定符合本地实际的具体政策规定。同时要深入调研宅基地管理中的倾向性、苗头性的问题，主动采取措施解决，并及时上报，确保各项政策措施的落实。各派驻地方的国家土地督察局要加强对督察区域内农民宅基地审批与管理情况的监督，确保农民合法居住权益得到保障。

国土资源部印发《关于加强农村宅基地管理的意见》的通知

（2004 年 11 月 2 日　国土资发〔2004〕234 号）

各省、自治区、直辖市国土资源厅（国土环境资源厅、国土资源和房屋管理局、房屋土地资源管理局、规划和国土资源局），解放军土地管理局，新疆生产建设兵团国土资源局：

为认真贯彻落实《国务院关于深化改革严格土地管理的决定》（国发〔2004〕28 号，以下简称《决定》）精神，切实加强农村宅基地管理，部制定了《关于加强农村宅基地管理的意见》，并经第 9 次部务会议讨论通过，现予印发，请各地认真贯彻执行。

各省、自治区、直辖市国土资源管理部门要按照《决定》精神和本意见的要求，结合本地实际，抓紧制定和完善农村宅基地管理的具体办法，于 2005 年 3 月底前报部备案。

关于加强农村宅基地管理的意见

为切实落实《国务院关于深化改革严格土地管理的决定》（国发〔2004〕28 号），进一步加强农村宅基地管理，正确引导农村村民住宅建设合理、节约使用土地，切实保护耕地，现提出以下意见：

一、严格实施规划，从严控制村镇建设用地规模

（一）抓紧完善乡（镇）土地利用总体规划。各地要结合土地利用总体规划修编工作，抓紧编制完善乡（镇）土地利用总体规划，按照统筹安排城乡建设用地的总要求和控制增量、合理布局、集约用地、保护耕地的总原则，合理确定小城镇和农村村民点的数量、布局、范围和用地规模。经批准的乡（镇）土地

利用总体规划，应当予以公告。

国土资源管理部门要积极配合有关部门，在已确定的村镇建设用地范围内，做好村镇建设规划。

（二）按规划从严控制村镇建设用地。各地要采取有效措施，引导农村村民住宅建设按规划、有计划地逐步向小城镇和中心村集中。对城市规划区内的农村村民住宅建设，应当集中兴建村民住宅小区，防止在城市建设中形成新的“城中村”，避免“二次拆迁”。对城市规划区范围外的农村村民住宅建设，按照城镇化和集约用地的要求，鼓励集中建设农民新村。在规划撤并的村庄范围内，除危房改造外，停止审批新建、重建、改建住宅。

（三）加强农村宅基地用地计划管理。农村宅基地占用农用地应纳入年度计划。省（区、市）在下达给各县（市）用于城乡建设占用农用地的年度计划指标中，可增设农村宅基地占用农用地的计划指标。农村宅基地占用农用地的计划指标应和农村建设用地整理新增加的耕地面积挂钩。县（市）国土资源管理部门对新增耕地面积检查、核定后，应在总的年度计划指标中优先分配等量的农用地转用指标用于农民住宅建设。

省级人民政府国土资源管理部门要加强对各县（市）农村宅基地占用农用地年度计划执行情况的监督检查，不得超计划批地。各县（市）每年年底应将农村宅基地占用农用地的计划执行情况报省级人民政府国土资源管理部门备案。

二、改革和完善宅基地审批制度，规范审批程序

（四）改革和完善农村宅基地审批管理办法。各省（区、市）要适应农民住宅建设的特点，按照严格管理，提高效率，便民利民的原则，改革农村村民建住宅占用农用地的审批办法。各县（市）可根据省（区、市）下达的农村宅基地占用农用地的计划指标和农村村民住宅建设的实际需要，于每年年初一次性向省（区、市）或设区的市、自治州申请办理农用地转用审批手续，经依法批准后由县（市）按户逐宗批准供应宅基地。

对农村村民住宅建设利用村内空闲地、老宅基地和未利用土地的，由村、乡（镇）逐级审核，批量报县（市）批准后，由乡（镇）逐宗落实到户。

（五）严格宅基地申请条件。坚决贯彻“一户一宅”的法律规定。农村村民一户只能拥有一处宅基地，面积不得超过省（区、市）规定的标准。各地应结合本地实际，制定统一的农村宅基地面积标准和宅基地申请条件。不符合申请条

件的不得批准宅基地。

农村村民将原有住房出卖、出租或赠与他人后，再申请宅基地的，不得批准。

（六）规范农村宅基地申请报批程序。农村村民建住宅需要使用宅基地的，应向本集体经济组织提出申请，并在本集体经济组织或村民小组张榜公布。公布期满无异议的，报经乡（镇）审核后，报县（市）审批。经依法批准的宅基地，农村集体经济组织或村民小组应及时将审批结果张榜公布。

各地要规范审批行为，健全公开办事制度，提供优质服务。县（市）、乡（镇）要将宅基地申请条件、申报审批程序、审批工作时限、审批权限等相关规定和年度用地计划向社会公告。

（七）健全宅基地管理制度。在宅基地审批过程中，乡（镇）国土资源管理所要做到"三到场"。即：受理宅基地申请后，要到实地审查申请人是否符合条件、拟用地是否符合规划等；宅基地经依法批准后，要到实地丈量批放宅基地；村民住宅建成后，要到实地检查是否按照批准的面积和要求使用土地。各地一律不得在宅基地审批中向农民收取新增建设用地土地有偿使用费。

（八）加强农村宅基地登记发证工作。市、县国土资源管理部门要加快农村宅基地土地登记发证工作，做到宅基地土地登记发证到户，内容规范清楚，切实维护农民的合法权益。要加强农村宅基地的变更登记工作，变更一宗，登记一宗，充分发挥地籍档案资料在宅基地监督管理上的作用，切实保障"一户一宅"法律制度的落实。要依法、及时调处宅基地权属争议，维护社会稳定。

三、积极推进农村建设用地整理，促进土地集约利用

（九）积极推进农村建设用地整理。县市和乡（镇）要根据土地利用总体规划，结合实施小城镇发展战略与"村村通"工程，科学制定和实施村庄改造、归并村庄整治计划，积极推进农村建设用地整理，提高城镇化水平和城镇土地集约利用水平，努力节约使用集体建设用地。农村建设用地整理，要按照"规划先行、政策引导、村民自愿、多元投入"的原则，按规划、有计划、循序渐进、积极稳妥地推进。

（十）加大盘活存量建设用地力度。各地要因地制宜地组织开展"空心村"和闲置宅基地、空置住宅、"一户多宅"的调查清理工作。制定消化利用的规划、计划和政策措施，加大盘活存量建设用地的力度。农村村民新建、改建、扩

建住宅，要充分利用村内空闲地、老宅基地以及荒坡地、废弃地。凡村内有空闲地、老宅基地未利用的，不得批准占用耕地。利用村内空闲地、老宅基地建住宅的，也必须符合规划。对“一户多宅”和空置住宅，各地要制定激励措施，鼓励农民腾退多余宅基地。凡新建住宅后应退出旧宅基地的，要采取签订合同等措施，确保按期拆除旧房，交出旧宅基地。

（十一）加大对农村建设用地整理的投入。对农民宅基地占用的耕地，县（市）、乡（镇）应组织村集体经济组织或村民小组进行补充。省（区、市）及市、县应从用于农业土地开发的土地出让金、新增建设用地土地有偿使用费、耕地开垦费中拿出部分资金，用于增加耕地面积的农村建设用地整理，确保耕地面积不减少。

四、加强法制宣传教育，严格执法

（十二）加强土地法制和国策的宣传教育。各级国土资源管理部门要深入持久地开展宣传教育活动，广泛宣传土地国策国情和法规政策，提高干部群众遵守土地法律和珍惜土地的意识，增强依法管地用地、集约用地和保护耕地的自觉性。

（十三）严格日常监管制度。各地要进一步健全和完善动态巡查制度，切实加强农村村民住宅建设用地的日常监管，及时发现和制止各类土地违法行为。要重点加强城乡结合部地区农村宅基地的监督管理。严禁城镇居民在农村购置宅基地，严禁为城镇居民在农村购买和违法建造的住宅发放土地使用证。

要强化乡（镇）国土资源管理机构和职能，充分发挥乡（镇）国土资源管理所在宅基地管理中的作用。积极探索防范土地违法行为的有效措施，充分发挥社会公众的监督作用。对严重违法行为，要公开曝光，用典型案例教育群众。

国土资源部办公厅关于印发《国土资源部农民集体所有建设用地使用权流转芜湖试点总结研讨会纪要》的通知

（2003 年 5 月 7 日　国土资厅发〔2003〕48 号）

安徽省国土资源厅：

为认真贯彻落实“三个代表”重要思想，适应我国农村经济社会发展和保护农民根本利益的需要，进一步深化土地使用制度改革，促进农村土地集约利用，部于 2000 年 2 月 28 日正式批准了芜湖市农民集体所有建设用地使用权流转试点方案。三年来，在安徽省领导和有关部门的重视和支持下，芜湖市加强领导，精心组织，积极探索，规范操作，试点取得了明显成效，积累了有益经验。部于 2003 年 4 月 15 日至 16 日召开了“国土资源部农民集体所有建设用地使用权流转芜湖试点总结研讨会”，充分肯定了试点取得的成效和经验，提出了认真总结试点经验、积极转化试点成果，规范农民集体所有建没用地使用权流转行为的意见。现将《国土资源部农民集体所有建设用地使用权流转芜湖试点总结研讨会纪要》印发，供进一步扩大和推进该项试点工作参考。

国土资源部农民集体所有建设用地使用权流转芜湖试点总结研讨会纪要

2003 年 4 月 15 日至 16 日，国土资源部在安徽省芜湖市召开农民集体所有建设用地使用权流转芜湖试点总研讨会，对羌湖试点的情况进行全面总结，并就有关问题进行深入研讨。会议听取了芜湖市人民政府关于试点工作的汇报及首批试点的 5 个镇人民政府关于试点情况的介绍，观看了专题录像片，实地考察了试点镇，并与有关企业和农民代表进行了座谈。在此基础上，与会专家就试点涉及的有关问题进行了认真讨论，并提出了评价意见。全国人大环资委、国务院法制办、农业部农村改革试验区办公室、中国社会科学院、国务院发展研究中心、北京大学、人民大学和改革杂志社的有关领导和专家，安徽省国土资源厅，苏州、安阳和湖州市国土资源局等单位的负责同志应参加了会议。国土资源部副部长李元和安徽省人民政府副省长田维谦出席会议并作了重要讲话

会议认为，农民集体所有建设用地使用权流转是一项重要的制度创新，目的在于贯彻实施《土地管理法》，充分保障农民的土地财产权，改善农村生活环境，促进经济结构调整和农村经济社会发展，保护耕地和提高土地集约利用水平。农民集体所有建设用地使用权流转是农村经济和社会发展的客观要求，符合党的十六大和中央水村工作精神，是适应我国宏观经济形势要求的积举措，具有重要的战略意义。自国土资源部2000年2月28日正式批准芜湖市农民集体所有建设用地使用权流转试点方案以来、芜湖市在省、市领导的高度重视下，严格按照国土资源部批准的试点方案和管理办法，制定了一系列切实可行的实施细则和配套文件，严密组织，认真实施，深入探索、着力创新，取得了明显成效，为探索农民集体所有建设用地使用权流转积累了经验。

一、芜湖试点取得了明显成效

芜湖市农民集体所有建设用地使用权流转严格按照试点方案确定的范围进行，政府主要从以下几个方面加强了流转管理：切实加强规划修编和实施、评定地价、明晰产权等基础性工作；严格实施规划和计划，积极盘活集体存量建设用地，确保耕地占补平衡；积极探索土地收益分配机制，采取多种形式保障农民的长远利益等，流转前、流转中和流转后的几个主要环节全部纳入了规范化轨道，农民集体所有建设用地使用权流转的运行机制和管理模式基本形成。

试点取得了明显成效：一是保障了农民的土地财产权，使农民收入有了大幅度高，生活有了显著改善，养老有了基本保障。5个试点镇农民收入的增长率比全市平均增长率高14.358，有17582名农民进入小城镇务工经商，有2614名老年农民享受了最低生活保障。二是加快了小城镇建设和农村产业结构调整的步伐，促进了农村经济的快速发展。各试点镇的城慎规模不断扩大，基础设施不断完善，首批试点的5个镇2002年实现财政收入1.0483亿元，与开展试点前的199年相比，增长了70.628，比全市平均增长率高23.398。三是立足于盘活存量建设用地，实现了耕地占补平衡，土地集约利用水平明显提高，土地利用结构更趋合理。四是坚持以规划控制为前提，切实保证了土地利用总体规划和村镇建设

规划的实施。实践证明，芜湖农民集体所有建设用地使用权流转制度是可行的，流转试点是成功的。

二、芜湖试点积累了有益经验

（一）充分尊重农民土地财产权，切实保障农民的经济利益。农民集体所有建设用地使用权流转制度，使农民集体所有的土地真正具有了财产属性，保护农民利益有了明确具体的基础。这是试点的核心问题，也决定了试点中一系列关健性的问题。坚持由用地者或其委托人与每个承包户签订同意流转协议书；土地产权“下沉”，以尊重历史为原则，尽量把土地所有权落实到村民小组一级；土地流转收益分配比例逐步向土地所有者倾斜，土地所有者的分成比例由试点之初的20%扩大到50%；建立长期而有保障的财产收入机制，解决了农民的长远利益和弱势群体农民的保护问题等。

（二）坚持保护耕地，立足盘活存量建设用地。芜湖试点坚持履行了“占一补一”的法定义务。立足盘活集体存量建设用地，在城镇规模迅速扩大，农村经济持续发展的同时，实现了耕地保护的目标，有的镇还大力推行退宅还耕、还林、还水，节约了大量土地。通过“工业向园区集中，土地向规模经营者集中，农民向小城镇集中”的方式，重新整合了农村土地资源，推动了农村经济和社会的发展。

（三）把加强政府的规划管理和总量控制与市场经济条件下生产要素有序流动的要求结合起来。芜湖各试点镇在实施土地流转之初，首先请国内权威机构对土地利用总体规划和城镇建设规划进行修编，保证了规划的科学性和系统性，并通过一定的民主程序审议规划，坚持在流转中严格实施规划。为适应市场经济的要求，芜湖试点初步解决了集体土地抵押权的设定和实现问题，这在我国农村土地产权制度建设中是一个重要的突破。芜湖试点开始尝试通过招标、拍卖等市场竞争方式供地，是显化集体土地资产、实现农民集体所有建设用地使用权流转市场化配里的有益尝试。

（四）在涉及农民切身利益的同题上推行民主、公开决策，保障农民的民主权利。芜湖市在试点中把一些涉及农民切身利益的问题交给农民自主选择和决策。在流转过程中，坚持农民自愿原则，充分算重农民的意愿。通过村民代表会议和试点镇人民代表大会来决定重大事项。在旧镇拆迁改造时广泛听取农民意见，在规划实施中充分接受群众监督，在建立农民社区生活保障制度时签订互助公约等，充分保障了农民的知情权和参与权，体现了现代法治行政的要求。

（五）各级政府高度重视，精心组织，依法办事，规范操作，确保试点的顺利进行。对于芜湖的试点工作，国土资源部，安徽省委、省人大、省政府及省国土资源厅高度重视，多次深入一线进行指导。芜湖市委、市人大、市政府加强领导，建立机构，精心组织，为试点的顺利开展创造了良好的环境和条件。羌湖市在群众参与的基础上，科学论证，民主决策，精心拟订了试点方案和管理办法及实施细则。五个试点镇结合各镇实际，制定了具体实施方案和实施细则，还制定了一系列的配套政策和标准文书。为了确保试点的规章制度落到实处，切实加强了监督管理。特别是针对重点领城，制定严格的专项规定，如对于土地流转收益的管理和使用，制定了一套严格的制度，确保专数专用。实现了试点工作农民满意、政府满意、国土资源管理部门满意。

会议认为，芜湖试点取得的以上经验对于完善土地法制，推进土地使用制度改革等，将起到重要作用。

三、进一步推进试点工作要把握的政策

会议认为，芜湖试点虽然取得了初步成效，积累了一定经验，但是在试点中尚有一些问题有待于进一步探索，特别是随着我国农村经济社会发展和体制改革，与农民集体所有建设用地使用权流转相关的一些政策问题需要进一步深入研究。比如：农村集体土地产权的实现形式问题，集体建设用地与国有建设用地的市场接问题，土地收益分配机制等。因此，芜湖试点已取得的阶段性成果需在新的形势下继续深化。在续推进试点工作的过程中，要进一步深入研究规范农民集体所有建设用地使用权流转的相关政策问题，并通过深入开展试点为制定相关政策和立法提供参考。当前，开展农民集体所有建设用地使用权流转必须把握以下问题

（一）农民集体所有建设用地使用权流转，是指权属合法、界址清楚的农民集体所有建设用地使用权进行转让、租赁、作价出资（人股）等行为。权属合法、界址清楚是农民集体所有建设用地使用权流转的前提。严禁借“流转”之名，擅自将集体所有农用地和未利用土地变为建设用地：确需将集体所有的农用地和未利用土地变为建设用地的，仍应按有关法律规定，履行申请和批准手续。国家因公共利益需要，仍可以依法征用农民集体所有建设用地

（二）符合土地利用总体规划是农民集体所有建设用地使用权流转的必要条

件。农民集体所有建设用地使用权流转，应符合土地利用总体规划。在城市、村镇规划区内的，还应符合城市规划和村镇建设规划。不符合规划的，不得流转。

（三）除农户法定的宅基地和乡镇村公共设施、公益事业用地之外的农民集体所有建设用地，还可以实行有偿使用，有偿使用收益归拥有土地所有权的农民集体，集体经济组织负责管理使用。农民集体所有建设用地使用权，在同等条件下，应当优先确定给本集体经济组织内部成员；确定给本集体经济组织以外的单位或个人的，应当经过集体经济组织村民会议三分之二以上成员或者三分之二以上村民代表同意。

（四）农民集体所有建设用地使用权确定给单位和个人使用，依法应当由县级以上人民政府批准，由所有者与使用者签订书面合同。合同应当载明土地所有者、使用者、位置、面积、用途、使用年限、使用条件、土地收益标准及支付方式、双方权利义务、期限届满时土地使用权及地上建筑物的处理办法、违约责任等内容。

（五）严禁使用农民集体所有建设用地用于商品住宅开发。用于商品住宅开发的，应当征为国有，纳入国有土地市场统一管理。

（六）农民集体所有建设用地使用者不得擅自改变土地用途，需要改变用途的，应经土地所有者同意，并报国土资源行政主管部门依法批准，在城市、村镇规划区内的还应当取得规划行政主管部门的同意。

（七）在符合“一户一宅、面积法定”的前提下，允许将宅基地连同地上建筑物转让给本集体经济组织内符合宅基地申请条件的农户。农户转让出租房屋或宅基地的，不再批准新的宅基地。可以制定相关奖励政策，鼓励宅基地复垦还田。

（八）农民集体所有建设用地使用权流转，要正确处理政府、集体土地所有者、使用者的利益关系，切实保护土地所有者和使用者的合法权益。作为土地所有者的收益，只能归拥有该土地所有权的农民集体所有。因环境改善或土地用途改变而带来的土地增值收益，县级以上地方政府可按最高不超过土地总收益10%的比例收取，政府也可以免收土地收益，支持农村集体经济发展和鼓勵原有农民集体所有建设用地的优化配置。集体经济组织应将取得的集体建设用地使用权收益和使用情况向集体经济组织成员公开，接受监督。

（九）各级国土资源管理部门要加强对农民集体所有建设用地使用权流转的指导、管理、监督与服务。农民集体所有建设用地使用权的使用和流转，应当坚持土地所有者和使用者自愿的原则，任何组织和个人都不应包办代替。要以农民群众答不答应、满不满意，作为规范农民集体所有建设用地使用权流转的检验标准。依法保护集体土地所有者和使用者的合法权益，切实维护农村稳定，促进农村经济和社会的发展。要加强土地市场统一管理，建设公开、安全、稳定的集体建设用地和国有建设用地的统一市场体系。积极引导农民集体所有建设用地使用权流转进入土地有形市场。

六、产业和扶贫

农业农村部　国家发展改革委　财政部
中国人民银行　国家税务总局　国家市场监督管理总局
关于开展土地经营权入股发展农业产业化
经营试点的指导意见

（2018 年 12 月 19 日　农产发〔2018〕4 号）

各省、自治区、直辖市及新疆生产建设兵团农业农村、发展改革、财政、市场监督管理部门，中国人民银行上海总部、各分行、营业管理部、各省会（首府）城市中心支行，国家税务总局各省、自治区、直辖市和计划单列市税务局：

为贯彻落实党的十九大精神和十八届三中全会部署，按照《中共中央办公厅 国务院办公厅关于完善农村土地所有权承包权经营权分置办法的意见》要求，指导各地稳妥开展土地（指农户家庭承包地）经营权入股发展农业产业化经营试点工作，促进乡村振兴，提出如下意见。

一、充分认识土地经营权入股发展农业产业化经营的重要意义

（一）土地经营权入股是用活土地经营权的有效形式。推行土地经营权入股，是深化农村土地制度改革的重要措施。土地经营权入股龙头企业和作价出资农民专业合作社（以下统称土地经营权入股），使农民拥有更多的流转方式选择，让农民分享农业全产业链利润，拓展农民财产性收入来源。同时，也让龙头企业、农民专业合作社获得土地经营权，在更大范围、更高层次上推进农业产业化经营。

（二）土地经营权入股是促进适度规模经营的重要途径。土地经营权入股，便于土地集中连片，实现规模化经营、标准化生产；便于培育开展适度规模经营

的龙头企业和农民专业合作社，为其发展提供物质条件；便于促进农户、家庭农场、龙头企业、农民专业合作社之间构建优势互补、利益共享、风险共担的联结机制，促进适度规模经营的长期稳定，实现小农户和现代农业发展有机衔接。

（三）土地经营权入股能够增强乡村产业振兴的发展动能。乡村产业振兴需要资金、技术、人才等资源要素聚集。土地经营权入股龙头企业和农民专业合作社，促进土地与资金、技术等现代生产要素有机结合，建设原料基地，培育特色产业，发展农产品加工业，促进农村一二三产业融合发展，壮大乡村产业，助力乡村振兴。

二、准确把握土地经营权入股发展农业产业化经营的基本原则

（一）落实“三权分置”，严守政策底线。坚持农村土地集体所有权，依法维护农民集体对承包地的各项权能。严格保护农户承包权，任何组织和个人都不能取代农民家庭的土地承包地位，都不能非法剥夺和限制农户的土地承包权。放活土地经营权，依法平等保护经营主体依流转合同取得的经营权，保障其有稳定的经营预期。

（二）遵循市场规律，发挥政府作用。坚持市场在资源配置中的决定性作用，要客观反映土地等要素的实际贡献和稀缺程度，按照市场规则协商确定入股各方的权利义务和利益分配。更好发挥政府作用，完善土地经营权入股相关政策措施，确保农民的知情权、参与权、监督权和收益权，平等保护各方合法权益。

（三）因地制宜推进，循序渐进发展。充分考虑地域差异、经济基础及农村劳动力转移等因素，根据实际情况适度开展土地经营权入股。鼓励探索形式多样、符合实际的入股方式，不搞强迫命令、盲目攀比和“一刀切”，要边试点、边总结、边发展。

（四）强化风险管控，维护农民利益。土地经营权入股期限不能超过土地承包剩余期限，入股的土地不能改变土地性质和用途，不能降低耕地的基础地力，严禁入股土地“非农化”。鼓励有条件的地方探索建立土地经营权入股风险防范制度。鼓励实行“保底收益＋按股分红”，让农民特别是贫困户在土地经营权入股中有稳定收益。

三、明确土地经营权入股发展农业产业化经营的重点任务

（一）创新土地经营权入股的实现形式。根据公司股东、农民专业合作社成

员等各方的意愿和要求，合理确定土地经营权入股的形式，培育一批土地经营权出资发展农业产业化经营的公司、农民专业合作社。农户的土地经营权可以依法直接对公司和农民专业合作社出资，还可以先出资设立农民专业合作社，再由农民专业合作社以土地经营权出资设立公司。发挥土地经营权入股对脱贫攻坚的重要作用，有关财政资金在不改变用途的情况下，所形成的资产具备条件的可折股量化给贫困村和贫困户，探索财政资金形成资产股权量化和土地经营权入股联动的有效方式，建立公司、农民专业合作社与农户特别是贫困户的紧密利益联结机制。

（二）完善土地股份组织运行机制。探索建立公平合理的土地经营权评估作价机制，作价应考虑土地数量质量、入股期限长短、不同要素比价等因素，参考有关部门发布的土地经营权流转指导价格，由公司股东、农民专业合作社成员等各方协商确定。土地经营权入股公司的，提倡同股同权同责，按股份比例分享决策权、分取收益、承担责任；经全体公司股东约定或公司章程规定，也可实行股、权、责差异化配置，但应符合权利义务对等原则。加强公司、农民专业合作社财务管理规范化建设，财务情况依法向农户（成员）公开。保障公司、农民专业合作社对入股土地经营权的正常合法行使，经农户或其委托代理人书面同意并向村民委员会或集体经济组织书面备案，可以依法依规对土地集中连片整理改造和对土地经营权进行再流转和抵押。妥善处理农户退出问题，探索通过限定最短入股期限、调换地块等方式，稳定公司、农民专业合作社对土地经营的预期。公司、农民专业合作社破产清算后，农户可以按照有关法律法规或公司、农民专业合作社章程规定回购土地经营权。

（三）探索土地经营权入股风险防范措施。村民委员会或集体经济组织应对承包农户土地经营权入股进行书面备案，对公司、农民专业合作社使用承包地进行监督。探索“优先股”，让农民在让渡公司经营决策权的同时享有优先分红的权利；探索“先租后股”，让农民先出租土地，在公司、农民专业合作社具有稳定良好的经济效益之后再入股。发挥保险化解风险的作用，探索“入股履约保证保险”等多种土地经营权入股保险，为农民的“保底收益”和土地经营权回购提供保险保障；加强农业保险，增强公司、农民专业合作社抗风险能力。

四、强化土地经营权入股发展农业产业化经营的政策保障

（一）推进登记颁证。加快完成农村承包地确权登记颁证，建立完善土地经

营权价格评估体系，建立健全土地经营权流转市场，做好土地承包经营纠纷调解仲裁工作，为土地经营权入股提供保障。以土地经营权入股公司，注册资本实行认缴登记制，由申请人对入股的注册资本数额、合法性、真实性负责；法律法规规定实缴的，按照注册资本实缴登记的有关规定执行。允许农民以土地经营权作价出资加入农民专业合作社，依法予以登记，由申请成员对土地经营权合法性负责。

（二）加强指导服务。各省（区、市）农业农村部门要牵头组织开展土地经营权入股试点工作，对已经开展试点的县（市、区）和有关公司、农民专业合作社做好跟踪指导，在尚未开展试点的地方适时选择一批具备条件的公司、农民专业合作社开展试点。鼓励探索对农民以土地经营权入股进行风险提示的办法。加强对土地经营权入股的日常指导、调查监测，妥善处理入股中的各种纠纷，依法保护农户、家庭农场、公司、农民专业合作社等各方的合法权益。引导土地经营权入股的公司、作价出资的农民专业合作社依托国家企业信用信息公示系统依法主动公示相关信息，通过跨部门、跨行业联合监管，督促其合法规范经营。

（三）加大支持力度。各级农业农村部门要与发改、财政、人行、税务、市场监管、银保监等部门沟通协调，进一步支持土地经营权入股发展农业产业化经营。将符合条件的土地经营权入股的公司、作价出资的农民专业合作社纳入相关财政支农政策、农业信贷担保体系支持范围。推动解决公司、农民专业合作社抵押物少、贷款难的问题，鼓励商业保险机构开发适应土地经营权入股需求的保险产品。落实涉企和农民专业合作社的税收优惠政策。总结入股的做法和成效，形成可复制、能推广的经验和举措，加大对先进典型的宣传推广力度，引导土地经营权入股发展农业产业化经营试点有序推进。

国土资源部　国家发展改革委关于深入推进农业供给侧结构性改革做好农村产业融合发展用地保障的通知

（2017 年 12 月 7 日　国土资规〔2017〕12 号）

各省、自治区、直辖市和新疆生产建设兵团国土资源主管部门、发展改革委，各派驻地方的国家土地督察局，部机关各司局：

党的十九大作出实施乡村振兴战略的决策部署，是新时期做好“三农”工作的重要遵循。各级国土资源、发展改革部门要积极行动起来，主动作为，综合施策，坚持农业农村优先发展的原则，落实最严格的耕地保护制度和节约用地制度，完善农村土地用途管制，加快推进农业农村现代化。为全面贯彻落实党的十九大和中央有关要求，深入推进农业供给侧结构性改革，做好农村一二三产业融合发展的用地保障，现就有关事项通知如下：

一、发挥土地利用总体规划的引领作用。各地区在编制和实施土地利用总体规划中，要适应现代农业和农村产业融合发展需要，优先安排农村基础设施和公共服务用地，乡（镇）土地利用总体规划可以预留少量（不超过 5%）规划建设用地指标，用于零星分散的单独选址农业设施、乡村旅游设施等建设。做好农业产业园、科技园、创业园用地安排，在确保农地农用的前提下，引导农村二三产业向县城、重点乡镇及产业园区等集中集聚，合理保障农业产业园区建设用地需求，严防变相搞房地产开发。省级国土资源主管部门制定用地控制标准，加强实施监管。

二、因地制宜编制村土地利用规划。在不占用永久基本农田、不突破建设用地规模、不破坏生态环境和人文风貌的前提下，统筹农业农村各项土地利用活动，优化耕地保护、村庄建设、产业发展、生态保护等用地布局，细化土地用途管制规则，加大土地利用综合整治力度，引导农田集中连片、建设用地集约紧凑，推进农业农村绿色发展。

三、加强建设用地计划指标支持。安排一定比例年度土地利用计划，专项支持农村新产业新业态和产业融合发展。对利用存量建设用地进行农产品加工、农产品冷链、物流仓储、产地批发市场等项目建设或用于小微创业园、休闲农业、乡村旅游、农村电商等农村二三产业的市、县，可给予新增建设用地计划指标奖励。

四、规范设施农用地类型。对于农业生产过程中所需各类生产设施和附属设施用地，以及由于农业规模经营必须兴建的配套设施，包括蔬菜种植、烟草种植和茶园、橡胶园等农作物种植园的看护类管理房用地（单层、占地小于15平方米），临时性烤烟、炒茶、果蔬预冷、葡萄晾干等农产品晾晒、临时存储、分拣包装等初加工设施用地（原则上占地不得超过400平方米），在不占用永久基本农田的前提下，纳入设施农用地管理，实行县级备案。

五、改进设施农用地监督管理。省级国土资源主管部门明确不同类型设施农用地的规划安排、选址要求、使用周期，以及结束使用后恢复原状的保障措施。县级国土资源主管部门设立标示牌，标明设施农用地用途、面积、责任人和备案序号，接受公众监督。设施农用地的管理信息纳入国土资源综合信息监管平台，加强土地执法监察和土地督察，防止擅自将设施农用地“非农化”。

六、鼓励土地复合利用。围绕农业增效和农民增收，因地制宜保护耕地，允许在不破坏耕作层的前提下，对农业生产结构进行优化调整，仍按耕地管理。鼓励农业生产和村庄建设等用地复合利用，发展休闲农业、乡村旅游、农业教育、农业科普、农事体验等产业，拓展土地使用功能，提高土地节约集约利用水平。在充分保障农民宅基地用益物权、防止外部资本侵占控制的前提下，探索农村集体经济组织以出租、合作等方式盘活利用空闲农房及宅基地，按照规划要求和用地标准，改造建设民宿民俗、创意办公、休闲农业、乡村旅游等农业农村体验活动场所。

七、夯实基础工作。开展耕地质量等别调查评价与监测工作，定期更新耕地等农用地土地等别数据库，稳步推进农用地基准地价制定和发布工作，为农户土地入股或流转提供参考依据。加快“房地一体”的农村宅基地和集体建设用地确权登记颁证工作，为农村新产业新业态发展提供产权保障和融资条件。

八、强化部门协同配合。各级国土资源主管部门要加强与发展改革、农业、城乡规划、建设、环境保护、林业、旅游、消防等相关部门的协同联动，共同开展本地区农村产业融合发展用地现状和需求的调查分析，确定各业各类用地标准和用地保障方式，健全政策体系，联合执法监管，做好风险防控，合力推动新时期农业农村发展。

本文件自下发之日起执行，有效期五年。

国土资源部关于支持深度贫困地区脱贫攻坚的意见

（2017 年 11 月 3 日　国土资规〔2017〕10 号）

各省、自治区、直辖市国土资源主管部门，各派驻地方的国家土地督察局：

为了全面贯彻党的十九大精神，深入落实中共中央办公厅、国务院办公厅《关于支持深度贫困地区脱贫攻坚的实施意见》（厅字〔2017〕41 号）要求，实施精准扶贫精准脱贫基本方略，聚焦西藏、四省藏区、南疆四地州和四川凉山州、云南怒江州、甘肃临夏州及其他深度贫困县（以下简称深度贫困地区），以更大力度精准支持深度贫困地区脱贫攻坚，现提出如下国土资源支持意见：

一、全面贯彻落实中央决策部署

（一）支持深度贫困地区脱贫攻坚的指导思想。以习近平新时代中国特色社会主义思想为指导，深入贯彻党的十九大坚决打赢脱贫攻坚战的部署要求，深刻认识深度贫困地区如期完成脱贫攻坚任务的艰巨性、重要性、紧迫性，聚焦深度贫困地区脱贫攻坚这个“坚中之坚”，坚持精准扶贫精准脱贫基本方略，进一步解放思想，加大政策倾斜，用更加集中的支持、更加有效的举措、更加扎实的工作，全力攻克深度贫困堡垒，确保深度贫困地区和贫困群众同全国人民一道进入全面小康社会。

（二）支持深度贫困地区脱贫攻坚的工作要求。各级国土资源主管部门要牢固树立“四个意识”，切实把思想和行动统一到中央的重大决策部署上来，把推进深度贫困地区脱贫攻坚作为重大政治任务扛在肩上，层层落实责任，加强政策实施监管，确保国土资源支持政策落实见效。国土资源部负责制定支持政策，加强规划统筹；省级国土资源主管部门结合实际，制定配套细化措施，并抓好目标确定、项目安排、资金下达、组织动员、监督考核等工作；市、县级国土资源主管部门负责做好进度安排、项目落地、资金使用、推进实施等工作，强化脱贫攻坚支持政策执行。

二、创新国土资源管理政策

（三）完善土地利用规划计划管理。对深度贫困地区基础设施、易地扶贫搬迁、民生发展等用地足额保障，不足部分由国家协同所在省（区、市）解决。对农村存量建设用地不足、人均建设用地面积少的地区，适当增加农村建设用地规模，用于支持农村新产业新业态发展，以及公共服务和基础设施等建设。规划实施过程中，有关省（区、市）可在城乡建设用地规模总量控制的基础上，适时优化深度贫困地区城乡用地结构和布局，报有批准权的人民政府批准。优先安排脱贫攻坚新增建设用地计划，不足部分可预支使用，做好统计后上报省级国土资源主管部门。省级计划指标不足的，国土资源部在国家计划指标中追加认定。

省级国土资源主管部门要帮助深度贫困地区推进“多规合一”，科学安排村土地利用规划布局，细化落实村庄建设、产业发展、基础设施建设和生态环境保护等用地安排，同时确保耕地数量不减少、质量不降低、生态环境不破坏，有效防范地质灾害风险。

（四）拓展城乡建设用地增减挂钩政策。深度贫困地区开展增减挂钩，可不受指标规模限制，超过国家下达部分，经省级国土资源主管部门核定后报国土资源部追加认定；增减挂钩项目区实施方案批准后，可按规定预先使用或交易一定比例的增减挂钩节余指标；增减挂钩拆旧区，在确保耕地面积不减少、建设用地不增加的前提下，可按照宜耕则耕、宜林则林、宜草则草的原则复垦。深度贫困地区节余的增减挂钩指标在东西部扶贫协作和对口支援框架内跨省域流转使用的，由深度贫困地区所在省份，根据扶贫开发和长远发展需要，在不破坏生态环境的前提下，合理安排拆旧复垦规模，妥善安置搬迁人口，合理分配和规范使用节余指标收益；对口协作、援助省份按照与深度贫困地区所在省份协商确定的流转规模，统筹组织、优先安排深度贫困地区节余指标交易，节余指标使用应符合土地利用总体规划，交易金额全额拨付深度贫困地区所在省份；跨省域流转使用节余指标的省份，双方分别通过增减挂钩在线监管系统，将拆旧区和建新区信息报部备案；按照有关规定加强监管，确保拆旧区及时复垦，确保耕地质量和生态保护。深度贫困地区开展工矿废弃地复垦利用工作产生的节余指标，可在省域内流转使用。

（五）创新土地利用政策。深度贫困地区在充分保障农户宅基地用益物权、防止外部资本侵占控制的前提下，可探索农村集体经济组织以出租、合作等方式盘活利用空闲农房及宅基地；通过村庄整治、宅基地整理等节约的建设用地，鼓励采取入股、联营等方式，重点支持农村新产业新业态和农村一二三产业融合发展。直接从事或服务于农业生产的生产设施、附属设施和配套设施用地，按农用地管理。旅游项目中的自然景观及为观景提供便利的观光台、栈道等非永久性附属设施占用除永久基本农田以外的农用地，在不破坏生态、景观环境和不影响地质安全的前提下，可不征收（收回）、不转用，按现用途管理。光伏方阵使用未利用地或在不破坏农业生产条件前提下使用永久基本农田以外的农用地，可不改变原用地性质。3 年内按规划新批准的工业项目，其建设用地控制指标可不受相应地区行业投资强度控制指标约束。

（六）完善耕地保护措施。支持深度贫困地区因地制宜保护耕地，允许在不破坏耕作层的前提下，对农业生产结构进行优化调整，仍按耕地管理。增减挂钩、工矿废弃地复垦利用、高标准农田建设、土地整治增加的耕地可按规定用于耕地占补平衡。补充耕地指标优先用于省域内交易，符合规定条件的，可优先纳入耕地占补平衡国家统筹。对于耕地资源匮乏的深度贫困地区，在建设用地单位按省级政府规定标准下限缴纳耕地开垦费后，由省级负责统筹落实补充耕地。相关省（区、市）要加强补充耕地指标交易中耕地数量、质量和生态管理，细化操作办法。

（七）实施用地审批特殊政策。深度贫困地区建设用地，涉及农用地转用和土地征收的，在做好补偿安置前提下，可以边建设边报批；涉及占用耕地的允许边占边补，确实难以落实占优补优、占水田补水田的，可按补改结合方式落实，并按用地审批权限办理用地手续。深度贫困地区省级以下基础设施、易地扶贫搬迁、民生发展等建设项目，确实难以避让永久基本农田的，可以纳入重大建设项目范围，由省级国土资源主管部门办理用地预审，并按照规定办理农用地转用和土地征收。

（八）支持申报地质公园。深度贫困地区申报世界地质公园、国家地质公园，可不受申报单位命名年限的限制。申报国家地质公园、国家矿山公园，不受所在省份申报名额限制。

三、加大项目资金人才倾斜扶持力度

（九）加强基础信息服务。帮助深度贫困地区开展土地资源信息化建设，在土地调查、规划编制、不动产登记等方面加大资金、技术、人才支持。深入研究深度贫困地区现有地质资料，积极挖掘地质资料潜力，开展地质资料专题服务和定制服务。

积极实施深度贫困地区地质调查，摸清深度贫困地区地质资源优势；加强深度贫困地区土地质量地球化学调查，助力特色农业发展；加强深度贫困地区地下水综合调查，试点示范解决人畜饮水困难。

（十）优先安排项目和资金。土地整治项目、资金向深度贫困地区优先安排倾斜，重点支持深度贫困地区实施脱贫攻坚土地整治重大工程。在深度贫困地区统筹整合相关涉农资金，引导带动金融资本和社会资金共同投入。改进土地整治项目资金管理，积极支持采取村民自建、先建后补、以奖代补等方式开展项目工程建设，提高农民收入。

加大地质灾害防治投入，对深度贫困地区上报的符合条件的特大型地质灾害治理项目予以重点支持。加强山体崩塌、滑坡、泥石流等地质灾害防治，抓好灾害易发区的监测预警、搬迁避让和工程治理等措施的落实，建立健全深度贫困地区地质灾害防治体系。

（十一）加大矿产资源开发指标倾斜。调整找矿突破重大工程部署，依托中央财政地质调查资金，在深度贫困地区生态保护红线之外，选择有市场前景、有资源潜力的资源富集区开展前期勘查，并在矿业权投放、开采总量控制指标等方面，向深度贫困地区倾斜。

（十二）加强培训和人员交流。开展脱贫攻坚政策培训，指导和帮助深度贫困地区用好用足用活国土资源扶贫政策。选派优秀干部到深度贫困地区挂职锻炼，发挥好挂职干部在落实国土资源支持政策措施和开展精准扶贫推动脱贫攻坚中的作用；积极吸纳深度贫困地区干部到各级国土资源主管部门挂职锻炼，准确掌握和用好各项扶贫政策。

深度贫困地区脱贫攻坚任务重、时间紧，各级国土资源主管部门要深刻领会中央部署要求，全面落实各项支持政策，促进深度贫困地区脱贫攻坚。同时要加强监管，严格控制政策实施范围，严格落实节约资源和保护环境制度，严格防范廉政风险，做到脱真贫、真脱贫。

本意见自下发之日起施行，有效期至2020年。

国土资源部　国务院扶贫办　国家能源局关于支持光伏扶贫和规范光伏发电产业用地的意见

（2017 年 9 月 25 日　国土资规〔2017〕8 号）

各省、自治区、直辖市和新疆生产建设兵团国土资源、扶贫、能源主管部门，各派驻地方的国家土地督察局：

国土资源部会同有关部门联合印发《关于支持新产业新业态发展促进大众创业万众创新用地的意见》（国土资规〔2015〕5 号）以来，对促进光伏发电产业发展起到了积极作用。随着光伏扶贫工作力度不断加大，光伏发电产业持续发展，对用地管理提出了新的要求。为深化供给侧结构性改革，现就支持光伏扶贫和规范光伏发电产业用地提出以下意见：

一、总体要求

各地应当依据国家光伏产业发展规划和本地区实际，加快编制本地区光伏发电规划，合理布局光伏发电建设项目。光伏发电规划应符合土地利用总体规划等相关规划，可以利用未利用地的，不得占用农用地；可以利用劣地的，不得占用好地。禁止以任何方式占用永久基本农田，严禁在国家相关法律法规和规划明确禁止的区域发展光伏发电项目。

除本文件确定的光伏扶贫项目及利用农用地复合建设的光伏发电站项目（以下简称光伏复合项目）外，其他光伏发电站项目用地应严格执行国土资规〔2015〕5 号文件规定，使用未利用地的，光伏方阵用地部分可按原地类认定，不改变土地用途，用地允许以租赁等方式取得，双方签订补偿协议，报当地县级国土资源主管部门备案，其他用地部分应当办理建设用地审批手续；使用农用地的，所有用地均应当办理建设用地审批手续。新建、改建和扩建地面光伏发电站工程项目，按建设用地和未利用地管理的，应严格执行《光伏发电站工程项目用地控制指标》（国土资规〔2015〕11 号）要求，合理利用土地。

二、积极保障光伏扶贫项目用地

对深度贫困地区脱贫攻坚中建设的光伏发电项目，以及国家能源局、国务院扶贫办确定下达的全国村级光伏扶贫电站建设规模范围内的光伏发电项目，变电站及运行管理中心、集电线路杆塔基础用地按建设用地管理，各地在编制土地利用总体规划和年度土地利用计划中应予以重点保障，并依法办理建设用地审批手续；场内道路用地可按农村道路用地管理；光伏方阵使用永久基本农田以外的农用地的，在不破坏农业生产条件的前提下，可不改变原用地性质；采用直埋电缆方式敷设的集电线路用地，实行与项目光伏方阵用地同样的管理方式。

三、规范光伏复合项目用地管理

对使用永久基本农田以外的农用地开展光伏复合项目建设的，省级能源、国土资源主管部门商同级有关部门，在保障农用地可持续利用的前提下，研究提出本地区光伏复合项目建设要求（含光伏方阵架设高度）、认定标准，并明确监管措施，避免对农业生产造成影响。其中对于使用永久基本农田以外的耕地布设光伏方阵的情形，应当从严提出要求，除桩基用地外，严禁硬化地面、破坏耕作层，严禁抛荒、撂荒。

对于符合本地区光伏复合项目建设要求和认定标准的项目，变电站及运行管理中心、集电线路杆塔基础用地按建设用地管理，依法办理建设用地审批手续；场内道路用地可按农村道路用地管理；利用农用地布设的光伏方阵可不改变原用地性质；采用直埋电缆方式敷设的集电线路用地，实行与项目光伏方阵用地同样的管理方式。

四、加强光伏发电项目用地利用监管

光伏发电站项目用地中按农用地、未利用地管理的，除桩基用地外，不得硬化地面、破坏耕作层，否则，应当依法办理建设用地审批手续，未办理审批手续的，按违法用地查处。对于布设后未能并网的光伏方阵，应由所在地能源主管部门清理。光伏方阵用地按农用地、未利用地管理的项目退出时，用地单位应恢复原状，未按规定恢复原状的，应由项目所在地能源主管部门责令整改。

五、建立部门联合监管机制

项目所在地市、县国土资源主管部门在监管中发现项目违反本通知规定的，应将相关情况通知同级能源主管部门，并逐级上报国家能源局，将项目投资主体纳入能源领域失信主体名单，组织实施联合惩戒。国土资源部将根据行业管理需要，适时对各类光伏发电站项目用地开展专项监测。

本文件自下发之日起执行，有效期五年。

国土资源部关于用好用活增减挂钩政策积极支持扶贫开发及易地扶贫搬迁工作的通知

（2016年2月17日　国土资规〔2016〕2号）

各省、自治区、直辖市及计划单列市国土资源主管部门，各派驻地方的国家土地督察局，部机关各司局：

为贯彻落实《中共中央国务院关于打赢脱贫攻坚战的决定》（以下简称《决定》），在精准施策上出实招、在精准推进上下实功、在精准落地上见实效，充分发挥国土资源超常规政策特别是城乡建设用地增减挂钩政策对扶贫开发及易地扶贫搬迁的支持促进作用，现将有关事项通知如下：

一、充分认识增减挂钩支持扶贫开发及易地扶贫搬迁的重要意义

《决定》提出“利用增减挂钩政策支持易地扶贫搬迁”。从各地的实践看，实施增减挂钩，既可为搬迁农民安置提供用地保障，又能为搬迁农民建新居、农村基础设施建设和扶贫产业发展提供有力的资金支持，推动贫困地区经济社会发展，确保易地扶贫搬迁农民搬得出、稳得住、能致富。各级国土资源主管部门要全面学习领会和认真贯彻落实十八届五中全会、中央经济工作会议、中央扶贫开发工作会议、全国易地扶贫搬迁工作电视电话会议精神和《决定》部署要求，高度重视扶贫开发及易地扶贫搬迁工作，用好用活增减挂钩政策作为实施精准扶贫、精准脱贫的有力抓手，主动配合有关部门，助力扶贫开发，因地制宜、因人施策，促进政策落实落地，为“十三五”时期打赢脱贫攻坚战做出积极贡献。

二、增减挂钩指标向贫困地区倾斜

按照应保尽保的要求，加大对扶贫开发及易地扶贫搬迁地区增减挂钩指标支持。部在分解下达全国增减挂钩指标时，向脱贫攻坚任务重的省份倾斜；省级国土资源主管部门在安排增减挂钩指标时，要重点支持贫困市县的扶贫开发及易地

扶贫搬迁工作；市、县级国土资源主管部门在组织增减挂钩项目区时，要优先考虑贫困村庄特别是实施易地扶贫搬迁的村庄，积极支持具备条件的贫困地区通过开展增减挂钩，推动扶贫开发和易地扶贫搬迁工作。

三、拓展贫困地区增减挂钩节余指标使用范围

集中连片特困地区、国家扶贫开发工作重点县和开展易地扶贫搬迁的贫困老区开展增减挂钩的，可将增减挂钩节余指标在省域范围内流转使用。各级国土资源主管部门要认真落实这项超常规政策，切实发挥增减挂钩支持扶贫开发和易地扶贫搬迁的作用。省级国土资源主管部门要建立台账，对全省增减挂钩节余指标进行统一管理，按照公开、公平、有偿的原则，引导节余指标合理流转，用于效益好的项目，充分显化土地级差收益，保证产生的节余指标能用得出去、资金能收得回来。市、县级国土资源主管部门要加强增减挂钩项目区实施管理，认真核定节余指标，并报省级国土资源主管部门确认备案，为节余指标安排使用提供依据。为加大“十三五”时期脱贫攻坚的支持力度，对集中连片特困地区、国家扶贫开发工作重点县和开展易地扶贫搬迁的贫困老区此前产生至今尚未使用的节余指标，可按上述规定在省域范围内流转使用。

各级国土资源主管部门在土地利用总体规划调整完善中，应充分考虑扶贫开发及易地扶贫搬迁需要，统筹安排建设用地规模和布局，确保增减挂钩节余指标有落地空间。在具体实施过程中，规划空间不足的，有关省份可根据实际情况，按照自愿、依法的原则，对产生节余指标的市县和使用节余指标的市县规划主要指标进行相应调整。

四、规范扶贫开发增减挂钩节余指标使用管理

增减挂钩节余指标在省域范围内流转使用的，实行项目区分别管理。产生节余指标的县（市）可将拆旧复垦地块和本县域内的建新安置地块组成项目区，编制项目区实施方案，并在方案中说明产生节余指标规模等情况；使用节余指标建新的县（市）可单独编制建新实施方案，详细说明节余指标来源。产生节余指标县（市）的项目区实施方案和使用节余指标县（市）的建新实施方案，可按照规定分别报备。

各级国土资源主管部门要加强拆旧复垦监管，做好建新占用耕地和拆旧复垦耕地的质量等级评定，并对照建新占用的耕地面积和等级，对拆旧复垦的耕地进

行严格审核验收，确保实施扶贫开发及易地扶贫搬迁后耕地数量有增加、质量有提高。

五、切实保障农民土地合法权益

运用增减挂钩政策支持扶贫开发及易地扶贫搬迁，要充分尊重农民意愿，保障农民的知情权、参与权和受益权，不搞强迫命令，防止以易地扶贫搬迁为名搞“运动式”搬迁。要切实维护集体经济组织和农民土地合法权益，拆旧复垦腾出的建设用地，必须优先满足农民新居、农村基础和公益设施建设，并留足农村非农产业发展建设用地。要坚持群众自主的原则，因地制宜选择搬迁安置方式，并按照方便农民生产生活的要求，为农民提供多样式、多户型的住房选择。增减挂钩项目区实施方案编制时，要对项目区范围内的土地利用现状、地上房屋等建筑物和构筑物，以及权属状况进行调查核实，做到界址、面积和权属清楚；增减挂钩项目区实施完成后，要及时进行变更调查和确权登记，切实维护群众土地权益。拆旧复垦土地所有权仍属于拆旧区集体经济组织，其经营使用由集体经济组织自主确定。

六、规范增减挂钩资金收益管理

增减挂钩收益，要按照工业反哺农业、城市支持农村的要求，及时全部返还贫困地区，确保通过增减挂钩实施扶贫开发及易地扶贫搬迁的农民受益。节余指标收益应由县（市）统一管理，充分考虑各项目区拆旧安置成本和增减挂钩指标用途，确保挂钩收益公平合理。节余指标收益，可采取省级国土资源主管部门制定指导价格，由产生指标方和使用节余指标方协商确定节余指标价格；有条件的地区，可探索竞争方式确定节余指标价格。

市、县级政府要加强增减挂钩资金收益统筹管理，根据不同的安置方式，按照“钱随人走、同等受益”的原则分配和使用。对集中安置的，可将增减挂钩收益返还集体经济组织，由村民自主安排用于新居和基础设施建设等；对分散安置的，可以货币形式足额将增减挂钩收益返还当事农户。

七、加强工作的组织领导

增减挂钩支持扶贫开发及易地扶贫搬迁工作要坚持上下联动、加强协调。国土资源部负责政策指导和监督检查；省级国土资源主管部门负责工作统筹组织和实施监管；市、县级国土资源主管部门负责项目区实施方案的编制实施和在线备案等。

各级国土资源主管部门要在同级人民政府领导下，配合发展改革、财政、扶贫等部门，积极运用增减挂钩政策，整合政策、资金，切实发挥部门协同、政策资金整合的整体效应，有效推进扶贫开发及易地扶贫搬迁工作。省级国土资源主管部门要按照本通知要求，结合当地实际，研究制定增减挂钩政策支持扶贫开发及易地扶贫搬迁的具体落实措施，明确操作办法；要通过会议、培训等多种形式，认真积极指导贫困地区用好用活增减挂钩政策，确保政策实效。

此文件有效期为5年。

国土资源部　农业部关于进一步支持设施农业健康发展的通知

（2014 年 9 月 29 日　国土资发〔2014〕127 号）

各省、自治区、直辖市国土资源主管部门，农业（农牧、农村经济、农机、畜牧、兽医、农垦、加工、渔业厅（局、委、办），新疆生产建设兵团国土资源局、农业局：

为适应现代农业发展需要，促进设施农业健康有序发展，2010 年，国土资源部、农业部下发《关于完善设施农用地管理有关问题的通知》（国土资发〔2010〕155 号），明确了设施农用地管理有关要求和支持政策。但随着现代农业和土地规模化经营不断发展，需要进一步完善现行的设施农用地政策，规范用地管理。现就有关问题通知如下：

一、合理界定设施农用地范围

根据现代农业生产特点，从有利于支持设施农业和规模化粮食生产发展、规范用地管理出发，将设施农用地具体划分为生产设施用地、附属设施用地以及配套设施用地。

（一）进一步明确生产设施用地。生产设施用地是指在设施农业项目区域内，直接用于农产品生产的设施用地。包括：

1. 工厂化作物栽培中有钢架结构的玻璃或 PC 板连栋温室用地等；

2. 规模化养殖中畜禽舍（含场区内通道）、畜禽有机物处置等生产设施及绿化隔离带用地；

3. 水产养殖池塘、工厂化养殖池和进排水渠道等水产养殖的生产设施用地；

4. 育种育苗场所、简易的生产看护房（单层，小于 15 平方米）用地等。

（二）合理确定附属设施用地。附属设施用地是指直接用于设施农业项目的辅助生产的设施用地。包括：

1. 设施农业生产中必需配套的检验检疫监测、动植物疫病虫害防控等技术设施以及必要管理用房用地；

2. 设施农业生产中必需配套的畜禽养殖粪便、污水等废弃物收集、存储、处理等环保设施用地，生物质（有机）肥料生产设施用地；

3. 设施农业生产中所必需的设备、原料、农产品临时存储、分拣包装场所用地，符合“农村道路”规定的场内道路等用地。

（三）严格确定配套设施用地。配套设施用地是指由农业专业大户、家庭农场、农民合作社、农业企业等，从事规模化粮食生产所必需的配套设施用地。包括：晾晒场、粮食烘干设施、粮食和农资临时存放场所、大型农机具临时存放场所等用地。

各地应严格掌握上述要求，严禁随意扩大设施农用地范围，以下用地必须依法依规按建设用地进行管理：经营性粮食存储、加工和农机农资存放、维修场所；以农业为依托的休闲观光度假场所、各类庄园、酒庄、农家乐；以及各类农业园区中涉及建设永久性餐饮、住宿、会议、大型停车场、工厂化农产品加工、展销等用地。

二、积极支持设施农业发展用地

（一）设施农业用地按农用地管理。生产设施、附属设施和配套设施用地直接用于或者服务于农业生产，其性质属于农用地，按农用地管理，不需办理农用地转用审批手续。生产结束后，经营者应按相关规定进行土地复垦，占用耕地的应复垦为耕地。

非农建设占用设施农用地的，应依法办理农用地转用审批手续，农业设施兴建之前为耕地的，非农建设单位还应依法履行耕地占补平衡义务。

（二）合理控制附属设施和配套设施用地规模。进行工厂化作物栽培的，附属设施用地规模原则上控制在项目用地规模5%以内，但最多不超过10亩；规模化畜禽养殖的附属设施用地规模原则上控制在项目用地规模7%以内（其中，规模化养牛、养羊的附属设施用地规模比例控制在10%以内），但最多不超过15亩；水产养殖的附属设施用地规模原则上控制在项目用地规模7%以内，但最多不超过10亩。

根据规模化粮食生产需要合理确定配套设施用地规模。南方从事规模化粮食生产种植面积500亩、北方1000亩以内的，配套设施用地控制在3亩以内；超过上述种植面积规模的，配套设施用地可适当扩大，但最多不得超过10亩。

（三）引导设施建设合理选址。各地要依据农业发展规划和土地利用总体规划，在保护耕地、合理利用土地的前提下，积极引导设施农业和规模化粮食生产发展。设施建设应尽量利用荒山荒坡、滩涂等未利用地和低效闲置的土地，不占或少占耕地。确需占用耕地的，应尽量占用劣质耕地，避免滥占优质耕地，同时通过耕作层土壤剥离利用等工程技术等措施，尽量减少对耕作层的破坏。

对于平原地区从事规模化粮食生产涉及的配套设施建设，选址确实难以安排在其他地类上、无法避开基本农田的，经县级国土资源主管部门会同农业部门组织论证确需占用的，可占用基本农田。占用基本农田的，必须按数量相等、质量相当的原则和有关要求予以补划。各类畜禽养殖、水产养殖、工厂化作物栽培等设施建设禁止占用基本农田。

（四）鼓励集中兴建公用设施。县级农业部门、国土资源主管部门应从本地实际出发，因地制宜引导和鼓励农业专业大户、家庭农场、农民合作社、农业企业在设施农业和规模化粮食生产发展过程中，相互联合或者与农村集体经济组织共同兴建粮食仓储烘干、晾晒场、农机库棚等设施，提高农业设施使用效率，促进土地节约集约利用。

三、规范设施农用地使用

从事设施农业建设的，应通过经营者与土地所有权人约定用地条件，并发挥乡级政府的管理作用，规范用地行为。

（一）签订用地协议。设施农用地使用前，经营者应拟定设施建设方案，内容包括：项目名称、建设地点、设施类型和用途、数量、标准和用地规模等，并与乡镇政府和农村集体经济组织协商土地使用年限、土地用途、土地复垦要求及时限、土地交还和违约责任等有关土地使用条件。协商一致后，建设方案和土地使用条件通过乡镇、村组政务公开等形式向社会予以公告，公告时间不少于10天；公告期结束无异议的，乡镇政府、农村集体经济组织和经营者三方签订用地协议。

涉及土地承包经营权流转的，经营者应依法先行与承包农户签订流转合同，征得承包农户同意。

（二）用地协议备案。用地协议签订后，乡镇政府应按要求及时将用地协议与设施建设方案报县级国土资源主管部门和农业部门备案，不符合设施农用地有关规定的不得动工建设。

县级国土资源主管部门和农业部门应依据职能及时核实备案信息。发现存在选址不合理、附属设施用地和配套设施用地超过规定面积、缺少土地复垦协议内容，以及将非农建设用地以设施农用地名义备案等问题的；项目设立不符合当地农业发展规划布局、建设内容不符合设施农业经营和规模化粮食生产要求、附属设施和配套设施建设不符合有关技术标准，以及土地承包经营权流转不符合有关规定的，分别由国土资源主管部门和农业部门在15个工作日内，告知乡镇政府、农村集体经济组织及经营者，由乡镇政府督促纠正。

对于国有农场的农业设施建设与用地，可由省级国土资源主管部门会同农业部门及有关部门根据本通知规定，制定具体实施办法。

四、加强设施农用地服务与监管

（一）主动公开设施农用地建设与管理有关政策规定。通过政府或部门网站及其他形式，国土资源主管部门主动公开设施农用地分类与用地规模标准、相关土地利用总体规划、基本农田保护、土地复垦、用地协议签订与备案等有关规定要求；农业部门主动公开行业发展政策与规划、设施类型和建设标准、农业环境保护、疫病防控等相关规定要求，以便设施农业经营者查询与了解有关政策规定。在设施农业建设过程中，国土资源主管部门和农业部门应主动服务、加强指导，及时解决出现的问题，促进设施农业健康发展。

（二）加强设施农用地监管。县级国土资源主管部门、农业部门和乡镇政府都应将设施农用地纳入日常管理，加强监督，建立制度，分工合作，形成联动工作机制。市、县国土资源主管部门要加强设施农用地的实施跟踪，监督设施农用地的土地利用和土地复垦，及时做好土地变更调查登记和台帐管理工作；县级农业部门加强设施农业建设和经营行为的日常监管，做好土地流转管理和服务工作；乡镇政府负责监督经营者按照协议约定具体实施农业设施建设，落实土地复垦责任，并组织农村集体经济组织做好土地承包合同变更。

省级国土资源主管部门和农业部门应建立设施农用地信息报备制度，全面掌握本区域内设施农用地和设施农业的情况和发展趋势，及时准确地开展土地变更调查设施农用地核实工作。不定期组织开展专项检查，发现苗头性、倾向性问题，及时研究解决，将有关情况报国土资源部和农业部。

（三）严格设施农用地执法。从事设施农业和规模化粮食生产的，经营者必须按照协议约定使用土地，确保农地农用。设施农用地不得改变土地用途，禁止擅自或变相将设施农用地用于其他非农建设；不得超过用地标准，禁止擅自扩大设施用地规模或通过分次申报用地变相扩大设施用地规模；不得改变直接从事或服务于农业生产的设施性质，禁止擅自将设施用于其他经营。

县级国土资源主管部门和农业部门要依据职能加强日常执法巡查，对不符合规定要求开展设施建设和使用土地的，做到早发现、早制止、早报告、早查处。对于擅自或变相将设施农用地用于其他非农建设的，应依法依规严肃查处；擅自扩大附属设施用地规模或通过分次申报用地变相扩大设施用地规模，擅自改变农业生产设施性质用于其他经营的，应及时制止、责令限期纠正，并依法依规追究有关人员责任。

省市国土资源主管部门和农业部门要加强对基层国土资源主管部门和农业部门执法行为的监管，对有案不查、执法不严的，要坚决予以纠正。今后，设施农用地使用和管理情况纳入省级政府耕地保护责任目标内容，国土资源部、农业部每年将会同有关部门开展检查和考核。

各省（区、市）国土资源主管部门和农业部门要高度重视设施农用地管理工作，按照本通知的规定要求，进一步完善实施办法和有关规定要求，切实加强和规范设施农用地管理。本《通知》下发后，国土资源部、农业部《关于完善设施农用地管理有关问题的通知》（国土资发〔2010〕155 号）停止执行。

本通知有效期为五年。

七、地类认定及确权登记颁证

国土资源部 财政部 住房和城乡建设部 农业部 国家林业局关于进一步加快推进宅基地和集体建设用地使用权确权登记发证工作的通知

（2014年8月1日 国土资发〔2014〕101号）

各省、自治区、直辖市及副省级城市国土资源主管部门、财政厅（局）、住房城乡建设厅（建委、建交委）、农业（农牧、农村经济）厅（局、委、办），林业厅（局）、新疆生产建设兵团国土资源局、财务局、建设局、农业局、林业局，解放军土地管理局：

为落实十八届三中全会关于“赋予农民更多财产权利，保障农户宅基地用益物权，改革完善农村宅基地制度；建立城乡统一的建设用地市场，允许集体经营性建设用地实行与国有土地同等入市、同权同价”改革精神，认真贯彻《关于全面深化农村改革 加快推进农业现代化的若干意见》（中发〔2014〕1号）和《2014年政府工作报告》，结合国家建立和实施不动产统一登记制度的有关要求，进一步加快推进宅基地和集体建设用地使用权确权登记发证工作，现将有关事项通知如下：

一、结合新形势，充分认识宅基地和集体建设用地使用权确权登记发证工作的重要意义

（一）加快推进宅基地和集体建设用地使用权登记发证是维护农民合法权益，促进农村社会秩序和谐与稳定的重要措施。宅基地和集体建设用地使用权是农民及农民集体重要的财产权利，直接关系到每个农户的切身利益，通过宅基地和集体建设用地确权登记发证，依法确认农民的宅基地和集体建设用地使用权，

可以有效解决土地权属纠纷，化解农村社会矛盾，为农民维护土地权益提供有效保障，从而进一步夯实农业农村发展基础，促进农村社会秩序的稳定与和谐。

（二）宅基地和集体建设用地使用权登记发证是深化农村改革，促进城乡统筹发展的产权基础。通过加快推进宅基地和集体建设用地确权登记发证，使农民享有的宅基地和集体建设用地使用权依法得到确认和法律保护，是改革完善宅基地制度，实行集体经营性建设用地与国有土地同等入市、同权同价，建立城乡统一的建设用地市场等农村改革的基础和前提，也为下一步赋予农民更多财产权利，促进城乡统筹发展提供了产权基础和法律依据。

（三）宅基地和集体建设用地使用权登记发证是建立实施不动产统一登记制度的基本内容。党的十八届二中全会和十二届全国人大一次会议审议通过的《国务院机构改革和职能转变方案》明确建立不动产统一登记制度，为避免增加群众负担，减少重复建设和资金浪费，在宅基地和集体建设用地使用权登记发证工作中将农房等地上建筑物、构筑物一并纳入，有助于建立健全不动产登记制度，形成覆盖城乡房地一体的不动产登记体系，进一步提高政府行政效能和监管水平。

二、因地制宜，全面加快推进宅基地和集体建设用地使用权确权登记发证工作

各地要以登记发证为主线，因地制宜，采用符合实际的调查方法，将农房等集体建设用地上的建筑物、构筑物纳入工作范围，建立健全不动产统一登记制度，实现统一调查、统一确权登记、统一发证，力争尽快完成房地一体的全国农村宅基地和集体建设用地使用权确权登记发证工作。

（一）全面加快农村地籍调查，统筹推进农房等集体建设用地上的建筑物、构筑物补充调查工作。各地要以服务和支撑登记发证工作为切入点，兼顾集体建设用地流转、改革完善宅基地制度等土地制度改革、不动产统一登记建设的实际需要，按照《农村地籍和房屋调查技术方案》（见附件）的要求，积极稳妥推进本地区的农村地籍调查工作，并将农房等集体建设用地上的建筑物、构筑物纳入工作范围。

各地要统筹考虑基础条件、工作需求和经济技术可行性，避免重复投入，因事、因地、因物，审慎科学地选择符合本地区实际的调查方法。可按照“百衲衣”的方式，同一地区内采用多种不同调查方法开展工作，以满足登记发证工作的基本需要。

（二）制定和完善宅基地和集体建设用地使用权确权登记发证相关政策。各地要认真研究分析当前工作存在的问题，全面总结行之有效的经验和做法，在国土资发〔2011〕60号、国土资发〔2011〕178号及国家有关要求的基础上，根据各地实际，进一步细化农村宅基地和集体建设用地使用权确权发证的政策，积极探索，勇于突破，尽快出台或完善有关政策或指导意见，为推进工作提供政策支撑。

各地在制定政策或指导意见时，应以化解矛盾、应发尽发为原则，要坚持农村违法宅基地和集体建设用地必须依法补办用地批准手续后，方可进行登记发证。在权属调查和纠纷处理工作中，要充分发挥基层群众自治组织和农村集体经济组织的作用，建立健全农村土地权属纠纷调处工作机制，在登记发证工作中注重保护农村妇女土地权益，切实保护群众合法利益。

（三）进一步加快推进宅基地和集体建设用地使用权确权登记发证工作。各地要按照不动产统一登记制度建设和宅基地制度改革的要求，全面落实宅基地、集体建设用地使用权以及农房等集体建设用地上的建筑物、构筑物确权登记发证工作，做到应发尽发。要从工作现状出发，尽快制定或调整工作计划，将农房等集体建设用地上的建筑物、构筑物纳入工作范围，按年度细化工作目标、任务和措施，明确完成时限。在完成农村地籍调查和农房调查的基础上，省级国土资源主管部门要尽量选择房地合一的地区开展房地一体的登记发证试点工作，为全面铺开积累经验。

计划在2014年年底完成宅基地和集体建设用地使用权确权登记发证的省（区、市），应根据实际情况尽快调整工作计划，增加农房调查等工作任务，并制定补充调查方案；做出新的调整，增加农房等集体建设用地上的建筑物、构筑物可能造成不利影响的，今年可以先按原计划继续推进，今后再逐步开展补充调查，或结合日常变更登记逐步补充完善房屋及附属设施信息。各省（区、市）应按照工作计划，积极推进确权登记发证工作，本级财政给予必要的支持。

（四）进一步加强登记规范化和信息化建设。已完成宅基地和集体建设用地使用权确权登记发证工作的省份，要进一步规范已有登记成果，提高成果质量。各地要继续推进农村集体土地登记信息化数据库建设，逐步建立数据库共享机制，实现数据实时更新，在满足现有工作需求基础上，统筹考虑与不动产统一登记制度信息化建设的衔接，实现登记发证成果的数字化管理和信息化应用。

三、采取有效措施，切实保障宅基地和集体建设用地使用权确权登记发证顺利进行

（一）加强组织领导。地方各级集体土地确权登记发证领导小组办公室继续负责本地区确权登记发证工作的组织和实施。根据《国务院办公厅关于落实中共中央国务院关于全面深化农村改革加快推进农业现代化的若干意见有关政策措施分工的通知》（国办函〔2014〕31 号）要求，相应增加或调整领导小组成员单位。依靠各级党委、政府，特别是市（县）党委、政府强有力的组织、协调和保障，各级国土资源部门要牵头负责，与同级财政、住建、农业、林业部门密切合作，确保宅基地和集体建设用地使用权确权登记发证工作积极稳妥、规范有序推进。严格执行已有工作机制和制度，认真落实月报季报等有关制度。省级国土资源主管部门要在 2014 年 8 月 31 日前将相关工作计划报部备案。

（二）切实保障经费落实。相关地方政府要按照 2013 年、2014 年中发 1 号文件要求将确权登记颁证工作经费纳入财政预算，切实保障工作开展。

（三）加强正面宣传引导。各地应结合建立和实施不动产统一登记制度建设的要求，通过报纸、电视、广播、网络等媒体，加强宣传宅基地和集体建设用地使用权及农房等集体建设用地上的建筑物、构筑物确权登记发证工作的重要意义、工作目标和法律政策，争取广大农民群众和社会各界的理解支持，创造良好的舆论环境和工作氛围。

（四）加强督促指导及验收。全国加快推进农村集体土地确权登记发证工作领导小组办公室将继续实行“一省一策”、“分片包干”、“定期上报”等工作制度，加强督促检查，对工作进度缓慢、工作质量不高的地区，进行重点督导。省级国土资源主管部门应在本省（区、市）基本完成宅基地和集体建设用地使用权确权登记发证工作的基础上，对尚未完成工作任务的地区，进一步加强督促和指导，集中研究解决难题，限时完成工作目标，同时组织好验收总结，切实保证工作成果质量。

国土资源部办公厅关于进一步规范农村道路地类认定工作的通知

（2013 年 6 月 27 日　国土资厅函〔2013〕581 号）

各省、自治区、直辖市国土资源主管部门，新疆生产建设兵团国土资源局，解放军土地管理局，部有关直属单位，各派驻地方的土地督察局，部机关各司局：

为进一步规范农村道路地类认定的相关标准，严肃土地用途管制制度，确保农村道路依法依规建设和节约集约利用土地，按照《土地调查条例》、《土地调查条例实施办法》和《土地利用现状分类》，现对农村道路地类认定工作要求如下。

一、农村道路是指任符合《土地利用现状分类》（GB/T 21010—2007）相关地类定义，在农村范围内，用于村、田间交通运输，并在国家公路网络体系之外，以服务于农村农业生产为主要用途的道路（含机耕道）。城镇、村庄内部公用道路（含立交桥）及行道树的用地，不属于农村道路。

二、农村道路路面宽度不超过 6. 0 米，或路基宽度不超过 6. 5 米。农村道路改扩建后路面或路基宽度超过上限，以及只设单向车道的道路，不得认定为农村道路，应纳入建设用地管理范畴，按规定办理相关用地手续。大型机械化作业区内的农村道路宽度可依照《高标准基本农田建设标准》（TD/T 工资 1033—2012）相关规定执行。

三、各级国土资源主管部门要按照《土地调查条例》、《土地调查条例实施办法》，对农村道路的地类认定进行严格把关。在农村道路地类认定过程中出现弄虚瞒报等行为的，一经发现，将按照《土地调查条例》及《土地调查条例实施办法》对相关责任人及国土资源管理部门追究法律责任。

国土资源部关于进一步加快农村地籍调查推进集体土地确权登记发证工作的通知

（2013 年 9 月 3 日　国土资发〔2013〕97 号）

各省、自治区、直辖市国土资源主管部门，新疆生产建设兵团国土资源局，解放军土地管理局，部有关直属单位，各派驻地方的国家土地督察局，部机关各司局：

按照党的“十八大”关于推进新型城镇化建设和城乡发展一体化的要求，全面贯彻落实中共中央、国务院《关于加快发展现代农业 进一步增强农村发展活力的若干意见》（中发〔2013〕1 号）精神，部研究决定，在现有工作的基础上，采取切实有效措施，进一步加快农村地籍调查，全面推进集体土地确权登记发证工作。现将有关事项通知如下。

一、加快农村地籍调查，保障集体土地确权登记发证工作

（一）充分认识农村地籍调查工作重要意义。农村地籍调查是土地管理中打基础、利长远的工作，是实现土地精细化管理，促进城乡地政统一管理的重要保障，是维护广大农民土地合法权益，促进社会和谐稳定的重要支撑。各地要充分认识农村地籍调查工作的重要意义，通过组织开展农村地籍调查，全面掌握农村范围内每一宗土地的利用类型、数量、分布及权属、界址等产权状况，为当前开展的集体土地确权登记发证工作提供基础支撑，确保全国农村集体土地确权登记发证工作有序推进。同时，也为下一步不动产统一登记奠定坚实的基础。

（二）进一步明确农村地籍调查工作内容。农村地籍调查作为今后一段时期地籍管理工作的重点，主要任务是对农村范围内包括农村宅基地、农村集体建设用地等在内的每一宗地的权属、界址、位置、面积、用途等进行调查。主要内容包括土地权属调查和地籍测量，土地权属调查是调查土地的权属状况和界址，地籍测量是测量宗地的界址边界。各地要严格依据《地籍调查规程》（TD/T 1001－2012），按照“统筹谋划，科学组织；需求带动，服务推动；立足基础，节约高

效；息纷止争，维权维稳”的总体指导原则，坚持政府主导，建立稳定的长效投入机制，调动各方积极性，加快推进本地区农村地籍调查的各项调查工作。

（三）统筹有序安排农村地籍调查各项任务。各地要客观分析现有工作条件，有计划、有步骤、分阶段稳妥推进本地区的农村地籍调查工作。各地在开展农村地籍调查工作时，要与现有工作统筹安排，当前尤其要充分结合农村集体土地确权登记发证工作的总体部署和要求，在已基本完成集体土地所有权登记发证工作的基础上，继续做好调查成果的整理完善工作，尽快组织开展农村集体建设用地调查和宅基地调查，全力保证农村集体土地确权登记发证工作。

二、因地制宜，严格规范，确保农村地籍调查成果质量

（一）因地制宜加快农村地籍调查工作。地方应根据本地区的特点，制定地籍调查方案，采用切实可行的调查方法开展调查。有条件地区要着眼于地籍管理和国土资源事业的长远发展，兼顾需要和可能，尽可能采用高精度的调查标准和调查方法实测界址点坐标并计算宗地面积，制作大比例尺地籍图；条件不具备的地区，界址点的测量可采用图解法，实地丈量界址边长及界址点与邻近地物的相关距离或条件距离，确保相邻关系的准确。

对于已经调查的宗地实地情况发生变化的，开展日常变更地籍调查及变更登记，保持地籍调查成果的现势性；对已经调查的宗地测量精度不满足需要的，要及时进行修补测；对于已经调查的宗地档案资料缺失及不规范的，应尽快补正完善；对于未开展过地籍调查的地区，按照地籍总调查的模式开展调查。

（二）严格规范开展农村地籍调查工作。各地应以“权属合法、界址清楚、面积准确”为原则，依据《地籍调查规程》，查清农村每一宗土地的权属、界址、面积和用途（地类）等，建立完备的地籍调查数据库。地籍调查工作中，各地要积极探索新技术、新方法的应用，结合已有的宅基地、集体建设用地调查成果，并充分利用第二次全国土地调查成果、年度土地变更调查成果以及最新的遥感影像，开展农村地籍调查工作，并做好与现有调查资料的充分衔接。

同时，各地可结合开展不动产统一登记的新形势、新要求，适时开展涵盖各种权利类型的农村地籍调查工作，探索形成操作性强的工作流程和切实可行的技术方法，为即将开展的不动产统一登记进行积极主动的探索。

（三）加强农村地籍调查成果的信息化。各地应以集体土地确权登记发证工作为契机，采取积极有效措施，加快推进农村地籍调查成果的信息化。要在第二

次全国土地调查成果的基础上，以年度土地变更调查数据库为平台，开展农村集体土地所有权调查成果的上图入库工作，补充完善农村集体建设用地调查和宅基地调查成果，建立农村地籍调查数据库，更新土地变更调查数据库中权属、界址、面积等地籍信息。同时，建立农村地籍调查成果动态更新长效机制，以土地登记为切入点，动态更新农村地籍调查成果资料，保持调查成果的现势性。

（四）探索农村地籍调查成果的应用。各地要积极探索农村地籍调查成果的应用，切实为国土资源精细化管理提供支撑和保障。农村宅基地地籍调查成果要充分应用于宅基地审批、城乡建设用地增减挂钩、农村土地整治等工作中，农村集体建设用地调查成果要与年度土地变更调查、土地执法等工作相结合，做到相互印证，相互支撑。

三、采取有效措施，全面推进各项工作

（一）加强组织领导。各地要高度重视，加强对农村地籍调查的组织领导，将加快推进农村地籍调查工作作为夯实农村土地管理基础，特别是农村集体土地确权登记发证的重要内容，统一领导、统一部署、统一组织实施。各地在推进地籍调查工作的过程中，要立足当地工作基础和实际需求，对重点区域和城乡结合部以需求带动为主，体现急需优先的原则，对其他地区，则应加大政府投入力度，以服务推动为主，体现全面开展的要求。各地国土资源主管部门要积极主动地向同级党委、政府汇报调查工作进度，加强与各有关部门的协调联动，建立政府主导的工作推动机制。各省要及时将加快推进农村地籍调查工作的省级实施方案报部备案，部将适时开展督导检查。

（二）保障工作经费。农村地籍调查是一项基础性工作，各地要积极开拓思路，多渠道筹措资金，确保地籍调查所需经费。县级以上地方国土资源主管部门应当配合同级财政部门，根据 2013 年中央 1 号文件精神和《土地调查条例实施办法》的有关规定落实经费。必要时，可以与同级财政部门共同制定调查经费从新增建设用地土地有偿使用费、国有土地使用权有偿出让收入中列支的管理办法。已经完成地籍调查的地区，要积极争取地方政府财政支持，将地籍成果更新和系统建设与维护资金足额纳入年度财政预算。

（三）强化队伍建设。各级国土资源主管部门要有计划地开展地籍调查业务培训，逐步建立地籍调查人员学习培训长效机制，不断提高执行政策和规范开展业务的能力，以及沟通协调和解决实际问题的能力。县级以上国土资源主管部门

应明确专门的机构和人员，具体负责地籍调查工作，建立调查队伍人员的定期考核制度。各地要积极引导建立社会化地籍调查中介机构，提高农村地籍调查效率和规范化水平，逐步建立市场化的地籍调查工作机制。

（四）加大宣传力度。各地要采取多种形式，在农村集体土地确权发证工作中，大力宣传农村地籍调查的重要意义，创造良好的舆论环境和工作氛围。部将根据农村集体土地确权登记发证工作进展，适时召开加快推进农村地籍调查工作现场会，总结推广典型经验，促进农村地籍调查工作规范有序开展。

此通知自下发之日起实施，有效期为5年。

国土资源部财政部农业部关于加快推进农村集体土地确权登记发证工作的通知

（2011 年 5 月 6 日　国土资发〔2011〕60 号）

各省、自治区、直辖市国土资源厅（国土环境资源厅、国土资源局、国土资源和房屋管理局、规划和国土资源管理局）、财政厅（局）、农业（农牧、农村经济）厅（局、委、办），新疆生产建设兵团国土资源局、财务局、农业局：

为贯彻落实十七届三中全会精神和《中共中央国务院关于加大统筹城乡发展力度进一步夯实农业农村发展基础的若干意见》（中发〔2010〕1 号，以下简称中央 1 号文件）有关要求，切实加快推进农村集体土地确权登记发证工作，现将有关事项通知如下：

一、充分认识加快农村集体土地确权登记发证的重要意义

《土地管理法》实施以来，各地按照国家法律法规和政策积极开展土地登记工作，取得了显著的成绩，对推进土地市场建设，维护土地权利人合法权益，促进经济社会发展发挥了重要作用。但是，受当时条件的限制，农村集体土地确权登记发证工作总体滞后，有的地区登记发证率还很低，已颁证的农村集体土地所有权大部分只确权登记到行政村农民集体一级，没有确认到每一个具有所有权的农民集体，这与中央的要求和农村经济社会发展的现实需求不相适应。明晰集体土地财产权，加快推进农村集体土地确权登记发证工作任务十分紧迫繁重。

（一）加快推进农村集体土地确权登记发证工作是维护农民权益、促进农村社会和谐稳定的现实需要。通过农村集体土地确权登记发证，有效解决农村集体土地权属纠纷，化解农村社会矛盾，依法确认农民土地权利，强化农民特别是全社会的土地物权意识，有助于在城镇化、工业化和农业现代化推进过程中，切实维护农民权益。

（二）加快推进农村集体土地确权登记发证工作是落实最严格的耕地保护制度和节约用地制度、提高土地管理和利用水平的客观需要。土地确权登记发证的

过程，是进一步查清宗地的权属、面积、用途、空间位置，建立土地登记簿的过程，也是摸清土地利用情况的过程，从而改变农村土地管理基础薄弱的状况，夯实管理和改革的基础，确认农民集体、农民与土地长期稳定的产权关系，将农民与土地物权紧密联系起来，可以进一步激发农民保护耕地、节约集约用地的积极性。

（三）加快推进农村集体土地确权登记发证工作是夯实农业农村发展基础、促进城乡统筹发展的迫切需要。加快农村集体土地确权登记发证，依法确认和保障农民的土地物权，进而通过深化改革，还权赋能，最终形成产权明晰、权能明确、权益保障、流转顺畅、分配合理的农村集体土地产权制度，是建设城乡统一的土地市场的前提，是促进农村经济社会发展、实现城乡统筹的动力源泉。

二、切实加快农村集体土地确权登记发证工作，强化成果应用

各地要认真落实中央 1 号文件精神，加快农村集体土地所有权、宅基地使用权、集体建设用地使用权等确权登记发证工作，力争到 2012 年底把全国范围内的农村集体土地所有权证确认到每个具有所有权的集体经济组织，做到农村集体土地确权登记发证全覆盖。要按照土地总登记模式，集中人员、时间和地点开展工作，坚持依法依规、便民高效、因地制宜、急需优先和全面覆盖的原则，注重解决难点问题。

（一）完善相关政策。认真总结在农村集体土地确权登记发证工作方面的经验，围绕地籍调查、土地确权、争议调处、登记发证工作中存在的问题，深入研究，创新办法，细化和完善加快农村集体土地确权登记发证的政策。严禁通过土地登记将违法违规用地合法化。

（二）加快地籍调查。地籍调查是土地登记发证的前提，各地要加快地籍调查，严格按照地籍调查有关规程规范的要求，开展农村集体土地所有权、宅基地使用权、集体建设用地使用权调查工作，查清农村每一宗土地的权属、界址、面积和用途等基本情况。有条件的地方要制作农村集体土地所有权地籍图，以大比例尺地籍调查为基础，制作农村集体土地使用权，特别是建设用地使用权、宅基地使用权地籍图。县级以上城镇以及有条件的一般建制镇、村庄，要建立地籍信息系统，将地籍调查成果上图入库，纳入规范化管理，在此基础上，开展土地总登记及初始登记和变更登记。建立地籍成果动态更新机制，以土地登记为切入点，动态更新地籍调查成果资料，保持调查成果的现势性，确保土地登记结果的

准确性。

（三）加强争议调处。要及时调处土地权属争议，建立土地权属争议调处信息库，及时掌握集体土地所有权、宅基地使用权和集体建设用地使用权权属争议动态，有效化解争议，为确权创造条件。

（四）规范已有成果。结合全国土地登记规范化和土地权属争议调处检查工作，凡是农村集体土地所有权证没有确认到具有所有权的农民集体经济组织的，应当确认到具有所有权的农民集体经济组织；已经登记发证的宗地缺失档案资料以及不规范的，尽快补正完善；已经登记的宗地测量精度不够的，及时进行修补测；对于发现登记错误的，及时予以更正。

（五）加强信息化建设。把农村集体土地确权登记发证同地籍信息化建设结合起来，在应用现代信息技术加快确权登记发证的同时，一并将地籍档案数字化，实现确权登记发证成果的信息化管理。建设全国土地登记信息动态监管查询系统，逐步实现土地登记资料网上实时更新，动态管理，建立共享机制，全面提高地籍管理水平，大幅度提高地籍工作的社会化服务程度。

（六）强化证书应用。实行凭证管地用地制度。土地权利证书要发放到权利人手中，严禁以统一保管等名义扣留、延缓发放土地权利证书。各地根据当地实际，可以要求凡被征收的农村集体所有土地，在办理征地手续之前，必须完成农村集体土地确权登记发证，在征地拆迁时，要依据农村集体土地所有证和农村集体土地使用证进行补偿；凡是依法进入市场流转的经营性集体建设用地使用权，必须经过确权登记，做到产权明晰、四至清楚、没有纠纷，没有经过确权登记的集体建设用地使用权一律禁止流转；农用地流转需与集体土地所有权确权登记工作做好衔接，确保承包地流转前后的集体所有性质不改变，土地用途不改变，农民土地承包权益不受损害；对新农村建设和农村建设用地整治涉及宅基地调整的，必须以确权登记发证为前提。

充分发挥农村土地确权登记发证工作成果在规划、耕保、利用、执法等国土资源管理各个环节的基础作用。农村集体土地登记发证与集体建设用地流转、城乡建设用地增减挂钩、农用地流转、土地征收等各项重点工作挂钩。凡是到2012年底未按时完成农村集体土地所有权登记发证工作的，农转用、土地征收审批暂停，农村土地整治项目不予立项。

三、加强组织领导，强化督促落实

（一）加强组织领导。国土资源部会同财政部、农业部成立全国加快推进农村集体土地确权登记发证工作领导小组，办公室设在国土资源部地籍管理司，由成员单位有关方面负责人、联络员及工作人员组成，具体负责推进农村集体土地确权登记发证的日常工作。省级人民政府国土资源部门要牵头成立相应的领导小组，负责本地区工作的组织和实施。市（县）政府是农村集体土地登记的法定主体，市（县）成立以政府领导为组长的工作领导小组，国土资源部门承担领导小组的日常工作，负责编制实施方案，分解任务，落实责任，明确进度，定期检查，抓好落实。农村集体土地所有权确权登记发证应当覆盖到本行政区内全部集体土地。

（二）周密部署安排。各省要抓紧摸清本地区集体土地确权登记发证现状，研究制定具体工作方案，明确年度工作目标和任务，加强人员培训，落实责任制，加快农村集体土地所有权、宅基地使用权、集体建设用地使用权等确权登记颁证工作，2012 年底基本完成把农村集体土地所有权证确认到每个具有所有权的农民集体经济组织的任务。

建立全国农村集体土地确权登记发证工作进度汇总统计分析和通报制度。请省级领导小组办公室于 2011 年 6 月底将本地区农村集体土地确权登记发证工作进展情况报办公室，此后按季度定期上报工作进度情况，并逐步建立网上动态上报机制，办公室将采取多种方式加强督促检查。

（三）切实保障经费。相关地方政府要按照中央 1 号文件要求，统筹安排，将农村集体土地确权登记发证有关工作经费足额纳入财政预算，保障工作开展。

（四）加强土地登记代理机构队伍建设。借助土地登记代理机构等专业力量，提高确权登记发证的效率和规范化程度。

（五）宣传动员群众。各地要通过报纸、电视、广播、网络等媒体，大力宣传农村集体土地确权登记发证的重要意义、工作目标和法律政策，创造良好的舆论环境和工作氛围。争取广大农民群众和社会各界的理解支持，充分发挥农村基层组织在登记申报、土地确权、纠纷调处等工作中的重要作用，调动广大农民群众参与的积极性。国土资源部将适时召开加快推进农村集体土地确权登记发证工作现场会，总结、推广、宣传典型经验，为全国提供示范典型。

国土资源部　中央农村工作领导小组办公室　财政部　农业部关于农村集体土地确权登记发证的若干意见

（2011 年 11 月 10 日　国土资发〔2011〕178 号）

各省、自治区、直辖市及副省级城市国土资源主管部门、农办（农工部、农委、农工委、农牧办）、财政厅（局）、农业（农牧、农村经济）厅（局、委、办），新疆生产建设兵团国土资源局、财务局、农业局，解放军土地管理局：

为切实落实《中共中央 国务院关于加大统筹城乡发展力度进一步夯实农业农村发展基础的若干意见》（中发〔2010〕1 号），国土资源部、财政部、农业部联合下发了《关于加快推进农村集体土地确权登记发证工作的通知》（国土资发〔2011〕60 号），进一步规范和加快推进农村集体土地确权登记发证工作，现提出以下意见：

一、明确农村集体土地确权登记发证的范围

农村集体土地确权登记发证是对农村集体土地所有权和集体土地使用权等土地权利的确权登记发证。农村集体土地使用权包括宅基地使用权、集体建设用地使用权等。农村集体土地所有权确权登记发证要覆盖到全部农村范围内的集体土地，包括属于农民集体所有的建设用地、农用地和未利用地，不得遗漏。

二、依法依规开展农村集体土地确权登记发证工作

按照《中华人民共和国物权法》、《中华人民共和国土地管理法》、《土地登记办法》、《土地权属争议调查处理办法》、《确定土地所有权和使用权的若干规定》等有关法律政策文件以及地方性法规、规章的规定，本着尊重历史、注重现实、有利生产生活、促进社会和谐稳定的原则，在全国土地调查成果以及年度土地利用变更调查成果基础上，依法有序开展确权登记发证工作。

农村集体土地确权登记依据的文件资料包括：人民政府或者有关行政主管部

门的批准文件、处理决定；县级以上人民政府国土资源行政主管部门的调解书；人民法院生效的判决、裁定或者调解书；当事人之间依法达成的协议；履行指界程序形成的地籍调查表、土地权属界线协议书等地籍调查成果；法律、法规等规定的其他文件等。

三、加快农村地籍调查工作

各地应以“权属合法、界址清楚、面积准确”为原则，依据《土地利用现状分类》（GB/T 21010—2007）、《集体土地所有权调查技术规定》、《城镇地籍调查规程》等相关技术规定和标准，充分利用全国土地调查等已有成果，以大比例尺地籍调查成果为基础，查清农村每一宗土地的权属、界址、面积和用途（地类）等，按照统一的宗地编码模式，形成完善的地籍调查成果，为农村集体土地确权登记发证提供依据。同时，要注意做好变更地籍调查及变更登记，保持地籍成果的现势性。

凡有条件的地区，农村集体土地所有权宗地地籍调查应采用解析法实测界址点坐标并计算宗地面积；条件不具备的地区，可以全国土地调查成果为基础，核实并确定权属界线，对界址走向进行详细描述，采用图上量算或数据库计算的方法计算宗地面积。农村集体土地所有权宗地图和地籍图比例尺不小于1：10000。牧区等特殊地区在报经省级国土资源主管部门同意后，地籍图比例尺可以放宽至1：50000。

宅基地使用权、集体建设用地使用权宗地地籍调查，应采用解析法实测界址点坐标和计算宗地面积，宗地图和地籍图比例尺不小于1：2000。使用勘丈法等其他方法已发证的宅基地、集体建设用地，在变更登记时，应采用解析法重新测量并计算宗地面积。

四、把农村集体土地所有权确认到每个具有所有权的农民集体

确定农村集体土地所有权主体遵循“主体平等”和“村民自治”的原则，按照乡（镇）、村和村民小组农民集体三类所有权主体，将农村集体土地所有权确认到每个具有所有权的农民集体。凡是村民小组（原生产队）土地权属界线存在的，土地应确认给村民小组农民集体所有，发证到村民小组农民集体；对于村民小组（原生产队）土地权属界线不存在、并得到绝大多数村民认可的，应

本着尊重历史、承认现实的原则，对这部分土地承认现状，明确由村农民集体所有；属于乡（镇）农民集体所有的，土地所有权应依法确认给乡（镇）农民集体。

属于村民小组集体所有的土地应当由其集体经济组织或村民小组依法申请登记并持有土地权利证书。对于村民小组组织机构不健全的，可以由村民委员会代为申请登记、保管土地权利证书。

涉及依法“合村并组”的，“合村并组”后土地所有权主体保持不变的，所有权仍然确权给原农民集体；“合村并组”后土地所有权主体发生变化、并得到绝大多数村民认可的，履行集体土地所有权变更的法定程序后，按照变化后的主体确定集体土地所有权，并在土地登记簿和土地证书上备注各原农民集体的土地面积。

涉及依法开展城乡建设用地增减挂钩试点和农村土地整治的，原则上应维持原有土地权属不变；依法调整土地的，按照调整协议确定集体土地权利归属，并依法及时办理土地变更登记手续。

对于“撤村建居”后，未征收的原集体土地，只调查统计，不登记发证。调查统计时在新建单位名称后载明原农民集体名称。

在土地登记簿的“权利人”和土地证书的“土地所有权人”一栏，集体土地所有权主体按“××组（村、乡）农民集体”填写。

五、依法明确农村集体土地所有权主体代表

属于村农民集体所有的，由村集体经济组织或者村民委员会受本农民集体成员的委托行使所有权；分别属于村内两个以上农民集体所有的，由村内各该集体经济组织或者村民小组代表集体行使所有权；属于乡镇农民集体所有的，由乡镇集体经济组织代表集体行使所有权；没有乡（镇）农民集体经济组织的，乡（镇）集体土地所有权由乡（镇）政府代管。在办理土地确权登记手续时，由农民集体所有权主体代表申请办理。

集体经济组织的具体要求和形式，可以由各省（区、市）根据本地有关规定和实际情况依法确定。

六、严格规范确认宅基地使用权主体

宅基地使用权应该按照当地省级人民政府规定的面积标准，依法确认给本农

民集体成员。非本农民集体的农民，因地质灾害防治、新农村建设、移民安置等集中迁建，在符合当地规划的前提下，经本农民集体大多数成员同意并经有权机关批准异地建房的，可按规定确权登记发证。已拥有一处宅基地的本农民集体成员、非本农民集体成员的农村或城镇居民，因继承房屋占用农村宅基地的，可按规定登记发证，在《集体土地使用证》记事栏应注记“该权利人为本农民集体原成员住宅的合法继承人”。非农业户口居民（含华侨）原在农村合法取得的宅基地及房屋，房屋产权没有变化的，经该农民集体出具证明并公告无异议的，可依法办理土地登记，在《集体土地使用证》记事栏应注记“该权利人为非本农民集体成员”。

对于没有权属来源证明的宅基地，应当查明土地历史使用情况和现状，由村委会出具证明并公告30天无异议，经乡（镇）人民政府审核，报县级人民政府审定，属于合法使用的，确定宅基地使用权。

七、按照不同的历史阶段对超面积的宅基地进行确权登记发证

1982年《村镇建房用地管理条例》实施前，农村村民建房占用的宅基地，在《村镇建房用地管理条例》实施后至今未扩大用地面积的，可以按现有实际使用面积进行确权登记；1982年《村镇建房用地管理条例》实施起至1987年《土地管理法》实施时止，农村村民建房占用的宅基地，超过当地规定的面积标准的，超过部分按当时国家和地方有关规定处理后，可以按实际使用面积进行确权登记；1987年《土地管理法》实施后，农村村民建房占用的宅基地，超过当地规定的面积标准的，按照实际批准面积进行确权登记。其面积超过各地规定标准的，可在土地登记簿和土地权利证书记事栏内注明超过标准的面积，待以后分户建房或现有房屋拆迁、改建、翻建、政府依法实施规划重新建设时，按有关规定作出处理，并按照各地规定的面积标准重新进行确权登记。

八、认真做好集体建设用地的确权登记发证工作

村委会办公室、医疗教育卫生等公益事业和公共设施用地、乡镇企业用地及其他经依法批准用于非住宅建设的集体土地，应当依法进行确权登记发证，确认集体建设用地使用权。将集体土地使用权依法确认到每个权利主体。凡依法使用集体建设用地的单位或个人应申请确权登记。

对于没有权属来源证明的集体建设用地，应查明土地历史使用情况和现状，认定合法使用的，由村委会出具证明并公告30天无异议的，经乡（镇）人民政府审核，报县级人民政府审批，确权登记发证。

九、妥善处理农村违法宅基地和集体建设用地问题

违法宅基地和集体建设用地必须依法依规处理后方可登记。对于违法宅基地和集体建设用地，应当查明土地历史使用情况和现状，对符合土地利用总体规划与村镇规划以及有关用地政策的，依法补办用地批准手续后，进行登记发证。

十、严格规范农村集体土地确权登记发证行为

结合全国土地登记规范化检查工作，全面加强土地登记规范化建设。严格禁止搞虚假土地登记，严格禁止对违法用地未经依法处理就登记发证。对于借户籍管理制度改革或者擅自通过“村改居”等方式非经法定征收程序将农民集体所有土地转为国有土地、农村集体经济组织非法出让或出租集体土地用于非农业建设、城镇居民在农村购置宅基地、农民住宅或“小产权房”等违法用地，不得登记发证。对于不依法依规进行土地确权登记发证或登记不规范造成严重后果的，严肃追究有关人员责任。

十一、加强土地权属争议调处

各地要从机构建设、队伍建设、经费保障、规范程序等各方面，切实采取有力措施，建立健全土地权属争议调处机制，妥善处理农村集体土地权属争议。

十二、规范完善已有土地登记资料

严格按照有关法律、法规和政策规定，全面核查整理和完善已有土地登记资料。凡是已经登记发证的宗地缺失资料以及不规范的，尽快补正完善；对于发现登记错误的，及时予以更正。各地要做好农村集体土地登记资料的收集整理工作，保证登记资料的全面、完整和规范。各地要进一步建立健全有关制度和标准，统一规范管理土地登记资料。

十三、推进农村集体土地登记信息化

要参照《城镇地籍数据库标准》（TD/T 1015—2007）等技术标准，积极推进农村集体土地登记数据库建设，进一步完善地籍信息系统。在此基础上，稳步推进全国土地登记信息动态监管查询系统建设，提升土地监管能力和社会化服务水平，为参与宏观调控提供支撑，有效发挥土地登记成果资料服务经济社会发展的积极作用。

各省（区、市）可根据当地实际情况，细化制定农村集体土地确权登记的具体工作程序和政策。

国土资源部中华全国供销合作总社关于加快供销合作社土地确权登记工作的通知

（2009 年 12 月 7 日 国土资发〔2009〕173 号）

各省、自治区、直辖市国土资源厅（国土环境资源厅、国土资源局、国土资源和房屋管理局、规划和国土资源管理局）、供销合作社，新疆生产建设兵团国土资源局、供销合作社：

为贯彻落实《国务院关于加快供销合作社改革发展的若干意见》（国发〔2009〕40 号）（以下简称国务院 40 号文），加快供销合作社（包括所属企事业单位）土地确权登记工作，现就有关事项通知如下：

一、提高认识，加快推进供销合作社土地确权登记工作

供销合作社是为农服务的合作经济组织，是推动农村经济发展和社会进步的重要力量。多年来，供销合作社在党和政府领导下，形成了比较完整的组织体系和遍布城乡的经营服务网络，在为农服务、促进城乡物资交流、保障市场供应、稳定物价等方面发挥了重要作用。当前，我国农村正在发生深刻变革，在发展现代农业，活跃农村流通，拉动国内需求，推进社会主义新农村建设中，供销合作社还将继续发挥重要作用。

土地是供销合作社为农服务和自身发展的基础，是社有资产的重要组成部分。根据法律规定，未经登记的土地所有权和使用权不受法律保护。由于各种原因，供销合作社历史上长期使用的土地部分尚未确权登记，一定程度上影响了供销合作社为农服务作用的发挥。国务院 40 号文把加快供销社土地确权登记工作，作为推进供销合作社改革发展的一项重要措施进行了部署，对于依法保护供销合作社土地权益，促进社会主义新农村建设，推进供销合作社改革发展具有重要意义。各级国土资源管理部门和供销合作社要提高认识，切实把供销合作社土地确权登记工作抓紧抓好。

二、加大土地权属争议调处力度，依法确认供销合作社土地使用权

要本着尊重历史、注重现实的原则，根据实际使用情况，依照国家有关土地管理法律、法规和政策，妥善解决历史遗留的土地权属争议，依法确认供销合作社土地使用权。

（一）供销合作社土地确权，适用《确定土地所有权和使用权的若干规定》（〔1995〕国土〔籍〕字第26号）和《国土资源部关于供销合作社使用土地权属问题的复函》（国土资厅函〔2002〕328号）。

（二）对于存在权属争议的土地，依照《土地管理法》和《土地权属争议调查处理办法》（国土资源部令第17号）进行调处。经协商、调解不成的，依法报人民政府做出处理决定。

（三）对于权属来源合法、无争议的土地，要依法、及时办理登记手续。

三、加强组织领导，确保供销合作社土地确权登记顺利进行

各级国土资源管理部门要认真贯彻国务院40号文件精神，加强组织领导，加大工作力度，强化服务意识，积极履行职责，采取有效措施，加快工作进度，于2010年底前基本完成供销合作社土地确权登记发证任务。土地登记收费应严格执行国家有关标准。

各级供销合作社要抓住有利时机，认真学习土地管理法律法规，积极申请土地登记，提供真实有效的土地权属资料，主动配合国土资源管理部门工作。

各级国土资源管理部门和供销合作社要加强沟通，密切协作，共同推进供销合作社土地确权登记工作。国土资源部将会同中华全国供销合作总社对本通知贯彻执行情况进行监督检查。

关于印发《确定土地所有权和使用权的若干规定》的通知

（1995 年 5 月 1 日　国土〔籍〕字第 26 号）

各省、自治区、直辖市土地（国土）管理局（厅）：

国家土地管理局《关于确定土地权属问题的若干意见》（〔1989〕国土〔籍〕字第 73 号，以下简称《意见》）印发五年多来，对于贯彻《土地管理法》，解决土地权属争议，促进土地登记工作起到了重要作用。随着土地使用制度改革的深化和发展，需要对《意见》加以充实和完善。为此，我局在研究、总结了各地确权实践及各方面意见和建议的基础上，根据有关法律、法规和政策，将《意见》修订为《确定土地所有权和使用权的若干规定》。现印发给你们，请遵照执行，原《意见》同时废止。

确定土地所有权和使用权的若干规定

第一章　总则

第一条　为了确定土地所有权和使用权，依法进行土地登记，根据有关的法律、法规和政策，制订本规定。

第二条　土地所有权和使用权由县级以上人民政府确定，土地管理部门具体承办。

土地权属争议，由土地管理部门提出处理意见，报人民政府下达处理决定或报人民政府批准后由土地管理部门下达处理决定。

第二章　国家土地所有权

第三条　城市市区范围内的土地属于国家所有。

第四条 依据一九五〇年《中华人民共和国土地改革法》及有关规定，凡当时没有将土地所有权分配给农民的土地属于国家所有；实施一九六二年《农村人民公社工作条例修正草案》（以下简称《六十条》）未划入农民集体范围内的土地属于国家所有。

第五条 国家建设征用的土地，属于国家所有。

第六条 开发利用国有土地，开发利用者依法享有土地使用权，土地所有权仍属国家。

第七条 国有铁路线路、车站、货场用地以及依法留用的其他铁路用地属于国家所有。土改时已分配给农民所有的原铁路用地和新建铁路两侧未经征用的农民集体所有土地属于农民集体所有。

第八条 县级以上（含县级）公路线路用地属于国家所有。公路两侧保护用地和公路其他用地凡未经征用的农民集体所有的土地仍属于农民集体所有。

第九条 国有电力、通讯设施用地属于国家所有。但国有电力通讯杆塔占用农民集体所有的土地，未办理征用手续的，土地仍属于农民集体所有，对电力通讯经营单位可确定为他项权利。

第十条 军队接收的敌伪地产及解放后经人民政府批准征用、划拨的军事用地属于国家所有。

第十一条 河道堤防内的土地和堤防外的护堤地，无堤防河道历史最高洪水位或者设计洪水位以下的土地，除土改时已将所有权分配给农民，国家未征用，且迄今仍归农民集体使用的外，属于国家所有。

第十二条 县级以上（含县级）水利部门直接管理的水库、渠道等水利工程用地属于国家所有。水利工程管理和保护范围内未经征用的农民集体土地仍属于农民集体所有。

第十三条 国家建设对农民集体全部进行移民安置并调剂土地后，迁移农民集体原有土地转为国家所有。但移民后原集体仍继续使用的集体所有土地，国家未进行征用的，其所有权不变。

第十四条 因国家建设征用土地，农民集体建制被撤销或其人口全部转为非农业人口，其未经征用的土地，归国家所有。继续使用原有土地的原农民集体及其成员享有国有土地使用权。

第十五条 全民所有制单位和城镇集体所有制单位兼并农民集体企业的，办理有关手续后，被兼并的原农民集体企业使用的集体所有土地转为国家所有。乡

（镇）企业依照国家建设征用土地的审批程序和补偿标准使用的非本乡（镇）村农民集体所有的土地，转为国家所有。

第十六条 一九六二年九月《六十条》公布以前，全民所有制单位，城市集体所有制单位和集体所有制的华侨农场使用的原农民集体所有的土地（含合作化之前的个人土地），迄今没有退给农民集体的，属于国家所有。

《六十条》公布时起至一九八二年五月《国家建设征用土地条例》公布时止，全民所有制单位、城市集体所有制单位使用的原农民集体所有的土地，有下列情形之一的，属于国家所有：

1. 签订过土地转移等有关协议的；
2. 经县级以上人民政府批准使用的；
3. 进行过一定补偿或安置劳动力的；
4. 接受农民集体馈赠的；
5. 已购买原集体所有的建筑物的；
6. 农民集体所有制企事业单位转为全民所有制或者城市集体所有制单位的。

一九八二年五月《国家建设征用土地条例》公布时起至一九八七年《土地管理法》开始施行时止，全民所有制单位、城市集体所有制单位违反规定使用的农民集体土地，依照有关规定进行了清查处理后仍由全民所有制单位、城市集体所有制单位使用的，确定为国家所有。

凡属上述情况以外未办理征地手续使用的农民集体土地，由县级以上地方人民政府根据具体情况，按当时规定补办征地手续，或退还农民集体。一九八七年《土地管理法》施行后违法占用的农民集体土地，必须依法处理后，再确定土地所有权。

第十七条 一九八六年三月中共中央、国务院《关于加强土地管理、制止乱占耕地的通知》发布之前，全民所有制单位、城市集体所有制单位租用农民集体所有的土地，按照有关规定处理后，能够恢复耕种的，退还农民集体耕种，所有权仍属于农民集体；已建成永久性建筑物的，由用地单位按租用时的规定，补办手续，土地归国家所有。凡已经按照有关规定处理了的，可按处理决定确定所有权和使用权。

第十八条 土地所有权有争议，不能依法证明争议土地属于农民集体所有的，属于国家所有。

第三章 集体土地所有权

第十九条 土地改革时分给农民并颁发了土地所有证的土地，属于农民集体所有；实施《六十条》时确定为集体所有的土地，属农民集体所有。依照第二章规定属于国家所有的除外。

第二十条 村农民集体所有的土地，按目前该村农民集体实际使用的本集体土地所有权界线确定所有权。

根据《六十条》确定的农民集体土地所有权，由于下列原因发生变更的，按变更后的现状确定集体土地所有权。

（一）由于村、队、社、场合并或分割等管理体制的变化引起土地所有权变更的；

（二）由于土地开发、国家征地、集体兴办企事业或者自然灾害等原因进行过土地调整的；

（三）由于农田基本建设和行政区划变动等原因重新划定土地所有权界线的。行政区划变动未涉及土地权属变更的，原土地权属不变。

第二十一条 农民集体连续使用其他农民集体所有的土地已满二十年的，应视为现使用者所有；连续使用不满二十年，或者虽满二十年但在二十年期满之前所有者曾向现使用者或有关部门提出归还的，由县级以上人民政府根据具体情况确定土地所有权。

第二十二条 乡（镇）或村在集体所有的土地上修建并管理的道路、水利设施用地，分别属于乡（镇）或村农民集体所有。

第二十三条 乡（镇）或村办企事业单位使用的集体土地，《六十条》公布以前使用的，分别属于该乡（镇）或村农民集体所有；《六十条》公布时起至一九八二年国务院《村镇建房用地管理条例》发布时止使用的，有下列情况之一的，分别属于该乡（镇）或村农民集体所有：

1. 签订过用地协议的（不含租借）；

2. 经县、乡（公社）、村（大队）批准或同意，并进行了适当的土地调整或者经过一定补偿的；

3. 通过购买房屋取得的；

4. 原集体企事业单位体制经批准变更的。

一九八二年国务院《村镇建房用地管理条例》发布时起至一九八七年《土

地管理法》开始施行时止，乡（镇）、村办企事业单位违反规定使用的集体土地按照有关规定清查处理后，乡（镇）、村集体单位继续使用的，可确定为该乡（镇）或村集体所有。

乡（镇）、村办企事业单位采用上述以外的方式占用的集体土地，或虽采用上述方式，但目前土地利用不合理的，如荒废、闲置等，应将其全部或部分土地退还原村或乡农民集体，或按有关规定进行处理。一九八七年《土地管理法》施行后违法占用的土地，须依法处理后再确定所有权。

第二十四条 乡（镇）企业使用本乡（镇）、村集体所有的土地，依照有关规定进行补偿和安置的，土地所有权转为乡（镇）农民集体所有。经依法批准的乡（镇）、村公共设施、公益事业使用的农民集体土地，分别属于乡（镇）、村农民集体所有。

第二十五条 农民集体经依法批准以土地使用权作为联营条件与其他单位或个人举办联营企业的，或者农民集体经依法批准以集体所有的土地的使用权作价入股，举办外商投资企业和内联乡镇企业的，集体土地所有权不变。

第四章 国有土地使用权

第二十六条 土地使用权确定给直接使用土地的具有法人资格的单位或个人。但法律、法规、政策和本规定另有规定的除外。

第二十七条 土地使用者经国家依法划拨、出让或解放初期接收、沿用，或通过依法转让、继承、接受地上建筑物等方式使用国有土地的，可确定其国有土地使用权。

第二十八条 土地公有制之前，通过购买房屋或土地及租赁土地方式使用私有的土地，土地转为国有后迄今仍继续使用的，可确定现使用者国有土地使用权。

第二十九条 因原房屋拆除、改建或自然坍塌等原因，已经变更了实际土地使用者的，经依法审核批准，可将土地使用权确定给实际土地使用者；空地及房屋坍塌或拆除后两年以上仍未恢复使用的土地，由当地县级以上人民政府收回土地使用权。

第三十条 原宗教团体、寺观教堂宗教活动用地，被其他单位占用，原使用单位因恢复宗教活动需要退还使用的，应按有关规定予以退还。确属无法退还或土地使用权有争议的，经协商、处理后确定土地使用权。

第三十一条 军事设施用地（含靶场、试验场、训练场）依照解放初土地接收文件和人民政府批准征用或划拨土地的文件确定土地使用权。土地使用权有争议的，按照国务院、中央军委有关文件规定处理后，再确定土地使用权。

国家确定的保留或地方代管的军事设施用地的土地使用权确定给军队，现由其他单位使用的，可依照有关规定确定为他项权利。

经国家批准撤销的军事设施，其土地使用权依照有关规定由当地县级以上人民政府收回并重新确定使用权。

第三十二条 依法接收、征用、划拨的铁路线路用地及其他铁路设施用地，现仍由铁路单位使用的，其使用权确定给铁路单位。铁路线路路基两侧依法取得使用权的保护用地，使用权确定给铁路单位。

第三十三条 国家水利、公路设施用地依照征用、划拨文件和有关法律、法规划定用地界线。

第三十四条 驻机关、企事业单位内的行政管理和服务性单位，经政府批准使用的土地，可以由土地管理部门商被驻单位规定土地的用途和其他限制条件后分别确定实际土地使用者的土地使用权。但租用房屋的除外。

第三十五条 原由铁路、公路、水利、电力、军队及其他单位和个人使用的土地，一九八二年五月《国家建设征用土地条例》公布之前，已经转由其他单位或个人使用的，除按照国家法律和政策应当退还的外，其国有土地使用权可确定给实际土地使用者，但严重影响上述部门的设施安全和正常使用的，暂不确定土地使用权，按照有关规定处理后，再确定土地使用权。一九八二年五月以后非法转让的，经依法处理后再确定使用权。

第三十六条 农民集体使用的国有土地，其使用权按县级以上人民政府主管部门审批、划拨文件确定；没有审批、划拨文件的，依照当时规定补办手续后，按使用现状确定；过去未明确划定使用界线的，由县级以上人民政府参照土地实际使用情况确定。

第三十七条 未按规定用途使用的国有土地，由县级以上人民政府收回重新安排使用，或者按有关规定处理后确定使用权。

第三十八条 一九八七年一月《土地管理法》施行之前重复划拨或重复征用的土地，可按目前实际使用情况或者根据最后一次划拨或征用文件确定使用权。

第三十九条 以土地使用权为条件与其他单位或个人合建房屋的，根据批准文件、合建协议或者投资数额确定土地使用权，但一九八二年《国家建设征用土地条例》公布后合建的，应依法办理土地转让手续后再确定土地使用权。

第四十条 以出让方式取得的土地使用权或以划拨方式取得的土地使用权补办出让手续后作为资产入股的，土地使用权确定给股份制企业。

国家以土地使用权作价入股的，土地使用权确定给股份制企业。

国家将土地使用权租赁给股份制企业的，土地使用权确定给股份制企业。企业以出让方式取得的土地使用权或以划拨方式取得的土地使用权补办出让手续后，出租给股份制企业的，土地使用权不变。

第四十一条 企业以出让方式取得的土地使用权，企业破产后，经依法处置，确定给新的受让人；企业通过划拨方式取得的土地使用权，企业破产时，其土地使用权由县级以上人民政府收回后，根据有关规定进行处置。

第四十二条 法人之间合并，依法属于应当以有偿方式取得土地使用权的，原土地使用权应当办理有关手续，有偿取得土地使用权；依法可以以划拨形式取得土地使用权的，可以办理划拨土地权属变更登记，取得土地使用权。

第五章 集体土地建设用地使用权

第四十三条 乡（镇）村办企业事业单位和个人依法使用农民集体土地进行非农业建设的，可依法确定使用者集体土地建设用地使用权。对多占少用、占而不用的，其闲置部分不予确定使用权，并退还农民集体，另行安排使用。

第四十四条 依照本规定第二十五条规定的农民集体土地，集体土地建设用地使用权确定给联营或股份企业。

第四十五条 一九八二年二月国务院发布《村镇建房用地管理条例》之前农村居民建房占用的宅基地，超过当地政府规定的面积，在《村镇建房用地管理条例》施行后未经拆迁、改建、翻建的，可以暂按现有实际使用面积确定集体土地建设用地使用权。

第四十六条 一九八二年二月《村镇建房用地管理条例》发布时起至一九八七年一月《土地管理法》开始施行时止，农村居民建房占用的宅基地，其面积超过当地政府规定标准的，超过部分按一九八六年三月中共中央、国务院《关于加强土地管理、制止乱占耕地的通知》及地方人民政府的有关规定处理后，按处理后实际使用面积确定集体土地建设用地使用权。

第四十七条 符合当地政府分户建房规定而尚未分户的农村居民，其现有的宅基地没有超过分户建房用地合计面积标准的，可按现有宅基地面积确定集体土地建设用地使用权。

第四十八条 非农业户口居民（含华侨）原在农村的宅基地，房屋产权没有变化的，可依法确定其集体土地建设用地使用权。房屋拆除后没有批准重建的，土地使用权由集体收回。

第四十九条 接受转让、购买房屋取得的宅基地，与原有宅基地合计面积超过当地政府规定标准，按照有关规定处理后允许继续使用的，可暂确定其集体土地建设用地使用权。继承房屋取得的宅基地，可确定集体土地建设用地使用权。

第五十条 农村专业户宅基地以外的非农业建设用地与宅基地分别确定集体土地建设用地使用权。

第五十一条 按照本规定第四十五条至第四十九条的规定确定农村居民宅基地集体土地建设用地使用权时，其面积超过当地政府规定标准的，可在土地登记卡和土地证书内注明超过标准面积的数量。以后分户建房或现有房屋拆迁、改建、翻建或政府依法实施规划重新建设时，按当地政府规定的面积标准重新确定使用权，其超过部分退还集体。

第五十二条 空闲或房屋坍塌、拆除两年以上未恢复使用的宅基地，不确定土地使用权。已经确定使用权的，由集体报经县级人民政府批准，注销其土地登记，土地由集体收回。

第六章 附则

第五十三条 一宗地由两个以上单位或个人共同使用的，可确定为共有土地使用权。共有土地使用权面积可以在共有使用人之间分摊。

第五十四条 地面与空中、地面与地下立体交叉使用土地的（楼房除外），土地使用权确定给地面使用者，空中和地下可确定为他项权利。

平面交叉使用土地的，可以确定为共有土地使用权；也可以将土地使用权确定给主要用途或优先使用单位，次要和服从使用单位可确定为他项权利。

上述两款中的交叉用地，如属合法批准征用、划拨的，可按批准文件确定使用权，其他用地单位确定为他项权利。

第五十五条 依法划定的铁路、公路、河道、水利工程、军事设施、危险品生产和储存地、风景区等区域的管理和保护范围内的土地，其土地的所有权和使用权依照土地管理有关法规确定。但对上述范围内的土地的用途，可以根据有关的规定增加适当的限制条件。

第五十六条 土地所有权或使用权证明文件上的四至界线与实地一致，但实地面积与批准面积不一致的，按实地四至界线计算土地面积，确定土地的所有权或使用权。

第五十七条 他项权利依照法律或当事人约定设定。他项权利可以与土地所有权或使用权同时确定，也可在土地所有权或使用权确定之后增设。

第五十八条 各级人民政府或人民法院已依法处理的土地权属争议，按处理决定确定土地所有权或使用权。

第五十九条 本规定由国家土地管理局负责解释。

第六十条 本规定自一九九五年五月一日起施行。一九八九年七月五日国家土地管理局印发的《关于确定土地权属问题的若干意见》同时停止执行。

八、规划编制

国土资源部关于有序开展村土地利用规划编制工作的指导意见

（2017 年 2 月 3 日　国土资规〔2017〕2 号）

各省、自治区、直辖市国土资源主管部门，新疆生产建设兵团国土资源局，各派驻地方的国家土地督察局，部机关各司局：

党的十八大以来，党中央、国务院对做好新时期农业农村工作作出一系列重要部署，提出深入推进农业供给侧结构性改革、深化农村土地制度改革、赋予农民更多财产权利、维护农民合法权益、实现城乡统筹发展等重大决策，并明确要求“加快编制村级土地利用规划”。为贯彻落实党中央、国务院决策部署，适应新形势下农村土地利用和管理需要，鼓励有条件的地区编制村土地利用规划，统筹安排农村各项土地利用活动，深入推进农业供给侧结构性改革，促进社会主义新农村建设，特制定本指导意见。

一、充分认识编制村土地利用规划的重要意义

改革开放以来，我国农村土地管理不断加强，各地通过编制实施土地利用总体规划，加强土地用途管制，严守耕地保护红线，不断提高节约集约用地水平，夯实了农业发展基础，维护了农民权益，促进了农村经济发展和社会稳定。同时，农村土地利用和管理仍然面临建设布局散乱、用地粗放低效、公共设施缺乏、乡村风貌退化等问题。正在开展的农村土地征收、集体经营性建设用地入市、宅基地制度改革试点，推进农村一二三产业融合发展以及社会主义新农村建设等工作，也对土地利用规划工作提出新的更高要求。当前，迫切需要通过编制村土地利用规划，细化乡（镇）土地利用总体规划安排，统筹合理安排农村各项土地利用活动，以适应新时期农业农村发展要求。

各地区要充分认识编制村土地利用规划的重要性和紧迫性，全面贯彻创新、

协调、绿色、开放、共享的发展理念，坚持稳中求进，统一部署安排，积极研究探索，在有条件的地区开展村土地利用规划编制工作，加强农村土地利用供给的精细化管理，促进农业农村发展由过度依赖资源消耗、主要满足量的需求，向追求绿色生态可持续、更加注重满足质的需求转变，为农村地区同步实现全面建成小康社会目标做好服务和保障。

二、扎实有效做好村土地利用规划编制工作

（一）村土地利用规划编制工作，由县级人民政府统一部署，县级国土资源主管部门会同有关部门统筹协调，乡（镇）人民政府具体组织编制，引导村民委员会全程参与。

开展农村土地制度改革试点、社会主义新农村建设、新型农村社区建设、土地整治和特色景观旅游名镇名村保护的地方，应当编制村土地利用规划；其他地方要明确推进时间表，结合实际有序开展。

（二）编制村土地利用规划，要按照“望得见山、看得见水、记得住乡愁”的要求，以乡（镇）土地利用总体规划为依据，坚持最严格的耕地保护制度和最严格的节约用地制度，统筹布局农村生产、生活、生态空间；统筹考虑村庄建设、产业发展、基础设施建设、生态保护等相关规划的用地需求，合理安排农村经济发展、耕地保护、村庄建设、环境整治、生态保护、文化传承、基础设施建设与社会事业发展等各项用地；落实乡（镇）土地利用总体规划确定的基本农田保护任务，明确永久基本农田保护面积、具体地块；加强对农村建设用地规模、布局和时序的管控，优先保障农村公益性设施用地、宅基地，合理控制集体经营性建设用地，提升农村土地资源节约集约利用水平；科学指导农村土地整治和高标准农田建设，遵循“山水林田湖是一个生命共同体”的重要理念，整体推进山水林田湖村路综合整治，发挥综合效益；强化对自然保护区、人文历史景观、地质遗迹、水源涵养地等的保护，加强生态环境的修复和治理，促进人与自然和谐发展。

（三）村土地利用规划是乡（镇）土地利用总体规划的重要组成部分，是乡（镇）土地利用总体规划在村域内的进一步细化和落实。规划期限与乡（镇）土地利用总体规划保持一致。规划范围可结合当地实际，以一个村或数个村进行编制。规划基数以土地调查成果为基础和控制，进行补充调查确定。规划编制应当执行国家、行业标准和规范，充分运用遥感影像、信息化、大数据分析等先进技

术手段，切实提高成果水平。鼓励大中专院校、机关企事业单位及社会各方面的青年志愿者，为村土地利用规划编制工作提供志愿服务。

三、规范村土地利用规划成果

（一）村土地利用规划成果由规划图件、表格和管制规则组成。规划图件宜采用1∶2000比例尺或精度更高的数据制作，包括村土地利用现状图、村土地利用规划图，以及根据需要编制的其他规划图件。规划表格包括规划目标表、土地利用结构调整表、重点建设项目表等。规划管制规则包括耕地、宅基地、设施农用地、公益性设施用地、集体经营性建设用地等不同用途土地的使用规则。

（二）村土地利用规划图上应当标明村庄建设用地规模边界和扩展边界；农村宅基地、集体经营性建设用地、公益性设施等用地范围；交通、水利等基础设施和其他独立选址建设项目的位置和用地范围；永久基本农田保护红线和生态保护红线；一般耕地和其他农用地的范围；土地整理复垦开发项目区、高标准农田建设项目区、增减挂钩项目区、工矿废弃地复垦利用项目区等范围。

四、坚持村民主体地位

做好村土地利用规划编制工作，必须充分发挥村民自治组织作用，坚持村民的主体地位，切实保障村民的知情权、参与权、表达权和监督权，让村民真正参与到规划编制各个环节。要通过实地踏勘、入户调查、资料收集等方式开展调查，摸清村域经济社会发展现状和土地资源利用状况，了解村民生产生活现状、实际需求与发展愿景等，全面准确掌握村域建设发展总体情况；规划编制过程中，要充分考虑村民意愿，合理安排各类用地规模、布局和时序；规划成果要通过征询、论证、听证、公示等多种途径，充分听取村民意见建议，使村土地利用规划成为实现村民意愿的载体和平台。

五、严格村土地利用规划实施管理

（一）规划成果经村民会议三分之二以上成员或者三分之二以上村民代表同意后，纳入乡（镇）土地利用总体规划按法定程序报批。规划成果经批准后，应当在规划区域内予以公告。

（二）村土地利用规划一经公告，应当作为土地利用的村规民约严格执行。

村庄建设、基础设施建设和各项土地利用活动，必须按照村土地利用规划确定的用途使用土地，不得随意突破或修改。确因特殊情况需要修改规划的，应制定规划修改方案，经村民会议三分之二以上成员或者三分之二以上村民代表同意后，按法定程序报规划原审批机关同意，确保规划的严肃性。

（三）各地区要结合社会主义新农村建设、城乡统筹发展和农村一二三产业融合发展等总体部署，以村土地利用规划为依据，在控制农村建设用地总量、不占用永久基本农田前提下，加大力度盘活存量建设用地，允许通过村庄整治、宅基地整理等节约的建设用地，重点支持农村产业发展；有序推进农村土地征收、集体经营性建设用地入市、宅基地制度改革试点工作开展；优先安排土地整理复垦开发资金、城乡建设用地增减挂钩指标、工矿废弃地复垦利用指标；用好土地综合整治平台，引导聚合各类涉地涉农资金，整体推进山水林田湖村路综合整治，让农村成为农民幸福生活的美好家园。

各地区可结合实际，细化村土地利用规划编制和实施管理要求，适时开展村土地利用规划实施评估，及时总结规划编制和实施管理方面的经验。

本指导意见有效期 5 年。

第四部分

司法解释及复函

国务院法制办公室对《关于请答复农村村民建住宅占用耕地收取耕地开垦费有关问题的函》的复函

（2003年5月28日　国法函〔2003〕179号）

农业部：

你部《关于请答复农村村民建住宅占用耕地收取耕地开垦费有关问题的函》（农经函〔2003〕2号）收悉。经研究，提出以下意见，供参考：

根据《中华人民共和国土地管理法实施条例》第十六条关于“在土地利用总体规划确定的城市和村庄、集镇建设用地范围内，为实施城市规划和村庄、集镇规划占用耕地，以及在土地利用总体规划确定的城市建设用地范围外的能源、交通、水利、矿山、军事设施等建设项目占用耕地的，分别由市、县人民政府、农村集体经济组织和建设单位依照《土地管理法》第三十一条的规定负责开垦耕地；没有条件开垦或者开垦的耕地不符合要求的，应当按照省、自治区、直辖市的规定缴纳耕地开垦费”的规定，市、县人民政府、农村集体经济组织和建设单位是负责开垦耕地的义务人，耕地开垦费不宜向农民个人收取。

农业部关于请答复农村村民建住宅占用耕地收取耕地开垦费有关问题的函

（2003年5月8日　农经函〔2003〕2号）

国务院法制办：

我部在办理国务院领导交办的农民负担信访问题过程中，有关部门对耕地开垦费向谁收取存在不同看法。具体情况如下：

四川省合江县农民反映，该县九支镇国土所2001年向建房占用耕地的农村村民个人，每平方米收取耕地开垦费15元。对农村村民建住宅占用耕地的，耕地开垦费如何收取、向谁收取，四川省没有规定。为此，四川省国土资源厅向国土资源部作了《关于〈土地管理法〉第三十一条占用耕地的单位是否包括个人的紧急请示》，国土资源部办公厅2001年7月3日以国土资厅函〔2001〕165号作出答复："《土地管理法》规定，农村村民建住宅，应当符合土地利用总体规划，并尽量使用原有的宅基地和村内空闲地。确实需要占用耕地的，应当执行《土地管理法》占用农用地和耕地的有关规定，履行补充耕地的义务"。根据这一答复，合江县规定，农民建房确需占用耕地的，每平方米先预交耕地开垦费15元，待农民将原宅基地还耕或开垦相同面积的耕地后，全额退还所收取的耕地开垦费。

对这个问题，国务院价格主管部门则认为，耕地开垦费应向农村集体经济组织收取，不应向村民个人收取。

为了尽快落实领导交办的信访事项，也便于地方有所遵循，按照国家法律法规规定，农村村民建住宅占用耕地，耕地开垦费是向农村集体经济组织收取，还是向村民个人收取，请研究后给予回复。

最高人民法院关于范怀与郭明华房屋买卖是否有效问题的复函

（1992 年 7 月 9 日）

贵州省高级人民法院：

你院 1992 年 1 月报来的《关于范怀诉郭明华房屋买卖纠纷一案的请示报告》收悉。经研究，答复如下：房屋买卖系要式法律行为，农村的房屋买卖也应具备双方订有书面契约、中人证明，按约定交付房款以及管理房屋的要件；要求办理契税或过户手续的地方，还应依法办理该项手续后，方能认定买卖有效。本案范怀与郭明华双方既未订立买卖房屋的书面契约，亦未按口头约定付清房款，不具备所有权转移的基本要件，故同意你院审判委员会第一种意见，即：双方口头房屋买卖协议无效，对由此而产生的其他争议，争取合情合理的调解解决。

最高人民法院关于公民对宅基地只有使用权没有所有权的批复

（1986 年 11 月 14 日）

广西壮族自治区高级人民法院：

你院（86）民请字第 4 号《关于处理刘国柱、刘光辉与龙凤弟、霍路弟宅基纠纷的请示报告》收悉。

据报告称：双方讼争的宅基地原为刘国柱所有。一九五一年，霍胜祥经刘国柱同意，在此修建房屋一幢。一九五二年，霍胜祥领取了政府颁发的房产所有证，其中注明“此屋地系刘国柱所有”。霍胜祥死后，其妻龙凤弟及女儿霍路弟于一九六〇年在屋后扩建猪圈，一九六五年、一九七七年又对此房的墙壁、大门进行修建，刘国柱均无异议。一九七八年，刘国柱之侄刘光辉与龙凤弟订立了《借地文约》，其中写道“所建房屋一切天面属于霍姓，地基主权属于刘家”。一九八二年，刘国柱、刘光辉提出要地建房发生纠纷，并向临桂县人民法院起诉。

经我们研究认为：双方讼争之宅基地原虽属刘国柱所有，但是，已经长期经他人使用，且自一九六二年九月中共中央颁布《农村人民公社工作条例修正草案》之后，土地（包括宅基地）所有权归了集体，社员只有使用权，没有所有权（包括处分权）。因此，一九七八年双方订立的《借地文约》中“地基主权属于刘家”的约定，违背了当时政策和现行法律的规定，应属违反法律规定的无效行为，依法不予保护。根据国家法律政策规定，结合本案实际情况，龙凤弟、霍路弟已经长期使用了该宅基地，况且他们的建筑物已经县人民政府承认并颁发给了产权证，所以，我们同意你院审判委员会关于将讼争之宅基地仍由龙凤弟、霍路弟继续使用的意见。

国土资源部关于处理农村集体土地权属问题的复函

（2002年6月21日　国土资厅函〔2002〕181号）

上海市房屋土地资源管理局：

你局《关于处理农村集体土地权属问题的请示》（沪房地资权〔2002〕186号）收悉。经研究，现函复如下：

一、处理土地权属纠纷，应当适用《确定土地所有权和使用权的若干规定》的有关条文。原人民公社由三级核算向二级核算过渡中调整土地，属于《确定土地所有权和使用权的若干规定》第二十条规定的“由于村、队、社合并或分割等管理体制的变化，引起的土地所有权变更”的调整范围。

二、《确定土地所有权和使用权的若干规定》第二条和《土地管理法》第十六条的内容是一致的。即：土地权属纠纷由人民政府处理，土地行政主管部门作为政府的职能部门，提出具体处理意见，报人民政府下达处理决定，或经人民政府批准，土地行政主管部门下达处理决定。

国土资源部办公厅关于城郊结合部征地拆迁中被征地农民宅基地安置问题的复函

（2002 年 7 月 31 日　国土资办函〔2002〕235 号）

内蒙古自治区国土资源厅：

你厅《关于城中村拆迁过程中涉及农民宅基地问题的请示》（内国土资字〔2002〕272 号）收悉。经研究，现函复如下：

根据《土地管理法》关于征用农村集体土地应依法补偿，并妥善安置好被征地农民的生产和生活及地上附着物补偿标准由自治区人民政府确定的基本原则，征用城市规划区内的农村宅基地应依法支付征地补偿费，房屋的拆迁补偿可根据自治区人民政府规定或参照《城市房屋拆迁管理条例》的有关规定执行。同时要切实安排好城郊结合部被征地农民的生产和生活，不能只补偿不安置。当地人民政府可根据城市建设规划，划定农民住宅小区，统一建设或自筹建设；或采取一定优惠政策，鼓励被征地农民购买经济适用房。对群众反映的问题，要高度重视、妥善解决，以确保经济发展和社会稳定。

国土资源部办公厅关于供销合作社使用土地权属问题的复函

（2002年10月18日 国土资厅函〔2002〕328号）

河南省国土资源厅：

《关于供销合作社使用土地权属问题的请示》（豫国土资文〔2002〕90号）收悉。经研究，现就有关问题函复如下：

按照《国务院关于召开全国城乡商业学大庆学大寨会议的通知》（国发〔1977〕163号）和中华人民共和国工商行政管理总局、中华人民共和国供销合作总社《关于供销合作社性质问题的复函》（〔1979〕工商总字第34号、〔1979〕供销基联字第242号）的决定，1982年以前，供销合作社已经成为全民所有制的商业企业。供销合作社的乡（镇）社从："四固定"至1982年5月国家发布《国家建设征用土地条例》期间使用原农民集体所有的土地，已进行补偿（付款）并签有协议的，按照《确定土地所有权和使用权的若干规定》第十六条的有关规定应确定为国家所有。

国家土地管理局政策法规司关于对农村居民“建住宅”含义理解问题的答复

（1992 年 5 月 28 日）

北京市土地管理局：

你局一九九二年五月八日向我司提出的《〈关于对中华人民共和国土地管理法〉第四十五条中“农村居民……，非法占用土地建住宅的，…。”中“住宅”概念解释的请示》收悉。经研究，答复如下：

《中华人民共和国土地管理法》第四十五条所指的“建住宅”，应当理解为农村居民所建住房以及与住房的居住生活有关的其他建筑物和设施。

第五部分

地方政策文件

一、北京市

1. 占补平衡

北京市国土资源局关于规范推进土地开发整理补充耕地工作的通知

（2011 年 7 月 13 日　京国土耕〔2011〕353 号）

市国土局各区县分局：

近年来，我市土地开发整理补充耕地工作在各分局、各参与单位的共同努力下，取得较大成效。“十一·五”期间，共开展了 183 个土地开发整理项目实施工作，总建设规模 57 万亩，新增耕地 10 余万亩，为建设项目落地提供了保障，为新农村建设提供了高效平台。目前，随着“十二·五”规划的实施，后备资源的日趋贫乏，补充耕地工作面临的形势更加严峻。为规范推进土地开发整理补充耕地工作，现结合我市实际，将有关事项通知如下：

一、提高认识，加强领导，确保土地开发整理补充耕地工作顺利开展

土地开发整理补充耕地工作既是落实国家关于耕地保护，确保 18 亿亩红线的重要举措；也是确保全市重点工程和重大产业项目落地、土地储备目标实现的重要保障；更是支持社会主义新农村建设的重要手段。各分局应从大局出发，加大组织、协调的力度，加强协作，全力推进土地开发整理补充耕地工作，为全市经济社会平稳较快发展起到基础保障作用。

各分局一是要把土地开发整理补充耕地工作列入重要的议事日程，结合落实耕地保护目标责任制，明确责任，加强土地开发整理补充耕地项目管理工作力度和协调力度，明确业务部门、专职人员负责土地开发整理补充耕地工作。二是要报请区县政府成立领导挂帅、有关部门及乡镇领导参加的项目实施领导小组，协调解决土地开发整理补充耕地项目实施中的水、电、林等有关问题，确保土地开

发整理补充耕地工作顺利开展。

二、全面梳理补充耕地后备资源状况，落实补充耕地计划

下一步，市局将结合耕地保护目标责任制的签订工作，下达补充耕地计划。各分局要按市局部署要求，进一步做好补充耕地后备资源调查摸底工作，做到数据准确可靠；并结合后备资源状况，提出补充耕地计划，按计划做好项目立项入库工作。

今年尚未申报新项目的区县分局抓紧组织项目可行性研究论证、规划设计与预算编制工作。项目前期工作成熟一个申报一个。

可行性研究、规划设计中的土地利用现状数据以第二次土地调查及上一年度变更调查数据为基础。

三、加强项目实施监管，推进土地开发整理补充耕地项目建设进度

加强项目监管力度，主动推进项目建设进度，及时化解项目实施中存在的问题，是加快推进补充耕地指标实现的关键环节。在人员少、任务重的情况下，各分局应从加强“六项制度”的落实入手，加强项目监督管理，督促项目建设按计划、按质按量推进。

（一）切实发挥项目监理对项目监管作用。

明确要求项目监理单位定期报告项目施工进度、工程质量、资金使用等情况，及时了解并有效解决项目实施中存在的问题；鼓励村委会组成村民监督小组，对工程施工质量进行监督，督促项目规划设计有效落实。

（二）加强项目实施检查。

定期深入项目区对工程进度和施工质量进行检查，对发现的问题，要及时召集项目实施各方（包括乡镇和村委会）研究解决存在的问题和解决办法，责令施工单位及时整改。需要市局协调解决的问题及时提出，加强沟通，共同推进。

为推进项目建设，及时排解实施中存在的困难，各分局于 2011 年 7 月 11 日 –30 日，对在施项目实施情况进行一次全面检查（检查内容包括项目建设情况、资金管理使用情况、六项制度落实情况、档案资料收集整理情况），并针对存在的问题提出整改意见，填报《______区县在施土地开发整理项目情况统计表》（见附件 2），加盖各分局公章后报市局。

今后，每季度进行一次例行检查，并于下季度的第一周将《______区县在施土地开发整理项目情况统计表》上报市局。

四、切实落实验收责任，有效缩短项目验收时间，加快补充耕地指标入库

项目验收是检验项目建设情况的重要环节，也是确保项目质量的管理手段。为推进项目验收工作，市局已加大了验收工作力度。各分局在项目初验工作中，要规范执行验收制度，依据国家规程和批准的规划设计严把项目建设质量关，要扎实开展实地核查、内业材料审查、资金管理使用审查工作，将存在的问题及时整改，化解在市局竣工验收前，共同推进项目验收顺利开展。今后，市局终验工作中，如发现工程数量、质量与分局上报的初验情况出入在15%以上，备查的施工、监理、审计等材料存在重大问题的，将在市国土资源系统进行通报。

各分局应从做好四个服务出发，在补充耕地指标按市场化协商补偿的基础上，加大土地开发整理补充耕地工作力度。为鼓励、支持土地开发整理补充耕地工作，市局将从市级补充耕地指标中拿出一定数量指标奖励给补充耕地工作成绩突出的区县使用。

各分局于2011年8月1日前，将《2011年－2015年补充耕地计划表》（附件1）、《______区县在施土地开发整理项目情况统计表》（附件2）纸质和电子版报市局耕地保护处。

特此通知。

附件：略。

北京市国土资源局关于切实加强耕地占补平衡监督管理的通知

（2010年8月1日　京国土耕〔2010〕368号）

市国土局各分局：

近年来，在各区县、各相关部门的共同努力下，本市积极推进土地开发整理工作，实现了耕地占补平衡，保障了经济社会发展的用地之需。但本市耕地后备资源严重匮乏，随着城市化进程的加快，土地供需矛盾日益突出，耕地占补平衡压力越来越大。为进一步规范管理，强化监督，确保经济社会可持续发展，现就切实加强耕地占补平衡监督管理工作通知如下：

一、严格控制新增建设占用耕地总量，加强补充耕地计划管理。

各区县要严格按照国家和本市的有关规定，落实最严格的耕地保护制度，优化用地结构，合理控制建设用地总量，尤其是控制新增建设用量。积极采取有力措施，坚持节约集约用地标准，挖潜内涵，盘活存量建设用地，提高土地利用效率。市局根据土地利用总体规划和年度土地利用计划，充分考虑各区县耕地后备资源情况、建设占用耕地需求情况等综合因素，合理下达区县年度补充耕地计划。各区县要建立部门联动工作机制，切实抓好计划落实。本着保护好生态环境、维护好农民利益的原则，加快推进土地开发整理项目立项和实施，进一步完善补充耕地指标储备库。

二、建立区县政府间补充耕地指标有偿转让机制，全面落实占补平衡。

各类非农建设经批准占用耕地的，用地单位作为补充耕地责任单位，必须按照先补后占、占补平衡的原则，补充数量和质量相当的耕地；或依据相关规定和标准，足额缴纳耕地开垦费，区分不同项目建设类型和所在不同区县，按以下方式落实补充耕地：

（一）朝阳、海淀、丰台、石景山等四个区除经营性和产业项目需征占耕地的，由市局统一平衡，落实补充耕地；大兴、通州、顺义、昌平、房山等五个区的国家和市级重点项目、保障性住房项目（暂不含本区县定向安置房），确因土地后备资源匮乏而无法落实补充耕地任务的，经市局审核后，可由市局平衡，落实补充耕地。

（二）除本通知上款规定由市局负责落实补充耕地的建设项目外，各类非农建设占用耕地项目均由项目所在区县按照先补后占的方式落实补充耕地。对于确有困难的区县，可以按照补充耕地指标区县政府间有偿转让的方式，由该区县政府与其他可提供补充耕地指标的区县政府协商，有偿转让指标；在指标统计及考核中，此部分指标仍按照区县自补方式管理。市局本着“综合平衡、统筹安排”的原则，在全市范围，给予协调、指导，各区县均不得自行跨区县占补平衡。

（三）为充分挖掘补充耕地潜力，调动社会各方面积极性，多渠道补充耕地，有条件的区县可积极探索耕地占补平衡社会化、市场化运作方式。形成的补充耕地指标纳入本区县指标管理，原则上用于本区县项目占补平衡，结余的指标，应由所在地区县政府收购。使用和收购价格参照当地耕地开垦费标准和补充耕地项目实际开发成本由双方议定。

三、完善相关材料，规范补充耕地方案。

涉及耕地占补平衡的项目，在报批前，按照国家“先补后占”的原则，需由用地单位先行报市局（耕保处）审核补充耕地方案，取得补充耕地方案审核意见。用地单位在报批用地时，需持市局（耕保处）出具的补充耕地方案审核意见，并提交以下相关材料：

（一）由区县按照先补后占的方式落实补充耕地的，提交区县国土分局填报的补充耕地方案、补充耕地位置图、补充耕地地块对应的土地开发整理项目验收批复。其中，属于补充耕地指标区县政府间有偿转让的，还需提交指标转让前所属区县国土分局填报的补充耕地方案等资料。

（二）市局落实补充耕地的，提交向市财政缴纳耕地开垦费的《一般缴款书》第一联复印件，复印件上须注明缴费基本信息并加盖缴款单位公章（以下简称缴费凭证）。

（三）根据《国土资源部关于支持北京市经济社会发展进一步加强国土资源管理的意见》（国土资函〔2009〕1275 号），对于可以按照边补边占方式落实补充耕地的项目，经市局同意后，须与已批复立项的土地开发整理项目挂钩。其中，应由区县落实的，需提交由区县国土分局填报的补充耕地方案、补充耕地地块对应的土地开发整理项目立项批复等；由市局落实的，需提交缴费凭证。

特此通知。

2. 土地整治和复垦

北京市国土资源局关于加强土地整治工作的意见

（2016年5月11日　京国土耕函〔2016〕523号）

各区政府：

为加强我市土地整治工作，进一步规范土地整治管理，根据《中华人民共和国土地管理法》等有关规定，提出如下意见：

一、土地整治工作的指导思想和基本原则

（一）落实最严格的耕地保护制度，严守耕地保护红线，立足保护和提高粮食综合生产能力和可持续发展能力。

（二）通过科学规划、规范管理、高标准建设，增加耕地面积，提高耕地质量，改善生态环境，优化土地利用空间布局，促进资源可持续利用。

（三）坚持统筹规划，合理开发利用资源，实现耕地数量保护、质量建设、生态管护相统一。

（四）坚持维护土地权利人合法权益，把维护群众权益作为根本出发点和落脚点。

二、扎实开展土地整治项目可行性论证工作

（一）土地整治项目应依据土地利用总体规划，在规划一般农用地、基本农田保护区内组织开展。

（二）项目可行性研究报告应对拟建项目有关的社会、经济、技术等方面进行调查研究，并以此为基础对项目的技术可靠性、经济合理性和建设的必要性与可行性进行综合评价，确保项目实施的科学性、合理性及项目实施效益。

（三）可行性研究报告编制完成后，需组织专家及区有关部门进行可行性研究论证，形成可行性研究论证意见。

三、科学进行土地整治项目规划设计

（一）合理把握项目建设内容及建设标准。

在项目可行性论证通过后，组织编制项目规划设计方案。项目规划设计方案应在科学测算基础上，明确以下内容：

1. 科学合理确定项目建设规模、新增耕地、建设内容、建设标准。

2. 明确项目区总体布置方案，确定工程设计技术参数和结构尺寸。

3. 测算工程量，编制项目投资预算。

4. 确定项目实施方案、工程施工方案，明确控制性工期及进度安排。

5. 制定工程管护方案。

（二）项目规划设计中必须严格落实有关要求。

1. 既要充分考虑特色农业、现代农业、产业结构调整对土地及配套设施的要求，为农村发展提供支撑，又要防止盲目提高财政投资项目建设标准，浪费国家财政资金情况发生。

2. 新增耕地建设标准必须达到相关规定要求。禁止用含有废弃电池、废弃电器、医疗垃圾、塑料制品等有毒物质作为项目区客土来源。

3. 坚持节约利用水资源，项目建设不以更新或新打农用井为必要条件，更新或新打机井需报经水务部门批准。

（三）规划设计方案需经专家论证，报区政府批准后方可实施。规划设计方案一经批准不得随意变更，经论证确需变更的，需报区政府批准。

四、土地整治项目实施管理

规范项目实施，落实各项管理制度。项目实施管理是保障项目工程质量、资金使用安全的关键环节。

（一）各区政府要切实加强组织领导，对本行政区域内项目实施的进度、质量、资金、安全生产和全面规范管理负总责。

（二）财政投资项目实施必须按照国家有关规定履行项目法人制、公告制、招投标制、合同制、监理制、审计制，规范项目实施。

（三）项目实施中，因不可抗力等原因导致项目无法实施的，应组织专家进行论证。经论证确需终止的，对项目资金进行清算后，由区政府批准项目终止。

五、土地整治项目验收

项目验收是项目建设质量的最后关口，是对工程建设数量质量、资金管理使用、新增耕地数量质量、项目管理制度、权属管理等进行验收。为此，各区政府应严格把好项目竣工验收关口。验收工作程序及标准应严格按照《北京市国土资源局关于印发〈北京市国土资源局土地整治项目验收管理办法〉的通知》（京国土耕〔2014〕57 号）等规定执行。

六、土地整治项目后期管护

（一）区政府是项目后期管护责任主体。各区政府应组织农业、水务、电力等部门及乡镇政府，建立管护制度，落实管护责任和资金。

（二）各区政府组织对各项工程设施进行日常性检查维护，做好田间管理，确保工程长期发挥效益。

（三）各区政府组织对整治后的土地，按照土地用途管制的要求使用，严禁边整治边撂荒，严禁在土地整治后的耕地及高标准基本农田上植树造林，严禁土地整治后的农用地被非农业建设占用。

北京市国土资源局关于加快推进土地综合整治项目整改的意见

（2016年6月1日　京国土耕函〔2016〕637号）

各有关区政府：

土地综合整治项目实施是落实耕地占补平衡的重要举措，在我市宜耕未利用土地资源不足情况下，为稳增长提供了用地保障。但部分项目目前尚未进行新增耕地验收，审计、土地督察均对此提出了整改要求。为加快推进土地综合整治项目整改，经市政府批准，现就已在国土资源部农村土地整治监测监管系统报备的土地综合整治项目，提出有关整改意见，请各区结合本区实际情况落实整改。

一、土地综合整治项目中以下条件均符合的地块，可按耕地认定。

（一）已在国土资源部农村土地整治监测监管系统进行了信息报备；

（二）在土地综合整治项目实施之前或实施过程中，开展了平原植树等工作；

（三）项目区实施了拆迁、土地平整，土地现状虽种植林木、花卉、草等，但能满足农作物生长，具备耕种条件。

二、由区政府组织有关部门认定具备耕种条件的地块及面积，出具认定文件。由组织实施部门提供工程建设情况。

三、由区国土分局将区政府认定文件及地块坐标报市国土局备案，并按照组织实施部门提供的工程建设情况及区政府认定的耕地面积，在农村土地整治监测监管系统中填报项目实施、验收信息。认定的耕地地块按耕地进行管理。

四、经区政府认定为新增耕地的，对应指标可用于占补平衡。其中：已按边补边占方式用于占补平衡的补充耕地指标，在耕地占补平衡系统中完成补充耕地挂钩工作，完成整改；未使用的补充耕地指标可以继续用于耕地占补平衡。

请各区政府高度重视，按照本《意见》适用项目范围，严格新增耕地认定标准，组织相关部门加快开展新增耕地认定工作，抓紧推进落实整改，进一步加强本区域土地整治管理。

北京市国土资源局关于进一步加强土地整治实施及验收管理规范土地整治项目与土地规划衔接工作的意见

（2014 年 8 月 26 日　京国土耕〔2014〕387 号）

市国土局各区县分局：

为进一步加强土地整治实施及验收管理，做好土地整治项目与土地规划衔接工作，规范开展土地整治项目建设，经局长专题会研究通过，现将有关意见及工作要求明确如下：

一、土地整治工作应按照土地利用总体规划

开展土地整治工作应按照土地利用总体规划开展，土地整治项目实施应在规划一般农用地区、基本农田保护区进行。在规划一般农用地区、基本农田保护区以外的区域开展土地整治的，应按有关衔接程序对土地利用总体规划进行动态维护。

二、土地整治项目与土地规划的衔接程序

（一）承担单位编制土地整治项目规划设计方案。

在土地整治项目可行性研究经论证后，承担单位编制项目规划设计方案。

（二）区县分局批准土地规划动态维护空间布局落实方案。

土地整治项目经可行性论证需要进行土地规划动态维护的，区县分局按照有关规定，审查批准土地规划动态维护空间布局落实方案。

（三）市局审查批准土地整治项目规划设计方案。

区县分局批准土地规划动态维护空间布局落实方案，是批准土地整治项目规划设计的要件。

（四）市局更新土地规划动态维护数据。

土地整治项目竣工并形成土地整治项目竣工验收报告后，区县分局向市国土

局申请土地规划动态维护数据更新（附土地整治项目竣工验收报告）。

（五）区县政府下达土地整治项目验收批复。

土地规划动态维护数据完成更新，是区县政府下达土地整治项目验收批复的要件。涉及新增耕地的，区县政府申请市局验收新增耕地。

三、其他要求

（一）在本市范围内纳入国土部门农村土地整治监测监管系统的土地整治项目适用于本意见。

（二）土地整治工作应科学规划、合理布局，并做好与土地利用总体规划及城市规划的衔接。涉及城市规划用于建设占用区域，不得开展土地整治工作。

（三）凡动态维护涉及土地规划建设用地的土地整治项目，应在项目通过验收后（涉及新增耕地的，应通过新增耕地验收），区县政府方可将动态维护结余的规划建设用地指标用于项目以外的区域。

北京市国土资源局关于进一步规范土地整治项目验收工作的函

（2014 年 8 月 12 日　京国土耕函〔2014〕805 号）

各区县政府：

自《北京市国土资源局土地整治项目验收管理办法》（京国土耕〔2014〕57 号）实施以来，各区县政府积极组织项目验收工作，取得了积极成效。为进一步规范项目验收工作，现将有关要求函告如下：

一、切实落实多部门联合验收机制

土地整治项目建设涉及土地平整、农田水利、电力、农田道路等多项工程内容，涉及资金量大，项目验收应由区县政府组织，落实多部门联合验收机制，验收组成员应切实履职，严格把关。对项目建设规模、项目资金使用管理情况、制度执行情况、新增耕地情况等进行确认，并对出具的竣工验收报告负责（竣工验收报告模板见附件 1），防止项目验收走形式、走过场。

二、进一步规范验收批复内容

土地整治项目验收批复应明确项目建设的关键情况，不得以笼统性内容批复验收。验收批复的内容应包括项目验收的建设规模，认定的项目资金情况等信息（批复模板见附件 2）。

三、进一步重视内业档案资料的审查

内业档案审查是规范项目管理的重要抓手，是项目执行“项目法人制、公开招投标制、工程监理制、审计制、公告制、合同制”等六项制度的重要依据。项目验收应充分重视内业档案的审查，确保档案资料的完整性、准确性、真实性和规范性。

四、进一步加强审核新增耕地情况

区县政府应按照《北京市国土资源局土地整治项目验收管理办法》（京国土耕〔2014〕57 号）有关要求，对土地整治项目新增耕地情况进行审核后，向市国土局申请验收新增耕地，并明确审核后符合验收标准的新增耕地数量、质量及地类来源情况等（申请验收函模板见附件 3）。在土地整治项目竣工验收后，请各区县政府组织加强后期管护，提高农用地利用效率，防止新增耕地撂荒或改变土地用途。

特此函告。

附件：

略。

北京市国土资源局关于印发《北京市在施土地整治项目有关问题的解决方案》的通知

（2013 年 11 月 20 日　京国土耕〔2013〕545 号）

市国土局各区县分局、各有关单位：

为进一步规范我市土地整治项目管理，及时解决项目实施中存在的问题，全面推动项目建设工作，市国土局组织开展了在施土地整治项目清理检查工作。《北京市在施土地整治项目清理检查有关问题的解决方案》经局长办公会研究通过，现印发给你们，请结合实际，对在施土地整治项目按照本方案抓紧推进。对于新立项的项目，应进一步规范管理，落实制度，新增耕地、工程量的认定等相关方面按照本方案进行。

特此通知。

附件：略

北京市在施土地整治项目有关问题的解决方案

为大力推动我市土地整治项目建设，及时解决项目实施中存在的问题，市国土局组织开展了在施项目清理检查工作，对全市在施土地整治项目的建设任务完成情况、“六项制度”执行情况、权属管理以及档案资料情况、资金结转等情况进行了全面检查。针对项目存在的问题，经研究，从新增耕地的认定、工程核定、规划设计变更、资金管理等方面，分类提出解决方案。

一、关于新增耕地的认定问题

（一）项目区内拟新增耕地上有非农建设的，涉及的新增耕地核减。

（二）项目区内有种植大棚、养殖大棚的情形。

1. 认定为耕地的：搭建的简易塑料大棚，用于农作物、蔬菜等育秧（栽培）

的土地；农作物被地膜覆盖的土地等。

2. 其它如国土资源部农业部《关于完善设施农用地管理有关问题的通知》（国土资发〔2010〕155 号）等有关规定认定为设施农用地的，不作为新增耕地。

（三）项目区内拟新增耕地上因平原造林工程、风沙源治理等原因种植苗圃及树木的，按新增耕地验收认定，年度土地变更调查与之衔接。

（四）拟新增耕地内有果树的，如果来源为未利用地、建设用地，经整理达到耕地标准种植果树的，作为“可视为补充耕地的新增园地”验收。

（五）拟新增耕地未达到标准的，整改或者核减数量。

（六）拟新增耕地撂荒的，按新增耕地验收认定，同时由区县政府协调组织耕种。

二、关于工程量的认定或核减问题

（一）非农建设、设施农业、平原造林等导致项目区占用的工程量核定。

1. 项目区内有非农建设的，占用范围内涉及的规模、工程量及相应资金扣减。

2. 项目区内有设施农业用地的，对于达标并完好的工程，其工程量及相应资金予以认定，未达标或被破坏的工程及相应资金扣减。

3. 项目区内有平原造林工程及个人种植苗圃、树木等，对于达标并完好的工程，其工程量及相应资金予以认定，未达标或被破坏的工程及相应资金扣减。

（二）项目区工程被损毁的情形。

1. 已完成工程被 7. 21 洪灾损毁的，有相关资料显示且村镇出具相关证明，能够确认损毁前工程量达标的部分，其工程量及相应资金予以认定，未达标的部分扣减。

2. 工程完工后历时较长，部分工程自然损毁的，如果工程现状能够满足项目区农业生产需要的，按照自然损毁后现状认定不能满足项目区农业生产需要的，应整改完善。

3. 工程实施后被人为破坏，影响其它工程使用效率的，应整改完善。

（1）未移交村集体的，由施工单位完善工程后再验收；

（2）已移交村集体的，按监理、承担单位、乡镇、村认定工程量验收，验收中建议由镇村自筹资金重新安装。

（三）已建工程来达到设计标准，但满足项目区农业建设需要或相关部门已出具验收合格单的，按实际工程数量质量认定。不能满足生产需要的，应整改完善。

（四）在实施中根据实际需要，增加田坎压顶，增加蓄水池防护栏等的，按实际工程数量质量认定。

三、关于部分工程无法实施的问题

因各种原因部分工程无法实施的，在不影响已完成工程使用效率的情况下，由区县分局组织规划设计方案变更论证并报区县政府批准。

四、关于未按规划设计实施的问题

工程未按批准的规划设计实施的，由区县分局组织规划设计力案变更论证并报区县政府批准。突破批复预算的，市财政不予追加。

五、关于资金调整的认定问题

（一）项目资金支出超出实际完成工程资金额度的，由分局按规定整改。

（二）招投标及施工合同签订的单价与项目单项工程资金预算不一致的，原则上应按照批准的预算单价进行资金核算。

（三）实施中实际完成的单项工程、招标文件、施工合同中工程量与批准规划设计不一致的，由区县分局组织规划设计方案变更论证并报区县政府批准。经论证如果超出的工程量是合理的，按照批准的预算单价进行资金核算。项目资金超出批准预算的，原则上不予追加。

（四）项目工期延期，造成不能及时耕种土地，村民要求青苗补偿的，由分局、承担单位协调解决。

（五）国家发布的电力预算定额低于电力公司报价的，按照批准的预算单价进行财政投资资金核算。

六、关于招投标制度未执行或不规范的问题

早期项目未进行招投标，或采用邀标方式确定施工单位的，需经决算审计后方可按规定验收。

七、关于项目撤项的问题

项目尚未开工且已不具备开工条件的，可按照已发生的工作量、各项合同规定的责任处理约定等核定项目资金，经项目资金清算后申请撤项。

八、关于内业资料问题

验收工作中应按照项目管理要求进行有关材料审查。列于涉及相关部门审批事项的，应按规定到相关部门办理手续；对于档案资料不全或不规范的，应完善资料，无法整改的，由承担单位，监理、乡镇政府等单位出具书面说明。

北京市国土资源局关于加强土地开发整理复垦项目管理的通知

（2009年6月22日　京国土耕〔2009〕384号）

市国土局各分局：

为贯彻《国土资源部关于进一步加强土地整理复垦开发工作的通知》（国土资发〔2008〕176号）及《国土资源部关于促进农业稳定发展农民持续增收推动城乡统筹发展的若干意见》（国土资发〔2009〕27号）精神，全面加强土地开发整理复垦项目管理，确保项目建设质量，结合我市土地开发整理复垦项目管理、实施情况，现就有关事项通知如下：

一、认清形势，加强组织领导

目前，全市土地开发整理工作已进入一个新的发展时期，面临着新的形势和任务。国家“先补后占”政策的施行和我市经济社会的发展对土地开发整理提出了新的更高的要求。做好土地开发整理不仅是实现耕地保护目标的重要措施，也是确保农民增收的重要途径，且是应对危机，确保增长的重要保证。

加强项目管理则是保障项目工程质量、资金使用安全的关键环节。各区县分局要进一步提高认识，增强紧迫感和责任感，把项目管理工作列入重要的议事日程，切实加强组织领导，结合落实耕地保护目标责任制，明确项目管理责任目标，对本行政区域内项目实施的进度、质量、资金和全面的规范管理负责，确保项目顺利实施。

各区县分局要报请区县政府成立领导挂帅、有关部门及乡镇领导参加的项目实施领导小组，协调解决项目申报、实施、验收、后期管护等有关问题。明确业务部门、专职人员负责项目管理具体工作。

二、重视项目前期论证，切实把握建设标准

（一）强化可行性研究论证工作

为提高项目审查效率，我市土地开发整理复垦项目的可行性研究审查工作由各区县分局负责，各区县分局要高度重视，切实担负起项目可行性审查职责。在项目可行性审查工作中，要按照《北京市土地整理复垦项目可行性审查要点》（附件1）要求，对有关资料进行全面核实，审查工作不得走过场或由编制单位代为承担。

加强项目现场的实地踏查和资料核实工作。进一步加强对项目区土地利用现状、新增耕地来源、现有基础设施状况、水资源状况、客土土源状况等重要内容的审核，禁止重复立项、新增耕地重复申报行为。

扎实开展专家评审工作，对于专家提出的意见建议要督促可行性研究编制单位对有关材料进行补充完善，对于修改完善后的可行性研究报告及有关材料必须由专人审核确认。

（二）落实项目规划设计审查工作

按照我市项目管理的有关要求，项目规划设计由各区县分局审查后报市局批准。各区县分局要切实承担起审查责任，对工程布局及质量等级的必要性、合理性、实施难易程度进行综合考虑，切实把握好征求土地权利人意见、与水利林业部门沟通等关键环节，确保项目各项工程能够落到实处。

（三）严格掌握建设标准

国土资源部颁发的《土地开发整理项目技术规程》、我市出台的《北京市基本农田整理技术导则》、《北京市土地开发整理工程建设标准》，是我市土地开发整理项目可研、设计、投资估（预）算编制的依据，也是项目立项审查和竣工验收的基础，各分局要在项目管理各环节牢牢把握项目有关建设标准，既要充分考虑特色农业、现代农业、产业结构调整对土地及配套设施的要求，为农村发展提供支撑，又要防止盲目提高财政投资项目建设标准，浪费国家财政资金情况发生。

新增耕地建设标准必须达到相关规定要求。新增耕地质量等别不得低于周边耕地质量等别，禁止用含有废弃电池、废弃电器、医疗垃圾、塑料制品等有毒物质作为垫地的客土来源。

三、加强项目管理，监督建设任务的落实

（一）落实实施管理各项制度

各区县分局应督促项目承担单位切实承担起法人责任，对项目工程、资金全面负责，规范执行项目管理合同制、公告制。

认真执行国家关于招投标的有关规定，严格程序、标准和纪律，加强对招投标活动的监督，加强对项目投标单位的资格审查，确保招标工作公开、公正、公平。

各区县分局要在项目开工前落实项目监理单位、审计单位，对项目工程、资金进行全面监督。项目工程监理单位、审计单位须具有相关资质。

（二）加强项目实施监督检查

各区县分局应切实加强项目实施期间监督检查工作，建立期间检查制度。明确要求项目监理单位定期报告项目施工进度、工程质量、资金使用等情况，及时了解并有效解决项目实施中存在的问题，督促监理单位和施工单位切实履行职责，督促项目规划设计有效落实。经常深入项目区对工程进度和施工质量进行检查，鼓励村委会组成村民监督小组，对工程施工质量进行监督。对发现的问题，要及时召集项目实施各方（包括乡镇和村委会），研究解决实施中存在的问题和解决办法，责令施工单位及时整改。

为加强项目监管工作，从2009年第四季度起，各区县分局于每季度的第一周将上季度《北京市在施土地开发整理项目情况统计表》（见附件2）加盖各区县分局公章后报市局。

（三）加强项目规划设计变更管理。项目施工单位必须按照规划设计进行施工，一般不准变更。

对确需变更的，要坚持实事求是、从严控制、保证质量、方便生产的原则，按照《北京市土地开发整理项目规划设计和预算变更管理暂行办法》（京国土耕〔2008〕691号）的要求，认真编制有关变更材料，履行报批手续后，按照批准的设计实施，严禁在实施中先自行变更，后报批。对重大、较大规划设计的变更，要主动请项目所在乡镇、村干部及群众参与，并征得村委会和村民（代表）的书面同意，书面意见作为报批变更设计的必备材料。

（四）实事求是做好项目初验工作

项目验收是检验项目建设情况的重要环节，也是确保项目质量的管理手段。

各区县分局在项目初验工作中，要切实把握好验收标准，依据国家规程和批准的规划设计对项目建设质量、资金管理使用、权属的调整落实、工程管护落实进行全面的验收，充分听取监理、审计、项目区群众对项目建设情况的评价，全面审查内业材料和实地核查工程数量质量并重，实事求是对项目建设情况、资金使用情况做出评价，对于验收中发现不合格项目，坚决要求整改，并督促落实。

四、加强组织和协作，确保全市重要工程、重大产业项目的顺利实施

为确保全市经济社会平稳较快发展，今年全市加大交通、市政等重点工程的投资力度和重大产业项目招商引资的力度，包括政府土地储备的力度，从而加大了征地、农用地转用规模和工作量。目前，全市特别是中心城区、重点新城和重点功能区的新增建设用地的“占补平衡”的压力较大，各区县应从大局出发，在补充耕地指标按市场化协商补偿的基础上，加大组织、协调的力度，加强协作，确保全市重点工程和重大产业项目落地，为全市经济社会平稳较快发展起到基础保障作用。

特此通知。

附件：略。

北京市国土资源局关于印发《北京市土地开发整理项目规划设计和预算变更管理暂行办法》的通知

（2008 年 12 月 31 日　京国土耕〔2008〕691 号）

各区县国土资源分局：

为规范土地开发整理项目管理，强化土地开发整理项目规划设计和预算的执行，经商市财政局同意，现将《北京市土地开发整理项目规划设计和预算变更管理暂行办法》印发给你们，请遵照执行，并将执行中遇到的问题及时告知市国土资源局。

特此通知。

北京市土地开发整理项目规划设计和预算变更管理暂行办法

第一条　为规范北京市土地开发整理项目（以下简称“项目”）的实施、规划设计和预算变更管理，维护规划设计和预算的严肃性，保证项目工程质量和资金安全有效使用，结合本市实际，制定本办法。

第二条　市财政投资项目的规划设计和预算变更适用于本办法，区县投资、社会投资项目参照本办法执行。

第三条　项目实施应严格按照规划设计和预算进行，原则上不得随意变更规划设计和预算，确需变更规划设计和预算需按程序报批。

第四条　在规划设计基础上进行工程施工设计，因工程施工设计精度差异而导致的工程量变化，不属于规划设计变更范畴。因市场材料价格调整引起的投资变化，不属于预算变更范畴。

第五条　项目实施过程中，确需进行规划设计变更的，必须遵循项目位置不调整，建设规模不减少，建设标准不降低，规划设计变更和预算变更相一致的原则。

第六条 因规划设计变更增加的投资，原则上不予追加；因规划设计变更减少的投资，按照原拨款渠道返还。

第七条 规划设计和预算变更分为重大变更和一般变更。

有下列情形之一的属重大变更：

（一）项目因不可抗力等原因导致无法实施，需要撤销整个项目或某个项目片区；

（二）新增耕地面积减少；

（三）项目范围发生变化；

（四）工程施工费、设备费变化超过10%（含）；

（五）增加或减少土地平整工程、农田水利工程、田间道路工程、生态景观工程或其他工程，各单项工程量变化超过20%（含）。

（六）土地平整工程、农田水利工程、田间道路工程、生态景观工程或其他工程投资各单项工程量变化超过20%（含）；

（七）增加或减少对项目有重大影响的单项工程，如：机井数量、客土厚度、田块规模等。

有下列情形之一的属一般变更：

（一）工程施工费、设备费变化不超过10%（不含）；

（二）增加或减少土地平整工程、农田水利工程、田间道路工程、生态景观工程或其他工程，各单项工程量变化不超过20%（不含）；

（三）土地平整工程、农田水利工程、田间道路工程、生态景观工程或其他工程投资各单项工程量变化不超过20%（不含）。

第八条 规划设计和预算变更程序：

（一）属于重大变更的，由项目承担单位向市国土资源区（县）分局提出申请，由项目设计单位编制规划设计和预算变更方案，并征求项目所在村、乡镇政府和相关部门意见，经市国土资源局区（县）分局初审后，报市国土资源局审批。通过审批的规划设计和预算变更方案，由市国土资源局下达批复意见。市国土资源局将通过审批的规划设计和预算变更方案批复意见抄送市财政局。

（二）属于一般变更的，由项目承担单位向市国土资源局区（县）分局提出申请，由项目设计单位编制规划设计和预算变更方案，并征求项目所在村、乡镇政府和相关部门意见，经市国土资源局区（县）分局审批同意后，下达批复意见。经批准的规划设计和预算变更方案报市国土资源局两份，其中一份市国土资源局备案，另一份由市国土资源局送市财政局备案。

第九条 规划设计和预算变更申报资料包括：

（一）变更申请。包括项目的基本情况，变更的原因、变更的主要内容等。

（二）规划设计和预算变更方案。变更方案原则上由原设计单位编制，或根据实际情况也可委托具有相应资质的设计单位进行编制。设计单位应对变更方案的科学性、合理性负责。变更方案的主要内容包括：

1. 文本部分：项目基本情况；变更的主要原因；变更的内容；分单项工程说明变更的原因、变更设计的依据、工程数量和设计标准的变化、变更引起工程施工费和设备费的调整；土地利用结构的调整；变更造成土地权属重新调整的，对原土地权属调整方案的调整；变更前后工程量和设计标准、工程施工费和设备费变化对照表；变更前后土地利用结构变化对照表。

2. 预算部分：包括变更部分原批准的工程预算及变更后的工程预算。变更后预算编制采用的定额标准、材料价格等应与变更前一致。

3. 图件部分：变更后规划图。单项工程设计标准有变化或新增加工程的，应补充相应的单体工程设计图。

第十条 规划设计和预算变更的审查：

属于重大变更的，由市国土资源局组织相关单位专家或相关技术人员进行技术审查；属于一般变更的，由区县分局组织专家或相关人员进行技术审查。审查人员应到项目区现场对规划设计和预算变更方案进行核定，并出具书面审查意见。

第十一条 规划设计和预算变更经批准后方可实施。

第十二条 本办法自发布之日起施行。

北京市国土资源局关于切实做好土地开发整理项目立项工作的通知

（2008 年 2 月 27 日　京国土耕〔2008〕96 号）

各区县国土资源分局：

为切实推动土地开发整理工作，积极支持社会主义新农村建设，努力实现耕地占补平衡，促进全市经济又好又快发展。现就进一步做好土地开发整理项目立项有关问题通知如下：

一、高度重视，精心组织

土地开发整理是支持社会主义新农村建设的重要手段，是落实“工业反哺农业，城市反哺农村”政策的具体体现，更是实现耕地占补平衡的主要途径。土地开发整理有利于改善农民的生产、生活和居住条件，有利于提高农用地综合生产能力，有利于实现耕地数量与质量并重的综合目标，有利于增加农民收入，加快农村发展和夯实农业基础。因此，各分局应统一思想，提高认识，要切实把对土地开发整理的认识提高到支持“三农”和社会主义新农村建设的高度，提高到落实科学发展观和保障全市经济社会又好又快发展的高度，充分认识土地开发整理的重要意义，加大宣传力度，采取有效措施，精心组织，切实做好土地开发整理项目立项的各项工作，确保完成土地开发整理年度计划，实现本行政区域内耕地占补平衡，努力为全市耕地占补平衡任务作出贡献。

二、科学论证，选好项目

（一）扎实做好项目立项前期工作，确保项目科学合理。

各分局在选择项目时要全面考虑项目区地形、坡度、水利、林业、土壤等限制性因素，应充分征求区县政府相关部门意见，加大协调力度，确保项目科学合理。项目确定后，各分局应认真扎实地组织做好项目踏勘、地形测绘、土地清查勘察、项目可行性研究和论证、项目规划设计和项目预算编制等各项前期工作，要综合考虑区域经济特点、产业发展和结构调整、新农村建设等因素，选好土地开发整理项目，切实促进农民增收，农业增效，农村发展。

各分局应按照《关于切实加强土地开发整理项目前期论证工作的通知》（京国土耕〔2007〕568号）要求，选择有能力、责任心强、服务好的专业单位开展地形测绘、土地清查勘察、项目可行性研究、项目规划设计、项目预算编制等工作。应采取措施，加强各专业单位之间的协调配合，保证前期成果质量能够满足后期项目工作需要，有效推进各项工作。

（二）严格审核上报材料，确保材料真实、准确、有效。

按照市局印发的《北京市土地开发整理项目管理暂行办法》（京国土耕〔2005〕828号）文件规定，各分局是项目申报单位，各分中心是项目承担单位，分局和分中心要加强对项目编制的指导，认真审核相关材料，对所报材料的真实性、准确性负责。

各分局应组织专业单位在编制项目规划设计前，认真听取基层意见，要采取措施，认真组织项目踏勘，加大项目踏勘的力度和深度，应通过项目区实地踏勘和听取基层意见，确保基础材料全面、准确反映项目区实际情况，为项目规划设计提供真实、可靠的基础资料；各分局还应在项目规划设计初步完成后及时组织规划设计单位征求基层意见，确保方案符合当地实际，有利于生产发展，切实改善生产条件。凡没有征求基层意见的规划设计不得上报市局。

三、按照要求，规范申报

（一）申报重点

2008年重点考虑如下土地开发整理项目：

1. 农用地开发整理项目；

2. 基本农田整理项目；

3. “三坑”综合治理项目。

2008年，将在确保实现耕地占补平衡的前提下，继续稳步推进集体建设用地综合整治项目试点，支持社会主义新农村建设。在项目安排时优先考虑综合效益高，对新农村建设支持力度大，能够有效促进当地产业转型、产业结构调整，采用节水等新技术的项目。

（二）立项程序

1. 建立项目备选库，实行入库备案制度

从 2008 年开始，由各分局建立土地开发整理项目备选库。各分局对完成可行性研究的项目进行论证和入库审查，对通过专家论证及入库审查的项目进入本区县土地开发整理项目备选库，并报市局备案，备案材料包括备案报告、入库备案项目汇总表（格式见附件）。

各分局要切实负起责任，加强项目备选库建设与管理。认真组织项目可行性研究与论证、入库审查，并对项目的真实性、合法性、可行性负责。

2. 做好项目规划设计与预算编制及上报工作。

2008 年项目规划设计与预算编制中，预算定额按照《土地开发整理项目预算定额标准》及北京市有关规定执行。

各分局对进入项目备选库的项目及时组织编制规划设计与预算，经初审后按有关规定报市局审核。

（三）时间安排

1. 入库项目备案时间

2008 年土地开发整理项目入库项目备案时间为 2008 年 3 月、2008 年 5 月，2009 年后的土地开发整理项目入库项目备案时间为每年 1 月 31 日前。请各分局根据工作进度情况自行安排项目入库时间。

2. 项目规划设计与预算申报时间

2008 年项目规划设计与预算上报时间为 2008 年 4 月、2008 年 6 月、2008 年 7 月。

附件：

××区（县）土地开发整理入库备案项目汇总表

单位：亩、万元

序号	项目名称	项目建设规模	新增耕地	投资估算
合计				

北京市国土资源局关于切实做好生产建设项目土地复垦方案编报和审查有关问题的通知

（2007 年 9 月 6 日　京国土耕〔2007〕652 号）

近远郊各区县国土资源分局、各有关土地复垦义务人：

为贯彻落实《国土资源部等七部委关于加强生产建设项目土地复垦管理工作的通知》（国土资发〔2006〕225 号，以下简称“七部委文件”）和《国土资源部关于组织土地复垦方案编报和审查有关问题的通知》（国土资发〔2007〕81 号，以下简称“81 号文件”）文件，切实做好我市生产建设项目土地复垦工作，现就有关问题通知如下：

一、编制土地复垦方案生产建设项目的范围

本通知所称生产项目是指开采矿产资源、烧制砖瓦等生产型项目；建设项目是指交通、能源、水利等非农业建设用地项目。

凡在我市行政辖区范围内已经或可能因挖损、塌陷、压占、污染等原因对土地造成破坏的生产建设项目都应按照有关要求编制土地复垦方案。

二、土地复垦方案的编制

（一）土地复垦方案编制的责任主体

土地复垦方案由土地复垦义务人（生产建设单位）委托符合条件的专业单位编制，土地复垦义务人和土地复垦方案编制单位应对土地复垦方案进行科学论证，并对土地复垦方案的真实性和科学性负责。

（二）土地复垦方案的内容

土地复垦方案的内容包括“土地复垦方案报告书”（以下简称“报告书”）和“土地复垦方案报告表”（以下简称“报告表”），内容及格式详见附件 1、2。

依法由国务院审批的建设用地项目和按照有关规定由国土资源部或者国务院

有关部门批准的生产项目，应编制报告书和报告表；其他生产建设项目可依据项目建设的实际情况和建设有关材料直接编制报告表。

（三）土地复垦方案的编制阶段

自七部委文件下发之日（2006年9月30日）起，已投产、已建成或者在建的生产建设项目，应尽快补充编制土地复垦方案；新建、改扩建的生产建设项目要在项目可行性研究阶段或者初步设计阶段完成编制工作。生产建设项目性质、规模、地点或者所采用的生产工艺发生重大变化的，应重新组织编制土地复垦方案。

三、土地复垦方案的评审

自81号文件下发之日（2007年4月6日）起，经评审通过的土地复垦方案作为建设用地申请、采矿权申请或年检的必备要件。凡没有该要件的，不予报批建设用地、不发放采矿权许可证或不予通过年检。

土地复垦方案依照生产建设项目的审批权限，分别由区县国土资源分局、市国土资源局和国土资源部组织评审并对专家评审结论进行审核，在“土地复垦方案评审表”（见附件3，以下简称“评审表”）上签署意见并加盖单位公章。

（一）生产项目土地复垦方案的评审

1. 新建、改扩建生产项目按照采矿权审批权限，由具有相应审批权的国土部门在《矿产资源开发利用方案》审查前组织专家完成评审工作；

2. 已投产项目：按照原审批权限，由原批准部门在矿产资源开发利用年度检查前组织专家完成评审。

（二）建设项目土地复垦方案的评审

1. 依法需报国务院批准的建设项目。

（1）新建、改扩建建设项目，应在申请用地前，由市国土局组织专家完成评审；

（2）在建尚未完工项目，由市国土局在项目竣工验收前组织专家完成评审工作。

2. 依法需报市政府批准的建设项目。应在申请用地前，由项目所在地的区县国土分局组织完成专家评审工作。

四、土地复垦方案的报送审查

自七部委文件下发之日（2006年9月30日）起，生产建设项目已批准或者正在编制的可行性研究报告和初步设计任务书应当包括土地复垦的内容，办理用地申请或采矿权申请手续时，应随有关材料报送土地复垦方案。土地复垦方案在报送审查时，需提交报告表和评审表。

（一）生产项目土地复垦方案的报送审查

1. 新建、改扩建生产项目，土地复垦义务人应将土地复垦方案有关材料，按照矿产资源勘查登记、开采登记有关规定，随采矿申请资料一并报送有审批权的国土资源部门；

2. 已投产项目，土地复垦义务人应将土地复垦方案有关材料，按照矿产资源开发利用年度检查有关要求，随年检资料一并报送国土资源部门。

（二）建设项目土地复垦方案的报送审查

1. 依法需报国务院批准的建设项目，按照现行的建设用地报批程序和要求，由市国土资源局将土地复垦方案有关材料（报告书、报告表和评审表），随建设用地“一书四方案”等有关申报材料一并报送国土资源部；

2. 依法需报市政府批准的建设项目，由项目所在地的区县国土分局将土地复垦方案有关材料（报告表和评审表），随建设用地申报材料一并报送市国土资源局。

五、其他问题

（一）组织领导

各分局应高度重视生产建设项目土地复垦管理工作，切实做好土地复垦方案专家评审、审核和报送工作。土地复垦任务较重的区县，应建议政府成立主管领导负责，各相关部门组成的土地复垦协调机构，积极推进土地复垦工作。

市国土资源局成立土地复垦方案评审领导小组，下设办公室，由耕保处牵头，相关处室参加，负责生产建设项目土地复垦方案的评审、审核工作。

（二）关于生产建设项目报件受理问题

自本通知下发之日起，区县分局受理中心和市局受理中心应认真审核生产建设项目报批材料，凡没有按照本通知要求提供土地复垦方案有关材料的，不予受理生产建设项目报批材料。

自81号文件下发之日（2007年4月6日）起，已经受理但未作出行政许可的，相关部门应及时通知生产建设项目申报单位尽快补充土地复垦方案有关材料。

附件：略

北京市国土资源局关于切实加强土地开发整理项目前期论证工作的通知

（2007 年 8 月 10 日　京国土耕〔2007〕568 号）

远郊各区县国土资源分局、各有关单位：

我市土地开发整理工作按项目管理以来，在各分局、各参与单位的共同努力下，土地开发整理项目前期论证工作逐步规范，有效保证了项目后期顺利实施和项目质量。但是，工作中也存在项目踏勘不够深入，项目区现状设施调查、认定比较随意，规划设计方案和预算不够严谨等问题，在一定程度上影响了项目实施。为强化项目前期论证工作，明确项目前期工作各参与单位的责任，现将有关事项通知如下：

一、高度重视，完善制度

项目前期论证工作包括项目踏勘、地形测绘、项目可行性研究报告编制、项目规划设计方案编制、预算书编制以及各项成果论证等工作。项目前期论证是项目立项申报的重要环节，前期论证工作的好坏直接关系项目的质量和效益。因此，土地开发整理项目前期论证工作各参与单位应高度重视，各司其职、各负其责，共同做好前期论证工作，确保项目申报质量。

（一）加强协调，科学论证

各区县分局、分中心分别是土地开发整理项目的申报单位和承担单位，应建立项目审查机制，切实把好第一道关口，对所申报的项目负总责，保证上报的材料真实、准确。各区县分局、分中心应认真负责地做好项目踏勘和初步论证工作，采取措施协调地形图测绘单位和项目可行性研究、规划设计报告、项目预算书编制单位，严格按照项目管理要求，切实做好项目前期论证的各项工作。

（二）全面、客观、科学测绘

土地开发整理项目测绘是土地开发整理项目前期工作的基础，测绘成果真实性、准确性直接关系项目区现状分析和项目规划设计方案、投资预算的确定，直接关系项目各项工程的布局。因此，各区县分局、分中心应选择有资质、信誉好、业绩佳和责任心强的专业测绘单位进行测绘。测绘单位应严格按照测绘行业相关要求，针对土地开发整理项目特点，制定《测量技术方案》，经承担单位审查同意后实施测绘。测绘成果应满足项目可行性研究、项目规划设计和预算编制的要求。测绘单位应对其提交的测绘成果真实性和准确性负责。

（三）实事求是，认真编制

项目可行性研究是项目前期论证工作的重要环节，直接关系项目是否成立。项目规划设计和项目预算是项目实施的主要依据，直接关系项目的各项工程和项目综合效益的发挥。因此，各区县分局、分中心应选择信誉好、业绩佳和责任心强的专业单位承担《项目可行性研究报告》、《项目规划设计报告》和《项目预算书》的编制工作。专业单位应对提交成果的真实性、科学性、准确性负责。

受托的专业单位应制定工作计划，收集相关资料并深入项目区进行全面踏勘，在准确掌握项目区情况的基础上开展工作。受托的专业单位有义务协助委托方审核测绘成果，测绘成果不能满足编制《项目可行性研究报告》、《项目规划设计报告》和《项目预算书》工作要求的，专业单位应及时提出意见，由区县分局、分中心负责协调测绘单位尽快修改完善。

二、明确责任，加强监管

（一）实行申报负责制，下移工作重心

各区县分局是项目申报单位，应采取措施加强对各项目前期工作参与单位的管理和协调。各区县分局应协调相关部门强化前期论证工作，重点加强对现状设施的调查论证工作，凡涉及农田水利设施、电力设施、田间道路等现状设施更新的，应提供区县相关专业部门出据的论证意见。

从今年起，项目可行性研究、项目规划设计和项目预算的专家论证工作一律由各区县分局负责组织。各区县分局应组织土地规划、农田水利、农业经济、水土保持和投资预算等方面的专家，组成专家组进行充分论证，出据论证意见。专家组一般应由 5 人或者 7 人组成，设组长 1 人。有条件的区县应逐步建立专家库，并可在专家论证前组织专家进行现场踏勘。专家论证意见是项目申报的要件，凡未经专家论证的项目不得上报市局。

（二）建立考核制度，强化责任心

一是为进一步规范项目组织论证工作，强化社会专业单位的责任心，从今年起市局将针对专业单位建立年度综合考评制度，从业绩（承担项目的数量、项目一次性通过率、项目预算核减比例、申请规划设计变更项目占全部承担项目的比例、项目变更部分预算占项目总预算的比例等）、专业技术人员比例、服务态度、硬件设施等多方面对专业单位进行全面考评，建立健全信誉体系，并公示考评结果。

二是对各区县分局涉及土地开发整理工作的上述内容，项目实施的进度、质量、效益等进行综合考评，以达到进一步规范管理、明确责任、强化监督、全面推进的目的。

北京市国土资源局关于印发《北京市土地开发整理项目管理暂行办法》的通知

（2005年11月29日 京国土耕〔2005〕828号）

各区县国土资源分局、亦庄开发区国土房管局：

为规范我市土地开发整理项目管理，确保项目立项申报、实施管理和竣工验收顺利进行，实现耕地占补平衡，市局制定了《北京市土地开发整理项目管理暂行办法》。现予印发，请遵照执行。

北京市土地开发整理项目管理暂行办法

第一章　总则

第一条　为规范市级土地开发整理项目管理，保证项目立项、实施和验收的顺利进行，根据《中华人民共和国土地管理法》，参照国土资源部、财政部关于国家投资土地开发整理项目管理的有关规定，结合本市实际，制定本办法。

第二条　本办法所称土地开发整理项目（以下简称“项目”）是指使用耕地开垦费、新增建设用地土地有偿使用费和用于农业土地开发的土地出让金安排的项目。

第三条　项目包括土地整理项目、土地开发项目、土地复垦项目、基本农田建设项目和改善农业生产条件的土地开发项目。

土地整理项目是指在一定区域内，依据土地利用总体规划和土地开发整理规划，对田、水、路、林、村等综合整治，提高耕地质量，增加有效耕地面积，改善农业生产条件和生态环境的项目。

土地开发项目是指对在保护和改善生态环境、防治水土流失和土地沙漠化的前提下，对滩涂、盐碱地、荒草地、裸土地等未利用的宜农土地进行开发利用的项目。

土地复垦项目是指对在生产建设过程中，因挖损、塌陷、压占及污染的土地和洪灾滑坡、泥石流、风沙等自然灾害损毁的土地，采取整治措施，使其恢复到可供利用状态的项目。

基本农田建设项目是指采取相应措施对基本农田进行改造、改良和保护，促进基本农田综合生产能力提高和持续利用的项目。

改善农业生产条件的土地开发项目是指为改善农业生产条件而独立进行的农田道路、电力通讯、水源、给排水等生产设施的项目。

第四条 市国土资源局（以下简称“市局”）负责项目立项审查、项目实施监督检查及项目终验等工作；区（县）国土资源分局（以下简称“区县分局”）负责项目申报、确定承担单位、组织实施、竣工初验及成果管理等工作。

市土地整理储备中心受市局委托承担全市行政区域范围内土地开发整理的技术性和事务性工作。

第二章 项目立项

第五条 项目申报实行一年一报，区县分局作为项目申报单位应当在每年的第三季度完成下一年度的项目申报工作。

第六条 项目立项应当遵循以下原则：

（一）符合土地开发整理规划；

（二）以土地整理和土地复垦为主，适度开发未利用土地；

（三）增加有效耕地面积，提高耕地生产能力和改善农业生产条件；

（四）项目内土地所有权、土地使用权及他项权利清晰，无权属争议。

第七条 拟申报的项目应当符合下列条件：

（一）土地开发和土地复垦项目申报条件

1. 基础条件：项目所在区位具有土地开发整理所需的路、水、电等配套基础设施；或已经拟定相关的道路、水利、电力工程、村庄改造等建设方案，有关措施与资金已经落实，拟同步规划、同步实施；或上述几项建设正在实施。

2. 建设规模：建设规模不得低于10公顷（150亩），项目相对集中连片，单片面积不少于2公顷（30亩），片数不超过6片。

3. 项目净增耕地面积比例：净增耕地面积不低于项目规划设计面积的60%。

（二）土地整理项目、基本农田建设项目和改善农业生产条件的土地开发项

目申报条件

1. 基础条件：项目除具备土地开发和土地复垦的基础条件外，还应分别符合下列条件：

土地整理项目：拟整理地块面积有50%以上属于耕地，整理后土地生产能力有很大提高。

基本农田建设项目：拟整理项目所在地区已经是土地利用总体规划确定的基本农田保护区，整理地块面积有50%以上属于已经划定的基本农田；整理后土地生产能力有很大提高。

改善农业生产条件的土地开发项目：拟整理地块面积有80%以上属于耕地。

2. 建设规模：丘陵山区建设规模在100~2000公顷（1500~30000亩），项目相对集中连片，单片面积不少于20公顷（300亩），片数不超过6片；平原地区建设规模在300~2000公顷（4500~30000亩），项目相对集中连片，单片面积不少于50公顷（750亩），片数不超过6片。

3. 项目净增耕地面积比例：净增耕地面积不低于项目规划设计面积的3%（改善农业生产条件的土地开发项目除外）。

第八条 区县分局应当在每年的6月30日前完成下一年度项目可行性研究的有关材料，项目可行性研究申报材料包括以下内容：

（一）区县分局书面申请（含附表）；

（二）项目可行性研究报告和专家对项目可行性的评估论证意见；

（三）区县分局出具的项目符合土地开发整理规划的审核意见；

（四）涉及土地开发的有关批复文件；

（五）项目总体规划图、项目区标准分幅土地利用现状图；

（六）项目区地形的测绘成果；

（七）相关材料的电子文档；

（八）其它有关资料（如有关影像资料等）。

第九条 市局对项目可行性研究有关材料进行审查，符合规定要求的，纳入市级土地开发整理项目库（备选库）；并通知有关区县分局组织编制项目规划设计和预算，并于8月31日前上报市局，规划设计和预算申报应包括以下内容：

（一）区县分局书面申请（含附表）；

（二）项目规划设计报告；

（三）项目预算书；

（四）项目所在地乡镇政府出具的规划设计方案征求当地群众意见情况的说明；

（五）相关材料的电子文档。

第十条 市局对上报的项目规划设计和预算进行审查，符合我市有关规定的，经局长专题会议或局长办公会议审议确定，按优先顺序纳入市级土地开发整理项目库（初审库）。

第十一条 市局根据年度土地开发整理预算按顺序出库安排项目，下达项目预算。

第三章 项目实施管理

第十二条 区县分局根据市局批准的项目规划设计和下达的项目预算，组织项目承担单位实施项目。

项目承担单位编制项目实施方案，经区县分局审核后报市局备案。

第十三条 项目实施推行项目法人制、招投标制、工程监理制、审计制、公告制、合同制。

第十四条 项目承担单位对项目实施进行现场全程管理，并做好下列实施准备工作：

（一）组织招标、设备和材料采购等咨询服务；

（二）组织工程招投标，签订工程承包合同，委托工程监理；

（三）编制项目年度实施方案、项目建设进度计划和用款计划；

（四）组织编制施工设计图；

（五）建立工程工期、质量和资金使用管理等相关制度。

第十五条 项目承担单位完成项目实施准备后，向项目所在区县分局提出开工申请，经审核同意后，项目开始施工。

第十六条 项目承担单位应于项目所在村的村务公开栏等显要位置发布项目公告，接受群众和社会监督。

项目公告内容包括：项目名称、建设位置、建设总规模、新增耕地面积、项目总投资、建设工期、土地权属状况、项目承担单位、项目施工单位、项目工程监理单位、项目设计单位等。

第十七条 项目工程开工后，项目承担单位在施工过程中要建立现场办公会制度，召集施工、工程监理、设计等单位协调解决施工过程中施工进度、工程质量、资金使用和项目规划设计执行中出现的问题。

第十八条 项目施工单位按照项目规划设计、施工设计和施工技术标准进行施工，对出现质量问题或竣工验收不合格的建设工程负责返修；项目施工单位应当建立质量责任制，确定工程项目经理、技术负责人和施工管理负责人；在施工过程中发现规划设计和施工设计有差错的，项目施工单位应当及时提出意见和建议。

第十九条 项目工程监理单位应当依照法律、法规以及有关技术标准、规划设计和相关合同，代表项目承担单位对工程质量实施监理，并承担监理责任。项目工程监理单位应当选派具备相应资格的监理人员进驻施工现场；应当按照工程监理规范的要求，对项目建设工程实施监督，控制建设工期和工程质量。

单体工程任务完成后，项目工程监理单位应当签署意见。未经项目工程监理单位签署合格意见的，项目承担单位不得拨付工程款，项目施工单位不得进行下一道工序的施工。

第二十条 项目设计单位负责对项目实施中有关规划设计进行指导、接受咨询；规划设计需要变更的，负责按要求修改。

第二十一条 在施工过程中，各有关单位要严格执行项目规划设计和项目预算。确需变更规划设计的，按以下情形处理：

（一）不涉及项目建设位置、建设总规模、新增耕地面积和项目支出预算调整的，由项目承担单位报区县分局批准；

（二）涉及项目建设位置、建设总规模、新增耕地面积或项目支出预算调整的，由项目承担单位提出申请，经区县分局审核后报市局批准。

第二十二条 因规划设计变更，造成土地权属重新调整的，项目承担单位应按规定对原权属调整方案补充、说明，并报项目所在区县分局确定。

第四章 项目验收

第二十三条 市局统一组织竣工验收，区县分局协助做好竣工验收工作。

第二十四条 项目实施完成后，项目承担单位应当组织开展项目竣工自查；自查合格的项目，由项目承担单位向区县分局提出竣工初验申请，同时提交以下材料：

（一）项目自查报告与有关表、图；

（二）项目财务决算；

（三）项目工程监理总结报告；

（四）项目可行性研究报告；

（五）项目规划设计和预算书；

（六）项目实施方案；

（七）有关合同书、协议书和任务委托书；

（八）项目招投标有关材料；

（九）项目工程质量监理、检验有关资料；

（十）项目投资预期效益情况报告；

（十一）土地权属调整情况报告；

（十二）相关材料的电子文档；

（十三）其它有关材料（如有关影像资料）。

区县分局受理竣工初验申请后，及时组织竣工初验；竣工初验合格的项目，集中向市局提出终验申请。

第二十五条 竣工验收依据批准的规划设计和预算以及有关规定进行。

第二十六条 竣工验收内容主要包括：项目计划任务完成情况、项目规划设计与预算执行情况、工程建设质量、土地权属管理、档案资料管理情况以及工程管护措施等。

第二十七条 竣工验收技术标准参照国土资源部制定的《土地整理项目验收规程》TD/T 1013—2000）和其他相关规范执行。

第二十八条 申请终验应提交以下材料：

（一）竣工验收申请；

（二）项目竣工报告。内容主要包括：项目建设任务完成情况、工程建设质量情况、预算执行情况、土地权属调整情况、工程管护措施、投资预期效益分析、项目组织管理的主要措施与经验、存在问题与改进措施以及文档管理情况等；

（三）项目建设情况表、项目经费收支情况表、项目投资预期收益表、土地开发整理前后土地利用结构变化情况表；

（四）竣工验收图、土地开发整理后的土地利用现状图或地籍图；

（五）项目财务决算与审计报告；

（六）项目工程监理总结报告；

（七）相关材料的电子文档。

第二十九条 竣工验收时，项目承担单位应向竣工验收组提供以下备查材料：

（一）本办法第二十八条中所要求的全部材料；

（二）项目竣工申请；

（三）项目竣工报告与有关表、图；

（四）审计报告；

（五）立项申请及有关批准文件；

（六）资产移交及管护协议；

（七）其他有关材料。

第三十条 竣工验收组应按照下列步骤进行验收：

（一）听取项目建设情况报告。由项目承担单位、监理单位等分别向验收组报告，并接受对项目建设情况的质询；

（二）实地查验工程建设、新增耕地和土地权属调整等情况，听取项目区农民群众等方面的意见；

（三）查阅项目有关资料；

（四）反馈项目竣工验收情况。

第三十一条 竣工验收组在验收工作结束后，向市局提交竣工验收报告，并对报告内容负责。竣工验收报告主要内容包括：

（一）竣工验收工作概况；

（二）本办法规定的竣工验收内容的认定意见；

（三）项目实施存在问题和建议；

（四）竣工验收结论。

第三十二条 市局审定竣工验收合格的项目，由市局批复有关区县分局。

市局审定竣工验收不合格的项目，由市局提出整改意见，项目承担单位负责整改。区县分局负责项目整改的监督管理工作。整改结束后，按照本办法规定，就整改内容重新进行竣工验收。

第三十三条 项目承担单位按照有关规定，及时收集、整理项目实施过程中的有关文件、资料、图件等；建立、健全项目档案，并在项目竣工验收后，及时向区县分局移交项目档案。

第三十四条 区县分局应做好项目成果有关档案管理工作，从项目申报到验收通过的有关文件和资料，要收集整理，立卷归档，妥善保管。

第五章　监督检查

第三十五条　市、区县土地行政主管部门有关人员应严格遵守本办法和廉政要求，客观公正地开展立项申报、项目实施和竣工验收工作。在工作过程中，出现弄虚作假、徇私舞弊行为，按有关规定严肃查处。

第三十六条　任何单位和个人对项目建设工程的质量事故、质量缺陷有权检举、控告、投诉。

第六章　附则

第三十七条　项目实施前应明确土地权属关系，项目实施过程中一般不作权属调整；项目竣工后，应按照土地权属调整方案及时进行土地权属调整。

第三十八条　项目建设完成后，任何单位和个人不得违法违规占用新增的农用地进行非农业建设，集体经济组织要切实做好后期管护工作，按照“谁使用、谁管护，谁受益、谁负担”的原则，建立管护制度，落实管护责任和资金。

区县分局要加强项目竣工验收土地利用情况的监督检查，确保工程长期发挥效益，避免土地撂荒。

第三十九条　由区县自筹资金及社会资金实施的土地开发整理项目的管理参照本办法规定执行。

第四十条　本办法自发布之日起施行。

3. 宅基地

北京市规划和自然资源委员会北京市作房和城乡建设委员会关于我市利用集体土地建设租赁住房相关政策的补充意见

（2018 年 12 月 12 日　京规自发〔2018〕64 号）

各区人民政府、各有关单位：

为进一步落实中央关于“坚持房子是用来住的，不是用来炒的”定位，加快建立多主体供给、多渠道保障、租购并举的住房制度，进一步规范我市集体土地租赁住房项目中报、投资合作、运营管理等工作，在《关于进一护加照利用集体土地建设租赁住房工作的有关意见》（市规划国土发〔2017〕1376 号）基础上，经市政府批准，就相关配套政策提出如下补充意见。

一、农村集体经济组织可以土地使用权作价入股、联营的方式与国有企业合作

（一）由农村集体经济组织以土地使用权入股、联营的方式与国有企业联合开发建设的，农村集体经济组织持股比例在区政府监督指导下，由双方协商确定。

（二）在办理建设用地审批及前期手续时，可以农村集体经济组织与国有企业成立的新企业作为申报主体；也可先以农村集体经济组织作为申报主体，后续涉及主体变更的，区政府审核同意后，据此办理后续相关手续。

区政府应加快推进总规实施工作，积极稳妥开展集体建设用地政策机制研究，在分区规划和村庄规划中统等用地布局。变更主体时，应确保集体资产不得流失，切实维护农村集体和农民合法权益。

（三）以农村集体经济组织与国有企业成立新企业作为申报主体的，由双方签订入股联营合同。土地使用权入股、联营期限不得超过 50 年，合作期满后双方按照合同约定和届时有关规定执行。

国有企业在作价入股（联营）成立的新企业中所持股份转让变更的，需提前告知农村集体经济组织，变更方案要报区政府批准。农村集体经济组织享有优先受让股份的权利，股权变更不得改变集体土地租赁住房原用途。

二、农村集体经济组织可以项目经营权出租的方式与社会资本合作

鼓励农村集休经济组织以项日经营权出租方式与社会企业合作开发建设，项目经管权出租应符合相关规定。采取以项目经营权出租方式的，应报区政府按有关集体资产管理程序审定。企业取得项目经营权后，应整体持有并持续出租运营，不得将经营权转租给其他单位。

项目经营权出租期限由双方约定，最长不超过 50 年。

合同期满或提前终止合同的，应对项目移交的内容、标准、方式、程序等依法协商进行约定，其中涉及破产、重组、撤销及实际控制权改变等资产处置的，应事先书面告知集体经济组织并在合同中提前约定处置意见，约定农村集体经济织与企业收益分享比例，并报区政府同意后组织实施。

三、规范集体建设用地使用权地价评估行为，合理确定农村集体土地入股联营价格

农村集体经济对外合作开发集体租赁住房项目，可委托有资质的土地估价机构，遵循有关规定，采用预期租金收益法，成本估算法、市场比较法等多种估价方法进行估价，为集体经济组织确定投资入股土地的正常市场价格提供参考。采用预期租金收益法考虑市场租金变化等因素，还原确定集体租赁住房的成本回收周期及入股集体土地的市场价格；采用成本估算法，分析集体租赁住房用地与国有建没用地在成本构成的差异，考虑开发建设等周琦因素，确定入股联营集体土地使用权的市场价格；采用市场比较法遵循同权同价原则，合理考虑周边及同等条件地块近期市场交易情况，确定入股联营集体土地使用权的市场价格。

项目合作双方应按照公开、公平、公正原则，参考土地估价结果，在区政府统筹监督指导下，平等协商确定项目合作集体土地使用权价格，并在农村集体经济组织内部进行公示。

四、用地选址要符合规划要求

集体租赁住房项目用地必须符合城乡规划和土地利用总体规划，区政府应按

照总规和分区规划确定的产业发展方向和用地布局，坚持毗邻产业园区、毗邻交通枢纽和毗邻新城原则，在提前考虑市政配套条件相对完备的基础上，与城乡规划的集中建设区统筹规划，优先选择在集中建设区内进行布局，满足市场需求，完善职住平衡。

集约节约用地，鼓励优先使用存量建设用地。确需占用耕地的，可结合“拆除腾退”和减量发展的要求，由区政府通过开展城乡建设用地增减挂钩项目落实。

五、丰富租赁住房类型，满足城市功能和市场需求

各区政府应综合考虑集体土地租赁住房项目周边就业人群、城市运行服务和保障人员及城市中低收入家庭的实际需求，以市场为导向，重点建设职工集体宿舍、公寓及成套租赁住房。

公共服务配套设施要综合考虑租赁房屋的不同属性，根据项目自身特点及周边实际需求进行配置，非成套住笔、公寓按其属性与运营需要进行配置．街区能够统筹的成套住宅项目可不配置养老设施。

六、建立快速审批通道，优化营商环境

市、区各相关行政主管部门按照全市优化营商环境相关政策及“多规合一”协同平台意见，并联对集体土地租赁住房项目手续进行审批。

环境影响评价、水影响评价、交通影响评价等工作在施工前完成。

集体涉及农转用以外使用存量集建设用地的，由各区政府负责依法审批。

占地及农转用批复可与项目立项、林地许可同步办理。

缴纳防洪费不作为核发占及农转用批复的前置条件，但项目所在区政府应做好费用缴纳的监管工作。

大兴区集体土地租赁住房的抵押登记按改革试点政策办理。

本补充意见与《关于进一步加强利用集体土地建设租赁住房工作的有关意见》（市规划国土发〔2017〕376 号）内容不一政的，以本补充意见为准。

本补充意见自发布之日起施行，有效期 5 年。

北京市高级人民法院关于印发农村私有房屋买卖纠纷合同效力认定及处理原则研讨会会议纪要的通知

（2004 年 12 月 15 日　京高法发〔2004〕391 号）

市第一、第二中级法院；各区、县法院：

为研究、统一执法尺度，日前高级法院民一庭与审监庭、立案庭联合召开了农村私有房屋买卖纠纷合同效力认定及处理原则专题研讨会，就农村私有房屋买卖中的若干疑难问题进行了研讨，并形成了会议纪要。特此印发，请各院在审判中参照执行。

执行中有何问题和情况，请按业务归口与高级法院联系。

近年来，我市法院受理了一批涉及农村私有房屋买卖的合同纠纷案件，由于目前相关法律、法规不够明确，对合同效力认定认识存在差异，在一定程度上产生了此类案件在不同法院、不同业务庭、不同审判人员之间裁判标准不统一的问题。为研究、统一执法尺度，2004 年 12 月，高院民一庭与审监庭、立案庭联合召开会议，就农村私有房屋买卖合同的效力认定及案件处理原则等问题进行了专门研讨，初步形成了处理意见，纪要如下：

涉及农村私有房屋买卖纠纷案件的主要情况

目前此类纠纷主要有以下情况：从诉讼双方和案由来看，主要为房屋出卖人诉买受人，要求确认合同无效并收回房屋；从买卖双方身份来看，出卖人为农村村民，买受人主要是城市居民或外村村民，也有出卖给同村村民的情况；从交易发生的时间看，多发生在起诉前两年以上，有的甚至在 10 年以上；从合同履行来看，大多依约履行了合同义务，出卖人交付了房屋，买受人入住并给付了房款，但多未办理房屋登记变更或宅基地使用权变更登记手续；从诉讼的起因来看，多缘于土地增值以及土地征用、房屋拆迁等因素，房屋现值或拆迁补偿价格远远高于原房屋买卖价格，出卖人受利益驱动而起诉；从标的物现状来看，有的房屋已经过装修、翻建、改建等添附行为。

关于农村私有房屋买卖纠纷合同效力的认定

与会人员多数意见认为，农村私有房屋买卖合同应当认定无效。主要理由是：

首先，房屋买卖必然涉及宅基地买卖，而宅基地买卖是我国法律、法规所禁止的。根据我国土地管理法的规定，宅基地属于农民集体所有，由村集体经济组织或者村民委员会经营、管理。国务院办公厅1999年颁布的《关于加强土地转让管理严禁炒卖土地的通知》规定："农民的住宅不得向城市居民出售，也不得批准城市居民占用农民集体土地建住宅，有关部门不得为违法建造和购买的住宅发放土地使用证和房产证。"国家土地管理局〔1990〕国土函字第97号《关于以其他形式非法转让土地的具体应用问题请示的答复》也明确规定：原宅基地使用者未经依法批准通过他人出资翻建房屋，给出资者使用，并从中牟利或获取房屋产权，是属"以其他形式非法转让土地"的违法行为之一。

其次，宅基地使用权是集体经济组织成员享有的权利，与特定的身份关系相联系，不允许转让。目前农村私房买卖中买房人名义上是买房，实际上是买地，在房地一体的格局下，处分房屋的同时也处分了宅基地，损害了集体经济组织的权益，是法律法规明确禁止的。

第三，目前，农村房屋买卖无法办理产权证书变更登记，故买卖虽完成，但买受人无法获得所有权人的保护。

第四，认定买卖合同有效不利于保护出卖人的利益，在许多案件中，出卖人相对处于弱者的地位，其要求返还私有房屋的要求更关涉到其生存权益。

与会者同时认为，此类合同的效力以认定无效为原则，以认定有效为例外，如买卖双方都是同一集体经济组织的成员，经过了宅基地审批手续的，可以认定合同有效。

涉及农村私有房屋买卖纠纷案件的处理原则

与会者一致认为，处理此类案件应坚持以下原则：

第一，要尊重历史，照顾现实。农村私有房屋交易是在城乡人口流动加大、居住区域界限打破和城乡一体化的大背景下产生的，相关部门监管不力、农村集体经济组织相对涣散是造成这种现状的制度诱因，而土地市场价格的持续上扬、房屋拆迁补偿等利益驱动是引起此类案件的直接原因。审理此类案件应实事求是地看待上述背景，要考虑到目前城乡界限仍未完全打破，农村集体经济组织仍有一定的封闭性，农村土地属于集体所有，目前法律、政策限制集体土地流转是一种现实；同时要认识到此类案件产生的复杂性，并妥善解决相关的利益冲突和矛盾。第二，要注重判决的法律效果和社会效果。判决要以“有利于妥善解决现有纠纷、有利于规范当事人交易行为”为指导，起到制约农民审慎处分自己房屋的积极效果。

第三，要综合权衡买卖双方的利益。首先，要全面考虑到合同无效对双方当事人的利益影响，尤其是出卖人因土地升值或拆迁、补偿所获利益，以及买受人因房屋现值和原买卖价格的差异造成的损失；其次，对于买受人已经翻建、扩建房屋的情况，应对其添附价值进行补偿；再次，判决返还、腾退房屋同时应注意妥善安置房屋买受人，为其留出合理的腾退时间，避免单纯判决腾退房屋给当事人带来的消极影响。

特此纪要。

4. 规划编制

关于印发《北京市村庄规划建设管理指导意见（试行）》的通知

（2010年12月6日　市规发〔2010〕1137号）

各相关单位：

为了深入贯彻科学发展观，从建设具有中国特色世界城市的高度，实施“人文北京、科技北京、绿色北京”的发展构想，落实市委、市政府统筹城乡经济社会一体化发展的总体要求，市规划委、市国土局、市住房城乡建设委、市农委（以下简称“四部门”）依据《北京市城乡规划条例》等有关法律法规，本着“简化、便民、规范、服务”的原则，制定了《北京市村庄规划建设管理指导意见》（以下简称《指导意见》）。《指导意见》从村庄规划制定，乡村建设工程管理，村庄规划建设监督检查以及加强服务保障等方面，明确了有关部门和区县、乡镇政府的职责。经市政府同意，现将《指导意见》印发试行。

请相关区县、乡镇政府认真贯彻执行，并按照《指导意见》的有关规定，结合本地区实际，进一步制订具体的工作落实措施。对于执行过程中有关情况和建议，请及时向四部门进行反馈。

北京市村庄规划建设管理指导意见（试行）

近年来，随着北京奥运会和新中国成立六十周年庆祝活动的成功筹备举办，城乡经济综合实力显著增强，农村产业结构和发展方式发生了新的变化，城镇化进程不断加快，首都城市发展已经进入新的阶段。为了深入贯彻科学发展观，从建设具有中国特色世界城市的高度，加快实施“人文北京、科技北京、绿色北京”的战略构想，落实市委、市政府统筹城乡经济社会一体化发展的总体要求，按照《中华人民共和国城乡规划法》、《中华人民共和国土地管理法》、《中华人民共和国建筑法》、《北京市城乡规划条例》等有关法律法规，制定本市村庄规划建设管理的指导意见。

一、推进村庄规划的制定工作

按照新形势下首都经济社会发展需求，加快村庄规划制定工作。位于城乡结合部等地区的现状村庄，按照市政府有关决定，可以采取多种方式加快城镇化进程；确定保留的村庄应当编制村庄建设规划，引导村庄经济社会的健康发展；其他现状村庄，应当结合中心城、新城和小城镇的发展，统筹规划建设，在逐步实现城镇化的过程中，可以参照本指导意见对村庄规划编制原则的要求，适当简化规划内容，编制村庄近期建设与环境整治规划，改善生活环境，消除安全隐患，合理安排近期确需建设的生活生产设施。

（一）村庄规划的编制原则。

编制村庄规划应当遵守法律、法规、规章以及国家和本市的技术标准和规范。要符合上位城乡规划的要求，与土地利用规划、国民经济和社会发展规划相互衔接。按照城乡统筹、节约用地、集约发展、先规划后建设、远期目标与近期实际相结合的原则，保护基本农田和现状耕地，立足现状建设用地进行建设，提高土地使用效率。

编制村庄规划应当从农村实际出发，尊重村民意愿，体现地方特色。结合不同地理环境和资源优势，合理安排各项建设和非建设用地，保护和改善环境，加快基础设施和公共服务设施建设。因地制宜，分类指导，积极发展都市型现代农业和生态旅游业等符合首都城市功能的适宜产业，引导乡村企业向规划产业园区集中发展，引导集中使用宅基地，统筹建设村民住宅。

乡村建设工程应当在村庄规划确定的建设用地内安排建设。村庄规划确定的非建设用地内，除架空电力线、高架轨道以及地下管线等城镇基础设施项目经批准后可以结合安排外，只能安排直接用于农业生产的农田水利设施、农业种植设施以及必须的市政基础设施等辅助设施，不得建设商店、餐饮、住宅等任何非直接用于农业生产的项目，不得利用农业生产辅助设施变相进行房屋开发建设。

（二）村庄规划的内容。

村庄规划包括村域范围、现状分析、规划定位、各类用地和规划要求。具体包括：住宅、道路、供水、排水、供电、电信、垃圾收集、园林绿化、村委会、卫生室等农村生活生产设施、市政基础设施和公共服务设施。对基本农田、现状耕地、林地、古树名木、地表水体、地下水等自然资源，地上地下文物、历史文化保护区和古村落等历史文化资源的保护。以及防灾减灾、防治污染、节能减排、产业发展和实施计划等内容。

（三）村庄规划的制定和修改程序。

村庄规划由所在地乡镇人民政府组织编制，编制完成后应当在村委会公示30日，经村民会议或村民代表会议讨论同意，并经市规划行政主管部门派出机构组织审查后，报所在地区县人民政府审批。村庄规划批准后，由所在地乡镇人民政府依法公布。

修改村庄规划应当按照原审批程序进行，修改后的村庄规划应当依法重新公布。

二、完善乡村建设工程的管理工作

经依法批准的村庄规划是做好村庄规划建设管理的依据。按照简化、便民的原则，优化国土、规划、建设等相关行政审批事项和办理程序。有关部门在办理乡村建设工程管理工作中，应当明确办理时限，建立沟通机制，提高工作效率。

建设乡村建设工程应当符合相关法律、法规、规章、设计标准和技术规范。在集体土地建设乡村建设工程一般要经过土地确权、规划许可、用地审批、施工管理、竣工管理和产权登记等六个环节。

（一）土地确权。

1. 使用集体建设用地。

申请使用集体建设用地建设乡村建设工程的，应当向规划行政主管部门提交集体土地使用证；尚未取得集体土地使用证的，应当提交市、区县人民政府批准集体建设占地的批复；尚未取得集体土地使用证及市、区县人民政府批准集体建设占地批复的，应当按照土地确权有关法律法规的规定，向土地所在地区县国土行政主管部门提出集体建设用地使用权确权申请，依法办理集体建设用地使用权确权手续，明确土地权属和土地地类。

申请使用原有宅基地建设个人住宅的，应当提交宅基地使用证；尚未取得宅基地使用证的，可以由所在地村民委员会出具宅基地使用权证明文件，报乡镇人民政府按照本市宅基地有关规定进行确认后，作为使用集体建设用地的证明文件。

以下将“集体土地使用证、集体建设占地批复、集体建设用地使用权确认文件，以及宅基地使用权确认文件”简称为“使用集体建设用地的证明文件”。

2. 使用农用地和未利用地。

确需使用农用地和未利用地建设乡村建设工程的，应当向规划行政主管部门提交集体土地所有证；尚未取得集体土地所有证的，应当由村集体经济组织作为集体土地所有人代表向国土行政主管部门申请土地确权，明确土地所有权和地类性质。

以下将集体土地所有证和集体农用地或未利用地使用权确认文件简称为“使用集体非建设用地的证明文件”。

（二）规划许可。

本市实行乡村建设工程规划许可制度。

建设二层及二层以上生活居住建筑的，应当符合《北京市生活居住建筑间距暂行规定》。建设学校、幼儿园、卫生院等公共建筑，二层及二层以上楼房，跨度超过6米的平房，以及市政基础设施的，建设单位或者个人可以先了解规划条件，委托有资质的设计单位编制设计方案和施工图纸后，再申请规划许可手续。在宅基地内使用通用标准图集建设住宅的，可以不再委托设计单位编制设计方案和施工图纸，直接申请规划许可手续。

1. 一般乡村建设工程。

在规划保留的村庄内申请建设乡镇企业、乡村公共设施、公益事业、村民集中住宅的，建设单位或者个人应当提交使用集体建设用地或非建设用地的证明文件、建设申请以及村民委员会意见等材料，由乡镇人民政府初审后向市规划行政主管部门派出机构了解规划条件，需要提交立项文件的，取得发展改革行政主管部门项目批准、核准、备案文件；新占农用地和未利用地的，取得国土行政主管部门农用地转用审批手续后，持建设工程设计方案、必要的施工图纸等材料向市规划行政主管部门派出机构申请乡村建设规划许可证。

申请利用原有宅基地进行住宅建设的，不需要提交项目批准、核准、备案文件，应当提交使用集体建设用地的证明文件、建设申请、符合村庄规划的拟建方案以及四邻意见等材料（四邻意见不一致的，村民委员会应当组织召开村民会议或村民会议授权的村民代表会议研究形成本村意见），向乡镇人民政府申请乡村建设规划许可证。

2. 临时乡村建设工程。

其他现状村庄在规划实施前，因近期生活生产确需建设临时乡村建设工程的，建设单位或者个人可以参照乡村建设规划许可证的办理程序，向村民委员会提出申请，由乡镇人民政府初审后报市规划行政主管部门派出机构。市规划行政主管部门派出机构可以根据城市发展进程和规划实施的需要，依据村庄近期建设和环境整治规划核发临时乡村建设规划许可证。临时乡村建设规划许可证在拆迁补偿等方面与乡村建设规划许可证具有同等作用。

临时乡村建设工程应当尽量利用现状建设用地，原则上不得占用现状农用地。

（三）用地审批。

申请使用集体农用地或未利用地建设乡村建设工程的，取得乡村建设规划许可证或者临时乡村建设规划许可证（以下简称规划许可文件）后，应当向国土行政主管部门申请集体建设用地批准手续，取得相关批准文件后，方可办理开工手续。

（四）施工管理。

按照工程规模和对公共安全的影响，乡村建设工程分为限额以上工程和限额以下工程两类进行管理。

限额以上工程是指：取得使用集体建设用地的证明文件和乡村建设规划许可文件，投资额在30万元以上或者建筑面积在300平方米以上的各类房屋建筑和市政基础设施等建设工程，不含农民自建二层及二层以下住宅。

限额以下工程是指：取得使用集体建设用地的证明文件和乡村建设规划许可文件，投资额不足30万元且建筑面积低于300平方米的房屋建筑、市政基础设施等建设工程以及农民自建二层及二层以下住宅。

1. 招投标管理。

乡村建设工程符合国家和本市规定的招标范围和规模标准的，应当按照相关规定进行勘察、设计、施工、监理和重要材料、设备采购招标投标。农民自建住宅可以不招标。

2. 施工许可及备案管理。

本市实行限额以上工程施工许可和限额以下工程报建备案制度。

限额以上工程施工前应当依法到区县建设行政主管部门领取建筑工程施工许可证。未领取施工许可证的，不得开工建设。

限额以下工程开工建设前，建设单位或者个人应当到乡镇人民政府办理工程报建备案手续。申请备案时应当提交使用集体建设用地的证明文件、乡村建设规划许可文件、建设单位或者个人与施工方签订的建设协议等有关材料。乡镇人民政府应当即时完成备案手续并与建设单位或者个人签订建设服务协议。乡镇人民政府应当指导村民选用合适的设计通用图及其配套基础形式或者联系有关技术人员提供基础设计服务。

3. 质量安全管理。

限额以上工程的建设单位或者个人必须严格按照有关法律、法规、规章的规定履行基本建设程序，承担工程质量安全责任和义务。施工和工程监理单位承接限额以上工程的，必须严格执行有关法律、法规、规章和工程建设强制性标准的规定，依法承担工程质量和安全责任。区县建设行政主管部门负责办理了施工许可的限额以上工程的质量安全监督管理工作。

限额以下工程建设单位或者个人可以选择具有施工资质的单位或具有注册建造师、监理工程师执业资格的个人及其组织的施工队伍、劳务队伍，承接工程施工及相关管理工作，依法承担相应的质量安全责任。农民自建两层及两层以下住宅也可委托经区县建设行政主管部门培训合格的建筑工匠承担工程施工工作，依法承担相应的质量安全责任。上述单位或者个人在承接工程前，应当查看建设单位或者个人使用集体建设用地的证明文件和乡村建设规划许可文件。乡镇人民政府负责限额以下工程的质量安全监督管理工作。

乡村建设工程或者临时乡村建设工程加层扩建时，必须委托有资质的设计单位和施工单位进行设计和施工。

（五）竣工管理。

乡村建设工程竣工后，建设单位或者个人应当持使用集体建设用地的证明文件、乡村建设规划许可文件、施工许可或备案文件等材料向乡镇人民政府提出申请，由乡镇人民政府通知国土、规划、建设等相关行政主管部门。

国土行政主管部门应当对建设项目是否符合使用集体建设用地证明文件的批准内容进行检查。

符合规划许可文件批准内容的，乡村规划许可文件的发证机关（市规划行政主管部门派出机构或者乡镇人民政府）应当出具规划核验合格证明文件。

取得建筑工程施工许可证的乡村建设工程，建设单位或者个人应当按照《建设工程质量管理条例》规定进行竣工验收，并到区县建设行政主管部门进行备案。限额以下工程的建设单位或者个人组织有关参建方进行竣工验收并形成竣工验收文件报乡镇人民政府备案。乡镇人民政府应当依据建设服务协议对限额以下工程的竣工验收进行指导和服务。

（六）权属登记。

1. 土地登记。

建设单位或者个人取得乡村建设规划许可文件、使用集体建设用地的证明文件等材料后，可以向国土行政主管部门申请集体建设用地登记发证。

2. 房屋登记。

房屋初始登记。依法利用集体土地建造的房屋，提交集体土地使用证、乡村建设规划许可文件、乡村建设施工许可或者备案文件、建设工程竣工验收合格证明或者验收备案证明文件、规划核验合格证明文件、房屋面积测绘技术成果报告等材料后，可以申请房屋初始登记。其中申请人为村民的，还应提交申请人为房屋所在地农村集体经济组织成员的证明文件；申请人为农村经济组织的，还应提交经村民会议（或者由村民会议授权的村民代表会议）同意登记证明文件。

房屋转移登记。依法转让集体土地上房屋的，提交集体土地使用证、房屋所有权证、房屋所有权发生转移的证明文件等材料后，可以申请房屋转移登记。其中，村民转移住房的，还应提交农村集体经济组织成员的证明文件；农村集体经济组织转移房屋的，还应提交村民会议（或者由村民会议授权的村民代表会议）同意转让的证明文件。

房屋抵押登记。依法以乡镇、村企业的厂房等建筑物设立抵押的，提交集体土地使用证、房屋所有权证、主债权合同和抵押合同、房屋所在地村民会议（或者由村民会议授权的村民代表会议）同意抵押证明文件后，可以申请房屋抵押登记。

集体土地上房屋登记的具体办法，由市住房城乡建设行政主管部门另行制定。

三、加强村庄规划建设的监督检查

（一）市相关行政主管部门按照各自的职责，加强村庄规划建设的监督检查，加大对违法行为的查处力度，会同区县、乡镇人民政府，研究建立乡村违法建设信息通报制度，形成联动机制。

1. 国土行政主管部门的职责。

国土行政主管部门应当建立乡村土地管理监督检查工作机制，加强日常巡查，对其核发的集体建设用地批准内容的执行情况以及批准的农用地转用手续执行情况进行监督和检查，依法对土地违法行为进行查处，根据市政府的授权指导乡镇人民政府具体实施查处工作，相关行政主管部门应当予以配合。

2. 规划行政主管部门的职责。

市规划行政主管部门派出机构应当对其核发乡村建设规划许可文件的乡村建设工程或者临时乡村建设工程进行规划监督，对乡镇人民政府办理的规划管理案卷进行监督检查，对乡镇人民政府违反村庄规划做出的具体规划管理行政行为，应当建议区县人民政府责令改正、通报批评，发现乡镇人民政府工作人员违反城乡规划的有关行为依法应当给予处分的，应当向区县人民政府或者监察机关提出处分建议。

3. 建设行政主管部门的职责。

区县建设行政主管部门应当加强对取得建筑工程施工许可证的限额以上工程的监督和管理，加强对乡镇人民政府乡村建设工程管理工作的指导与服务，对于举报的已经取得使用集体建设用地证明文件和乡村建设规划许可文件，但未办理施工许可证擅自开工的限额以上工程依法进行处罚。

4. 农村工作管理部门的职责。

区县农村工作管理部门在市农村工作管理部门的指导下，按照本指导意见的规定，对农业生产辅助设施的建设是否符合有关建设标准进行监督检查，发现在农用地上利用农业生产辅助设施变相建设住宅、商店、餐饮等非直接用于农业生产的各类建筑物，以及违反标准建设农业生产辅助设施涉及违法占用农用地的，应当及时通报国土行政主管部门和乡镇人民政府，并协助做好相关查处工作。

（二）乡镇人民政府是控制本行政区域内违法建设的责任主体。乡镇人民政府应当建立以村为单位的巡查监控机制，加强乡村建设工程的监督检查。

1. 乡镇人民政府发现土地违法行为的，应当及时制止，并在国土行政主管部门的指导下，具体实施查处工作。

2. 乡镇人民政府负责对其核发乡村建设规划许可文件的乡村建设工程进行规划监督。发现应当取得乡村建设规划许可文件而未依法取得或者未按照规划许可文件进行建设的，应当立即责令停工。未取得乡村建设规划许可文件且不符合村庄规划的，应当限期拆除；符合村庄规划的，应当责令限期改正，逾期不改正的，应当限期拆除。未按照乡村建设规划许可文件进行建设的，应当责令限期改正；逾期不改正的，应当限期拆除。对建设单位或者个人不执行停工通知或者限期拆除决定的，可以按照国家和本市的有关规定，采取通知有关部门停止提供相关服务、公示催告、查封施工现场以及强制拆除等措施，有关部门和当地村民委员会应当予以配合。

3. 乡镇人民政府应当依据《北京市安全生产条例》，加强对乡村建设工程安全生产工作的领导，及时协调、解决安全生产监督管理中的重大问题，组织、协调、检查乡村建设工程安全生产工作，对安全生产事故隐患或者安全生产违法行为，及时予以制止，发现已办理用地、规划手续，但未办理施工许可证擅自开工的限额以上工程，应当及时报送区县建设行政主管部门进行处理。乡镇人民政府可以根据实际情况，在各村配置建设工程质量安全管理员，为限额以下工程提供技术指导与服务。

四、加强服务，做好村庄规划建设管理的保障工作

国土、规划、建设、农村管理等相关行政主管部门以及区县和乡镇人民政府要进一步改进工作方式，针对村庄规划建设管理的特点，加强服务，做好保障工作。

（一）市有关部门要加强村庄规划建设管理工作的指导和技术服务。

市国土行政主管部门应当加强乡村土地利用总体规划执行情况的监督管理，严格耕地保护，积极开展地籍调查等基础性工作，加快农村土地确权登记颁证工作，研究宅基地有偿退出机制，指导乡镇人民政府作好村庄土地管理工作。

市规划行政主管部门应当会同相关部门，指导编制村民住宅通用标准图集、乡村传统建筑设计样式汇编等设计图集，明确乡村规划许可的办理标准、乡村违法建设的处罚办法以及相关的格式文本。市规划行政主管部门派出机构应当依申请提供规划条件和设计方案审查等技术服务，加强对乡镇人民政府村庄规划有关工作的培训和指导。

市住房城乡建设行政主管部门应当会同有关部门，组织编制乡村建设工程施

工技术规程、安全生产指南、建筑抗震与节能技术应用导则等技术文件，引导限额以下乡村建设工程的建设单位或者个人采用符合国家标准的建筑材料，做好技术指导和服务。

市农村工作管理部门应当会同相关部门制定农业生产辅助设施的建设标准，加强农业生产辅助设施的建设管理。

（二）区县、乡镇政府应当建立机制，保障村庄规划建设管理工作的开展。

区县人民政府应当健全乡镇人民政府村庄规划建设管理工作职能，保证必要的人员、经费及办公条件，建立城乡规划建设监督检查联席会议制度和违法建设考核评价及责任追究制度，加强对乡镇人民政府村庄规划建设管理工作的指导和监督，对于乡镇人民政府违反村庄规划做出的行政决定，应当责令改正、通报批评；对于规划等相关行政主管部门提出的，乡镇人民政府或者有关责任人员违反村庄规划依法应当责令改正、通报批评或者予以处分的建议，应当及时核实处理，并将处理结果及时通报相关行政主管部门。

乡镇人民政府应当在区县人民政府领导和相关行政主管部门指导下，充分发挥基层政府属地管理的主体作用，依据批准的村庄规划，制定实施计划，按照城乡统筹发展的原则，逐步实施村庄规划。乡镇人民政府可以根据实际工作需要，明确相关机构负责村庄规划建设管理工作，结合村庄土地、规划、建设管理工作的需要，建立相应的工作机制，加强村庄规划建设日常监督管理，加大对乡村违法建设的查处力度，保障村庄规划的实施。

五、附则

（一）已经设置街道办事处并撤销乡镇人民政府的现状村庄，由街道办事处承担本指导意见确定应当由乡镇人民政府负责的村庄规划建设管理有关工作，对乡村违法建设的处理由市规划行政主管部门派出机构或者城市管理综合执法机构按照市人民政府有关规定负责；已经设置街道办事处，但并未撤销乡镇人民政府的现状村庄，仍由乡镇人民政府按照本指导意见的规定负责现状村庄规划管理有关工作，有关街道办事处应当协助乡镇人民政府做好有关工作。

（二）本指导意见自下发之日起试行。《北京市村镇建设工程质量安全管理办法（京建法〔2007〕659号）》同时废止。

二、上海市

上海市政府关于延长《上海市征收集体土地房屋补偿暂行规定》有效期的通知

（2017 年 9 月 21 日　沪府发〔2017〕72 号）

各区人民政府，市政府各委、办、局：

经评估，2011 年 11 月市政府印发的《上海市征收集体土地房屋补偿暂行规定》（沪府发〔2011〕75 号）需继续实施，其有效期延长至 2019 年 9 月 30 日。

上海市征收集体土地房屋补偿暂行规定

第一条（目的和依据）

为规范征收集体土地房屋补偿行为，维护征地范围内房屋权利人的合法权益，根据《中华人民共和国土地管理法》、《中华人民共和国土地管理法实施条例》和《上海市实施〈中华人民共和国土地管理法〉办法》等法律、法规的规定，制定本规定。

第二条（适用范围）

在本市行政区域范围内征收集体土地中实施房屋补偿的（以下简称“征地房屋补偿”），适用本规定。

第三条（补偿原则）

征地房屋补偿，应当遵循“程序正当、公平补偿、结果公开”的原则，保障被征地农民的居住条件，维护被征地农民的合法权益。

第四条（管理部门）

市土地管理部门是本市征地房屋补偿工作的主管部门。

市和区（县）发展改革、城乡建设、农业、社会保障、房屋管理、财政、工商、审计、监察等部门应当协同做好征地房屋补偿工作。

镇（乡）人民政府、街道办事处应当配合做好征地房屋补偿工作。

第五条（补偿主体与实施部门）

区（县）人民政府负责本行政区域的征地房屋补偿工作。

区（县）土地管理部门组织实施本行政区域的征地房屋补偿工作。

区（县）土地管理部门下属的征地事务机构（以下称“区（县）征地事务机构”）具体实施征地房屋补偿工作。

第六条（征收集体土地房屋补偿程序）

征地房屋补偿是征地补偿安置工作的组成部分。征地补偿安置程序按照国家和本市有关规定执行。

第七条（拟征地告知后不得实施的行为）

在征收集体土地依法报批前，区（县）土地管理部门应当向被征地农村集体经济组织和农户公布《拟征地告知书》，告知征地房屋补偿的政策依据以及本条第二款的要求，公布时间不得少于10日。

《拟征地告知书》公布后，拟征地范围内应当执行下列规定，但限制的最长期限不得超过一年：

（一）不得新建、改建、扩建建筑物、构筑物及其他设施；

（二）不得突击装修房屋；

（三）不得办理新增、变更工商营业登记；

（四）拟征地范围内已取得建房批准文件但新房尚未开工的，不得开工；

（五）不得从事其他不当增加补偿费用的行为。

违反前款规定实施的，不予补偿。

第八条（房屋调查确认）

《拟征地告知书》公布后，区（县）征地事务机构应当会同镇（乡）人民政府或者街道办事处以及村（居）民委员会组织对拟征地范围内宅基地及房屋的权属、面积、房屋用途等情况进行调查，情况属实的，纳入征地补偿登记范围。调查结果应当经宅基地使用人、房屋所有人确认，并在拟征地范围内公布。

第九条（房屋补偿费用）

房屋补偿费用包括用于货币补偿的资金和用于产权调换的房屋。用于货币补偿的资金应当在征地房屋补偿方案公告前足额到位，并做到专户存储、专款专用。用于产权调换的房屋在交付时应当符合国家质量安全标准和本市住宅交付使用许可要求，并做到产权清晰、无权利负担。

第十条（征地公告和征地补偿安置方案公告）

征收集体土地依法批准后，区（县）人民政府应当在被征地所在的镇（乡）、村予以公告（以下称“征地公告”），公告期不得少于10日。

征地公告后，区（县）征地事务机构应当根据调查结果拟订征地房屋补偿方案，并纳入征地补偿安置方案，由区（县）土地管理部门进行公告，公告期不少于30日。征地房屋补偿方案应当包括以下内容：

（一）房屋的补偿方式；

（二）补偿金额的计算方法；

（三）安置房屋坐落、单价；

（四）土地使用权基价；

（五）价格补贴；

（六）签约期限；

（七）其他事项。

区（县）土地管理部门应当就征地房屋补偿方案听取相关权利人意见。相关权利人申请听证的，应当在征地房屋补偿方案公告后5个工作日内提出书面申请；符合条件的，区（县）土地管理部门应当按照规定组织听证。区（县）征地事务机构应当根据征求意见和听证会情况，修改征地房屋补偿方案。

第十一条（签订补偿安置协议）

征地房屋补偿方案经区（县）人民政府批准后，区（县）征地事务机构与宅基地使用人或者房屋所有人应当按照征地房屋补偿方案协商签订房屋补偿安置协议。房屋补偿安置协议应当载明补偿方式、补偿金额、安置地点、搬迁期限、临时安置过渡期限、违约责任等内容。

第十二条（计户标准和面积确定）

征地房屋补偿应当以合法有效的宅基地使用证、房地产权证或者建房批准文件计户，按户进行补偿。

房屋的用途和建筑面积，以宅基地使用证、房地产权证或者建房批准文件的记载为准。

第十三条（建制撤销的居住房屋补偿）

被征地的村或者村民小组建制撤销的，宅基地使用人或者居住房屋所有人可以选择货币补偿，也可以选择产权房屋调换。选择产权房屋调换的，应当结清货币补偿金额与产权调换房屋价格的差价。

前款规定的货币补偿金额计算公式为：（房屋建安重置结合成新单价 + 同区域新建多层商品住房每平方米建筑面积的土地使用权基价 + 价格补贴）×房屋建筑面积。

本条及第十四条规定的单价，是指每平方米建筑面积的价格。

本条及第十四条规定的房屋建安重置结合成新单价，由区（县）征地事务机构委托具有相应资质的估价机构评估；同区域新建多层商品住房每平方米建筑面积的土地使用权基价及价格补贴标准，由房屋所在地的区（县）人民政府制定并公布。

第十四条（建制不撤销的居住房屋补偿）

被征地的村或者村民小组建制不撤销的，该居住房屋户内成员全部转为非农业户籍的，补偿按照本规定第十三条执行；该居住房屋户内成员未全部转为非农业户籍的，按照下列规定予以补偿：

（一）具备易地建房条件的区域，宅基地使用人可以在镇（乡）土地利用总体规划确定的中心村或居民点范围内申请宅基地新建住房，并获得相应的货币补偿；

（二）不具备易地建房条件的区域，按照本规定第十三条执行，不得再申请宅基地新建住房。

本条第一款第（一）项规定的货币补偿金额计算公式为：（房屋建安重置结合成新单价 + 价格补贴）×房屋的建筑面积。使用新宅基地所需的费用，由区（县）征地事务机构支付给提供宅基地的村或者村民小组。

申请宅基地新建房屋的审批程序，按照本市农村村民住房建设的有关规定执行。

第十五条（居住房屋的其他补偿）

征地房屋补偿，还应当对宅基地使用人或者居住房屋所有人补偿搬家补助费、设备迁移费、过渡期内的临时安置补助费，具体标准由区（县）人民政府制定。

第十六条（已批未建的房屋补偿）

征地公告时，已取得建房批文但新房尚未建造完毕的，新房在建工程按照实际完成的工程量重置价补偿；建房批文规定应当拆除尚未拆除的旧房，可以按照重置价结合成新价格补偿。本条规定的重置价，由区（县）征地事务机构委托具有相应资质的估价机构评估。

征地公告时，已取得建房批文但新房尚未开工或未建造完毕的，其土地使用权基价和价格补贴按照建房批文规定的建筑面积计算；建房批文规定允许保留旧房的，应当将旧房面积和建房批文规定的新建建筑面积一并计算。建房批文规定应当拆除尚未拆除的旧房、已自行拆除的旧房，不得给予土地使用权基价补偿和价格补贴。

第十七条（可建未建的房屋补偿）

征地公告时，符合本市农村村民住房建设申请条件的村民家庭，因建设规划控制等原因未新建、扩建住房的，现住房建筑面积以征地公告时符合农村村民建房申请条件的人数计算；低于现行农村村民住房可建面积标准的部分，可给予土地使用权基价补偿和价格补贴，但他处有经批准建造的农村住宅、已享受过福利分房或已享受过房屋拆迁补偿安置的人数除外。每户可建建筑面积与原建筑面积总和，不得高于当地现行农村村民住房建设标准，且不作分户计算。

上述可建建筑面积的认定，应由具备条件的农村村民家庭提出申请，房屋所在地的镇（乡）人民政府或街道办事处按照农村村民住房建设标准进行审核，并在征地范围内公示，公示期不得少于7日。公示期满无异议，或虽有异议，但经复核符合条件的，由镇（乡）人民政府或街道办事处出具可建建筑面积认定证明。

第十八条（超标准建房的补偿）

虽经建房批准，但有下列情形之一的，对超过本市农村村民住房建设标准的建筑面积，可给予房屋建安重置结合成新价补偿，但不给予土地使用权基价补偿和价格补贴：

（一）在批准建房时，超过本市农村村民住房建设标准审批的；

（二）在批准建房时，只批准房屋建筑占地面积，未明确房屋层数、建筑面积的。

超标准建筑面积，由镇（乡）人民政府或街道办事处认定。

第十九条（非居住房屋的补偿）

对非居住房屋实行货币补偿。

农村集体经济组织以土地使用权入股、联营等形式与其他单位、个人共同举办的企业所有的非居住房屋，房屋所有人的货币补偿金额计算公式为：房屋建安重置价+相应的土地使用权取得费用。

本条第二款规定的房屋建安重置价、相应的土地使用权取得费用，由区（县）征地事务机构委托具有相应资质的估价机构评估。

第二十条（非居住房屋的其他补偿）

对非居住房屋，还应当补偿下列费用：

（一）设备搬迁和安装费用；

（二）无法恢复使用的设备按照重置价结合成新结算的费用；

（三）停产、停业损失补偿。

第二十一条（其他房屋及设施的补偿）

居住房屋附属的棚舍、除本规定第十九条第二款以外的非居住房屋，以及其他构筑物的补偿，按照本市有关国家建设征地的财物补偿标准执行。

第二十二条（违章建筑、临时建筑的处理）

未超过批准期限的临时建筑，可以给予适当补偿。

对违法建筑、超过批准期限的临时建筑，以及《拟征地告知书》公布后擅自进行房屋及其附属物新建、改建、扩建的部分，不予补偿。

第二十三条（估价机构的确定）

征地房屋补偿中涉及需要评估的，估价机构由被征地范围内的宅基地使用人或者房屋所有人在有相应资质的估价机构中协商选定；协商不成的，由镇（乡）人民政府或者街道办事处组织宅基地使用人或者房屋所有人按照少数服从多数的原则投票决定，也可以采取摇号、抽签等方式随机确定。

估价机构确定后，区（县）征地事务机构应当与估价机构签订委托评估协议。

第二十四条（征地房屋补偿的评估）

征地房屋补偿的评估时点，为征地房屋补偿方案公告之日。

评估的技术规范，按照本市有关规定执行。

第二十五条（征地房屋补偿协调）

在征地房屋补偿方案规定的签约期限内，区（县）征地事务机构与宅基地使用人或者房屋所有人达不成补偿安置协议的，由区（县）征地事务机构根据经批准的征地房屋补偿方案制定具体补偿方案，提供给宅基地使用人或者房屋所有人，并要求其在规定期限内给予答复。具体补偿方案应当包括补偿标准、安置房屋的地点、搬迁期限等内容。

在答复期限内，区（县）土地管理部门应当予以协调。答复期限届满，宅基地使用人或者房屋所有人未作答复或者答复不同意的，由区（县）征地事务机构按照具体补偿方案实施补偿。

第二十六条（责令交出土地）

宅基地使用人或者房屋所有人已经依法得到补偿或者无正当理由拒绝接受补偿，且拒不交出土地的，由区（县）土地管理部门责令宅基地使用人或者房屋所有人限期交出土地。区（县）土地管理部门作出责令交出土地决定的，应当出具行政决定书。

宅基地使用人或者房屋所有人在责令交出土地的决定规定的搬迁期限内拒不搬迁的，由区（县）土地管理部门依法申请人民法院强制执行。

第二十七条（补偿结果公开）

区（县）土地管理部门应当依法建立征地房屋补偿档案，并将分户补偿结果在被征地范围内向宅基地使用人或者房屋所有人公布。

区（县）审计机关应当加强对征地房屋补偿费用管理和使用情况的监督，并公布审计结果。

第二十八条（已征未拆地块的征地房屋补偿方案）

本规定施行前已办理征收集体土地手续，并已完成土地、青苗、集体资产补偿和被征地人员社会保障手续，尚未实施房屋补偿，本规定施行后实施房屋补偿的，区（县）征地事务机构应当编制征地房屋补偿方案，由区（县）土地管理部门进行公告，并按照第十条第三款的规定听取意见。征地房屋补偿方案由区（县）土地管理部门报区（县）人民政府批准后实施。

第二十九条（人员培训）

从事征地房屋补偿工作的人员应当通过市土地管理部门组织的有关法律、业务知识的培训考核后，持证上岗。

第三十条（举报处理）

任何组织和个人对违反本规定的行为，都有权向市和区（县）人民政府、土地管理部门以及其他有关部门举报。接到举报的市和区（县）人民政府、土地管理部门以及其他有关部门应当及时予以核实、处理。

监察机关应当加强对参与征地房屋补偿工作的政府和有关部门或者单位及其工作人员的监察。

第三十一条（施行日期）

本规定自印发之日起施行。2002 年 4 月 10 日上海市人民政府印发的《上海市征用集体所有土地拆迁房屋补偿安置若干规定》（沪府发〔2002〕13 号）同时废止。征收集体土地后已依法取得《房屋拆迁许可证》的项目，继续沿用原有规定办理。

三、广东省

广东省集体建设用地使用权流转管理办法

（2005 年 6 月 23 日　粤府令第 100 号）

《广东省集体建设用地使用权流转管理办法》已经 2005 年 5 月 17 日广东省人民政府第十届六十六次常务会议通过，现予发布，自 2005 年 10 月 1 日起施行。

广东省集体建设用地使用权流转管理办法

第一章　总则

第一条　为加强国家对集体建设用地的管理，合理利用土地，规范集体建设用地使用权流转市场秩序，促进经济可持续发展，根据国务院关于深化改革严格土地管理的决定，结合我省实际，制定本办法。

第二条　集体建设用地使用权出让、出租、转让、转租和抵押，适用本办法。

第三条　取得农民集体土地进行非农业建设，应当符合国家有关产业政策及当地土地利用总体规划、城市规划或村庄、集镇规划。涉及农用地转为建设用地的，应当落实土地利用年度计划的农用地转用指标。

第四条　有下列情形之一的，集体建设用地使用权不得流转

（一）不符合土地利用总体规划、城市规划或村庄、集镇规划的；

（二）土地权属有争议的；

（三）司法机关和行政机关依法裁定、决定查封或以其他形式限制土地权利的；

（四）村民住宅用地使用权。

因转让、出租和抵押地上建筑物、其他附着物而导致住宅用地使用权转让、出租和抵押的除外。村民出卖和出租住房后，不得再申请新的宅基地。

第五条 通过出让、转让和出租方式取得的集体建设用地不得用于商品房地产开发建设和住宅建设。

第六条 集体建设用地使用权转让、出租和抵押时，其地上建筑物及其他附着物随之转让、出租和抵押；集体建设用地上的建筑物及其他附着物转让、出租和抵押时，其占用范围内的集体土地使用权随之转让、出租和抵押。

第七条 出让、出租和抵押集体建设用地使用权，须经本集体经济组织成员的村民会议2/3以上成员或者2/3以上村民代表的同意。

乡（镇）农民集体所有的土地由乡镇集体经济组织负责经营和管理，没有乡镇集体经济组织的，由乡镇人民政府负责经营和管理。

第八条 下列建设项目可以使用集体建设用地：

1. 兴办各类工商企业，包括国有、集体、私营企业，个体工商户，外资投资企业（包括中外合资、中外合作、外商独资企业、“三来一补”企业），股份制企业，联营企业等；

2. 兴办公共设施和公益事业；

3. 兴建农村村民住宅。

第九条 国家为了公共利益的需要，依法对集体建设用地实行征收或者征用的，农民集体土地所有者和集体建设用地使用者应当服从。

第十条 土地使用者应当按照市、县人民政府建设用地批准文件规定的用途使用土地。

确需改变土地用途的，应当经土地所有者和土地、规划行政主管部门同意，报原批准用地的市、县人民政府批准。

第十一条 县级以上人民政府土地行政主管部门负责本行政区域内集体建设用地使用权流转的管理和监督。

县级以上人民政府农业、审计、劳动保障、民政等行政主管部门应当按照各自的职责，对农民集体通过集体建设用地流转取得收益的管理使用，加强指导和监督检查。

第二章 集体建设用地使用权出让、出租

第十二条 集体建设用地使用权出让，是指农民集体土地所有者将一定年期

的集体建设用地使用权让与土地使用者，由土地使用者向农民集体土地所有者支付出让价款的行为。以集体建设用地使用权作价入股（出资），与他人合作、联营等形式共同兴办企业的，视同集体建设用地使用权出让。

集体建设用地使用权出租，是指集体土地所有者或集体建设用地使用权人作为出租人，将集体建设用地租赁给承租人使用，由承租人向出租人支付租金的行为。

第十三条 集体建设用地使用权出让、出租，应当签订书面合同。

集体建设用地使用权出让、出租的最高年限，不得超过同类用途国有土地使用权出让的最高年限。

第十四条 集体建设用地使用权出让、出租或作价入股（出资）的，农民集体土地所有者和土地使用者应当持该幅土地的相关权属证明、集体建设用地使用权出让、出租或作价入股（出资）合同（包括其村民同意流转的书面材料），按规定向市、县人民政府土地行政主管部门申请办理土地登记和领取相关权属证明。市、县人民政府土地行政主管部门应依法给予办理。

第十五条 集体建设用地使用权出让、出租用于商业、旅游、娱乐等经营性项目的，应当参照国有土地使用权公开交易的程序和办法，通过土地交易市场招标、拍卖、挂牌等方式进行。

第十六条 集体建设用地使用权出让、出租合同约定的土地使用年限届满，土地使用权由农民集体土地所有者无偿收回，其地上建筑物、附着物按照集体建设用地使用权出让、出租合同的约定处理。

原土地使用者要求继续使用土地的，应当在土地使用年限届满前与农民集体土地所有者协商，集体土地所有者同意继续使用的，按本办法的规定重新办理集体建设用地使用权登记手续。

第三章　集体建设用地使用权转让、转租

第十七条 集体建设用地使用权转让，是指农民集体建设用地使用权人将集体建设用地使用权再转移的行为。集体建设用地使用权转租，是指承租人将集体建设用地使用权再次租赁的行为。

第十八条 集体建设用地使用权转让、转租应当签订书面合同。

集体建设用地使用权转让的，原受让方的权利、义务随之转移；集体建设用地使用权转租的，转租人应当继续履行原出租合同。

集体建设用地使用权转让、转租的年限为原土地使用年限减去已使用年限后的剩余年限。

第十九条 集体建设用地使用权转让、转租的，当事人双方应当持集体土地使用权属证明和相关合同，到市、县人民政府土地行政主管部门申请办理土地登记和领取相关权属证明。市、县人民政府土地行政主管部门应依法给予办理。

第四章 集体建设用地使用权抵押

第二十条 集体建设用地使用权抵押，是指集体建设用地使用权人不转移对集体建设用地的占有，将该集体建设用地使用权作为债权担保的行为。

第二十一条 集体建设用地使用权抵押应当签订书面合同，并到市、县人民政府土地行政主管部门办理抵押登记。

农民集体土地所有者抵押集体建设用地使用权的，在申请办理抵押登记时，应当提供本集体经济组织的村民会议 2/3 以上成员或 2/3 以上村民代表同意抵押的书面材料。

第二十二条 集体建设用地使用权被作为抵押物的，债务人不履行债务时，抵押权人有权依法处分抵押的集体建设用地使用权。

因处分抵押财产而取得集体建设用地使用权和地上建筑物、其他附着物所有权，应当办理过户登记。

第二十三条 处分抵押集体建设用地使用权所得，抵押权人有优先受偿权。

第二十四条 抵押权因债务清偿或者其他原因而消灭的，应当办理注销抵押登记。

第五章 土地收益

第二十五条 集体土地所有者出让、出租集体建设用地使用权所取得的的土地收益应当纳入农村集体财产统一管理。其中 50% 以上应当存入银行（农村信用社）专户，专款用于本集体经济组织成员的社会保障安排，不得挪作他用。具体实施办法由省劳动保障部门会同省农业、民政、财政、卫生等部门制定，报省人民政府批准后实施。

第二十六条 集体建设用地使用权出让、转让和出租的，应当向土地行政主管部门申报价格，并依法缴纳有关税费。集体建设用地使用权转让发生增值的，应当参照国有土地增值税征收标准，向市、县人民政府缴纳有关土地增值收益。

土地增值收益收缴和使用管理办法由省财政部门会同省国土资源、物价部门另行制定，报省人民政府批准后实施。

第二十七条 市、县人民政府土地行政主管部门应当制定本行政区域集体建设用地使用权的基准地价，并报市、县人民政府批准后公布。

第六章 法律责任

第二十八条 集体建设用地闲置的，市、县人民政府土地行政主管部门应当责令改正；农民集体土地所有者对闲置的土地负有直接责任的，在土地闲置状况改正之前，市、县土地行政主管部门暂停办理其新增集体建设用地审批手续。

第二十九条 单位和个人通过出让、转让、出租方式取得的集体建设用地用于开发商品房地产项目和进行住宅建设的，市、县土地行政主管部门应当责令改正，拒不改正的责令交还土地。

第三十条 违反本办法第十五条的规定，集体建设用地使用权不实行公开交易的，县级以上土地行政主管部门不得为其办理产权变更登记或者他项权利登记手续。

第七章 附则

第三十一条 集体建设用地使用权流转的合同文本格式，由省国土资源部门制定。

第三十二条 本办法自 2005 年 10 月 1 日起实施

四、江苏省

中共江苏省委办公厅关于完善农村土地所有权承包权经营权分置办法的实施意见

（2017 年 1 月 13 日　苏办发〔2017〕2 号）

各市、县（市、区）党委和人民政府，省委各部委，省各委办厅局，省各直属单位：

《关于完善农村土地所有权承包权经营权分置办法的实施意见》已经省委、省政府领导同志同意，现印发给你们，请结合实际认真贯彻执行。

关于完善农村土地所有权承包权经营权分置办法的实施意见

实行农村土地所有权承包权经营权三权分置（以下简称“三权分置”），是新形势下集体所有制具体实现形式的重大探索创新。为进一步健全农村土地产权制度，推动新型工业化、信息化、城镇化、农业现代化同步发展，根据中共中央办公厅、国务院办公厅《关于完善农村土地所有权承包权经营权分置办法的意见》（中办发〔2016〕67 号）精神，紧密结合江苏实际，现就完善我省农村土地“三权分置”办法提出如下实施意见。

一、充分认识完善农村土地“三权分置”办法的重要意义

改革开放之初，在农村实行家庭联产承包责任制，将土地所有权和承包经营权“分离”，所有权归集体，承包经营权归农户，极大调动了广大农民群众生产热情，有效解决了温饱问题，农村改革取得重大成果。随着社会主义市场经济的不断发展完善，顺应农民保留土地承包权、流转土地经营权的意愿，按照归属清

晰、权能完整、流转顺畅、保护严格的产权制度要求，将土地承包经营权分为承包权和经营权，实行所有权、承包权、经营权分置并行，是继家庭联产承包责任制后农村改革又一重大制度创新。江苏是全国最早推行农村土地产权制度改革的省份之一，泗洪县上塘镇垫湖村与安徽省小岗村同时推行大包干，被誉为中国农村改革的发祥地。伴随工业化、城镇化加速推进，我省农村劳动力大量转移，农地关系发生深刻变化，到2016年全省农地流转面积突破3200万亩，土地流转率超过一半，农地流转呈现主体多元化、方式多样化的趋势。总的看，我省“三权分置”格局已基本形成，但还存在“三权”界限不清、权利主体不明、土地流转机制不够健全等问题。适应形势发展需要，积极完善农村土地“三权分置”办法，是贯彻中央关于完善农村基本经营制度的重要举措，也是建立明晰土地产权关系，维护农村集体、承包农户、经营主体权益，发展多种形式适度规模经营的必然要求，对于提升我省土地资源合理利用水平、推动现代农业建设、促进农民增收具有重要作用。全省各地各有关部门要切实提高对“三权分置”重要性的认识，妥善处理“三权”关系，正确运用“三权分置”理论指导改革实践，积极探索和丰富“三权分置”的具体实现形式。

二、准确把握实行农村土地“三权分置”的总体要求

（一）指导思想。深入学习贯彻习近平总书记系列重要讲话特别是视察江苏重要讲话精神，按照省第十三次党代会的部署要求，围绕正确处理农民和土地关系这一改革主线，科学界定“三权”内涵、权利边界及相互关系，逐步建立规范高效的“三权”运行机制，加快建立健全归属清晰、权能完整、流转顺畅、保护严格的农村土地产权制度，优化土地资源配置，培育新型经营主体，促进适度规模经营发展，进一步巩固和完善农村基本经营制度，为发展现代农业、增加农民收入、建设社会主义新农村增添活力，为实现“聚力创新、聚焦富民，高水平全面建成小康社会”目标夯实土地制度基础。

（二）基本原则。

——坚持农民主体。尊重农民意愿，维护农民合法权益，把选择权交给农民，发挥其主动性和创造性，加强示范引导，不搞强迫命令，不搞一刀切。

——坚持政策底线。坚持和完善农村基本经营制度，坚持农村土地集体所有，坚持家庭经营基础性地位，坚持稳定土地承包关系，不能把农村土地集体所有制改垮了，不能把耕地改少了，不能把粮食生产能力改弱了，不能把农民利益损害了。

——坚持循序渐进。充分认识农村土地制度改革的长期性和复杂性，保持足够历史耐心，不急不躁、审慎稳妥推进改革，由点及面开展，逐步将实践经验上升为制度安排。

——坚持因地制宜。充分考虑各地资源禀赋和经济社会发展差异，鼓励进行符合实际的实践探索和制度创新，总结形成适合不同地区的“三权分置”具体路径和办法。

——坚持市场取向。在落实农村土地集体所有权、稳定农户承包权、放活土地经营权过程中，充分尊重市场规律，发挥市场在农村土地资源配置中的决定性作用，努力实现经济和社会效益最大化。

三、加快形成农村土地“三权分置”格局

（三）落实集体所有权。农村土地农民集体所有，是农村基本经营制度的根本。土地集体所有权人对集体土地依法享有占有、使用、收益和处分的权利。农民集体是土地集体所有权的权利主体，在完善“三权分置”办法过程中，要充分维护农民集体对承包地发包、调整、监督、收回等各项权能，发挥土地集体所有的优势和作用。农民集体有权依法发包集体土地，任何组织和个人不得非法干预；有权根据农民意愿，将农户退出或流转给农民集体的承包地，以及集体机动地直接组织生产经营，兴办合作农场，或对外发包；有权因自然灾害严重毁损等特殊情形依法调整承包地；有权对承包农户和经营主体使用承包地进行监督，并采取措施防止和纠正长期抛荒、毁损土地、非法改变土地用途等行为。发达地区应探索建立生态补偿机制，鼓励农民集体保护耕地数量和质量，促进土地资源可持续利用。承包农户转让土地承包权的，须经农民集体同意，并在本集体经济组织内进行；向本集体经济组织以外的经营主体流转土地经营权，须向农民集体书面备案。集体土地被征收的，农民集体有权就征地补偿安置方案等提出意见并依法获得补偿。通过建立健全集体经济组织民主议事机制，切实保障集体成员的知情权、决策权、监督权，确保农民集体有效行使集体土地所有权，防止少数人私相授受、谋取私利。

（四）稳定农户承包权。农户享有土地承包权是农村基本经营制度的基础，要稳定现有土地承包关系并保持长久不变，严格保护农户承包权。土地承包权人对承包土地依法享有占有、使用和收益的权利。农村集体土地由作为本集体经济组织成员的农民家庭承包，不论经营权如何流转，集体土地承包权都属于农民家

庭。任何组织和个人都不能取代农民家庭的土地承包地位，都不能非法剥夺和限制农户的土地承包权。在完善“三权分置”办法过程中，要充分维护承包农户使用、流转、抵押、退出承包地等各项权能。承包农户有权占有、使用承包地，依法依规建设必要的农业生产、附属、配套设施，自主组织生产经营和处置产品并获得收益；有权通过转让、互换、出租（转包）、入股或其他方式流转承包地，流转价格、流转期限由流转双方协商议定，任何组织和个人不得强迫或限制其流转土地；有权以承包土地经营权入股组建土地股份合作社，发展农业适度规模经营，并按承包土地的股份享受经营收益；有权依法依规就承包土地经营权设定抵押、自愿有偿退出承包地，具备条件的可以因保护承包地获得相关补贴。承包土地被征收的，承包农户有权依法获得相应补偿，符合条件的有权获得社会保障费用等。不得违法调整农户承包地，不得以退出土地承包权作为农民进城落户的条件。

（五）放活土地经营权。赋予经营主体更有保障的土地经营权，是完善农村基本经营制度的关键。土地经营权人对流转土地依法享有在一定期限内占有、耕作并取得相应收益的权利。在依法保护集体所有权和农户承包权的前提下，平等保护经营主体依流转合同取得的土地经营权，保障其有稳定的经营预期。在完善“三权分置”办法过程中，要依法维护经营主体从事农业生产所需的各项权利，使土地资源得到更有效合理的利用。经营主体有权使用流转土地自主从事农业生产经营并获得相应收益，依法依规发展种养结合、改良土壤、提升地力，建设农业生产、附属、配套设施，并依照流转合同约定获得合理补偿；有权在流转合同到期后按照同等条件优先续租承包土地。经营主体再流转土地经营权或依法依规设定抵押，须经承包农户或其委托代理人书面同意，并向农民集体书面备案。流转土地被征收的，地上附着物及青苗补偿费应按照流转合同约定确定其归属。承包农户流转出土地经营权的，不应妨碍经营主体行使合法权利。因承包农户一方或第三方原因导致流转合同提前终止的，经营主体有权依法获得合理补偿。加强对土地经营权的保护，引导土地经营权流向种田能手和新型经营主体。支持新型经营主体依法依规开展土地经营权抵押融资。鼓励采用土地股份合作、土地托管、联耕联种、代耕代种等多种经营方式，探索更多放活土地经营权的有效途径。

四、确保“三权分置”稳步实施

（六）全面完成确权登记颁证工作任务。确认“三权”权利主体，明确权利归属，稳定土地承包关系，才能确保“三权分置”得以确立和稳步实施。全面完成农村集体土地所有权确权登记颁证工作，依法明确农村集体土地所有权主体代表，确保农村集体土地所有权证书发放到位。及时提供确权登记成果，切实保护好农民的集体土地权益。全面完成农村承包地确权登记颁证工作，做到地块、面积、合同、证书“四到户”，面积、合同、登记簿、证书“四相符”，切实保护农户承包土地的用益物权。建立全省统一的农村土地承包经营权信息应用平台，形成承包合同网签管理系统，健全承包合同取得权利、登记记载权利、证书证明权利的确权登记制度。加快确权登记颁证成果应用，逐步扩大承包经营权权能。通过流转合同鉴证、交易鉴证等多种方式对经营主体的土地经营权予以确认，促进土地经营权功能更好实现。

（七）建立健全土地流转规范管理制度。土地经营权流转，是实施“三权分置”、放活经营权的主要方法，必须依法依规、有序推进。要充分尊重农民在流转中的主体地位，农民集体组织统一流转，要征得承包农户同意并履行书面委托手续。土地流转期限超过一年的，要签订规范的书面流转合同，可以由乡镇农经部门或农村产权交易市场鉴证。加快实现农村产权交易市场县域全覆盖，建立全省统一联网的农村产权交易信息服务平台，健全市场运行规范，为流转双方提供信息发布、产权交易、合同鉴证、法律咨询、权益评估、抵押融资等服务。对流转用于粮食规模经营的土地租金，全面推行“实物计租、货币兑现”的定价办法，兼顾承包农户和经营主体的合理收益。要加强对工商资本租赁农地的监管，防止强制农户流转，注意土地流转风险防范。土地经营权流转、集中和规模经营程度，要与城镇化进程和农村劳动力转移规模相适应，与农业科技进步和生产手段改进程度相适应，与农业社会化服务水平提高相适应。

（八）构建新型经营主体政策扶持体系。新型经营主体是实施“三权分置”，放活经营权，发展农业适度规模经营的主要力量。要推进家庭农场、农民专业合作社、农业产业化龙头企业、集体合作农场、农业服务组织等新型经营主体共同发展，创建示范家庭农场，积极实施“智·能”家庭农场主培训行动，开展农民专业合作社规范化建设整体推进行动，巩固扩大农民合作社综合社试点，培育扶持“双带”（带动农户、带动产业）型龙头企业。引导新型经营主体与承包农户建立紧密利益联结机制，带动普通农户分享农业规模经营收益。支持新型经营主体相互融合，鼓励家庭农场、农民专业合作社、农业产业化龙头企业等联合与合作，依法组建行业组织或联盟。完善新型经营主体财政、信贷保险、税收、用地、项目扶持等政策。加快推进新型职业农民培育整省试点，大力开展教育培训、规范管理和政策支持“三位一体”的新型职业农民全程培育，将职业农民培养成建设现代农业的主导力量。

五、强化“三权分置”的组织保障

（九）加强组织领导。实施“三权分置”是深化农村土地制度改革的重要举措。各级党委、政府要充分认识“三权分置”的重要意义，尽快研究制定具体落实措施，建立健全完善“三权分置”办法的政策支持体系。坚持问题导向，对实践中出现的新情况新问题要密切关注，及时总结，适时调整完善措施。加大政策宣传力度，注重典型示范，营造良好舆论氛围和工作环境。加强工作指导，强化干部培训，提高政策执行能力和水平。建立检查监督机制，督促各项任务稳步开展。各有关部门要按照职责分工，相互支持配合，强化协调沟通，形成齐抓共管局面，合力推动“三权分置”有序实施。

（十）鼓励基层探索创新。完善“三权”关系，丰富“三权分置”的具体实现形式，离不开广大基层干部群众的实践探索。充分尊重基层首创精神，在把握方向、坚守底线的前提下，鼓励基层结合实际，积极探索，依靠改革创新破解难题。支持在实践中积极探索落实农民集体依法依规行使集体所有权、监督承包农户和经营主体规范利用土地等的具体方式，合理界定农民集体和承包农户在承包土地上、承包农户和经营主体在土地流转中的权利边界及相互权利关系。激发广大农民群众和基层干部的改革热情，创建发展符合当地实际、遵循市场规律、促进农民增收的农村土地经营模式，让农民群众有更强的获得感。

（十一）确保农村社会稳定。完善“三权分置”办法涉及多方权益，容易引发矛盾纠纷，必须高度重视，妥善调处化解，维护农村社会稳定。要建立和完善“乡村调解、县市仲裁、司法保障”的多元化纠纷调处机制，加强乡村土地承包调解组织和队伍建设，建立健全符合当地实际、方便群众、快捷高效的乡村调解组织、调解程序和调解方式。综合运用人民调解、行政调解、司法调解手段，加强部门配合与协作，形成调解工作合力，有效化解土地承包经营纠纷。强化农村土地承包经营纠纷仲裁体系，仲裁委员会要按照“设立一个场所、建立一支队伍、出台一个规范、制定一部章程、保障一笔经费”的“五个一”要求，加强能力建设，正常开展仲裁工作。对进入诉讼程序的纠纷，依法审慎办理。要确保将农村土地承包经营纠纷化解在基层、解决在当地，防患于未然，切实维护好农村社会稳定。

江苏省关于深化农村集体产权制度改革的实施意见

（2017 年 12 月 15 日　苏发〔2017〕32 号）

农村集体经济是社会主义公有制经济在农村的主要实现形式。改革开放以后，江苏创造了以发展乡镇企业为主体的“苏南模式”。进入新世纪以来，我省苏南等地区积极探索开展农村集体产权制度改革，发展合作经济和股份经济。特别是近年来，全省各地认真贯彻中央关于深化农村改革的决策部署，大力推进以社区股份合作为主要形式的农村集体产权制度改革，有力促进了集体经济发展壮大和农民增收致富。截至 2016 年年底，全省已有 7000 多个行政村（居委会）进行了农村社区股份合作制改革，村级资产总额达到 2687 亿元，村级集体年经营性收入超过 300 亿元，形成了较为雄厚的物质基础，成为江苏“三农”发展的突出亮点和优势。但从总体上看，我省农村集体产权制度改革区域之间仍不平衡，一些地方集体资产家底不清、产权归属不明、管理不够规范、收益分配不够公开，部分社区股份合作社运行质态不高，亟需通过深化改革，来完善制度、增强活力。在新的发展阶段，进一步深化农村集体产权制度改革，是完善农村基本经营制度的重要举措，是全面深化农村改革的重大任务，是“聚力创新、聚焦富民，高水平全面建成小康社会”的客观要求，具有重大而深远的意义。

为探索农村集体所有制有效实现形式，创新农村集体经济运行机制，维护农民群众集体资产权益，增加农民财产性收入，根据《中共中央国务院关于稳步推进农村集体产权制度改革的意见》（中发〔2016〕37 号），紧密结合江苏实际，现就深化我省农村集体产权制度改革提出如下实施意见。

一、农村集体产权制度改革的总体要求

（一）指导思想。全面贯彻党的十九大精神，以习近平新时代中国特色社会主义思想为指引，认真落实党中央、国务院的决策部署，按照我省农村改革“确权、赋能、搞活”三步走的总体思路，围绕明晰农村集体产权归属、维护农村集体经济组织成员权利，重点推进农村社区股份合作制改革，大力发展股份合作等

多种形式的合作与联合，坚持农村土地集体所有，坚持家庭承包经营基础性地位，探索集体经济新的实现形式和运行机制，不断解放和发展农村社会生产力，促进农业发展、农民富裕、农村繁荣，为推进城乡协调发展、巩固党在农村的执政基础提供重要的支撑保障。

（二）目标任务。通过全面深化改革，构建归属清晰、权能完整、流转顺畅、保护严格，具有中国特色、江苏特点的农村集体产权制度。科学确认农村集体经济组织成员身份，明晰集体所有产权关系，发展新型集体经济。管好用好集体资产，建立符合市场经济要求的集体经济运行新机制，促进集体资产保值增值。保护农民的合法权益，形成有效维护农村集体经济组织成员权利的治理体系。工作进度安排上，用3年左右时间，全面完成村级农村集体资产清产核资；用5年左右时间，基本完成农村社区股份合作制改革。

（三）基本原则。一是正确把握改革方向。明确农村集体经济组织市场主体地位，完善农民对集体资产股份权能，实现好、维护好、发展好广大农民的根本利益，促进集体经济发展和农民持续增收。二是坚决守住法律政策底线。坚持农民集体所有不动摇、农民权利不受损，不能把集体经济改弱了、改小了、改垮了，不能把农民的财产权利改虚了、改少了、改没了。严格依法依规办事，妥善处理各种利益关系。三是充分尊重农民意愿。发挥农民主体作用，支持农民创新创造，把选择权交给农民，确保农民的知情权、参与权、表达权、监督权，真正让农民成为改革的参与者和受益者。四是分类有序推进改革。坚持分类实施、稳慎开展，坚持试点先行、先易后难，坚持问题导向、重点突破，根据集体资产的不同类型和不同地区条件来确定改革任务，明确改革的路径和方式，有力有序推进改革。五是积极鼓励探索创新。从实际出发，积极探索农村集体经济运行新机制、管理监督机制、农村集体经济组织和成员的退出机制等，着力在重点领域和关键环节取得突破。六是坚持党的领导。坚持农村基层党组织的领导核心地位不动摇，围绕巩固党在农村的执政基础，来谋划和实施农村集体产权制度改革，确保集体经济组织依法依规运行，逐步实现共同富裕。

二、探索农村集体经济组织有效实现形式

（四）发挥农村集体经济组织功能作用。农村集体经济组织是集体资产管理的主体，作为特殊的经济组织，具有特别法人地位，可以称为经济合作社，也可以称为股份经济合作社。现阶段，村级应建立健全农村集体经济组织，向县级主

管部门申请登记注册，取得组织登记证书，并据此办理银行开户、刻制印章等，以便开展经营管理活动。农村集体经济组织要制定组织章程，建立成员或代表大会、理事会、监事会等内部治理结构，实行民主决策、民主管理。发挥集体经济组织在管理集体资产、开发集体资源、发展集体经济、服务集体成员等方面的功能作用。在基层党组织领导下，探索明晰农村集体经济组织与村民委员会的职能关系，有需要且条件许可的地方，可以实行村民委员会事务和集体经济事务分离。对已撤村建居、集体土地全部征收、旧村改造全面完成、社会保障和社会事务管理与城市完全接轨、难以继续按照合作机制或股份合作机制运转的农村集体经济组织，可探索农村集体经济退出机制。

（五）维护农村集体经济组织合法权利。严格保护集体资产所有权，防止被虚置。农村承包土地经营权流转，不得改变土地集体所有性质，不得违反耕地保护制度。家庭承包土地采取转让、互换方式流转的，应在本集体经济组织内进行，且需经农村集体经济组织发包方同意。采取出租、转包或者其他方式流转经营权的，应报农村集体经济组织发包方书面备案。按照国家和省统一部署，在农村土地制度改革试点工作中，要积极探索正确处理国家、集体、农民三者利益分配关系的有效办法。对于农村集体的经营性资产，要体现集体的维护、管理、运营权利。农村集体的非经营性资产，不宜折股量化到户，要根据其不同投资来源和有关规定，实行统一运行管护。

（六）确认农村集体经济组织成员身份。依据有关法律法规规定，按照尊重历史、兼顾现实、程序规范、群众认可的原则，统筹考虑户籍关系、农村土地承包关系、对集体积累的贡献等因素，协调平衡各方面的利益，做好农村集体经济组织成员身份确认工作。开展此项工作，县级可以提出指导性意见，制订确认成员身份的具体程序、标准和管理办法；乡村两级在符合法规政策前提下，经民主协商，可实行“一乡镇一策”或“一村一策”。农村集体经济组织成员身份的确认，既要得到多数人认可，又要防止多数人侵犯少数人权益，并切实保护妇女的合法权益。开展社区股份合作制改革后，农村集体经济组织成员家庭今后的新增人口，提倡通过分享家庭内拥有的集体资产权益或财产继承的办法，按章程获得集体资产份额和集体成员身份。要建立健全成员登记备案机制，以农户家庭为单位编制成员名册，以行政村为单位进行管理，并纳入县级信息平台管理。

（七）落实农村集体经济组织成员权利。农村集体经济组织成员除依法享有土地承包经营权、宅基地使用权、集体收益分配权和对集体经济活动进行民主管理等权利外，还可以依照章程规定及成员或代表大会决定，享有生产生活服务、土地征收征用补偿费分配、优先承包经营本集体经济组织资产等权利。要切实维护进城落户农民的合法权益，现阶段不得以退出农民土地承包权、宅基地使用权、集体收益分配权作为农民进城落户的条件。鼓励各地探索运用“互联网+”手段，更好地落实农村集体经济组织成员对集体经济的知情权、决策权和民主监督权。

三、切实加强农村集体资产管理

（八）开展集体资产清产核资。对农村集体所有的各类资产，要进行全面清产核资，摸清集体家底，健全管理制度，防止资产流失。重点清查核实未承包到户的资源性资产和集体统一经营的经营性资产以及现金、债权债务等，查实存量、价值和使用情况，做到账证相符和账实相符。对查出的未登记入账或者核算不准确的，经核对公示后要登记入账或者调整账目。对长期借出或未按规定手续租赁转让的，要清理收回或补办手续。对侵占集体资金资产的，必须如数退还或赔偿；涉及违规违纪的，要移交纪检监察机关处理；构成犯罪的，移交司法机关依法追究刑事责任。农村集体资产的清产核资结果，要向全体成员公示，并经成员或代表大会确认。清产核资结束后，要建立健全集体资产登记、保管、使用、处置等制度，实行台账管理。各市、县（市、区）要制定农村集体资产清产核资的专门方案，认真组织实施，力争用3年左右时间完成清产核资工作。

（九）明确集体资产所有权。在清产核资基础上，要把农村集体资产的所有权确权到不同层级的农村集体经济组织，并由其依法代表集体行使所有权。属于村农民集体所有的，由村集体经济组织代表集体行使所有权；未成立集体经济组织的，暂由村民委员会代表集体行使所有权。分别属于村内两个以上农民集体所有的，由村内各该集体经济组织代表集体行使所有权；未成立集体经济组织的，由村民小组代表集体行使所有权。属于乡镇农民集体所有的，由乡镇集体经济组织代表集体行使所有权。集体资产所有权的确权工作，要严格按照产权归属进行，不打乱原集体所有的界限。

（十）推进农村集体资产分类改革。对土地、森林、山岭、荒地、滩涂、水面等资源性资产，着重全面完成承包土地确权登记颁证，建立健全资源性资产台账管理制度，防止资产流失和闲置浪费。对用于公共服务的教育、科技、文化、水利、卫生、体育等方面的非经营性资产，重点探索集体统一运营管理有效机制。对用于经营的房屋、建筑物、机器设备、工具器具、农业基础设施、集体投资兴办的企业及其所持有的其他经济组织的资产份额、无形资产等经营性资产，着重将资产折股量化到本集体经济组织成员，健全集体资产运营的管理、监督和收益分配机制。要通过多种途径，努力盘活各种闲置的非经营性资产，发展壮大集体经济。

（十一）规范农村集体资产财务管理。加强农村集体资金资产资源监督管理，加快建设农村集体资产监督管理信息平台，提高农村集体资产财务管理的制度化、规范化、信息化水平。稳定农村财会队伍，定期开展业务培训，落实民主理财，规范财务公开，切实维护集体经济组织成员的监督管理权。抓好农村集体经济组织债权清收和债务化解工作，健全新增债务申报制度，探索建立新增不良债务责任追究制度。组织开展农村集体资产管理专项治理，稳步推进“阳光行动”试点，全面推行村级资金管理非现金结算。强化农村集体经济组织审计监督，探索开展村级组织主要负责人经济责任审计。对集体财务管理混乱的行政村，县乡党委、政府要及时组织力量进行整顿，坚决防止和纠正发生在群众身边的腐败行为。

四、有序推进农村社区股份合作制改革

（十二）规范股权设置。拥有经营性资产的行政村，特别是城中村、城郊村、园中村和经济发达村，要全面开展股份合作制改革，设立股份经济合作社。对农村集体经营性资产，要以股份或者份额形式量化到全体成员，作为参与集体收益分配的基本依据。股权设置可设集体股和成员股，所占总股份比重的大小，由本集体经济组织成员民主讨论决定。成员股可根据人口、劳动贡献等因素合理确定分配系数，股权设置与管理提倡实行“量化到人、固化到户”，一般不随人口增减变动而调整；确需调整的，可由集体经济组织成员协商决定。农村集体经营性资产的股份合作制改革，不同于工商企业的股份制改造，要着重体现成员集体所有和社区性，而且只能在农村集体经济组织内部进行。已经开展这项改革的地区，要总结经验、健全制度、规范运作，提高集体资产运营质量，实现保值增值，让农民有更多获得感。尚未开展改革的地区，可根据群众意愿和要求，由县级党委政府作出安排，先进行试点，再由点及面展开，力争用5年左右时间基本完成全省有经营性资产的村股份合作制改革。

（十三）完善运行机制。股份经济合作社要按照章程规定，完善治理结构，

实行集体所有、合作经营、民主管理。涉及到经营方针、投资决策、年度计划等重要事项，须经成员或代表大会讨论决定。要定期向全体成员公布资产运营管理情况，听取意见建议，自觉接受监督。成员或代表大会要依据当年经营情况，讨论决定收益分配方案，除了从当年净收益中提取一定比例的公积金、公益金外，应当按照同股同利的原则向股东分红。鼓励股份经济合作社履行服务职能，提高综合服务能力。

（十四）赋予农民对集体资产股份多种权能。在股份合作制改革基础上，要积极推进农村集体资产股份权能改革试点，赋予农民对集体资产股份的占有、收益、有偿退出及抵押、担保、继承等权能，让农民从改革中更多得益。建立集体资产股权登记制度，以农户家庭为单位，记载成员持有的集体资产股份信息，出具股权证书。健全集体收益分配制度，把农民集体资产股份收益分配权落到实处。探索农民对集体资产股份有偿退出办法，现阶段可以在本集体内部转让或者由本集体赎回，农民持有的集体资产股份有偿退出不得突破本集体经济组织范围。探索对集体资产股份继承办法，重点研究非集体经济组织成员继承集体资产股份的具体途径。探索农民以其持有的集体资产股份向金融机构申请抵押、担保贷款的具体办法。

五、多种形式发展农村集体经济

（十五）拓展农村集体经济发展路径。引导支持农村集体经济组织根据本地的区位条件、资源禀赋以及经济社会发展状况，积极开辟资产租赁、企业股份、农业开发、生产服务、联合发展等多种发展路径，推进农村产业融合，拓宽集体经济发展形态路径，丰富集体经济。农村集体经济组织可以利用未承包到户的集体“四荒”地（荒山、荒沟、荒丘、荒滩）、果园、水域滩涂等资源，集中开发或者通过招投标等方式，发展现代农业项目；可以利用生态环境和人文历史等资源，发展休闲农业和乡村旅游；可以在符合规划前提下，探索利用闲置的各类房产设施、集体建设用地等，以自主开发、合资合作等方式发展农村电商、农业社会化服务等相应产业。支持农村集体经济组织创办合作农场，或为农户和各类农业经营主体提供产前产中产后生产性服务。鼓励农村集体经济组织发展创意农业、农产品电子商务等农村新产业、新业态。

（十六）创新农村集体经济发展机制。支持集体经济组织整合利用集体积累资金、政府帮扶资金等，通过入股或者参股农业产业化龙头企业、村与村合作、村与基层供销社合作、村企联手共建、扶贫开发等多种形式发展壮大集体经济。有条件的村集体经济组织和基层供销合作社可以开展综合合作试点，向社员提供综合服务。鼓励农村集体经济组织之间通过抱团发展、与各类经济实体联合合作等方式，创新集体资产运营机制，探索聘用职业经理人，实行公司化、集团化管理，提高集体经济市场化运营水平。积极探索建立乡村闲置资产托管中心，在更大范围配置搞活农村集体资产。组织农户自愿以土地承包经营权入股的方式，发展土地股份合作社和农业适度规模经营。对缺资产、缺资金、缺资源、缺人才的经济薄弱村，要建立健全挂钩帮扶机制，采取强村带弱村、机关事业单位定点帮扶、村企结对共建等办法，帮助其发展物业、产业等项目，增强内生发展动力。有条件的地区，在征收征用农村集体土地时，可根据情况安排一定数量的建设用地给被征地的集体经济组织，用于发展二三产业。

（十七）规范农村产权流转交易。充分发挥市场在资源要素配置中的决定性作用和更好发挥政府作用，健全完善省、市、县、乡四级联网联动的农村产权交易市场体系，强化交易市场标准化建设，全面实行农村集体资产流转进场公开交易。县级以上主管部门要根据农村产权要素性质、流转范围和交易需要，制定市场管理制度和交易规则，对市场运行、服务规范、中介行为、纠纷调处、收费标准等作出具体规定。

六、切实强化保障措施

（十八）加强组织领导。各级党委、政府要充分认识农村集体产权制度改革的重要性、复杂性、长期性，认真抓好改革部署的贯彻落实，既要鼓励创新、勇于试验，又要把控方向、有历史耐心，切实加强组织领导，积极稳妥推进改革。建立健全省级全面负责、市级组织协调、县级组织实施的领导体制和工作机制，地方各级党委特别是县乡两级党委的主要负责同志要亲自挂帅，承担领导责任，确保改革的进度和质量。要层层分解任务，落实工作措施，创造保障条件，保证此项改革事有人管、责有人负。对于改革中遇到的矛盾和问题，要认真研究解决；涉及重大政策调整的，要及时向上级请示汇报，保障社会和谐稳定。

（十九）强化工作推进。全省深化农村集体产权制度改革由省委农村工作领导小组组织领导，省农委、省委农工办牵头实施。省民政、财政、国土、水利、林业、城建、审计、工商、税务等有关部门和单位，要按照职责抓好支持配合工作。各市县要从实际出发，抓紧制定改革方案，扎实有力推进，做到上下联动、部门协作，统筹协调推进改革。各级政府要加大财政资金投入，为改革提供经费保障。各地要加强政策解读和干部培训，发挥各种媒体的宣传作用，让基层干部群众全面了解改革精神和政策要求。要加强乡镇农经体系建设，充实农村集体资产主管部门，配齐配强人员，健全完善工作体制。强化监督检查，及时纠正和查处弄虚作假、侵害集体经济组织及其成员权益等行为。注重改革的系统性、协同性，与正在推进的相关改革搞好衔接配套，发挥改革的综合效应。

（二十）加大政策支持力度。建立健全有利于推进农村集体产权制度改革和农村集体经济发展的综合政策体系。落实税收优惠政策，对进行股份合作制改革后的农村集体经济组织承受原集体经济组织的土地、房屋权属，免征契税；对农村集体经济组织以及代行集体经济组织职能的村民委员会、村民小组进行清产核资收回集体资产而承受土地、房屋权属，免征契税，对因此种情况签订的产权转移书据，免征印花税；对农村集体土地所有权、宅基地和集体建设用地使用权及地上房屋确权登记，不征收契税。创新财政引导、多元化投入，共同扶持集体经济发展体制机制，政府拨款、减免税费等形成的资产归农村集体经济组织所有，可以量化为集体成员持有的股份。逐步增加政府对农村的公共服务支出，减少农村集体经济组织的相应负担。完善金融机构对农村集体经济组织的融资、担保等政策，逐步扩大有效抵押物范围，健全风险防范分担机制。按照国家和省的统一部署，抓好农村土地制度改革试点的各项工作，总结形成可复制的模式和经验，统筹安排农村集体经济组织发展经济所需用地。抓紧制定江苏省农村集体资产管理条例，提高法治化管理水平。认真做好农村产权纠纷调解仲裁和司法救济工作。

五、浙江省

中共浙江省委办公厅浙江省人民政府办公厅关于引导农村土地经营权有序流转促进农业现代化建设的若干意见

（2015 年 4 月 5 日　浙委办发〔2015〕31 号）

近年来，我省农村土地（指承包耕地，下同）经营权流转取得积极成效，为推进农业适度规模经营和构建新型农业经营体系创造了良好条件，促进了农业增效、农民增收。但土地流转规范性、稳定性不够，流转土地“非粮化”“非农化”现象依然存在，新型经营主体经营能力和发展实力不够强，要素保障和支持保护措施不够有力。为进一步引导农村土地经营权有序流转，促进农业现代化建设，根据《中共中央办公厅国务院办公厅印发〈关于引导农村土地经营权有序流转发展农业适度规模经营的意见〉的通知》，经省委、省政府同意，现提出如下若干意见。

一、指导思想。深入贯彻党的十八大和十八届三中、四中全会及省委十三届四次、五次、六次全会精神，以加快推进农业现代化建设为目标，坚持稳定农村土地承包关系和土地集体所有权，实现所有权、承包权、经营权三权分置，大力引导土地经营权规范有序流转，大力培育新型农业经营主体，大力发展农业社会化服务，创新农业经营方式，巩固和完善农村基本经营制度，为现代农业发展提供体制机制保障，推动农业现代化继续走在前列。

二、基本原则。按照改革创新、走在前列的要求，正确把握工作原则，让土地流转更好促进农村基本经营制度的完善，让规模经营有力支撑农业现代化加快发展，让农民成为土地流转与适度规模经营的积极参与者和真正受益者。

——坚持完善制度、有利发展。落实农村土地集体所有权，稳定农户承包权，放活土地经营权，强化家庭经营基础地位，推进家庭经营、合作经营、企业经营、集体经营等多种经营方式共同发展，形成有利于农业发展方式转变和现代农业建设的体制机制。

——坚持于法有据、农民自愿。严格遵循依法、自愿、有偿原则，在充分尊重农民意愿、不损害农民权益、不改变土地用途的前提下，正确运用法律保护、政策引导手段，积极推进土地经营权依法有序流转。

——坚持改革创新、统筹推进。充分发挥市场决定性作用，尊重农民首创精神，鼓励基层创新创业，依靠改革破解难题。加强改革协调和政策配套，注重公共服务和设施改善，进一步优化农业发展环境，有效激活农村资源要素潜力。

——坚持因地制宜、分类指导。立足农村经济发展和劳动力转移实际，适应农业生产力发展进程，循序渐进推进土地流转，科学引导农业适度规模经营，使政策措施符合生产实际，获得群众认可，取得实际成效。

三、扎实推进土地承包经营权确权登记颁证工作。适应不动产统一登记要求，以土地承包权确权台账、合同、证书等为依据，充分运用第二次全国土地调查成果，坚持依法规范操作和农民民主协商相结合，严格执行政策，用3年左右时间基本完成土地承包经营权确权登记颁证工作，妥善解决农户承包地块面积不准、四至不清等问题。坚持二轮土地承包关系稳定、不推倒重来，完善土地承包经营权登记制度，有效保障农户土地承包合同取得权利、登记记载权利、证书证明权利。土地承包经营权确权登记原则上确权到户到地，在尊重农民意愿的前提下，也可以确权确股不确地。切实维护妇女的土地承包权益。全面实行登记颁证信息化管理，依托政府信息服务网，开发全省统一的土地承包经营权登记颁证管理系统，搭建省、市、县、乡四级系统对接、信息互通的管理平台，与不动产登记管理相衔接。建立健全党委和政府统一领导、部门密切配合、群众广泛参与的工作机制，强化县、乡两级对土地确权登记颁证工作的责任。确权登记颁证工作经费纳入各级财政预算。

四、积极引导土地流转发展适度规模经营。各市、县（市、区）要根据当地实际制定适度规模经营的分类指导标准，防止经营规模过大、效益偏低。引导农民在自愿前提下采取互换并地方式解决承包地细碎化问题，鼓励采取委托流转、股份合作等方式，推进整村整组整畈连片集中长期流转。积极引导农户以土地承包经营权入股组建土地股份合作社，可自行经营，可与企业、科研单位联办股份合作农场，也可将经营权流转给种养大户、家庭农场、农民专业合作社、企业经营。帮助支持承包农户将土地经营权入股发展农业产业化经营，倡导推行租金保底和利润分红结合的收益分配机制。探索建立农户入股土地生产性能评价制度，按照耕地数量质量、参照当地土地经营权流转价格计价折股。充分发挥政策激励作用，鼓励有条件的地方加大扶持力度，支持流转土地时间较长农户参加社会保险和转移就业。支持有条件的村集体承接农业基础设施项目，抓好农田改造和管护，并向土地流入方协商收取适当的基础设施使用费和土地流转管理服务费。

五、进一步规范土地流转行为。支持和保障承包农户依法行使流转土地自主权，农村基层组织和土地流转服务组织代理农户承包地流转，必须有农户的书面委托。引导流转双方通过公开的土地流转交易平台进行交易，指导帮助其签订规范的书面合同，并对流转期满后地上物权属及补偿、土地征用补偿等内容作出约定。依法保护流入方的土地经营权益，流转合同到期后流入方可在同等条件下优先续约。全面建立土地流转合同备案和登记制度，探索建立土地流转受让方农业经营资质制度。严格工商资本准入门槛，对工商企业长时间、大面积租赁农户承包地的租地条件、经营范围、安置当地农村劳动力和违规处罚等作出规定，建立健全资格审查、项目审核、风险保障金制度，按租赁承包地面积实行分级备案，加强事中事后监管，防止浪费农地资源、损害农民土地权益，防范承包农户因流入方违约或经营不善遭受损失。县、乡两级要落实人员负责流转登记、归档和管理工作，分级做好流入土地经营主体资质与资信审查，并以适当方式公开。加强土地承包经营纠纷调解仲裁体系建设，妥善化解土地承包经营流转纠纷。

六、加快农村产权流转交易市场体系建设。依托公共资源交易中心、土地流转服务网络，2015 年所有涉农县（市、区）建成县、乡两级信息互通、交易联动的公益性农村产权交易服务平台，并通过村便民服务中心等延伸覆盖到村。积极引导土地流转进入流转平台交易，健全土地流转交易等规则，强化市场运行监管，着力防范和化解流转交易风险。加快培育农村产权评估服务组织，大力培养评估人才。省直有关部门要抓紧制定农村产权登记、评估、抵押、交易和监管办法，力争到 2017 年基本建立农村产权流转交易制度体系。

七、拓展土地经营权权能。建立流转土地经营权登记颁证制度，由县级政府组织试点并颁发流转土地经营权证书。按照全国统一安排，稳妥开展赋予土地经营权抵押担保权能试点，健全抵押担保登记、价值评估机构和办法，探索抵押担保资产处置办法。各地应建立农业贷款风险补偿、贴息等制度，支持人民银行各分支机构运用再贷款、再贴现、优惠存款准备金率等货币政策工具，引导金融机构开展土地经营权抵押贷款业务，鼓励金融机构与融资担保公司、保险公司等合作，分担土地经营权抵押贷款风险。完善涉农贷款分析和评估制度，健全涉农信贷信息共享和部门会商机制，共同解决金融支农问题。在管理民主、运行规范、带动力强的农民合作社和供销合作社基础上，培育发展农村合作金融。

八、鼓励流转土地发展粮食规模生产。大力鼓励土地流入户发展粮食生产，各地要加大扶持力度，可实行面向规模主体、按实际种粮面积给予补贴的制度，有关支持政策要向家庭经营方式且种粮达到一定面积以上的对象倾斜。对符合条件的从事粮食规模化生产与服务的农民专业合作社、家庭农场、服务组织等经营主体，优先安排农机购置补贴。落实省定粮食生产贷款贴息政策，允许用粮食作物、生产及配套辅助设施进行抵押融资。支持有条件的地方开展农牧结合、生态循环家庭农场培育试点，按200亩左右粮田配套2—3亩土地、存栏生猪500头养殖规模，通过定量规划、定向招标、定额扶持方式进行培育。

九、支持农业基础设施改造。推进土地整理、高标准农田建设、农田水利建设、农业综合开发等项目向连片集中流转土地区域倾斜，加快改善道路、沟渠、耕地质量等条件。探索村集体、农户参与粮食生产功能区和现代农业园区（以下简称农业“两区”）的建设管护机制，开展农田大型设施产权制度改革和创新运行管护机制试点，开辟民间资本参与农田设施改造新途径。深化实施农机化促进工程，积极支持和统筹安排水稻育秧中心、粮食烘干中心、农机维修中心建设，推进农机装备广泛覆盖、高效利用。

十、严格流转土地用途监管。严格执行《中共中央办公厅国务院办公厅印发〈关于引导农村土地经营权有序流转发展农业适度规模经营的意见〉的通知》加强土地流转用途管制的“四个严禁”要求，认真执行基本农田保护政策，落实最严格的耕地保护措施，强化耕地执法监督，坚决查处通过“以租代征”违法违规进行非农建设占用农地行为，坚决禁止擅自将耕地“非农化”。严格执行土地利用总体规划，抓紧永久基本农田调整优化和示范区划定工作，严禁建设占用，实行永久保护。采取有效措施保证流转土地用于农业生产，引导经营者提高土地利用率，通过停发种粮补贴等办法遏制耕地撂荒等行为。实行农业“两区”规划调整省级备案制度和经营主体用地承诺制度，农业“两区”内从事设施农业和粮食规模化生产的经营主体，要与农业“两区”管理委员会或乡镇、村签订农地农用协议，切实履行责任和义务。

十一、落实农业规模经营设施用地政策。生产设施、附属设施和配套设施用地直接用于或服务于农业生产的，按农用地管理，不需办理农用地转用审批手续。经国土资源、农业部门备案的农业设施用地，生产经营期间不改变用途的，备案长期有效。按节约集约利用原则严格控制附属设施和配套设施用地规模，生产结束后，经营者应按规定对占用耕地进行复垦。积极探索生态循环农业设施用地新模式，平原地区和粮食主产区可在不破坏耕作层的前提下，按有关规定配套一定比例的设施用地发展畜牧业。各地根据实际情况，在年度建设用地指标中可单列一定比例专门用于新型农业经营主体建设配套辅助设施，并按规定减免相关税费。省重大产业项目入库审核时要适当降低农业重大项目标准，支持农业重大项目建设。

十二、加强新型职业农民培养。制定新型职业农民认定标准、管理办法和扶持措施，统筹完善农民培训相关政策，逐步推进职业农民双证制工作。整合各类教育培训资源，创新办学模式和学生培养方式，大力发展农业学历教育和技能培训，大力发展现代农业远程教育，逐步扩大定向培养基层农技人员招生规模，加大对大学毕业生从事现代农业的支持力度。支持在农民专业合作社联合社、农业龙头企业建立技术推广和农民实用技术培训基地，构建分级分层培训体系，提高教育培训精准化水平。

十三、加大新型经营主体培育力度。加大家庭农场、专业大户、农民专业合作社、农业龙头企业、农业社会化服务组织等新型主体的培育力度，健全家庭农场登记、农民专业合作社年度报告和新型主体评级制度，深化家庭农场、农民专业合作社示范建设和农业龙头企业认定工作，建立示范性家庭农场、农民专业合作社、农业龙头企业名录，并与农技服务、项目支持、贷款贴息等挂钩。积极构建生产合作、供销合作、信用合作“三位一体”农民合作经济组织体系，整合农业服务资源，健全合作机制。建立健全财政项目直接投向符合条件的合作社、财政补助形成的资产转交合作社持有和管护制度，落实支持合作社发展农产品加工流通业相关税收优惠政策。引导工商资本投资现代农业，制定指导目录和负面清单，支持工商企业发展良种繁育、高标准设施农业、规模化养殖等适合企业化经营的现代种养业，特别是农产品加工流通与服务业。企业从事农产品初加工取得的所得按规定免征企业所得税，对投资专门经营农产品的农产品批发市场、农贸市场使用的房产、土地，在 2015 年 12 月 31 日前暂免征收城镇土地使用税和房产税。农产品初加工和农业灌溉用电执行农业生产用电价格。完善政策性农业保险制度，扩大政策性农业保险的覆盖范围，提高保险保障程度。

十四、推进农业社会化服务。引导家庭农场、农民专业合作社、农业企业、各类服务组织，围绕“米袋子”“菜篮子”和农业主导产业，完善生产服务设施装备，积极开展订单式、承包式、代理式、保姆式等服务。发挥供销社农资供应、农产品购销及农业生产等综合服务作用，大力发展农产品电子商务等现代流通服务业，支持仓储物流配套设施建设。强化基层农业公共服务中心的农业技术推广、动植物疫病防控、农产品质量安全监管及其他相关职能。以基层农业公共服务中心为龙头，在村、新型主体建设服务站点，构建与农业经营主体紧密对接的服务网络。探索建立政府购买农业公益性服务机制，制定指导性目录，建立健全标准合同、规范程序和监督机制。支持开展农业社会化服务示范县、示范乡镇、示范组织建设，加大服务资源整合、服务平台搭建、政策机制创新力度，构建政府引导、市场运作的社会化服务机制。

十五、加强组织保障。各级党委、政府要把引导土地有序流转、加快推进农业现代化摆上重要议事日程，切实加强组织领导，加大扶持力度。各级农业部门负责做好土地流转和适度规模经营的指导、管理、协调和服务工作。组织、宣传、农办、发展改革、财政、国土资源、人力社保、司法、税务、工商、档案、测绘、金融、保险等部门要各司其职，协同研究政策、落实措施。加强县乡两级农村经营管理体系建设，强化土地承包管理、家庭农场和农民专业合作社指导扶持服务、农村集体资金资产资源管理、农村财务审计等职能，明确工作职责，完善工作机制，落实经费保障，加强队伍建设，确保事有人干、责有人负。

浙江省国土资源厅关于印发《进一步规范集体土地所有权登记发证的若干意见》的通知

（2006 年 10 月 11 日　浙土资办〔2006〕138 号）

各市、县（市、区）国土资源局：

为切实推进全省集体土地所有权登记发证工作，规范具体操作，省厅研究制定了《进一步规范集体土地所有权登记发证的若干意见》。经厅领导同意，现予印发，请遵照执行。

在实施过程中有什么问题和建议，请及时反馈省厅地籍管理处。

进一步规范集体土地所有权登记发证的若干意见

为切实推进全省集体土地所有权登记发证工作，建立和完善集体土地产权制度，根据国土资源部《关于依法加快集体土地所有权登记发证工作的通知》（国土资发〔2001〕359 号）和浙江省人民政府办公厅《关于开展集体农用土地所有权登记发证工作的通知》（浙政办发〔2004〕81 号）精神，在贯彻落实《浙江省集体农用土地所有权登记发证实施细则》和总结各地开展集体土地所有权登记发证工作经验的基础上，制定进一步规范集体土地所有权登记发证的若干意见：

一、关于宗地划分和编号

1. 宗地划分以行政村为基本单位，一个村农民集体所有的土地被铁路、公路、河流等国有或其他所有权人的土地（线状地物）分割的，原则上分别划分宗地；如线状地物狭窄、图上难以准确反映其实地状况的，也可不分别划宗，但应相应扣除其面积。

2. 对飞入本村的其他农民集体所有土地、国有土地等，以所有权界线为单位划分宗地。

3. 对几个集体土地所有权人共同所有的土地，应单独划宗，按共用宗地处理；对有争议的土地或一时难以确定权属的土地，不划入任何宗地，待争议处理之后，再行划入相应宗地或单独划宗。

4. 对小于最小上图面积而作为零星地物记载的飞入地，应作为独立宗地处理，单独进行调查和注记，并绘制宗地草图，但在土地权属图上可以放大比例尺表示或以点标示。

5. 宗地编号以行政村为单位，村本级宗地号在先，从“1”开始顺序编号；飞入本村的其他农民集体所有的土地、国有土地等统一按照自北向南、自西向东的规则，在本行政村宗地顺序号后依次编号。

二、关于权属调查

6. 集体土地所有权权属调查原则上按照《浙江省土地利用现状更新调查技术规范》和《浙江省土地利用现状更新调查外业调查实施细则》以及《浙江省土地利用现状更新调查补充规定》的要求进行。

7. 权属调查以行政村或场（农、林、牧、鱼场）为基本单位开展。

如土地更新调查中权属调查工作不到位、界址确认手续不完备的，应按要求进行补充土地权属调查和确认；

如土地更新调查中权属界线与实地不一致的，或原界址点设立不符要求或已发生变化的，应重新进行调查和指界确认。

8. 对相邻宗地违约出席指界或不予签字确认的，可按照缺席指界的办法操作。即将指界结果以书面形式送达违约缺席指界者，如有异议，要求在15日内提出重新指界申请。逾期不申请的，则视同对确定的界线无异议。

三、关于村级土地权属图和宗地图的编制

9. 村级土地权属图是以行政村为单位编制的地籍图，是对一个完整村级区域内的土地权属状况的直观描述。

村级土地权属图的主要内容应包括：

一是专题要素，主要包括权属要素和地类要素。权属要素包括：权属单位名称，宗地号，权属界址点和界址线，相邻权属单位名称等；地类要素主要包括：地类图斑、线状地物、零星地物等。

二是地理底图要素，主要包括各级行政界线、行政单位名称，居民点范围

线、村名称，铁路、公路、河流，具有明显方位意义的地物以及大陆和海岛的海岸线、河口线等。

三是其他要素，包括：图名、图例、比例尺、指北针、坐标系、制图单位名称和日期等。

具体图示要素表示参照《浙江省1：1000　1：2000土地利用现状调查技术规范》中的相关要求。

10. 宗地图是描述宗地位置，界址点线和相邻宗地关系的图件，是在村级土地权属图基础上以突出反映各宗地状况为目的编制的权属图。

村本级宗地和飞入地分别制作宗地图，但对一个村级区域内同一所有权人的若干宗地可合并制作宗地图。宗地图图面内容与村级土地权属图基本一致，其要素编制要点是：

（1）本宗权属界线、境界线统一用0.3mm红色界线表示，非本宗权属界线用0.3mm黑色界线表示，争议地用争议界线表示；

（2）当权属界与行政界线重叠时，标绘权属界线；

（3）宗地内未发证部分可用暗化方式表示，发证部分按《浙江省土地利用现状更新调查技术规范》规定的图示符号和颜色表示；

（4）根据宗地范围和出图要求，按土地更新调查比例尺出图。宗地过大或过小时，可适当调整出图比例尺；

（5）图名，对村本宗图名为“××乡（镇）××村宗地图”；对于飞入地图名为“××乡（镇）××村飞入××乡（镇）××村宗地图”，飞入地属同一乡（镇）的后一个乡（镇）名称可缺省。

四、关于土地用途和登记面积

11. 以行政村为单位统计每一宗地分类面积，按要求统计到二级类；同时，根据国务院《关于深化改革严格土地管理的决定》（国发〔2004〕28号）要求，统计基本农田面积。集体土地所有权登记发证可以到一级类。

12. 在登记发证过程，应对土地更新（变更）调查的地类进行核实，地类图斑、界线经复核与实地一致的，可直接利用土地更新（变更）调查地类面积；如地类图斑、界线与实地不一致或发生变化的，应依据土地更新调查和变更调查的有关技术规定补充调查后计算面积。

13. 集体土地所有权登记面积一般以公顷为计量单位，面积过小的可以亩表示，原则上保留2位小数。

五、关于土地登记申请

14. 村集体所有的土地，由村农业集体经济组织或村民委员会及其法定代表人提出土地登记申请。乡（镇）农民集体所有的土地，由乡（镇）农民集体经济组织及其法定代表人提出土地登记申请；没有相应的乡（镇）农民集体经济组织的，可由乡（镇）人民政府提出土地登记申请。

15. 《集体土地所有权登记申请表》以宗地为单位填写；一个土地所有者拥有两宗以上土地的，按宗地分别申请。

六、关于权属审核和登记发证

16. 以宗地为单位填写《集体土地所有权登记调查审核表》，并依据国家有关法律、法规和技术规程，对申请人提交的资料及地籍调查成果进行审核。

17. 经审核符合登记要求的，将登记情况在本行政区域内发行的报纸或者当地人民政府指定的固定场所（当地乡、镇政府所在地、土地所在地和权利人所在地）予以公告，公告期限为15日。

18. 公告无异议的，报经县级人民政府核准后，对该集体土地所有权进行注册登记，填写土地登记卡。

19. 以宗地为单位填写《集体土地所有证》，一个村级区域内同一所有权人的若干飞地分别进行申请、审核、注册登记，可以合并予以发证。

七、关于变更登记

20. 集体土地所有权权属变更调查原则上结合土地变更调查进行。如地类发生变更而权属未发生变更的，原则上不作变更登记；当涉及土地所有权变更的（土地被征收等），应在权属调查基础上，根据具体情况办理相应宗地的变更或注销登记。